孙文龙◎著

# 《华英字典》设计特征研究

教育部人文社会科学研究青年基金项目『数字人文视域下十三经跨语言术语词典编纂研究』（23YJCZH196）；

江苏省社科基金项目『基于跨语言知识库的中国科技典籍术语词典编纂研究』（22YYD005）

南京大学出版社

**图书在版编目（CIP）数据**

《华英字典》设计特征研究／孙文龙著. -- 南京：
南京大学出版社，2024.10
ISBN 978-7-305-27192-2

Ⅰ．①华…　Ⅱ．①孙…　Ⅲ．①英语—词典—研究
Ⅳ．①H316

中国国家版本馆 CIP 数据核字（2023）第 133348 号

出版发行　南京大学出版社
社　　址　南京市汉口路 22 号　　　　邮　编 210093
书　　名　**《华英字典》设计特征研究**
　　　　　HUAYING ZIDIAN SHEJI TEZHENG YANJIU
著　　者　孙文龙
责任编辑　张淑文
照　　排　南京紫藤制版印务中心
印　　刷　苏州市古得堡数码印刷有限公司
开　　本　718 毫米×960 毫米　1/16 开　印张 31.5　字数 424 千
版　　次　2024 年 10 月第 1 版　2024 年 10 月第 1 次印刷
ISBN 978-7-305-27192-2
定　　价　85.00 元

网　　址　http://www.njupco.com
官方微博　http://weibo.com/njupco
官方微信　njupress
销售咨询　（025）83594756

# 前　言

在当今国际中文教育快速发展的大背景下,如何研编出高质量的外向型双语学习词典,辅助非母语汉语学习者的汉语学习,促进作为第二语言的汉语教学的发展,这是中国双语词典研究者面临的重要时代课题之一。目前,我国外向型双语词典的研编,无论是在理论创新抑或是在编纂实践方面,都仍处于一种相对滞后的状态。就前者而言,现有的外向型双语词典理论研究主要集中在对应词、语用信息和文化信息三个方面,较少有针对外向型双语词典设计特征的系统性考察和理论研究。就后者而言,外向型双语词典编纂出版的种类和数量较少,编写质量参差不齐,市场占有率偏低。这与我国双语词典学界对汉语语言文字的特殊性和外国汉语学习者的汉语习得规律未给予充分研究有着较大关系。整体来看,我国外向型双语词典理论研究与汉语本体理论研究、汉语作为第二语言教学理论研究之间尚存在一定程度的脱节,相关理论构建研究的针对性不够;已出版词典的用户接受度不高,未能很好地满足非母语汉语学习者的认知需求,这与国际中文教育蓬勃发展的形势不相适应。

《华英字典》是世界上第一部汉英英汉双语词典,由 19 世纪初来华英国传教士和汉学家马礼逊编写,主要面向初学汉语和想要了解中国文化的欧洲人士,是当时非母语汉语语言及文化学习的重要工具书。作为该词典的编者,马礼逊基于自身汉语学习的丰富体验和对汉语语言文字特殊性的思考,十分重视并强调汉字在汉语学习中的基础性作用和地位。马礼逊在相关著论中对于汉字本位的学习理念有多次明确阐述,但该理念在《华英字典》编纂实践过程中的具体应用情况仍有待系统研究。实际上,目前已有部分研究者对《华英字典》的助学功能进行了初步探讨,但这些研究多采用个案和定性的分析方法,并未对词典文本的设计特征展开较为全面和系统的分析,研究的广度和深度相对不足。鉴于《华英字典》在汉英词典编纂史上的重要地位和海外用户的积极评价,进一步发掘其编纂设计理念和具体文本实践特征,对于推动我国外向型双语词典研编的创新发展以及促进国际汉语教学实践均有积极的现实意义。

本研究首先基于《华英字典》副文本的细读分析,同时结合《华英字典》对非母语者汉语学习辅助功能的相关历史评价,初步形成马礼逊词典汉字本位编纂取向的基本预设;然后,借鉴汉语本体理论以及对外汉语教学实践中字本位相关的研究成果,构建了《华英字典》汉字本位设计特征研究的分析框架,即从汉字本体知识、汉字相关词汇应用、基于汉字主体的文化认知这三个方面分别展开对《华英字典》文本设计特征的多维度研究,并在此基础上进一步思考《华英字典》设计理念与特征对于当今外向型汉英学习词典编纂的借鉴意义与实践启示。

通过《华英词典》文本细读和相关数据统计分析,本研究从词典设计特征的内容与形式表征两大维度对《华英字典》进行了较为全面的分析与反思,主要研究发现与研究结论如下:

第一,马礼逊十分注重通过对汉字基本知识的整体性描写为非母语汉语学习者提供汉语词汇的基础信息,体现了汉字本位的设计理念。在《华英字典》中,马礼逊为学习者提供了较为系统的汉字基本知识,包括字音、字形和字义三个方面的内容。在字音信息方面,马礼逊在参照利玛窦-金尼阁官话拼音方案的基础上,修订了一套针对英国汉语学习者的汉语拼读法,按照"一字一音"的原则为词典中的每个汉字标注读音;在字形信息方面,马礼逊介绍了汉字书写的基本规则、笔画、笔顺、结构、部首识别、形近字辨析和常见同文字体区分;在字义信息方面,马礼逊重视对会意字、象形字和指事字的构形理据进行分析,为因字形演变而造意不明的汉字补充篆文字形,同时也吸纳了部分流俗文字学中的内容,使得字理信息的阐释方式更加多元化。此外,马礼逊也注意到了字音、字形和字义三者之间的关系。通过对上述三方面内容的整体性描写,马礼逊旨在帮助欧洲汉语学习者更好地识别汉字。

　　第二,马礼逊十分注重通过以字带词的方式,为非母语汉语学习者提供汉语词汇使用的相关信息,体现了汉字本位的设计理念。在《华英字典》中,马礼逊围绕字词关系,利用多种方式帮助欧洲汉语学习者在字词之间建立起认知关联和使用关联。在字词认知关联的建立方面,马礼逊主要利用了译义和对比的方式帮助学习者降低词义理解的认知负担,这主要体现在利用学习者的母语知识对汉英语言之间的异同进行对比,进而为学习者的字词理解提供认知理据,沟通字义和词义之间的联系。在字词使用关联的建立方面,马礼逊主要使用了语法手段和语境充实两种方式。就前者而言,马礼逊将英语中的词类划分方法引入汉语中来,并尝试对汉语中的单字和合成词的语法特征进行描述。另外,他也注意到了汉语中特有的语法现象,尤其重视对汉语虚词用法的描述。就后者而言,马礼逊在《华英字典》中围绕汉字的用法补充了丰富的语境信息,从语境充实方式来看,明示交际场景和构建主题式情景语境是马礼逊充实词典文本语境信息的两个主要手段。上述两种字词关联的建立均与汉字的使用有着密切的关系,它们在帮助学习者掌握汉字用法和提高汉语交际能力方面发挥着重要作用。

　　第三,马礼逊十分注重汉字相关文化学习功能的拓展,为非母语汉语学习者提供汉语文化的重要信息,体现了汉字本位的设计理念。在《华英字典》中,马礼逊围绕汉字的文化学习功能,将语言学习和文化学习结合在一起,强调汉字在帮助西方汉语学习者了解和学习中国文化时所发挥的积极作用。从《华英字典》中呈现的汉字文化的内容主题来看,马礼逊倾向于选择那些与中国人的伦理道德、思维方式、风俗习惯、法律制度等相关的汉字,并对该类汉字中蕴含的制度和精神文化进行考察;相比之下,马礼逊《华英字典》中对物质文化的关注相对有限。此外,从词典信息的呈现方式上来看,马礼逊主要利用了汉字构形和配例手段对中国文化进行了较为系统的阐释和表征。一方面,他通过对汉字构形理据的分析,对汉字构形中所蕴含的文化信息进行了较为系统的揭示;另一方面,他围绕一些承载着丰富文化信息的汉字,利用词典的结构特征,在词典文本中通过例证对中国文化进行了主题式构建。

第四,本研究对于外向型双语词典的理论研究和编纂实践具有积极的借鉴意义。在理论方面,《华英字典》汉字本位设计理念为外向型汉语学习词典编纂的理论创新构建提供了新思路;与此同时,本研究还进一步拓展了汉语字本位教学理论在辞书编纂领域的实践应用,对“字本位”二元教学论的构建能够起到一定的反哺作用。在实践方面,《华英字典》汉字本位的设计特征研究对我国外向型汉英学习词典的创新编纂具有积极的启示作用。

综上,马礼逊《华英字典》的编纂理念受到了其汉语学习理念的影响,其词典编纂实践体现出了较为鲜明的汉字本位设计理念,即重视对汉字的处理及对汉字和汉语学习关系的处理。这些设计特征对于汉字和汉语的学习具有很好的认知辅助功能,对我国当今及未来的外向型双语学习词典编纂理念的创新具有一定的借鉴价值。诚然,《华英字典》在文本设计方面也存在诸多不足之处。其一,《华英字典》最突出的一个问题是编纂体例的不统一,这在汉字基本知识的描写、字词关系的沟通和汉字文化学习功能的拓展三个方面均有一定程度的体现。这种编纂体例不一致的情况使得《华英字典》的编纂质量受到影响。其二,《华英字典》还存在其他一些问题,比如在对汉字基本知识进行描写时,忽略了形声字;采用译义方式在字词之间建立认知关联时,也存在一些翻译错误。但瑕不掩瑜,马礼逊《华英字典》的汉字本位设计理念及其实践应用具有针对非母语汉语学习的合理性,其借鉴意义与实践启示值得重视。

# 目　录

# 第一章　绪论

从双语词典的起源和发展来看,一部双语词典史往往也是一部文化交流史和语言教学史(黄建华、陈楚祥 2001:1—11)。在历史上,双语词典常常充当不同民族或国家之间语言和文化沟通的桥梁。就中西文化交流而言,汉外-外汉词典同样发挥了积极的作用。16 世纪中叶,在地理大发现的时代背景下,一批欧洲天主教传教士来华后编写的汉欧-欧汉双语词典见证了早期的中西语言文化交流(杨慧玲 2012:68)。进入 19 世纪,马礼逊作为第一位来华的新教传教士,也编写了世界上第一部汉英英汉双语词典,并引发了传教士编写汉英词典和英汉词典的一个小高潮,进一步沟通了西方英语国家与中国的语言文化交流。另一个面向非母语汉语学习者的汉外词典编纂小高潮一直到 20 世纪 90 年代才出现。1978 年起,随着改革开放政策的实行,再加上对外交流的需求,我国的外向型汉外词典获得了快速发展(魏向清等 2011:330)。从 1976 年的第一部外向型汉英词典的出版,到 90 年代多部汉语学习词典的不断问世,我国的外向型汉语学习词典研究进入了一个新时期。特别是进入 21 世纪以来,随着中国国际影响力的提升和国际中文教育的推广,外向型汉英词典的编纂出版与研究迎来了一个新的发展机遇期。相对于外向型双语词典编纂出版的早期(比如 19 世纪传教士时期),当下外向型汉外双语词典的研编更具有时代意义。一方面,全球的汉语学习者越来越多,其需求的多样化和差异化对汉语学习词典的国别化设计特征提出了更高的要求,外向型双语词典的研编是汉语学习词典国别化设计特征实现的必由之路;另一方面,与作为第二语言的汉语教材的研编一样,外向型双语词典是汉语初中级学习者掌握汉语的重要工具,编写出高质量的外向型双语词典对国际汉语教育事业的蓬勃发展起着积极的推动作用。

## 1.1 研究背景

从英语学习词典的发展史来看,英语学习词典的目标用户定位主要是以高级英语学习者为主,从最早的牛津高阶系列,到较晚的韦氏高阶,无一例外。这与英语的国际通用语地位有着密切的关系,世界上多数国家都将英语作为一种二语或外语纳入国民教育体系中,使得全球的基础英语教育取得了巨大的发展成就。其结果之一就是,从世界范围来看,高级英语学习者这个群体的数量较为庞大,这也是英语学习词典以高级英语学习者为主要服务对象的重要原因之一。相比之下,外向型汉语学习词典的研编则应更多考虑到非母语汉语学习者和我国国际汉语教学的实际情况。一方面,从语言水平来看,多数汉语学习者处在初、中级水平,高级汉语学习者的人数相对有限。因此,如何编纂针对初、中级汉语学习者的双语学习词典应该是当前我国外向型汉语学习词典研编的一个重中之重。另一方面,从国际汉语教学的现状来看,汉字既是汉语教学中的一个难点,也是吸引外国学生学习汉语的一个兴趣点。相应地,编者需要在词典编纂实践中关注汉字学习与汉语学习之间的关系,尤其是汉字学习的特殊性。下文拟从三个方面展开对本研究背景的论述,分别是:1. 对我国外向型汉英学习词典研编现状的反思;2. 对汉语作为第二语言教学中"语""文"之争的反思;3. 对学习词典类型本质的反思。

首先,我国外向型汉英学习词典的研编现状与当前国际汉语教育事业的快速发展不相适应。根据《中国留学发展报告》(2016),截至 2016 年底,来自世界各地的 44 万名留学生在中国学习汉语,中国已经成为全球第三大留学生输入国。按照教育部制定的《留学中国计划》,到 2020 年来华留学人员数量将达到 50 万,中国亦将成为亚洲最大的国际学生流动目的地国家。此外,截至 2016 年已有 60 多个国家将汉语教学纳入国民教育体系,全球汉语学习者达 1 亿人,比 10 年前增长了 3.3 倍(王辉耀、苗绿 2016)。"中国境内汉语作为第二语言教学与海外孔子学院汉语作为外语教学两条战线上彰显出的'汉语热',催生出大量不同需求的汉语学习者,对外向型汉语学习词典也提出了更高的要求。"(蔡永强 2017:18)然而,"目前从事对外汉语教学的教师和海外的汉语教师中,95% 以上是在搞基础汉语教学,这就是汉语作为第二语言教学的现实"(刘珣 1997:17)。而所谓的中高级阶段,都是相对而言的,"中高级阶段的汉语教学是基础阶段的延伸和发展,整体上仍属于基础性教学,这种提法是合适的"(刘珣 1997:24)。从汉语学习者的语言水平来看,80% 的留学生其汉语学习水平主要停留在初中级阶段(李萍 2009),这给我国外向型汉英学习词典研编的用户定位提供了重要的依据。简而言之,外向型汉英学习词典的编纂应主要针对初、中级水平的非母语汉语学习者,因为该类型词典,其受众面最大,拥有最多的潜在用户,这也与国际汉语教学的现实需求相符。但相关研究表明(如张志毅 2012;金沛沛 2015;于屏方等 2016;蔡永强 2016;Ye et al. 2018),现有外向型汉英学习词典的研编现状尚不尽如人意,不能较好地满足非母语初级汉语学习者的需求。

具体而言,其一,从外向型汉英学习词典的出版数量来看,其数量要远低于汉语单语学习词典的数量。中华人民共和国成立后,我国第一本专供外国人学习汉语使用的汉英词典可以追溯到1976年由北京语言学院编写的《汉英小词典》。虽然自该词典问世以来的四十多年里,汉语学习词典的数量已不下50部(杨金华2016),但据本研究的初步统计,国内出版的外向型汉英学习词典的数量仅为个位数,国外出版的面向非母语汉语学习者的汉英双语学习词典数量要略多一些,不过也只有二十几部,这与巨大的市场需求相比,显然只是杯水车薪①。其二,从外向型汉英学习词典的编纂质量来看,"上个世纪80年代以来,自称是为外国学生学习汉语用的字典、词典出版了不少,但是说实在的,基本上都是《新华字典》和《现代汉语词典》的删减本,没有真正从外国学生学习汉语的角度来考虑编写,包括收字、收词、释义、举例等"(陆俭明2007,序)。究其原因,国内词典编者大多缺乏对外汉语教学一线的实践经验,对留学生汉语学习的困难、偏误特点和真实需求了解有限。此外,部分国内汉语学习词典的编纂实践以参照英语单语学习词典的研编模式为主(例如,对《现代汉语学习词典》和《新华字典》进行双解化对译),这样编译出的词典,其内容设计往往缺乏针对性,在外国留学生中的接受度相对较低。黄全愈等对美国迈阿密大学一至四年级300多名学中文的学生调查后发现,只有两人用汉语字典,不到0.7%;相比之下,来华留学生的词典使用率要高些,不过也仅有6.8%的留学生使用过汉语学习词典(刘善涛2014)。因此,就目前我国外向型汉英学习词典的研编现状而言,无论是在出版数量,或是内容质量上,均不能很好地适应当前国际中文教育事业发展的需要,也不能充分满足非母语汉语学习者的需求。这种状况一方面与我国汉语学习词典理论研究滞后有着很

---

① 统计结果来自本书作者对亚马逊网站上汉语学习词典销售情况的调查,检索时间为2018年12月23日。

大程度的关联,另一方面也与汉语的特性及汉语作为第二语言教学的规律未得到充分重视有关。在理论和实践两个方面,如何摆脱简单照搬英语单语学习词典研编的成功经验,如何结合汉语本体研究和作为第二语言的汉语教学的特点编写用户需求针对性强的双语学习词典是值得思考的重要时代课题。

其次,当前的汉语学习词典研究中,尚未对汉语作为第二语言教学中的"语""文"之争进行充分的思考。这一"语""文"之争指的是在对外汉语教学的初始阶段,如何处理汉语和汉字教学顺序的一种教学理念之争(赵金铭 2011)。该争论产生的主要原因在于,针对汉语学习者,尤其是来自母语背景为拼音文字的汉语初学者而言,如何在课堂教学实践中解决他们的听说能力与读写能力不匹配的问题。自 20 世纪 50 年代以来,国内外学界共出现了先"语"后"文"(周祖谟 1953;杨锛 1987;崔永华 1999;赵金铭 2011)、"语""文"并进(王学作、柯炳生 1957;刘社会 1990;伍英姿 2010)、有"语"无"文"(耿有权 2009;毛悦 2010)、以"文"带"语"(沃哈拉 1986;佟乐泉 1997)、"语""文"分进(白乐桑 1996;张朋朋 2007;邢军 2010)等几种有代表性的观点。上述几种观点的分歧之处主要体现在何时将汉字教学引入课堂教学中来。迄今为止,有关"语""文"教学顺序的争论仍未有定论。"语""文"关系之争是国际汉语教学特殊性的重要体现,教学顺序之争只是表象,造成二者分歧的更深层次原因是汉字与汉语之间关系的问题。

作为一种表意文字体系,汉字与汉语关系的密切程度远远大于拼音文字与其语言的关系(王宁 2014:76)。汉字与汉语的关系可以大致总结为两点:第一,汉字是记录汉语的第二性符号系统;第二,汉字对汉语的发展和教学具有积极的影响(同上)。如果我们从汉字与汉语关系的角度重新审视国际汉语教学中"语""文"之争的问题,就会发现"语""文"之争的实质其实可以理解为中国文字的特殊性与汉语教学效率之间的一种矛盾性,这种矛盾主要体现在对外汉语教学的初级阶段。对汉语初学者而言,仅通过拼音学习词汇来提高交际能力要比汉字学习的效率更高,但从长远来看,汉字始终制约着学习者读写能力的提高,离开了汉字学习,就不可能从根本上学好汉语。无论"语""文"的教学顺序如何变化,它影响到的只是教学效率的高低,因此,作为一种教学理念,有"语"无"文"是不足取的,但作为一种教学手段,在某个特定的教学阶段是可以接受的。"语""文"之争给我们带来的启示是,在作为第二语言的汉语教学实践中,既要重视汉字的教学,也要重视汉语的教学,二者不可偏废,但也要兼顾教学的阶段性特征。这其中,汉字教学主要体现为汉字知识的学习,而汉语教学则体现为汉字构词造句交际能力的培养,只有二者并重,学习者的语言能力和语言交际能力才能得到均衡的发展。

在汉语学习型辞书的研编中,也需要考虑"语"和"文"之间的关系。无论是字典,还是词典,二者在立目上一般呈现出相同的特点,即以汉字作为具有查检功能的立目单位。由于现代汉语以双音节词为主,这也导致字和词之间关系的复杂性,例如,有部分汉字既能作为一个单音节词使用,也能用作一个构词语素,而有些汉字只能作为构词的一个音节,连语素都不是。从学习者的角度来看,他们既需要了解与汉字音、形、义相关的汉字知识,也需要掌握相关的汉字用法。前者与"文"相关,后者与"语"相关。在现有的以"字典"或"词典"冠名的学习型辞书中,一般都会有对汉字知识内容的呈现,也会提供与汉字用法相关的语言理解和产出信息,只是二者的关注点有所不同:"字典"对汉字的关注要多些,词典中收录的词的数量往往会多些。所以,在汉语词典学研究中,对外汉语教学中的"语文之争"会转化为如何编排字词以及如何沟通字词关系这两个问题①。从现有研究来看,这方面仍未得到应有的

---

① 这里的"字"指的是字典或词典立目意义上的字,即字头。

关注。词典编者需要思考如何帮助非母语汉语学习者认字、写字和用字,通过词典的文本设计,将汉字和汉语学习紧密地结合在一起。

最后,随着学习词典学在研究深度和广度上的不断拓展,辞书研究者需要对学习词典类型的本质不断进行深层次的思考。学习型词典与普通语文词典的分野肇始于 20 世纪三四十年代,它与英语作为二语的海外教学实践密不可分。学习词典之所以能够逐渐发展成为一个独立的词典类型,这与其区别性功能特征紧密相关。关于其功能特征,学界已有不少论述,如陈伟和张柏然(2007)认为,学习词典范式建立在对教学语境模拟的基础之上;陆谷孙(2015)将英语学习词典家族中具有标杆性的《牛津高阶英汉双解词典》的功能总结为三点:助学功能、描记功能和实用功能;章宜华(2015)将学习词典的功能概括为描写、规范和助学功能。尽管研究者对学习词典功能的概述不尽相同,但他们共同指出了学习词典的一个重要功能——助学功能。正如章宜华(2015:22)所指出的那样,"学习词典就是为外语教学而设计和编纂的,因此其助学功能无论怎么强调也不过分"。换言之,学习词典的类型学意义应该在于其助学功能的凸显,离开了这个功能,学习词典与普通语文词典的界限将难以明晰。事实上,近 80 年以来,如何凸显学习型词典的教学辅助功能也一直是以英语学习词典为代表的单语学习型词典编纂设计的题中之义。从历代英语学习型词典的设计特征可以看出,各大品牌学习型词典的研编均在依托非母语英语教学实践经验、借鉴二语习得相关研究成果的基础上,不断努力推陈出新,力求更好地契合二语学习者的需求。然而,进入 21 世纪来的 20 多年里,尽管词典编纂技术取得了较大的发展,但学习词典的发展似乎进入了一个瓶颈期,在词典文本的内容和形式设计上,创新性特征乏善可陈,"代际特征"(Cowie 1999)不明显。

要想改变这种现状,本研究认为,学习词典的设计理念应该从

"以用户为中心"转向"以学习为中心"。自 20 世纪 70 年代末"用户研究"兴起以来,凡谈及学习词典的研编,必言及"用户中心"的编纂理念。但在不少情况下,词典用户并不能将其学习需求清楚地表达出来,特别是对于初级学习者而言,更是如此。究其原因,这主要是学习者对其自身的学习困难往往缺少敏感性、洞察力和概括能力,通过词典用户调查,研究者所搜集的词典用户数据多为学习者的"向往"(wants),而非他们真实的"需求"(needs)(孙文龙 2019:108)。这样,建立在用户调查基础上的设计特征就失去了用户针对性,学习词典的助学功能也会大打折扣。用户调查能成为学习词典编纂的一个重要基础就在于学习词典作为一种文化产品,其设计者和使用者之间形成了主客二分的疏离关系(魏向清等 2014:2)。但是,从世界辞书编纂史来看,早期辞书编纂设计的主位与客位往往是合二为一的,即编纂者既是辞书的编纂设计者,同时也是辞书的实际使用者,他们的编纂设计理念首先源自其作为使用者的真实需求。在学习型词典编纂实践中,不能过度依赖于用户需求的调查,词典编者主体性的介入同样重要,二者是一种互补的关系。从"以用户为中心"到"以学习为中心",意味着编者的主体知识和用户的学习需求的紧密结合。它要求编者要具有一种"移情"的能力,即编者能够根据其所具有的主体知识,对学习者在学习过程中可能遇到的难点、易发生的错误、常见需求等形成一种较为准确的预判,通过用户需求分析和编者内省式思考相结合的途径,对用户的真实学习需求进行探究。只有这样才能设计出更有针对性的、助学功能凸显的学习型词典。将来,无论新技术的进步给学习词典的研编带来怎样的影响,在内容设计方面助学功能的凸显始终是学习词典类型学意义的本质所在,而"以学习为中心"是其助学功能得以实现的重要理念保证。

## 1.2　研究对象

　　本书以马礼逊《华英字典》的汉英卷（共两部）为主要研究对象，同时也参考了马礼逊其他一些重要的语言学著作，如《通用汉言之法》《中国大观》等。这些著作与《华英字典》的编纂过程有着密切的联系，是《华英字典》的重要副文本。这些副文本大都在《华英字典》的编写过程中完成，在编写目的和理念上有共通之处：从编纂目的上看，它们均是为了帮助欧洲汉语学习者掌握汉语而编写；从编写理念上看，它们都尝试从不同方面凸显汉字的语言文化学习功能。因此，对上述这些词典副文本的关注，一方面有助于更为全面地了解马礼逊的汉语学习理念，另一方面也可以加强对词典文本考察的深度。

### 1.2.1　《华英字典》汉英卷

　　《华英字典》是世界上第一部汉英和英汉双语词典，共三部六卷，由 19 世纪来华传教士马礼逊编写。第一部共三卷，分别于1815 年、1822 年和 1823 年出版。该字典主要是参照《康熙字典》编写而成，共收字头 40550 个，按照《康熙字典》中的 214 部进行排序，其中第一卷包含 40 个部首，共计 5664 个字头；第二卷包含 79个部首，共计 16622 个字头；第三卷包含 95 个部首，共计 18264 个字头①。虽然第一卷收录的部首和字头数量最少，但该卷中字条的内容信息最为丰富。一方面，这与词典的宏观结构有关，按部

----

　　①　本书对第一部三卷本中的字头分别进行了统计。之前学界对第一部《华英字典》字头收录数量的介绍多是按照《康熙字典》进行推算，认为《华英字典》也收录了47035 个字头。但本书的统计表明，《华英字典》中的字头数量刚 4 万出头，在宏观结构上，并未完全按照《康熙字典》中的字头进行立目。

首排序、构字能力强的部首和较常用的汉字基本上都集中于前两卷字典,特别是第一卷字典;另一方面,这与马礼逊编纂方针的调整有很大关系。鉴于当时欧洲人对按音序编排的字典需求更为迫切,在第一卷字典于 1815 年出版之后,马礼逊就中断了第一部字典的出版工作,开始将精力放在编写一部完整的按音序编排的汉英字典。经过 4 年的努力,这部上下两卷的字典分别于 1819 和 1820 年出版,这就是《华英字典》第二部,又名《五车韵府》,因该部字典在音序的编排方式上参照了清朝陈尽谟的《五车韵府》,马礼逊于是沿用了该蓝本字典的名称。马礼逊《五车韵府》的上卷为词典正文,立目字头共计 12674 个,但实际包含的字头总数要远远多于这个数量,因为有不少立目字头下还包含多个异体字形。据汪家熔(1996:43)考证,马礼逊的《五车韵府》实际收字 2.7 万左右。与第一部汉英词典中的字头数量相比,马礼逊确实已经精简了不少内容。这些汉字被归在 411 个音节下,从 A 开始,到 Yung 结束,所有字头均按照音序排列,如果读音相同,再按笔画数排列,笔画数再相同的话,就按照笔画顺序进行排列。这种编排方法尤具近代词典特征,与当今的音序编排方法几近无异。《五车韵府》的下卷共包含六个附录,分别是 214 部首表、汉字索引表、分类汉字表、辨字表、英文索引表和同文字体表,马礼逊对设置每个附录的目的都进行了说明。《五车韵府》出版之后,马礼逊紧接着把第一部汉英字典的后两卷陆续补齐,但从内容特征来看,后两卷的编写要显得粗糙不少,词条内容十分简略,这与马礼逊的身体健康情况和精力有很大关系(参见 Kidd 1839)。整体来看,这两部汉英字典呈现出一种互补的关系:根据马礼逊的编写思路,第一部字典主要是针对欧洲汉语学习者碰到生字不知道读音的情况,第二部字典则是针对他们听到生字的发音但不知道或忘记汉字写法的情况(Morrison 1819:vi)。《华英字典》的第三部是《英汉字典》。这部字典的篇幅是最短的,但由于在编写时缺少蓝本字典的帮助,其编写难度反而是最大的,从 1810 年开始筹备,到 1822 年出版,耗费了马礼逊 13 年的时间。

本研究中词典文本分析的对象是《华英字典》的汉英卷,即名为第一部汉英词典《字典》和名为《五车韵府》的第二部汉英词典。选取这两部词典作为研究对象的原因主要有三个:首先,这两部词典最能体现马礼逊汉语学习观的具体实践应用。自 1807 年来到中国之后,马礼逊就开始一边学习汉语,一边编写词典,同时还完成其他一些语言文字工作,如对《圣经》的翻译,关于文学、语言学、宗教学的一些出版物等。在马礼逊所从事的语言文字工作中,《华英字典》的编写是一个浩瀚而系统的工程,Kidd(1839:3)将之视为马礼逊一生中所取得的最重要的文字成就。在编写词典的过程中,马礼逊将其搜集到的语言材料分门别类,然后通过词典的结构编排将汉语语言文化知识较为系统地呈现给学习者。同时,马礼逊也将个人学习汉语的一些经验和理念融入其编纂实践中。因此,两部汉英词典在对汉语语言系统进行描写的同时,也最能集中体现马礼逊的汉语学习观。其次,《华英字典》是世界上首部汉英双语词典,在世界双语辞书史上具有重要的里程碑意义。尽管马礼逊并不是一名专业的辞书编纂者,但从其编纂实践来看,他具有较强的用户意识,他并没有完全照搬蓝本字典中的内容,而是在结合其汉语学习经验的基础上,对蓝本字典进行了编译。这种编纂方式更符合当时欧洲汉语学习者的真实需求。该部词典出版后,对同时期的其他由传教士编写的汉英英汉词典产生了巨大的影响(杨慧玲 2012)。所以,选取马礼逊的汉英词典作为研究对象,在很大程度上也起着正本溯源的作用。最后,目前学界已有部分关于马礼逊汉英字典可学性的研究,但是这些研究多以个案研究为主,而依托于对词典文本进行系统分析的研究尚不多见(详见2.3)。所以,从研究方法上看,对《华英字典》汉英卷的文本细读和数据分析研究具有积极的补白作用。总之，鉴于《华英字典》汉英卷的重要历史地位、研究价值和现有研究的不足，该历史文本中所蕴含的汉语学习理念及其文本设计特征体现出的可学性值得当今中国辞书工作者研究和借鉴。

### 1.2.2 《华英字典》副文本

副文本(paratext)的概念由法国叙事学家、文学理论家热拉尔·热奈特(Gérard Genette) 1979 年在《广义文本之导论》(*The Architext: An Introduction*) 一书中提出(殷燕、刘军平 2017:22)。它指的是"围绕在作品周围，强化作品，并确保它以某种形式得以呈现、被接受和消费的各种语言和非语言的伴随形式"(耿强 2016:105)。副文本有三个特点:1) 副文本围绕并伴随着正文本,补充甚至强化正文本;2) 副文本形式多样;3) 副文本的功能是呈现正文本,使其以图书的样式存在,促进图书的接受和消费,它协调的是正文本和读者之间的关系(同上)。在词典学研究中,狭义上的词典副文本一般指词典宏观结构中的前件和后件,前件中的序言、编写体例最能体现词典的编纂理念和编纂原则,后件中的附录也能间接地体现出词典的设计特征。广义上的词典副文本包括的范围更广一些,除了词典正文内容,其他由词典编者出版或发表的与词典编纂活动相关的文字材料都可纳入该范围。马礼逊一生著述颇丰,除了《华英字典》,还有其他多种语言文字著作问世,其中与词典编纂实践相关的著作主要有 5 部,分别是《通用汉言之法》(*A Grammar of the Chinese Language*, 1815b)、《中文会话及凡例》(*Dialogues and Detached Sentences in the Chinese Language*, 1816)、《中国大观》(*A View of China for Philological Purposes*, 1817)、《广东省土话字汇》(*A Vocabulary of the Canton Dialect*, 1828)、《马礼逊回忆录》(*Memoirs of the Life and Labours of Robert*

*Morrison*, 1839）①。这几部著作都与《华英字典》的编写有着千丝万缕的联系，分别简述如下：

　　《通用汉言之法》是世界上第一部用英语编写的汉语语法书，该书将英语语法分析的方法引入汉语语法研究，重点对汉语的词类进行了划分，并将之应用到了词典编纂实践中，《华英字典》第一部的前件内容中，有很大一部分内容都来自该书。《中文会话及凡例》是一本汉语入门阶段的教材，书中包含 31 个不同场景的长篇对话，供欧洲汉语学习者练习口语之用，《华英字典》第一部前件中的两个"对话"示例就摘自该书，词典正文中的不少口语例证也来自该书。《中国大观》是有关中国历史文化的一本著作，在该书前言中马礼逊指出，"本书篇幅不长，书中的材料原本是《华英字典》的附录……。鉴于它们是读者经常查询的内容，所以，以目前的方式将之单独装订成册会给读者带来更多的便利"(Morrison 1817：Preface)②。《广东省土话字汇》是马礼逊在编纂《华英字典》经验的基础上，根据粤语的特点和当时的社会需要而编成的一部粤方言字典，该书沿袭了马礼逊一贯的汉语学习理念，即强调汉字在汉语学习中的重要作用，与《华英字典》有着较为明显的相承关系。《马礼逊回忆录》主要是在整理马礼逊日志的基础上编写而成，书中对马礼逊学习汉语的过程有着较为详细的描述，是探究马礼逊汉语学习理念最珍贵的原始材料之一。另外，在《马礼逊回忆录》的附录部分，由研究中国语言文学的 Kidd 教授所撰写的《马礼逊文字工作述评》（Critical notices of Dr. Morrison's literary

――――――――

　　① 《马礼逊回忆录》由马礼逊的夫人艾丽莎·马礼逊（Eilza Morrison）编写，内容多数是从马礼逊生前的日志手稿中摘录出来的，所以也被认为是马礼逊语言文字著作的重要组成部分。

　　② 原文是：The Materials contained in this Small Volume, were at first intended to be attached to the Chinese Dictionary [...]. However, as subjects of frequent reference, they will probably be more convenient, printed in the present form, and bound up by themselves.（注：汉语和英语引文中的省略号为本书所加。）

labours），也是研究马礼逊汉语学习和研究的重要资料。

质言之，上述著作均与马礼逊汉语学习观的形成和词典编纂活动有着密切的联系，是研究《华英字典》编纂理念和设计特征的重要辅助性资料，属于上文提及的广义上的词典副文本的范畴。在《华英字典》设计特征的研究中，这些广义上的副文本的引入，一方面有助于我们更加全面地探究马礼逊的汉语学习理念；另一方面，它们与狭义上的词典副文本中的相关内容互相印证、互相补充，从而使本研究的分析和结论更具有说服力。

## 1.3　研究目标

本书首先基于副文本的研究，结合马礼逊词典的相关评价，初步形成了马礼逊词典设计理念中的汉字本位特点的基本假设，然后借鉴汉语本体理论以及国际汉语教学实践中字本位相关的理论资源，构建了《华英字典》汉字本位设计特征研究的分析框架，围绕着以下四个研究问题展开分析：1）《华英字典》在汉语词汇基础信息表征方面是否体现了汉字本位的设计理念？具体的设计特征如何？2）《华英字典》在汉语词汇使用信息表征方面是否体现了汉字本位的设计理念？具体的设计特征如何？3）《华英字典》在汉语词汇文化信息表征方面是否体现了汉字本位的设计理念？具体的设计特征如何？4）《华英字典》汉字本位设计特征研究的当代意义与启示如何？其中，前三个研究问题分别围绕汉字的识别、汉字的使用和汉字的文化学习功能展开，既关注到了汉字与拼音文字的特殊性，也融入了对外语学习中语言习得和文化习得之间关系的思考。第四个研究问题进一步探讨了本研究的现实意义和价值。围绕着上述四个研究问题，本书的研究目标具体包括以下四点：

第一,进一步拓展《华英字典》的研究广度和深度。《华英字典》是中外语言文化交流史上非常重要的历史文献,也是面向非母语汉语学习最早的汉英双语辞书,自问世以来在用户中享有较好的口碑。从已有文献来看,有关《华英字典》的研究主要集中在对其文化交流功能的探讨,从词典学视角展开的研究还不多见。此外,目前对《华英字典》设计特征的研究,多采用定性分析的方法,较少有结合定量分析方法而展开的文本实证研究,因此,对词典文本分析的深度相对有限。本研究在文本细读的基础上,对《华英字典》的助学功能,即可学性设计特征,展开较为全面的分析,从研究广度和深度上拓展《华英字典》的研究。

第二,挖掘《华英字典》对我国外向型汉英学习词典编纂实践的借鉴价值。马礼逊的双重身份特征——既是编者又是二语学习者,使得他对汉语的特点和欧洲汉语学习者的真实需求均有着较为深刻的认识。马礼逊的汉语学习观和词典观的形成也与此密切相关。《华英字典》虽非现代意义上的学习型词典,但其文本设计特征中所体现出来的"学习驱动理念"(the philosophy of learning-driven)具有历史前瞻性(参见 Ye et al. 2018),也有学者评价它至今仍然"被誉为欧洲语言中最好的汉外词典"[①](Ryu 2009:8)。目前,我国外向型汉外词典的研编尚不能很好地满足国际汉语教育事业快速发展的需要,鉴往知来,总结马礼逊"编用一体"视角下的词典编纂实践对于我国外向型汉英词典的研编有着积极的借鉴意义。

第三,为推动汉语学习词典相关理论研究的发展提供建设性意见。20世纪90年代,在汉语本体研究领域和汉语二语教学研究领域中,几乎同时出现了"字本位"理论,以强调汉语研究和教学不同于印欧语的特殊性。这种现象的出现应该不是偶然和随机

---

① 原文是:...being acclaimed as the best Chinese dictionary in a European language.

的,其背后折射出的是研究者对汉语特性认识的加深以及开展国别化研究的诉求。然而,在汉语学习词典研究领域,尚未见到从汉字和汉语关系角度去思索汉语学习词典编纂理论创新的研究。在研究思路上,以往的相关研究多集中于对英语学习词典经验的借鉴,很少有与汉字知识和用法信息的呈现内容和方式相关的研究。本研究拟对外向型汉语学习词典中汉字的认知价值及其处理方式展开讨论,以期能为外向型汉语学习词典相关理论研究的发展带来一些有益的启示。

第四,反哺汉语作为第二语言的汉语教学理论和实践研究。在当今的汉语国际教育中,尽管汉字教学已经引起了学界的关注和重视,但它与汉语教学的关系问题尚未理顺,二者之间仍然存在着脱节的现象。另外,从汉语二语教学的目的来看,"衡量对外汉语教学成功与否的唯一标准就是学习者是否掌握了汉语这一交际工具"(刘珣 1997:13)。因此,围绕着汉语交际能力培养这一核心目标,如何处理汉字教学和汉语教学之间的关系,将在很大程度上决定着汉语教学的目标能否成功实现。目前,有关对外汉字教学的研究多集中在汉字教学理论体系的构建、汉字教学方法的有效性、汉语学习者汉字认知机制的特点、汉字教材的编写等几个方面(参见傅晓莉 2015),对汉字教学与汉语交际能力培养之间关系进行深入探讨的研究还不多见。马礼逊基于自身汉语学习的经验固然有其历史条件的局限,但其编用一体的双重身份是马礼逊汉语学习经验得以积累的一个先决条件,这为当今研究者思考非母语汉语教学的有效性问题提供了有益的参考。马礼逊对汉字学习的重要性有着较为强烈的主观意识,尤其重视对汉字和汉语学习关系的处理。这对当前汉语国际教育中汉字教学实践及相关理论构建均能带来一些启示。

简言之,本研究旨在从词典学的视角进一步拓展《华英字典》的相关研究,挖掘《华英字典》对我国外向型汉英学习词典研编的当代价值,为推动外向型汉语学习词典相关理论研究的发展提供建设性意见,并思考对国际中文教育教学理论和实践研究的反哺作用。

# 1.4　研究方法

本书主要采用词典历史文本细读法,对《华英字典》的设计特征进行较为全面和系统的分析。本研究所使用的《华英字典》有两个版本:前者是 2008 年由大象出版社影印的六卷本纸质版,后者是由互联网档案馆(Internet Archive)在 2007 年微软公司资助下的数字扫描版(PDF 格式),仅支持英文检索。两个版本的内容相同,只是在文本分析时有不同的用途:在提取汉语相关的信息时,只能通过逐页查找的方式,这种情况下,使用纸质版更方便;提取英文信息时,由于可以通过 PDF 版本中的"编辑/搜索"功能(主要使用"全字匹配"和"区分大小写"两种选项)实现关键词检索,这时查阅电子版的词典文本更方便。

具体而言,在文本细读的基础上,本书主要采用了以下三种分析方法:1)定量和定性分析相结合的分析方法。定量分析主要是对词典文本中的一些信息进行统计,既包括全人工统计,也包括借助"编辑/搜索"功能展开的半人工统计:前者如对《华英字典》中字理信息的统计,要依靠逐页查找的方式才能得出统计数据;后者如对 superior 和 inferior 在词典中出现次数的统计,"半人工"指的是还需要根据研究问题对计算机检索到的信息进行人工筛查,最终选出符合研究要求的条目。定性分析则是结合具体的研究问题对这些统计数据进行描述和解释。2)个案分析法。它主要是在对词典文本进行穷尽性分析有困难的时候使用。由于篇幅所限,本书从词典文本中抽取了典型的个案对相关研究问题展开论述,如对《华英字典》中文化信息的呈现方式进行分析时,鉴于词典中文化信息条目的数量较多,就选取了第一部汉英词典中的《论语》例证作为典型个案。3）对比分析法。该方法主要应用于以下三个方面,一是对《华英字典》与《康熙字典》的对比,二是对《华英字典》两部汉英卷之间的对比,三是对《华英字典》与我国其他外向型汉英词典的对比。

综上所述,本书使用了词典文本细读和相关数据统计分析的研究方法,对《华英字典》的设计特征展开了较为系统的分析。在对词典文本考察的过程中,又综合使用了多种具体的分析方法——定量和定性分析相结合、个案分析和对比分析。当然,在研究中,上述三种分析方法并不是截然分开的,在分析某一研究问题时,往往同时使用了多种分析方法。

## 1.5 本书结构

本书共分为八章。第一章为绪论,该部分主要陈述了本书的研究背景、研究对象、研究目标、研究方法以及全书的整体结构安排。第二章为文献综述,在该部分中,首先对三个关键词——外向型学习词典、设计特征、汉字本位进行了界定,然后分别对外向型汉英词典研究、马礼逊《华英字典》研究、汉字学习理论与应用研究进行了述评。第三章为理论基础和分析框架,本部分首先梳理了汉语字本位理论和汉语字本位教学理论,进而探讨了字本位理论对外向型汉语学习词典研编的适用性,最后提出了《华英字典》汉字本位设计特征的分析框架。四、五、六三章是本书的主体内容,围绕着分析框架的三个维度,分别论述了《华英字典》中汉字基本知识的呈现、《华英字典》中字词关系的处理和《华英字典》中汉字文化学习功能的拓展三个方面。第七章探讨了《华英字典》

汉字本位设计特征研究的当代启示,主要包括《华英字典》设计特征研究的理论和实践意义、对《华英字典》编纂设计的历史局限性反思、外向型汉英学习词典编纂设计的创新探索。第八章是结论部分,对本研究的主要发现、主要启示、存在的不足进行了总结,并对后续研究提出了相应的建议。

# 第二章　文献综述

　　本章首先对与本研究相关的三个关键词——外向型学习词典、设计特征、汉字本位进行界定。接下来，在回顾前人相关研究的基础之上，指出《华英字典》相关研究中有待进一步补白之处。对前人相关研究的综述包含以下三个方面：外向型汉英学习词典研究述评、马礼逊《华英字典》研究述评、汉字教学方法与应用研究述评。

## 2.1　关键词界定

### 2.1.1　外向型学习词典

　　"学习型词典作为一个词典类别，缘起于 20 世纪三四十年代的非母语英语教学实践需求。"（魏向清等 2014：10）最早提出 learner's dictionary（即学习型词典）这一概念的是英国语言学家帕默（Palmer 1938，转引自 Cowie 1999）；最早冠以 learner's dictionary 名称的是霍恩比等主编、牛津大学出版社出版的《学习者当代英语词典》（*A Learner's Dictionary of Current English*）（Hornby et al. 1948，转引自陈国华等 2013：1）。从翻译的角度来看，learner's dictionary 的中文翻译应是"学习者词典"，而"学习型词典"则应翻译成 learning dictionary。不过在国外词典学研究文献中，learner's dictionary 和 learning dictionary 两个术语均有使用。关于 learning dictionary 这一术语的使用最早可追溯至 Hausmann(1977)对学习词典(learning dictionary)和查询词典(consultation dictionary)的划分。Hausmann 对此区分的目的在于强调学习型词典是用于学习的,而不仅满足于学习者求解或求用的查询之需。Hartmann 和 James(1998)编写的《词典学词典》(*Dictionary of Lexicography*)中同时收录了二者,不过在 learning dictionary 词条下没有释义信息,仅提供了"See learner's dictionary"这一参见信息。可见,Hartmann 和 James 是将二者视为同义术语处理的,同时以 learner's dictionary 作为常用形式。这种做法可能是受到了《牛津高阶英语学习词典》(*Oxford Advanced Learner's Dictionary*)的影响,作为学习词典的第一张名片,该词典名称中的 learner's dictionary 促使广大词典用户和研究者关注 learner's dictionary,这也是国内词典学界使用"学习型词典"作为"learner's dictionary"对等术语的重要依据之一。

Hartmann 和 James(1998:82)将"学习型词典"(learner's dictionary)定义为"教学词典的一种,主要针对非母语语言学习者。该类词典介入学习过程的程度因不同的文化而异。作为学习工具的真正意义上的学习词典仍处在初级发展阶段"①。由此,我们可以看出,该定义包含了两个重要的信息:1)它的上义术语是"教学词典",与学习过程有着密切的联系;2)它主要针对非母语语言学习者,与针对母语者的"学生词典"(student's dictionary)相对。Hartmann 和 James 对"学习型词典"所下的定义影响较广,国内外不少学者均认同他们的观点(如 Welker 2008;赵彦春 2003;田兵、

① 原文是:A pedagogical dictionary aimed primarily at non-native learners of a language. The degree to which dictionaries have been integrated into the learning process varies from culture to culture. The true dictionary as a learning tool ("learning dictionary") is still in its infancy.

陈国华 2009;章宜华 2010 等）。但也有学者持不同的观点，他们认为学习型词典的用户对象应该包括所有语言学习者，既包括母语学习者，也包括非母语学习者。其中，比较有代表性的当属Tarp。他对"学习词典"的定义是"为了满足学习者在外语学习过程中各种潜在的词典信息查询需求而编纂的一类词典"①（Tarp 2008:125）。但三年之后，Tarp 对学习词典的认识发生了变化："学习词典是专为帮助学习者语言学习（无论是母语还是外语），以及科学和实践学科学习而编纂的一类词典"。②（Tarp 2011:223）不难发现，Tarp 扩大了"学习者"的外延。换言之，Tarp 认为，学习型词典的用户对象不仅包括母语学习者，而且还包括非母语学习者。究其原因，这可能与学习词典类型的发展及进一步分化有着密切的关系。时至 2011 年，学习词典经过了 70 多年的发展，这期间，双语学习词典、针对母语者的学习词典、专科学习词典、其他语种（如俄语、法语、汉语等）的学习词典都取得了较大的发展，学习词典早已摆脱 Hartmann 和 James（1998）所说的"初级发展阶段"。因此，对"学习词典"这一术语的内涵和外延进行重新界定，使之更加符合新时期学习词典学发展的需要也在情理之中。针对这种情况，有部分学者采取了折中的办法。例如，雍和明等（2006:506）认为，"学习型词典有广义和狭义之分。广义的学习词典指面向某种语言的所有学习者的、旨在培养语言编码能力的积极型词典；狭义的学习词典仅指面向外语学习者的积极型词典，范围上属于广义学习词典"。另外，国内也有学者直接使用"外向型学习词典"，并将之视为 learner's dictionary 的对等词（于屏方等 2016），这一术语译名与 Tarp 的观点不谋而合。

---

① 原文是：A learner's dictionary is a dictionary whose genuine purpose is to satisfy the lexicographically relevant information needs that learners may have in a range of situations in connection with the foreign-language learning process.

② 原文是：A learner's dictionary is a dictionary especially designed to assist learners of languages（whether a native or a foreign language）and of scientific and practical disciplines.

但是,值得注意的是,在我国辞书界的研究中,从"内向型词典"和"外向型词典"这一对中文术语的起源来看,它们并不是对英语中 student's dictionary 和 learner's dictionary 这一对术语的翻译,而是针对双语词典涉及两种语言的情况,为强调学习者或使用者的角度而先后提出的。"内向型词典"这一术语首现于 20 世纪80 年代末一篇探讨汉外类双语词典对应词处理的文献中(参见王永全 1988),但遗憾的是,与之相对的"外向型词典"这一术语并未明确提出。20 世纪 90 年代初,翁仲福(1992)以汉外词典的编纂为例,首次对"内向型词典"和"外向型词典"进行了界定。在同一年出版的《辞书学辞典》中也收录了这一对术语,"这标志着'内向型'和'外向型'这两个术语在国内词典学研究领域中得以正式确立"(孙文龙、赵连振 2019:34)。虽然从术语溯源上看,国内辞书学界对词典内外向型的探讨主要是围绕双语词典展开的,但其根据母语—目的语这一对变量对使用者类型的划分,显然还是受到了单语学习词典中用户视角的影响。

笔者赞同 Tarp 扩大学习词典外延的做法,一方面是因为它进一步发展和完善了学习词典学理论体系的构建;另一方面也因为它与当今学习词典的编纂实践基本相吻合。无论是单语还是双语学习词典,都有内向外向型之分,从用户视角来看,二者具有内在一致性。在本研究中,"外向型学习词典"指针对非母语语言学习者而编纂的学习词典,与针对母语者而编写的内向型学习词典相对,在外延上包括外向型单语学习词典和外向型双语学习词典两种类型。

### 2.1.2　设计特征

"词典编纂"(dictionary compilation 或 dictionary making)是传统词典学研究中的固有术语,而现今经常使用的"词典设计"(dictionary design)则是舶来品。究其依据,这还要从对"设计"

(design)这一术语的溯源说起。"设计"本是美术学中的一个核心术语,最早可以追溯到西方的文艺复兴时期,"其广义指的是'艺术构思的知性过程'(intellectual process of conceiving),而狭义指的便是'素描'(drawing);因为意大利文中的'disegno'既指'素描'(原义),也指'设计'(转义)"(尹定邦、邵宏 2013:3)。"自 20世纪上半叶以来,设计学逐渐从它的母学科(parent disciplines)美术学和建筑学那里独立出来"(尹定邦、邵宏 2013:4),"设计"的核心术语地位得到了进一步加强,它指大脑在设计活动中所构思的发明和创造。"设计"这一术语开始进入词典学文献中的时间大致是 20 世纪 80 年代(参见 Dubois 1981; Mufwene 1984; Hudson 1988; Hausmann & Wiegand 1989 等),正式进入词典学领域的标志则是《词典学词典》中收录了 design 词条(Hartmann & James 1998:37)。之后,"词典设计"在词典学文献中更是屡见不鲜(如 Hartmann & James 1998; Cowie 1999; Swanepoel 2001;Levy & Steel 2015 等),大有与"词典编纂"平分秋色之势。

20 世纪 40 年代以来,随着以英语单语学习词典为代表的学习型词典类型异军突起,有关"设计特征"的研究也逐步成为学习词典学关注的焦点①。因为归根结底,"词典设计的过程,也是词典设计特征研究的过程"(魏向清等 2014:42)。"设计特征"这一术语基本上是与"词典设计"同步进入词典学文献中的,但是 Hartmann 和 James(1998)在《词典学词典》中并未收录该术语。这是 Hartmann 和 James 有意为之,还是疏忽所致?这个问题值得我们思索。无独有偶,Cowie(1999)在其代表性著作《英语学习词典史》(*English Dictionaries for Foreign Learners: A History*)的术语

---

① 需要说明的是,"设计特征"这个术语并不是词典学专有的概念,在语言学研究中早有提及。譬如早在 20 世纪 60 年代 Hockett(1960)就较为系统地论述了人类语言区别于动物的交际系统的 13 个"设计特征"(design-features)。本部分内容仅论述该术语在词典学研究中的界定。

表索引部分,也只列出了 dictionary design,design features 仍然处于一种缺失状态。这是 Cowie 深受 Hartmann 和 James 影响的结果,抑或是一种无意的巧合? 这个问题同样值得思考。而事实上,Hartmann 早在几年前就已经使用"设计特征"这一说法。他(Hartmann 1992:63)指出,"在元词典学研究中,涌现出了不少探讨各种双解词典及其他教学词典如何取得商业成功的文献,这应该促使我们重新思考一个问题,即一部理想化的学习词典应该具备哪些设计特征"①。由此可见,Hartmann 很早就已经将"设计特征"视为学习词典研究中的一个重要研究命题。同样,design features 在 Cowie 的著作中也大行其道,用以指代"学习词典所具有的重要特征"(features of vital importance in the learner's dictionary)(Cowie 1999:82),如注音、语法模式、释义控制、例证、短语搭配等。但 Cowie 也使用了诸如"设计规范"(design specification)、"设计优先"(design priorities)和"核心特征"(key features)等同义短语来代替"设计特征"。由上可知,无论是 Hartmann 和 James,还是 Cowie,他们都对"设计特征"这一术语的合法性持谨慎的态度。这背后可能有两方面的原因:其一,"设计特征"在艺术学中并不构成一个独立的术语②,它仅仅是从"词典设计"生发出的一个关键词,离开了学习词典学研究的语境,其内涵特征是不清楚的;其二,20 世纪末正值英语学习词典发展的一个高潮时期,但其他语言的学习词典以及双语学习型词典的发展才刚刚起步,此时,"设计特征"其实是英语单语学习词典"设计特征"的代名词,也许过一段时间再重新审视该术语的理据性是一个更加适宜的

---

① 原文是:The commercial success of various "bilingualised" types and other pedagogical dictionaries discussed in the literature of metalexicography ought to make us re-think the design features of the ideal learner's dictionary, for English and other languages.

② 笔者查阅了几部艺术和美术学方面的词典(如《艺术词典》(章柏青等 1999)、《英汉美术词典》(钟肇恒 1994)、《英汉美术词典》(张荣生 2012)等),均未找到"设计特征"词条。

选择。

时至今日,学习词典学又经过了近 20 年的发展,有关学习词典设计特征的研究也逐渐趋于成熟,"设计特征"这一术语的合法性理应得到词典学界的认同。目前,学界已有不少关于"设计特征"内涵和外延的界定,如 Swanepoel(2001)认为"设计特征"是评价词典功能质量的重要维度之一,包括词典的内容(content)、结构(structure)、体例(style)、layout(版面)、媒介(medium)等几个方面;魏向清等(2014)认为双语学习词典的"设计特征"包含内容特征、结构特征和技术特征三个方面;还有学者(参见田兵、陈国华 2009;雍和明等 2006)认为"设计特征"是学习词典区别于普通语文词典和专项词典等的主要区别性特征。上述这些对"设计特征"的界定或从学习词典的功能和结构,或从学习词典的类型学特征方面,不同程度地揭示了"设计特征"的内涵和外延。Ye 等(2018:405)将前人对有关学习词典学设计特征的研究总结为两个方面:一是内容设计特征(design features of the content),二是形式设计特征(design features of the presentation)。前者与词典中呈现的信息类别(information category)有关,即在用户需求分析的基础上,由编者所选择的在词典中呈现的内容;后者与词典内容的呈现方式有关(presentation),即词典中所收录的信息以何种方式呈现给用户。这种较为宏观的划分方式具有普适性的优点,可以适用于对任何类型的学习词典设计特征的探讨。本研究中采用该种定义方式。

### 2.1.3　汉字本位

据徐通锵(2005:1)考证,"字本位"这一概念首见于 1938 年郭绍虞发表的《中国语词的弹性作用》一文,"字本位的书面语"与"词本位的口头语"作为一对相对的概念同时使用。该文"是从音节和节奏角度研究汉语构词、用词特点的最早、最系统,也是比较全面的一篇文献"(黄宵雯、徐晓萍 2005:149)。从"字本位"这一概念提出的背景来看,它主要与汉语语言学研究中的三个话题有关,分别是:1)汉字的单音节属性;2)汉语中的复音词;3)汉字与汉语的关系。但此后,在相当长的一段时间内,鲜有研究者对"字本位"思想进行过深入的探讨。直到 20 世纪 90 年代初,随着徐通锵现代"字本位"理论的提出,有关"字本位"的研究才逐渐增多,并迅速成为一个学术热点。学界目前主要存在着三种对"字本位"理论的阐释:第一是王宁(2014)对中国传统语言学"字本位"原则的梳理,第二是徐通锵(1991,1994a,1994b,1997,1998,1999,2004,2005,2008)对中国现代语言文字学研究中"字本位"理论的阐释,第三是白乐桑(1996,2018)对汉语作为第二语言的教学研究领域"字本位"教学法的阐释。

首先,中国传统语言学研究领域中的"字本位"体系指的是中国"小学"研究传统中"以汉字来带动汉语解读与研究的学科结构"(王宁 2014:76)。王宁指出,传统的汉字研究与汉语研究是合流的,在 19 世纪之前,中国语言学的学科结构是以汉字的形、音、义为划分标准的,在此基础上分别形成了文字学(以汉字字形为主要研究对象)、音韵学(以汉字字音为主要研究对象)和训诂学(以汉字字义以及其反映出的汉语词义为主要研究对象)三个门类(王宁 2014:76)。因此,这里的"字本位"中的"字"指的是由形、音、义三个要素组成的结构单位,"本位"指的是"以意义为中心的'小学'传统"(王宁 2014:77),中国传统语言学中的"字本位"原则指的就是通过汉字形、音、义互求的传统训诂学方法,明确汉字在探求和解释汉语意义上的重要作用。

其次,徐通锵(2005:1)提出的"字本位"学说是指以"字"为汉语基本结构单位的一种新的研究思路。他对"字"和"本位"两个术语都进行了界定:"字"是"一个音节关联着一个概念的结构单位",同时也是"形、音、义三位一体的结构单位","在汉语社团中具有顽强的心理现实性"（徐通锵 2008：12）；"本位"主要是指语言的基本结构单位（徐通锵 2005：2）。因此，汉语学界关于"字本位"的一个核心观点是"'字'是汉语的基本结构单位，是语音、语义、语法、词汇的交汇点"（徐通锵 1997：14），"因而需要以'字'这个'纲'为基础探索汉语的结构规律、演变规律、习得机制、学习规律和运用规律"（徐通锵 2005：2）。

最后，白乐桑的"字本位"观点主要是针对汉语作为第二语言的教学现状和实践特点而提出的一种汉语教学理念或思路。尽管他也使用了"字本位"这一术语，但它与中国传统训诂学中的"字本位"原则，以及徐通锵提出的现代汉语本体研究中的"字本位"理论之间的关系不大，有不少学者已明确指出过这一点（参见杨自俭 2008；陆俭明 2011；王若江 2017）。白乐桑（2018：5—6）也专门指出过这一点①，并强调其"字本位"教学法的核心观点是：将汉字作为基本教学单位之一，汉字的核心意思和它的结构、发音一样，都是汉语教学的出发点，但与此同时，不否认词也是基本教学单位。我们可以看出，白乐桑提出"字本位"教学法的初衷是对"词本位"教学法的一种纠偏，仅是因为要凸显汉字教学的重要性，就使用了一个与"词本位"相对立的术语。后来，为了避免"字本位"给人带来一种只重视字不重视词的误解，白乐桑（2018）又将之称为"相对字本位"或"汉语教学二元论"。所以，白乐桑的"字本位"其实也可以理解为一种汉语二语教学思路或理念：以汉字作为汉

---

① 白乐桑（2018：5）对他所提出的"字本位"与徐通锵的"字本位"之间的关系进行了较为详细的说明：在法国，"字本位"在汉语作为第二语言教学学科化过程中早已开展。值得注意的是，徐通锵创立的"字本位"本体理论与笔者汉语教学论的"字本位"，是在互不知情的情况下同时独立发展起来的。但是，2000 年后，随着字本位理论开始在汉语教学界产生一定影响，两者在根本原理、方法论原则上的相对一致性使它们互相促进。尽管如此，两者的基本关注点有差异。前者以语言学为参照范围，后者以汉语学科教学论为参照范围。另外，前者可归结于一种语言学一元论（即字为唯一基本单位），后者可归结于汉语第二语言教学二元论（即既承认字与词为需要单独处理的语言教学单位）。与语言学视角不同，汉语学科教学论视角注重知识的转化和知识的频率，也注重学习者的习得过程。

语教学的基本出发点之一,拓展汉字的语言学习和文化认知功能,在此基础上进而尝试沟通字词之间的关系,从而最终达到帮助非母语学习者掌握汉语的目的。

上述三种有关"字本位"的观点虽然是从不同的研究视角提出的,但它们在立论基础上有一个重要的共同之处,即从汉语语言文字的特点出发,以汉字为中心或出发点来展开相关理论的探讨。本研究中的"汉字本位"是立足于词典编纂研究而提出的一个关键词,指的是从中国古代字书沿袭下来的、以汉字为中心的辞书编纂理念。"汉字本位"主要体现在两个方面:一是字书中字头(用于立目的汉字)的检索功能,二是汉字的语文知识建构功能。19世纪后,随着西方语法理论的影响,汉语研究中引入了"词"的概念,相应地,在辞书编纂领域也出现了词典这一新的辞书类型。然而,"汉字本位"这一传统的编纂理念并未发生本质上的改变,在汉语词典中,其检索功能仍然是通过字头的各种编排方式来实现,其语言描写功能也是通过字头语义网络的相互连接而得以实现。简言之,在现代汉语语文词典中,汉字的检索功能和语言知识建构功能是"汉字本位"编纂理念的两个主要体现。

## 2.2 外向型汉英学习词典研究综述

外向型汉英学习词典指的是针对母语非汉语的汉语学习者而编纂的汉英学习词典。本节从理论探讨和实践特征两个方面对其研究现状进行梳理,旨在发现与之相关的研究特点及现有研究的不足之处。

### 2.2.1 外向型汉英学习词典编纂理论研究

在中国知网中,能够检索到的与外向型汉英学习词典相关的

文献共 87 篇①，与以"汉英词典"为主题词检索到的文献数量
（1160 篇）相比，文献数量明显偏少，这也说明目前学界对汉英词
典的研究集中在内向型汉英词典（即国内出版的针对中国人学习
英语的汉英词典）方面。然后，通过关键词聚类分析（见图 2.1）进一
步考察与外向型汉英学习词典有关的研究主题分布情况。

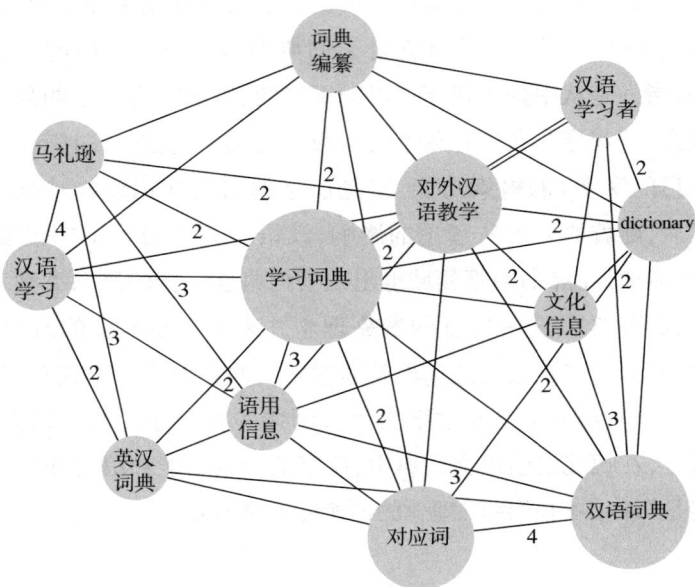

**图 2.1 外向型汉英学习词典研究关键词聚类分析**

从图 2.1 中的关键词聚类分析可以大致看出，与外向型汉英
学习词典研究相关的主题关键词主要包括"对应词""语用信息"

---

① 检索时间为 2020 年 6 月 18 日。检索时，同时使用了主题检索和关键词检索
（知网中的"高级检索"功能），检索词包括"汉英学习词典""外向型词典""汉外词典"
"双语学习词典"，检索的文献类型包括期刊论文、会议论文、硕博论文，然后对交叉检
索到的结果再逐一核查，删除掉不符合要求的文献。关键词聚类分析图生成时，根据图
示效果，"节点过滤"选项中的"出现频次"为 3（意为关键词出现的频次大于 3）。

"文化信息"和"马礼逊"①。"对应词"是常与双语词典研究共现的一个关键词,出现在图 2.1 中也是情理之中。与"对应词"相关的文献主要体现在外向型汉英词典中与动词相关的译义研究(如胡春涛、盛培林 2009;郑定欧 2009;张淑文 2014;夏立新、夏韵 2019等)。"语用信息"和"文化信息"是外向型汉英词典研究中与内容设计特征联系最密切的两个研究主题(如魏向清 2005a;王亚军2008;牛刘伟 2009;荣月婷 2012 等),也有学者围绕这两个方面展开了较为系统的研究,例如曾泰元(2018,前言)指出,"如欲编纂一本妥适的外向型学习词典,就必须在词典的设计和呈现上尽量模仿目的语人士的交际能力,语法、语用、文化三个维度缺一不可",但是,"长久以来,语法能力一直是外语学习的核心,而语用能力和交际能力却没有受到足够的重视,承载和协助外语学习的外向型学习词典也是如此"。一部理想的外向型汉英学习词典应该包括的语用信息条目有打招呼、称呼、表示感激、告别、礼貌程式、道歉、内涵、文体层次、其他语用词汇和短语;文化信息条目有人物,地点,组织机构,文化、风俗与惯例,习语和成语(曾泰元2018,前言)。关键词"马礼逊"与外向型汉英学习词典研究之间的关系主要体现在近 10 年来学界对《华英字典》关注度的增加(如杨慧玲 2016a, 2016b;杨琳 2019;耿云冬 2020)。作为世界上第一部外向型汉英词典,《华英字典》在世界辞书史上占据着重要的位置,它也被学界认为是马礼逊学习汉语过程的再现以及汉语学习经验的总结(沈国威 2010:115)。因此,对马礼逊《华英字典》编纂理念和设计特征的探索具有重要的现实意义,这也是迄今它仍被关注的重要原因之一。

　　此外,除了图 2.1 中显示的聚类关键词,还有一些有代表性的

---

　　① 　其他关键词如"学习词典""对外汉语教学""双语词典""汉语学习""词典编纂""汉语学习者"、dictionary 等都是外向型汉英词典类型特征所蕴含的题中之义,并不能揭示研究主题,故在此不予讨论。

其他研究。例如,杨宁(2006)探讨了如何借鉴对外汉语教学中有关外国学习者语法错误分析的研究成果,以进一步提高外向型汉外词典的编写质量;张淑文(2007)从句法、语用和语义三个维度讨论了外向性汉英词典中同义词辨析信息显性化的处理途径;魏向清(2008)通过借鉴认知心理学中的内隐学习研究成果,探讨了如何在外向型汉英学习词典的微观设计中激发西方汉语学习者内隐认知的过程;张宏(2009)调查了外向型学习词典《汉英双解词典》的配例状况,并针对配例问题提出了解决方案;罗思明(2016)依据构式语法和语言类型学,构建了汉英形容词构式学习词典的编纂理论体系,旨在揭示汉英形容词构式本质与语言类型学差异,探索新的词典编纂理论与实践。上述研究所探讨的问题仍是学习词典学研究中的传统话题,但是这些研究尚不成体系,多呈零星研究分布状态,没有形成一个具有持续性的研究热点。

### 2.2.2　外向型汉英学习词典研编实践探索

从词典的编纂出版来看,外向型汉英学习词典研编的路径主要有三个,分别是:参照单语蓝本字典或词典;借鉴英语学习词典成功的研编经验;凸显汉语语言学习的特点。下文将结合有代表性的词典——展开论述。

首先,参照蓝本字典或词典。编写任何一部双语词典,编者都要先搜集充足的资料,"如果已经有了一部优秀的综合描写性的单语词典,那末双语词典编纂者就处于一种令人羡慕的地位"(兹古斯塔 1983:421)。这说明蓝本词典的选择对双语词典的编纂有着至关重要的影响。对蓝本词典的利用有多种方式,既有双解也有编译,前者是对蓝本词典的翻译,后者是根据研编目的有选择性地利用词典蓝本中的内容。目前国内已出版过两部双解版的汉英词(字)典——《现代汉语词典(汉英双语)》(2002)和《汉英双解新华字典》(2000),它们分别是《现代汉语词典》和《新华字典》的双解版。在这两部词(字)典的出版说明中,都有对其编写目的的明确说明:既适用于国人学习英语,也适用于外国人学习汉语。其编写的出发点固然很好,但这显然与学习型词典用户中心的编纂理念是相悖的,因为缺少明确的用户意识,词典的助学功能就失去了针对性。适用于所有人的编纂目的就会落空,结果变成对哪一个用户群体都不适用。从上述两部词(字)典出版后的社会反响来看,并未达到"一典两用"的预期效果。虽然《现代汉语词典》和《新华字典》是两部非常优秀的单语语文词典,但直接双解化的研编路径是否真正适用于编写针对非母语汉语学习者的双语词典仍有待充分调研和探究。只有在充分明确用户需求,对蓝本词典进行合理编译的基础上,才有可能编写出受用户欢迎的外向型汉英学习词典。

其次,借鉴英语学习词典成功的研编经验。英语学习词典是世界上影响力最大、编纂理论和实践研究最充分的学习词典类型,常被其他类型的学习词典视为"可以攻玉"的"他山之石"。在此方面,比较有代表性的外向型汉英词典是《ABC汉英大词典》(2003)和《汉语入门词典(汉英对照)》(2017)。《ABC汉英大词典》是美国著名汉语专家德范克(John DeFrancis)编写的一部以单一字母顺序排列词条的双语学习词典。该词典最大的特点就是其检索方法,它主要帮助外国汉语学习者在查知音不知形的词时提高检索效率。这种在宏观结构上完全按照音序编排词目的方式显然是受到了英语学习词典的影响。《汉语入门词典(汉英对照)》是一部针对非母语汉语初学者的汉英词典,其最大特色是在宏观结构上只为那些能够单独使用的字或词立目,不对只能用作语素的汉字进行立目。例如,在该词典中,用户可以查到"介绍"和"介绍一下"的词目,但查不到"介"字,因为在现代汉语中"介"字不能单独作为句子成分。这种编写思路基本上是以"词"为出发点,更重视凸显语言的交际功能,体现出了编者的"句本位"编纂理念(郑定欧 2017: Ⅳ)。

最后,从学习者的视角切入,着眼于汉语语言的特点。相比前两种路径而言,该条研编路径对编者的要求更高些,一方面它要求编者对用户的学习困难有着较为清楚的认识,另一方面它还要求编者对汉语语言的特点(特别是与拼音文字不同之处)有所关注。目前,从汉语言文字特点切入而编写的汉英词典还不多见,在市场上能见到的代表性词典是李冬(Li 2015)编写的《塔特尔汉英学习词典》(*Tuttle Learner's Chinese-English Dictionary*)。这部词典融入了对汉语语言特点的描写和解释,较之前两个编纂思路展现出了一定的创新性。例如,对汉语元音和辅音、声调、音节特点的介绍;对汉字书写系统中汉字部件、笔画、笔顺、简体字和繁体字等的介绍;对汉语中五种最常见的构词方式的介绍(并列、修饰、动宾、动补、后缀);对汉语中特有语法现象的关注(如汉语语法中的"主题+评论"结构、省略句、量词和助词等)。这些设计特征的凸显与编者多年积累的对外汉语教学经验密不可分。

上述三条研编路径基本上体现了现阶段我国外向型汉英学习词典编纂实践的特点。当然,在每一部词典的编纂实践中可能会同时采用多种研编路径,本书只是为了讨论的方便才将它们一一分开。整体来看,我国外向型汉英学习词典的编纂实践仍然十分薄弱,如何在充分利用蓝本和借鉴国外学习词典研编经验的基础上,编纂出符合非母语汉语学习者真实需求、体现汉语语言文字特点的双语词典仍然是一项任重而道远的任务。

### 2.2.3　外向型汉英学习词典研究述评

从现阶段外向型汉英学习词典的研编现状来看,无论是在理论探讨和建构方面,抑或是在编纂实践方面,都有较大的完善空间。首先,在理论研究方面,从现有相关文献的零星分布及研究问题比较分散的现状来看,系统性的理论研究还远远不够。"'学习词典学'已发展成一个国际公认的,与二语教育学、学习心理学、语料库语言学相结合的新兴的应用学科。……必须重视特定的理论支撑。"(郑定欧 2014:55)经过 80 多年的发展,英语学习词典研究已经取得了令人瞩目的成就,其成功经验的总结不外乎两条:一是不断吸纳语言学理论中的优秀研究成果,二是立足于二语教学理论与实践研究(王馥芳 2004)。他山之石,可以攻玉。这两条经验同样适用于汉语学习词典研究。在构建汉语学习词典理论体系时,汉语本体理论和对外汉语教学理论中的研究成果构成了汉语学习词典"特定的理论支撑"。但是,遗憾的是,当今汉语学习词典的理论研究与汉语本体理论研究、对外汉语教学理论研究仍处于一种脱节状态,这也导致自 20 世纪 80 年代以来汉语学习词典理论体系的构建一直处于一种"呼唤"状态(参见蔡永强 2016:15),至今未见有突破性的发展。作为汉语学习词典研究的一个重要组成部分,加强外向型汉外词典理论研究的任务显得尤为紧迫,因为双语词典的国别化特征更为突出,与单语学习词典相比,其词典设计的目标用户更加明确,这与国际中文教育中学习者母语背景的复杂性是相适应的。然而,外向型汉外词典的理论研究仍然十分薄弱,如何处理好与蓝本词典的关系,如何借鉴汉语本体理论和对外汉语教学理论研究中的成果,如何从学习者视角构建词典中的译义元语言系统,等等,都是外向型汉外词典研究中亟待探讨的重要理论课题。

其次,在实践研究方面,借鉴国外学习词典成功经验的编纂模式仍占主流,在充分了解外国汉语学习者需求、关注汉语语言特点基础上编纂而成的外向型汉英学习词典还不多见。这也导致当前国际中文教育的发展对双语学习词典的迫切需求。诚如许琳(2016)所指出的,字典已成为孔子学院发展中的大瓶颈,孔子学院走出去,最难的是缺 85 个语种与汉语对照的字典。然而,外向型汉英学习词典的编撰工作并非一蹴而就,盲目地照搬国外词典的成功经验或对单语蓝本字(词)典进行双解化,是很难编出满足学习者需求的优质辞书的。词典编纂实践的创新离不开词典学理论的创新,二者相辅相成。外向型汉英学习词典的研编必须立足于汉语本体研究和汉语作为第二语言的教学实践才能获得源源不断的创新发展。郑定欧(1999:22)在谈到汉语语言学理论研究时指出,"没有人会质疑在借鉴外国理论时必须面向汉语实际。然而,这个'实际'所指并非已获得一致的认识。我们认为,面向汉语实际的第一条,是要尊重汉语研究成果,尤其是重要而典型的成果"。上述观点对外向型汉英学习词典的研编同样具有指导意义。改革开放以来,虽然我国双语词典的编纂实践得到了极大的发展,但基本上是以内向型的英汉词典和汉英词典为主,其中不乏一些斩获国家辞书奖的精品词典。就外向型汉英词典而言,无论是在出版数量和质量上,都不能与前者相比。目前出版的外向型汉英词典基本上以中小型为主,编纂实践呈现出两个特点:一是偏向考试词典,内容简单重复,综合性和可查性不足;二是偏向内向型汉英词典的缩减版,未能充分吸纳汉语本体研究和汉语作为第二语言的教学实践中的研究成果,外向型的特征不明显。

总之,外向型汉外学习词典的理论建设和实践操作层面都有待进一步拓展和深化。在上述两个方面,除了借鉴英语学习词典相关理论和实践研究的成功经验,还要结合汉语本体理论及其应用研究、汉语作为第二外语教学规律研究方面的成果,逐步建立起基于学习者国别化需求分析的汉外学习词典编纂理论体系,并编写出能与英语学习词典相媲美的品牌词典。

## 2.3　马礼逊《华英字典》研究综述

本节内容分为三个部分,分别是对《华英字典》国内外研究的简要介绍、对《华英字典》研究特点的分析和对《华英字典》相关研究的述评。接下来，将就上述几个方面进行具体分析和讨论。

### 2.3.1　《华英字典》研究概况

与《华英字典》研究相关的文献资源类型共有五个，即期刊论文、会议论文集、辑刊、学位论文和专著中的相关章节。本研究收集文献的过程主要包括：1）以《马礼逊研究文献索引》（张西平等2008）为基础，筛选出与《华英字典》有关的研究文献；2）在中国知网中分别以"马礼逊""华英字典"和"五车韵府"为检索词进行主题检索，筛选出与《华英字典》有关的研究文献；3）在读秀图书中，分别以"马礼逊""华英字典"和"五车韵府"为检索词进行中文搜索，筛选出与《华英字典》有关的章节文献；4）在 CALIS 外文期刊网中，分别以"Robert Morrison's Dictionary"和"Wucheyunfu"为检索词进行主题检索，筛选出与《华英字典》有关的英文文献；5）通过已有文献的参考文献，进行二次检索，完成查漏补缺；6）进行文献梳理，剔除与主题无关和重复的文献。最后共计 150 篇文献与《华英字典》研究相关①，其文献分布情况如图 2.2 所示。

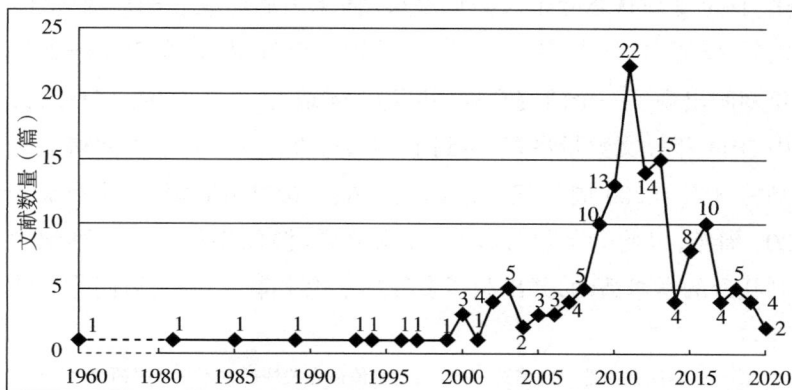

图 2.2　《华英字典》研究文献年度分布图

---

① 检索时间为 2020 年 6 月 28 日。

从上图可以看出,学界对《华英字典》文本研究价值的关注最早始于周有光(1960)对马礼逊注音系统的研究。但在此后长达近30年的时间里,由于历史原因,《华英字典》的研究出现了中断,这一时期,《华英字典》相关的本体研究未受到重视。进入20世纪80年代之后,国内学者开始从整体史观和文明史观的视角,"采取'秉笔直书'史笔,'其文直,不虚美,不隐恶'的实事求是态度"(顾长声2006:204),将历史事件放在特定的历史环境下进行考察,肯定了传教士在近代早期中外文化交流中所起的积极作用。顾长声(1981:25)在《传教士与近代中国》中首次提及了马礼逊编纂《华英字典》的工作,并称赞马礼逊"在沟通英中文化方面付出了艰巨的劳动"。紧接着,顾长声(1985)在其另外一部著作中简要介绍了《华英字典》的蓝本来源及编写体例。虽然顾长声的研究重心并不在《华英字典》,但其对20世纪80年代之后《华英字典》研究的助推作用是较为显著的,使得《华英字典》的学术价值开始重新回归到研究者的视野[1]。

整体来看,21世纪之前,有关《华英字典》研究的文献数量不多,且呈零星状态分布,《华英字典》尚未引起研究者的广泛关注。之后,学界对《华英字典》的研究开始逐渐升温,并在2009—2013年期间出现了一个研究高峰,共发文74篇,占发文总量的51%,其中2011年发文数量最多,达到了22篇。究其原因,这主要得益于马礼逊来华200周年纪念活动的助推。2007年时值马礼逊来华200周年,以此为契机,海峡两岸暨香港、澳门举行了一系列纪念马礼逊的学术活动,并出版了多种学术论文集。其中,澳门作为传

---

① 值得注意的是,对《华英字典》研究价值最先关注的并不是辞书研究者,20世纪八九十年代的词典学专著中均未包含有关《华英字典》的内容,如胡明扬等(1982)和李开(1990),即使是在杨祖希和徐庆凯(1992)编写的《辞书学辞典》中,也未见与马礼逊或《华英字典》相关的任何内容。这足以说明当时的中国辞书界还没有认识到《华英字典》的历史和学术研究价值。从这个意义上来讲,称顾长声对《华英字典》的研究具有首倡之功也不为过。

教士文化活动研究的重镇,《华英字典》已成为"澳门学"研究的重要内容之一,仅在 2012 和 2013 两年间,澳门大学以《华英字典》作为选题的硕士论文就多达 10 篇①。此外,在纪念马礼逊来华 200 周年之际,北京外国语大学中国海外汉学研究中心、香港大学图书馆、澳门基金会还联合推出了 14 卷本的《马礼逊文集》(其中包括 6 卷本的《华英字典》),影响广泛,使得《华英字典》从收藏家的藏宝室"飞入寻常百姓家"的书架②,为研究者提供了极大的便利,并催生出一批有代表性的学术成果。

### 2.3.2 《华英字典》研究特点

本书对相关文献的研究主题进行了归类整理发现,现有文献对《华英字典》的研究主要是从语言本体研究、中西文化交流、词典学研究三个视角展开。相关内容分别概述如下:

第一,语言本体研究视角下的《华英字典》研究主要体现在语音、词汇、语体、翻译和语言习得五个方面。在语音研究方面,《华英字典》中的注音方案成为诸多学者研究明清官话特征的活化石(如周有光 1960;Coblin 2003;王承瑾 2020)。在词汇研究方面,指出《华英字典》中的新词既丰富了汉语词汇的表达系统,同时也构成西方向中国传播新概念和新知识的载体(如黄河清 2008,2009;沈国威 2010)。在语体研究方面,提出《华英字典》首开收录口俗语和白话例句的先例,对 19 世纪汉语语言状况和近代汉语发展史

---

① 检索网站:http://umaclib3.umac.mo/search ~ S10/? searchtype = Y&searcharg = 华英字典 &searchscope = 10&SORT = D&extended = 0&SUBMIT = Search&searchlimits = &searchorigarg = d% 7B273246% 7D% 7B214244% 7D% 7B213872% 7D% 7B213a52% 7D% 7B21332c%7D

② 《华英字典》首版时仅由东印度公司印刷了 750 份(苏精 2000:93)。其后,该字典的第二部分——《五车韵府》在晚清洋务运动期间曾多次单独再版,但仍"一典难求"。在影印版推出之前,《华英字典》基本上是作为一种有收藏价值的藏品而存在,多数研究者都没有机会见识其"庐山真面目",更遑论对其深入研究了。诚如钟少华(2006a:57)所指出的那样:"笔者则有心无力,虽搜求多年,还无缘得窥全书。只是不久前方有幸在澳门看到了第三部的《英华字典》。"

的研究具有重要的参考价值(如朱凤 2005;林成 2012)。在翻译研究方面,指出《华英字典》的翻译特点及马礼逊的直译策略对后世汉英词典的翻译产生了较大影响(如屈文生 2010;陈铎 2013)。在语言习得方面,《华英字典》是马礼逊汉语学习经验的总结,其文本设计特征体现了马礼逊的语言文化习得观,这对当今的汉语作为第二语言的教学研究具有重要的启发价值(如卞浩宇、严佳 2013;Scrimgeour 2016;钱奠香 2016;尤珉 2019)。

第二,中西文化交流视角下的研究着重挖掘《华英字典》在近代中西交流过程中所发挥的积极作用。马氏辞书的独特价值在于,它们既是中西文化初次邂逅时的见证者,也是中西文化交流的重要载体,这使得该词典文本成为后世学者研究中西文化交流的珍贵历史资料。目前,一些有代表性的研究主要围绕出版文化、文化传播和文化建构三个方面展开。在出版文化方面,相关研究以《华英字典》在中国近代出版史和出版文化上的独创性为切入点,基本上廓清了其在中外出版文化交流中的重要作用(如叶再生 1993;汪家熔 1996;司佳 2009)。在文化传播方面,国内学者考察了《华英字典》对中国传统文化在海外传播的首倡之功(如王燕 2011;王雪娇 2013)。在文化建构方面,研究者主要关注马礼逊如何通过词典载体,以"他者"的视角来建构中国文化,这在当前"讲好中国故事,传播好中国声音"的时代背景下,具有非常重要的现实意义(如李金艳 2017;张淑文 2018)。

第三,词典学视角下的研究主要围绕《华英字典》的蓝本考证、编纂特征、历史影响三个方面展开。首先,对词典蓝本的考证构成了其他研究的基础。汪家熔(1997:126)曾指出,"弄清马礼逊词典,根本一点是弄清他的蓝本"。此类研究有一个共同点,那就是研究者需要占有充分的一手资料,避免从文献到文献的二手考证。但在 2008 年《马礼逊文集》出版之前,有关《华英字典》的一手资料的获取极为不便,所以有关蓝本考证的研究经历了一个较为漫长的过程。杨慧玲（2012）是《华英字典》蓝本考证的集大成者，她在前人研究和调研取证的基础上，运用词典考古学的方法对《华英字典》的蓝本进行了较为全面的分析。其次，有关《华英字典》编纂特征的研究多集中在对其宏观结构和微观结构的分析。前者主要集中在词目排序和结构检索方面（杨慧玲 2012）；后者多集中在译义和例证研究方面（杨慧玲 2010，2016b；Ye et al. 2018）。最后，有关《华英字典》历史影响的研究主要是从词典史的视角切入。《华英字典》在我国双语词典史上占有重要的历史地位，研究者们也均毫不吝啬地对其筚路蓝缕之功绩予以颂赞（如徐式谷 2002；徐时仪 2010；沈国威 2011；杨慧玲 2011a，2011b 等），他们通常从历时角度考察《华英字典》对后世汉英词典的影响，但该类研究多停留在对《华英字典》编纂背景和体例等一些常识性知识的介绍上，研究深度有待于进一步加强。

### 2.3.3　《华英字典》研究述评

从马礼逊的《华英字典》我们可以看到现代汉英英汉双语词典的雏形，尽管它并非现代意义上的双语学习型词典，但其内容特征所体现出的学习性，以及马礼逊在利用和改造蓝本字典方面所作的各种尝试，即使放到今天来重新审视，无疑也具有较大的开拓性。对《华英字典》文本设计特征研究，以及对蕴含其中的词典编纂理念的挖掘，能为当今外向型汉英学习词典的研编提供有益的参照和启发。近 10 年来，在马礼逊来华 200 周年纪念活动的助推下，有关《华英字典》的研究出现了一个研究小高潮，但整体来看，目前还存在着研究内容不均衡、研究方法单一、研究深度不够等问题。

首先，在研究内容方面，已有文献关注较多的是《华英字典》中的社会历史文化信息，字典只是作为一个研究工具或研究的出发点，从汉语学习角度对字典文本设计特征进行分析的词典本体研究还不多见。其次,在研究方法方面,对《华英字典》的文本分析主要以定性分析为主,定量分析方法的使用相对不足①。最后,在研究深度方面,对《华英字典》文本设计特征的研究还主要以个案分析为主,建立在词典文本细读基础上的、对词典文本进行较为全面和系统考察的研究还不多见。总之,如何充分利用语言学、词典学和其他学科领域的优秀理论成果,采用多种研究方法从跨学科视角对《华英字典》展开更深入的研究,将是下一步研究创新的重要突破点。

## 2.4 国际汉字教学方法与应用研究综述

从新中国成立后的国际中文教育史来看,汉字教学与当代中国国际汉语教学的发端基本上是同时起步的。施正宇等(2015)将我国国际汉字教学的研究划分为三个历史时期,分别是:1) 20世纪50年代至80年代末期,为初创时期,其特点是对课堂教学法的摸索、理论探讨及反思;2) 20世纪90年代,为国际汉字教学发展的关键时期,其代表性学术事件是《汉语水平词汇与汉字等级大纲》的制定与颁布和一系列有国际影响力的学术会议的召开;3) 2000年至今,为国际汉字教学发展的多元化时期,汉字教学受到前所未有的关注。在上述三个时期中,对汉字教学方法的探讨一直是学界的热点话题,至今已经涌现出了数十种之多的方法,下文将从理论探讨和实践应用两个方面出发,对目前学界已有的汉字教学法进行概述。

---

① 本研究对搜集到的144篇文献的研究方法进行了统计,结果表明,有83%的文献(119篇)采用了个案研究法,17%的文献(25篇)采用定量分析法。前者多为期刊类文章,后者多为学位论文,这与期刊论文容量通常有限、学位论文容量大有一定的关系,但最主要的原因可能在于个案分析操作方便,定量分析需要耗费较多时间和精力。

### 2.4.1　国际汉字教学方法研究综述

国际汉字教学的初创时期,以词汇和语法教学为中心,汉字教学沦为汉语教学的附庸,虽然该时期也有学者强调汉字教学的重要性(如王学作、柯炳生 1957),但在相当长的时期内,并未出现专门论述汉字教学的文献。这种状况持续到 20 世纪 80 年代才有所改观,出现了部分开拓性的研究。例如,王学作(1980a,1980b)根据其教学经验提出了"汉字图表教学"和"析字教学法":前者指的是在汉字教学过程中,适当地利用图表对汉字的起源、演变和构造规律进行说明;后者提出的理据更加充分,它是建立在对基本笔画、笔顺规则、偏旁部首、常用独体字和合体字的数量等要素进行计量分析的基础之上的,并且对"基本字"和"组合能力"进行了量化研究,在汉字教学理念上向前迈进了一大步。80 年代中期以后,陆续又有关于汉字计量方面的研究,如北京语言学院语言教学研究所(1985)率先对构成前 1000 个高频词的汉字组词能力进行了计量分析;卢绍昌(1987)首次明确提出了在汉字教学中应综合考量汉字的数量、构词能力和使用频率的主张,这些研究进一步推动了汉字教学研究的发展,有利于将其从"重语轻文"的束缚中解放出来。

20 世纪 90 年代,学界开始对过去对外汉语教学照搬西方第二语言教学理论和实践的做法进行了反思,汉字教学得到了空前的重视。这一时期出现的有代表性的教学法就是白乐桑提出的"字本位"教学法,该方法提出的初衷是对国际汉语教学实践中只重视汉语教学的"词本位"教学法进行纠偏,强调从汉语教学的特点出发,将字与词的教学结合起来(白乐桑 1996)。所以,"字本位"这一名称的含义并不意味着只教汉字,而是字词并重,采用"字本位"这一术语的初衷是凸显汉字在汉语教学中的特殊性和重要作用。后来,白乐桑(2018)也意识到了"字本位"这一名称可能会让人误解为与"词本位"完全对立的、只重视汉字的一种教学法,于是主张使用"汉语教学二元论"这一说法,不过他也保留了"字本位"这一说法,在"字本位"前增加了"相对"一词,用以与法国汉语教学界当时只重视汉字教学的"绝对字本位"相区分。此外,该时期值得一提的另一项与汉字教学实践密切相关的研究是周有光(1992:156)提出的"汉字效用递减率",该研究成果为常用汉字数量、字频和构词能力的计量提供了理论基础,也间接地推动了汉字教学实践的发展。

进入 21 世纪后,国际汉语教学界又涌现出一批汉字教学法,比较有代表性的有字族理论教学法(陈曦 2001;张艳、蔡永贵 2017)、偏旁教学法(李大遂 2002)、部件教学法(万业馨 2001;殷凌燕 2004;李华 2017)、对外汉字教学十八法(刘社会 2004)、字理教学法(李运富 2005;李香平 2008;姚敏 2011)、词·语素·汉字三位一体教学法(施正宇 2008)、三段四步教学法(钱永文 2018)、相对字本位教学法(白乐桑 2018)。这些教学法虽然名称各异,但存在一些共同之处,如重视汉字字形的特殊性和可分析性、汉字形义之间的关联、汉字教学的系统性等。值得注意的是,上述汉字教学法并没有优劣之分,仅有适用范围之别,因为这些方法本身并无好坏之分,仅有适用度的问题。在国际汉字教学中,不存在哪一种方法可以适用于所有汉字的教学,在具体的教学实践中,要根据不同汉字的特点、学习者的认知水平来选择合适的教学方法才能达到事半功倍的教学效果。另外,从国际汉语教学中不断涌现的汉字教学方法来看,其实有不少方法并不是将汉语作为第二语言的汉语教学界提出的(如字理和偏旁教学法),它们是中国传统语文教学中本来就存在的识字方法。这也说明,国际汉语教学界也借鉴了一些针对母语者的汉字教学方法。然而,从理论研究的视角来看,目前学界对这些方法的语言学理论基础、适用条件、系统性等问题的讨论还不充分,这进而会影响到汉字教学的效率以及相关汉字教学方法的应用范围。

## 2.4.2　国际汉字教学方法应用研究综述

国际汉字教学方法的应用与汉语教材的关系最为紧密,因为教材中呈现的教学内容直接决定了课堂教学活动的设计及相应教学方法的使用。目前,与汉字教学相关的教材主要有两种类型:一是汉语综合类教材,二是独立的汉字教材。前者将汉字教学内容和练习与课文编写在同一册中,后者是按照汉字字形结构特点和规律编写的通论性的汉字教材,用于专门的汉字课。目前在世界汉语教学实践中,大多数教材将汉字内容作为综合课的一部分,专门的汉字课主要针对高级阶段的汉语教学(王鸿滨 2018: 505)。在上文中提及的汉字教学法中(参见 2.4.1),仅有对外汉字教学十八法和相对字本位教学法在教材编写实践中得到了具体应用,前者在刘珣(2002)主编的《新实用汉语课本》中进行了实践,后者在白乐桑和张朋朋(1997)主编的《汉语语言文字启蒙》中得到了应用。

具体而言,对外汉字教学十八法是在考察汉语教学与汉字教学之间关系、借鉴古今汉语作为母语的汉字教学方法的基础上,提出的一条“词本位”和“字本位”相结合的教学路子。该教学思路是首先将汉字教学分为两个环节:第一个环节是在课本中展示汉字,如通过“部件分析法”“注音识字听说法”“六书释义法”等方法增加学习者的“字感”,即对汉字特点的感性认识;第二个环节是汉字练习,又包括认汉字、写汉字和用汉字三个环节的练习(刘社会 2004)。在《汉语语言文字启蒙》教材中,相对字本位的教学思路突出体现在汉字的书写、理据和扩展三个环节上:1)与汉字书写相关的信息包括字表中的跟随式笔画序列字和正文中的手写体课文字帖;2)与汉字理据相关的信息包括合体字的部件组合和汉字的表意性;3)汉字扩展指的是以单个汉字为基础进行层层构

词,让学生在有限的汉字的基础上能凭借本原字识词辨义(参见王
若江 2000:90)。上述两种汉字教学法能够在汉字教材编写实践
中得以应用,其主要原因在于两者都融合进了国际汉语教学的目
标——汉字知识学习和汉语交际能力培养,将汉字学习和汉语学
习两个相对独立的教学过程统一到了同一个教学思路下,即汉字
作为第二语言教学。换言之,它们尝试将汉语教学的问题转化为
从汉字教学的视角来看汉语教学,这样,汉语的习得与汉字的使用
就变成了国际汉语教学的一体两面,掌握了汉字的用法也就掌握
了汉语。除此两种之外的其他汉字教学法均未在教材编写中得到
系统使用,而只是在课堂教学中作为讲解汉字知识的一种辅助手
段,这可能与它们仅触及汉字层面的教学有着较大的关系。事实
上,对外汉字教学十八法和相对字本位教学法已经超出了汉字教
学法的范畴,二者共同关注的一个焦点问题就是如何兼顾字词教
学,其方法背后折射出的更多是汉语教学理念层面的问题,例如,
如何通过汉字学习汉语、如何处理书面语学习和口语学习之间的
关系、如何沟通字词联系,等等。

最后,学界也有一些关于汉字教学法的实证研究(如钱学烈
1998;江新 2007;李大遂 2011;李蕊、叶彬彬 2013 等),但它们大多
围绕"语""文"关系或字词关系展开,研究问题较为宏观,从微观
层面对某一具体汉字教学法的适用性和教学效果进行验证的研究
还不多见。

### 2.4.3　国际汉字教学方法与应用研究述评

综上分析可知,目前我国国际汉字教学与研究还基本停留在
应用层面,即以汉字教学的具体手段为主要关注点,对汉字教学法
背后的语言规律和语言习得规律还未给予足够的重视。如果我们
引述李大遂(2017)关于对外汉字教学的"道"与"术"的观点来看,
上文中提及的汉字教学法大多停留在"术"的层面,重点着眼于解

决当前具体的问题,处于汉字教学的实践操作层面。换言之,当前的汉字教学法尚未上升到"道"的层面,立足于理论思考以解决国际汉字教学中存在的系统全局问题。诚如杨自俭(2008:166)所指出的那样,"纵观第二语言教学法的发展史,教学法的产生一般都与一定的理论相联系,即当某种理论产生后,语言教学者将根据这种理论创造出相应的教学法"。因此,任何教学方法的提出都不是偶然的,其背后必然有语言学理论、认知心理学和语言习得理论等的支撑。国际汉字教学法也不例外,它也存在着"道"和"术"两个方面。就前者而言,汉字教学法提出的依据属于"道"的层面,主要包括理论依据(如语言学理论基础)和实践依据(如教学对象的认知特点)两个方面;就后者而言,汉字教学法的应用属于"术"的层面,根据具体教学内容又可大致分为汉字识别(包括形、音、义三方面的识别)、汉字书写和汉字使用三个方面。任何一种汉字教学法都要处理好"道"与"术"之间的关系,因为"'道'得通过'术'来实行,'术'需要'道'来指导,二者相辅相成"(李大遂2017:40)。在国际汉字教学实践中,"道"和"术"之间的关系最主要的一个体现是如何处理汉语交际能力培养与汉字教学之间的关系。因为"汉语交际能力培养"是国际汉语教学的目标所在,从根本上决定着汉字教学的设计,所以属于"道"的层面;"汉字教学"中各种"术"的应用均要围绕这一教学目标,从而使得汉字教学有的放矢。

然而,从目前的汉字教学实践特征来看,多数汉字教学法停留在"术"的层面,对"道"的层面思考相对较少,比如汉字教学本体理论的构建、汉字教学法与汉语学习者汉字认知机制特点之间的关系、汉字教学与汉语教学之间的关系等等,这些问题都可能会对汉字教学法的实践应用产生影响。同时,在"术"的层面,对汉字教学法的应用研究也有待于进一步深化,例如,对汉字教学方法的适用性、有效性和系统性的研究,需要更多的实证研究来检验和不断完善现有汉字教学法,同时也应该从国际汉语教学实践中不断摸索新的汉字教学方法或模式,以反哺现有的汉字教学方法体系的构建以及汉语作为第二语言的教学理论研究。总之,无论是在理论研究还是实践应用层面,现有的汉字教学法都有待于进一步拓展和完善对其学理基础和应用价值的研究。同时,在汉字教学法理论体系的构建过程中,还要从汉语语言文字的特点和非母语学习者的汉语学习特点出发,进一步协调好汉字教学和汉语教学之间的关系。

## 2.5  本章小结

以上通过对外向型汉英学习词典研究、马礼逊《华英字典》研究以及汉语作为第二语言的汉字教学方法与应用研究的文献综述,发现已有研究主要存在三点不足:

第一,目前外向型汉英学习词典研究尚处于初级阶段,在理论探讨方面,研究重心还主要集中于双语词典学研究中的传统话题,如对应词和文化特色词的翻译、文化信息和语用信息的呈现等。相比之下,对外向型汉英学习词典的区别性特征重视不够,比如汉字表意性特征的处理、对字词关系的沟通等。在编纂实践方面,也存在着同样的问题,基于汉语语言特点和国际汉语教学实践而研编的外向型汉英词典还不多见,外国学习者对汉英学习词典的迫切需求与外向型汉英词典的研编现状构成了一对主要矛盾。

第二,虽然近10年来有关《华英字典》的研究出现了一个小高潮,但多是从语言学视角和中西文化交流视角展开,从词典学视角进行的研究数量不多,研究深度也相对有限。虽然也不乏对马礼逊词典编纂理念及其设计特征的文本分析,但扎根于词典文本精读对《华英字典》汉字本位设计特征的研究尚不多见。

　　第三,目前汉字教学的重要性已经引起了国际中文教育界充分的重视,学界也涌现出了各种各样的汉字教学法,但这些方法大多属于"术"的层面,仅适用于某一类汉字的教学;对属于"道"的层面的汉字教学理念的探讨还不充分。另外,"字本位"教学法已经在国外的汉语教学实践中取得了不小的成绩,但在国内的国际中文教育实践中尚未引起学界充分的重视。该教学法所倡导的"字本位"理念——重视汉字的特殊性、拓展汉字的学习功能、沟通字词关系值得研究和借鉴。

　　已有研究的不足或局限为本研究带来了进一步研究的空间,基于前人的研究成果和不足之处,本研究将继续拓展以下内容:首先,进一步拓展"汉字本位"教学理念的应用价值。目前,"汉字本位"教学理念的实践价值主要集中在汉字教材的编写中,需在汉语辞书学研究中继续拓展该理念的应用价值。其次,进一步挖掘马礼逊的汉语学习理念,并在此基础上探索《华英字典》在帮助欧洲人学习汉语方面所体现出的学习性设计特征。最后,探索适用于外向型汉英学习词典研编的有效路径,以期能为我国外向型汉语学习词典理论研究和编纂实践的进一步发展带来一些有益的启示。

# 第三章　理论基础与分析框架

以汉字为本位是中国语文辞书编纂中的一个鲜明实践取向，也是汉语语言文字的特殊性在辞书编纂领域的主要体现之一。目前，在汉语语言学研究领域和国际中文教育研究领域中，都有学者提出了"字本位"理论，以还汉语研究和教学的本来面目。"字本位"理论重视汉字在汉语语法分析和语言教学中的基础性地位，其背后的学理与以汉字为编纂本位的辞书实践传统相契合。本章在梳理汉语字本位理论和汉语字本位教学法的基础上，探讨了其对外向型汉语学习词典研编的适用性，并尝试构建马礼逊《华英字典》设计特征的分析框架。

## 3.1　字本位理论概述

自《马氏文通》问世以来，中国传统语言学研究在引入印欧语语法理论的基础上，开始走上与西方语言学研究传统相结合的道路，这主要体现在"以'词'和'句'为基本结构单位"，"探索名、动、形的词类划分和它们与语句结构成分之间的有规律的对应关系，建立语法理论"（徐通锵 2005：3）。不过，也有学者提醒，在研究汉语时一定要注意汉语语言所固有的特点。例如，赵元任指出

"汉语中没有表示'word'的词";吕叔湘认为"汉语词汇的基本单位还是一个一个的字";王力也认为"汉语基本上是以字为单位的,不是以词为单位的";朱德熙指出"我们的汉语有我们自己的规律","汉语语法研究不应该模仿印欧语"(转引自徐通锵 2005)。上述几位先生的观点为汉语语法研究中字本位理论的提出提供了重要的观点支撑。

从 20 世纪 90 年代开始,出于对"印欧眼光"的反思和对"中国特色"的探索,以徐通锵为代表的一批研究者以"字本位"作为构建新的汉语语法理论的新思路,其立论的核心观点是汉语的基本结构单位是字而不是词。具体而言,字本位主张者在理论上的探讨主要集中在三个方面:1)从语言哲学上为字本位说寻找立论的依据;2)努力建立字本位的汉语研究体系;3)建立与世界语言学的联系,与国际语言学界对话(潘文国 2002:306—307)。其中,第二个方面最为关键,在很大程度上直接决定着字本位理论的命运。徐通锵(1997)从音韵、字和汉语的构辞法、语义、句法三个维度分别探讨了字和语音结构、字中音义之间的理据性联系、由字生句的规则三个问题。从探讨内容上讲,上述三个维度其实与现有语言学理论中的语音、构词和句法是分别照应的,所不同的是徐通锵在其所分的维度中均加入了"汉字"这一元素,从而使得其理论探讨更加凸显汉语特色。潘文国(2002)则完全采用了当前国际语言学研究的基本框架,即从 Phonology、Morphology、Syntax and Text Linguistics、Semantics、Pragmatics 出发,建立字本位的相应理论,分别是字本位的语音研究(音韵学)、语形研究(形位学)、语形研究(章句学)、语义研究(字义学)、语用研究(音义互动)。由此,我们不难发现,与徐氏相比,潘氏尝试建立的字本位汉语研究体系划分得更加细致,不过二人都牢牢抓住了一个核心问题,即在每一项(或维度)的字本位研究中,都要充分凸显汉语的本体特色。

字本位理论提出以来,其主要学术观点得到了一些学者的支持(如胡双宝 2001;王骏 2006;杨自俭 2008;戴汝潜 2010 等),但也有另外一些学者质疑(如孙剑艺 2003;陆俭明 2011;王宁 2014等)。本研究无意介入这些学术争论,这也不是本研究关注的主要问题,本书对汉语字本位理论概述的一个主要目的在于从中汲取一些对本研究有所启发的观点。通过上文的概述可以看出,以徐通锵和潘文国为代表的字本位理论的倡导者,他们在进行理论构建时,紧紧抓住汉语的特点,然后通过对比印欧语的结构差异,从中提炼和升华出相关的理论和方法。例如,徐通锵(1997)指出,汉语"音形义"一体的特点,使得汉语自然地采用了"理据性"的编码方式,以有理据的"字"为研究重点,突出语义、语音及其相关关系的研究。相比之下,印欧语的文字不具备直接表义的功能,只能采用若干个音节组合来表义,因而是"约定性"的编码方式,它重点研究"主语–谓语"的结构和与此相联系的名词、动词、形容词的划分,突出的是语法,即构词法和造句法。此外,语言编码方式不同,进而会引起两种语言社团思维方式的差异,思维方式的差异最终又作用于语言的规则。从上述例证可以看出,避免照搬西方理论,立足于汉语,重视汉英对比,是汉语字本位理论建构时最突出的特点。

尽管字本位理论还有诸多不完善之处,但其为当今的汉语研究也带来了一些有益的启示,主要有以下几点:1) 将文字纳入语言研究中,重视对汉语与汉字关系的考察;2) 挖掘"形"在汉语研究中的重要价值;3) 重视汉字"音"和"义"的理据及二者的关联,并将之扩展到汉语编码机制的理据性(主要包括词义引申理据和构词理据[①]);4) 重视汉字的语义句法功能,如对"字"和"语素"的区分,认为前者是结构关联的基点,而后者是分析出的语法单位;

---

① 徐通锵(1997)使用的是本义→引申义理据和线性的构辞理据,为了便于读者理解,本书仍使用目前更通用的说法。

用"辞"和"块"分别指固定的字组和临时组织的字组,并区分"块"
与"词组";5)对特定"虚字"(即虚词)的重视,认为虚字是汉语调
整语序的一种重要工具;等等。这些观点有可能为当今的汉语研
究以及汉语教学实践带来一种新的研究思路。

## 3.2　字本位教学法概述

　　字本位理论提出后不久,就被引入了对外汉语教学实践中,并
产生了一些较有影响的研究,例如,对字本位和对外汉语教材编
写、词汇教学和基础汉语教学模式等关系的讨论(如吕必松 1999;
潘文国 2002;王骏 2006;杨自俭 2008 等)。因为这些研究采用的
多是一种自上而下的研究视角,即尝试以汉语字本位理论去观照
对外汉语教学实践,所以它们多偏向于宏观层面的学理探讨,比如
汉语字本位理论对汉语教学的适用性和价值,对字本位理论的具
体应用并未开展系统性的研究。与此形成鲜明对比的是白乐桑提
出的字本位教学法。虽然白乐桑也使用了"字本位"这一术语,但
从该教学法提出的背景来看,它并不是从徐通锵的字本位理论衍
生而来的,而是白乐桑基于其长期的汉语教学实践提出的一种不
同于传统的汉语教学方法。因此,从字本位教学法的成因来看,它
体现出的是一种自下而上的建构思路。虽然白乐桑(2018)指出
他的字本位教学法与徐通锵的字本位理论是在互不知情的情况下
几乎同时提出的,二者也有着不同的问题指向,但在根本原理和方
法论原则上的相对一致性还是让它们相互促进。鉴于字本位教学
法发展的独立性,以及它与字本位理论之间的相对一致性,本节拟
对白乐桑的字本位教学法及其核心理念进行概述。
　　1989 年,白乐桑与张朋朋在汉语教材《汉语语言文字启蒙》
(下文简称《启蒙》)中首次明确提出"字本位"教学法。白乐桑在

该教材简介中指出："本教材在总体设计上力图体现汉语字与词关系这一特点,循汉语之本来面目进行教学,故本教材可称为'字本位'教学法。作者使用此法曾有多年的实践,教学效果事半功倍。"(转引自王若江 2017:10)在这一纲领性宣言中,白乐桑明确了以下三点内容:1)"字本位"教学法的着力点是"字词关系";2)提出该方法的主要目的是"循汉语之本来面目进行教学";3)该方法能产生良好的教学效果,具有合理性和实践价值。另外,该方法的提出还有以下四个方面的背景:第一,法国汉语教育和教材编写有重视汉字教学的历史传统。19 世纪初中期,法国的高等学院和专门语言学校开始开展汉语教学,这一时期出现的教材有雷慕沙(Abel-Rémusat)编写的《汉文启蒙》、儒莲(Stanislas Jullien)编著的拉丁文版《三字经》、哥士耆(Klescowski)编写的《中文教科书》等,汉字教学在汉语教学中有着举足轻重的地位(白乐桑 2018:4)。第二,美国汉学家、汉语教学专家德范克编写的"德范克系列"中文教材对法国现代汉语教学及字本位教学产生了较大影响(白乐桑 2018:4)。第三,中国大陆和台湾的主流教材,忽略了汉语的特性和要传递的基本知识,忽略了学习者的角度。大约从 20 世纪中叶开始,中国大陆和台湾的汉语教学中,"词"在对外汉语教学中被视为唯一的基本教学单位,而"字"却被冷落甚至被根本忽视(白乐桑 2018:2)。第四,作为一位母语为拼音文字的成功的汉语学习者,白乐桑对汉语最直观的认识是其最显性的特征——汉字。如果忽略外国人所认知的汉语特点,就失去了吸引二语学习者最有益的基础。白乐桑认为"'字本位'教学法是法国人学习汉语的有效路径,具有很强的针对性。此法既不是印欧语语言学习方法的照搬和改良,也不是母语为汉语的教师的经验和揣测"(王若江 2017:11)。从上述背景特征来看,"字本位"教学法的产生并不是偶然的,而是多种因素交织在一起的使然。

白乐桑(1996:99—100)结合汉语二语教学中长期存在的"语文关系"之争,论述了"字本位"教学方法中的两个核心指导思想。其一,针对母语是拼音文字的汉语学习者的教学一定要体察到中国文字的特殊性,全面处理汉字作为汉语教学的基本单位,包括字形及其所含有的视觉信息、义素、带声调的音节、字频、生字的字源及结构、字的手写体等;其二,"字本位"教学法并不是只教字,词具有和字同等重要的地位,二者不可偏废。由此,我们可以看出,白乐桑虽然使用了"字本位"这一术语来概括其教学思想,他并未将"字"与"词"对立起来,从汉语二语教学界中广泛存在的"词本位"直接滑向另一个极端。相反,白乐桑采取了一个折中的立场:他认为汉字制约着汉语的学习,离开了汉字,汉语学习就失去了基础;同时,学习汉字并不是最终目的,而是为了辅助学习者更好地掌握汉语词汇,从而提高汉语交际能力。这一认识与汉语语言文字的特点以及汉语教学的目标都是相符的。

不过,"字本位"教学法在提出之后相当长的一段时间里并未引起学界的重视。原因主要有两方面:一是《启蒙》教材是法文版,在我国的受众相对有限,二是该教学法是自下而上的、基于教学实践而提出的一种教学模式,缺少汉语本体理论的支撑。直到20世纪末,随着《启蒙》中文版(1997)的出版以及汉语语言学研究中"字本位"理论热点的助推,学界对"字本位"教学法的关注才逐渐增多。从已有的文献来看,赞成者和反对者兼而有之。赞成者认为"字本位"教学法具有"词本位"教学法所不具备的优点,是对以印欧语为参照体系所建立起来的"词本位"教学法的一种反拨,同时呼吁对外汉语教学界对"字本位"给予应有的重视(如王若江2000,2004;贾颖2001;张德鑫2006;陆俭明2011等);反对者多认为"字本位"教学仅是词汇教学的一个阶段,并不能从根本上取代或撼动"词本位"的教学地位(如刘颂浩2010;史有为2017;赵金铭2017等)。双方各持己见,直至现在仍未有定论。对"字本位"和

"词本位"所引发的争论,也有学者认为应当采用一种理性和辩证的观点来处理二者的关系。以李泉(2017:14)的观点为代表,他认为"字本位"和"词本位"不是一种非此即彼的绝对的对立关系,不能因为赞成"字本位"就只讲"字本位"的优点和必要性,主张"词本位"的就只谈"词本位"的好处和必然性,这种单一化本位倾向并不符合对外汉语教学的实际。简言之,将字与词之间的关系完全对立起来是不符合汉语教学规律的,只有将二者的适用范围明确切割开来,才能最大化地发挥各自的效用。另外,王若江(2017:12)还特别指出,"字本位"教学法只是初级汉语教学的一种方法,目前尚不能与理论贯通,但也不必强求,相信它的发展会逐步得到完善。这与刘颂浩(2010:39)的批评——"就目前的情况而言,字本位还没有建立起一个成熟的教学体系"是一致的。

时至今日,"字本位"教学法已经经过了30多年的发展。近年来,白乐桑(2018)又重新回顾和梳理了他的"字本位"教学思想。其核心观点可以总结为以下三点:1)体察中国文字的特殊性,主要包括凸显汉语文字的表意性特点,同时注意汉字与西方字母文字的差异,在讲解汉字时,注重汉字的发音、字义、义素、结构、笔画、笔顺、字源、部首以及拆分部件并为部件命名(白乐桑2018:6);2)沟通字词关系,主要包括重视汉字的组合规律,运用有限的、已学过的字来解释新词,从字义过渡到词义,既保证字的复现率,也给活用的组合词提供尽量多的语境,发展学生扩词猜词的能力,通过字频和词频制定汉字门槛与汉语词汇门槛,区分主动汉字与被动汉字、主动词汇与被动词汇(白乐桑2018:2—8);3)扩大汉字的学习功能:主要包括通过汉字来讲授中国文化,利用汉字开发学习者的视觉记忆力(白乐桑2018:2)。与其早期阶段的"字本位"教学思路相比(参见白乐桑1996),白乐桑在原有基础上又有所发展:前两点均是延续之前的观点,而第三点——扩大汉字的学习功能,则是新增内容。总体来看,一方面,自"字本位"教学法提出以来的 30 多年里,白乐桑有关汉字教学的核心理念从未改变,一直秉持汉字基本知识传授和注重交际能力培养双管齐下的教学模式,同时还在此基础上进一步拓展汉字的学习功能。另一方面,白乐桑也对学界将"字本位"和"词本位"完全对立起来的做法有所回应,这主要体现在他将其现阶段的"字本位"教学法称为"相对字本位"或"汉语教学二元论",以与法国存在的另一种"字本位"——"绝对字本位"相区分,从而避免"字本位"引起的"只注重汉字"的误解(白乐桑 2018:5)。

　　总之,白乐桑所倡导的"字本位"教学法主要是立足于非母语汉语学习者的角度而提出的。在谈到汉语教材编写时,白乐桑引用法国哲学家巴什拉的话"必须从障碍的角度提出学科认识的问题"[①]。他认为汉语初学者的主要障碍是认字难,一下认识很多汉字更难。"字本位"教学法就是考虑了学习障碍、汉语特性、汉字基本知识、交际能力培养、学习者这几个方面而提出的(参见王若江 2017:11)。虽然该方法还有诸多不完善之处,但其所体现出的核心教学理念值得国际汉语教学界关注。

## 3.3　字本位理论对外向型辞书编纂的适用性

　　理论的价值主要在于指导实践。语言学理论的研究也要回归实践才能最终实现其价值。字本位理论也不例外,该理论的倡导者对此也有清楚的认识。潘文国(2002:308)指出,"字本位不是一种纯理论的探讨,它的出发点和归宿是语言的实践"。目前,字本

---

　　[①]　参见白乐桑 2016 年 12 月在北京大学黉门论坛的演讲,题目是《汉语教材与"庐山现象"——学科建设的重大认识论障碍》。

位理论已经被用于国际汉字教学和汉语教材编写中①。该理论所包含的一些理念被证明具有合理性，可以用来服务于作为第二语言的汉语教学实践。同样，字本位理论也可用于指导外向型辞书的编纂实践。外向型辞书指的是针对非母语汉语学习者编写的汉语学习词典。作为学习型词典的重要类型之一，外向型汉语学习词典的语言描写功能和助学功能均与字本位理论的一些核心观点有着密切的联系。具体而言，首先，从语言描写功能来看，外向型汉语学习词典要对汉语进行较为全面和系统的描写，根据语言习得规律，其描写一般分为语言内容的描写和文化内容的描写。其中，对每一项内容的描写都需要再进一步细分为汉字和汉语两个部分：语言内容分为汉字知识和词汇知识；文化内容分为汉字文化和汉语文化。这与对拼音文字系统的描写不同，因为拼音文字的拼写不具备汉字字形的表意功能，汉语语言文字的特殊性使得我们在对汉语书面语进行描写时必须同时关照到"语"和"文"两个层面。其次，从助学功能来看，编者要根据目标用户的需求来选择词典的呈现内容及内容的呈现方式。就外向型汉语学习词典的编纂而言，在词典中呈现哪些语言知识和文化知识，以何种方式呈现，都要根据用户的需求而定，呈现内容和呈现方式直接决定着词典的实用性。质言之，从学习词典的描写功能和助学功能来看，字本位理论在以下三个方面均与外向型汉语学习词典的研编有着密切的联系：1）对汉字基本知识的处理；2）对字词关联的处理；3）对汉字的文化认知功能的处理。下文将围绕这几个方面分别展开论述。

---

① 虽然白乐桑的字本位教学法是独立发展起来的，但从长远来看，如果该方法想要获得进一步的发展，必须依靠语言学理论的支撑。换言之，字本位教学法的进一步完善和发展离不开字本位语言学理论的支撑。因此，从这个意义上讲，在本部分讨论字本位理论的实践应用时，也将字本位教学法视为字本位理论的一个主要应用。

### 3.3.1 汉语语言学习的汉字知识基础构建

汉语语言能力的培养包括两个方面:一是和"语"相关,即以听和说为主的口语交际能力的培养;另一是和"文"相关,即以读和写为主的书面语能力的培养。对汉语母语者而言,他们在小学阶段正式开始系统学习汉字之前,大都已经具备了良好的听说能力,即母语者在认读汉字之前通常已经掌握了大量的字音和字义。在学习汉字的初级阶段,以"语"带"文"的学习策略是比较适合汉语母语儿童的,通过这种方式,他们只要将陌生的字形与头脑中已有的音和义对应起来即可。然后,随着识字量的增多,也能以"文"促"语",最终达到"语""文"共促和"语""文"一体的状态。但是,对于非母语汉语学习者而言,由于他们的大脑中已经内化了一套母语语法规则,这使得其失去了自然习得汉语口语的生物学基础,因为从普遍语法的语言习得观来看,不会出现二语文盲者——听说能力与母语者接近,但不识字的二语学习者(许菊 2006)。这也意味着非母语汉语学习者必须以汉字为中介,通过持续不断的后天学习来培养汉语口语和书面语能力。如果回避汉字学习,他们只能学会一些简单的汉语口语表达,在通往汉语学习成功之路上不会走得太远。特别是对于非汉字文化圈的学习者而言,他们在学习拼音文字时,"通常把文字排除在语言要素之外,而只强调语音、词汇、语法,因为这些语言所使用的拼音文字只是单纯记录其音系的符号"(石定果 1993: 274)。"但就汉语而言,文字却存在特殊性。……文字也应该视为汉语的要素之一。"(同上)王宁(2015: 242)从汉字教育的角度表达了类似的观点,她指出,对任何儿童来讲,"识别和运用汉字的能力将决定他今后一切学习的速度和质量"。同理,在世界汉语教学中,汉字教学也是培养学习者口语和书面语能力的基础教育,其主要任务是"以汉字形、音、义的构成特点和规律为教学内容,帮助学习者获得认读和书写汉字的技能"（刘珣 2000：369）。形、音、义构成了汉字知识的基础，"汉字教学要讲清楚现代汉字的形、音、义"，从而更好地"帮助学生认读汉字、书写汉字，学习汉语的书面语"（卞觉非 1999：71）。

汉语字本位理论认为，"'词'是一种舶来品，在汉语中没有'根'，而形、音、义三位一体的字是汉语的载体"（徐通锵 2005：2）。字本位教学法的一个重要主张就是重视汉字基本知识。白乐桑（1996，2018）并未给"汉字基本知识"提供一个明确的定义，但他通过列举的方式对其外延特征进行了说明（详见 3.2 部分）。白乐桑（2018：2）特别指出，长期以来，重"词"轻"字"的教学传统抹杀了汉语的特性，忽略了要传递的基本知识，违背了教学法上的经济原则，严重影响了汉语二语教学的效率。显然，这里提到的"基本知识"指的就是与汉字相关的基本知识。如何理解"基本"二字呢？从白乐桑（1996，2018）列举的汉字基本知识内容特征来看，"基本"与汉字三要素——形、音、义直接相关。在中国的传统文字学研究中，汉字通常被认为"是合形、音、义三个要素组成的"①（胡朴安 2017：9）。在汉字教学中，认识一个汉字也通常意味着"必须知道它的形、声、义三个要素，三个中间缺少一个，就不能算作认识了这个字"（吴玉章 1978：39）。本书认同这种观点，将"汉字基本知识"理解为与汉字形、音、义直接相关的知识。不过，值得一提的是，在传统文字学研究中，"音"和"形"的概念都非常清楚，但"义"的概念比较复杂，既包含字的构造意义，也包含字在语境中的意义。从现代汉字构形学理论来看，就是字义（或造意）和词

---

① 也有学者反对这种"汉字三要素说"。例如，李运富（2012：5）认为，汉字的"形、音、义"并不是同一平面的东西，也不都是必不可少的东西（有时只表音，有时只表义），所以不宜并称为"三要素"。其实汉字确实有三要素，但不是"形、音、义"，而应该是"形、意、用"。这种看法是从汉语本体研究的角度得出的结论，与本书所要讨论的汉字教学关系不大。

义(包括本义和引申义)两部分内容,前者是从字形中分析出的构形理据,后者是汉字进入语境中使用的意义(参见王宁 2015:264—266)。有些字的字义与它们的词义具有一致性,例如,"忧、愁、思、想"都从"心",它们都是心理活动,这样就可以凭借字形来理解和记忆它们的词义;但有些字的字形与词义之间缺少一种直接的联系,如果不从分析字义入手,就难以通过字形来理解词义,如"理"字从玉,"理"的词义与"玉"之间看不出有明显的联系,只有通过该字的造意分析,才能明白它取象于玉的原因(王宁 2015:265)。在谈到与汉字三要素中的"义"时,白乐桑(1996:100,2018:2)既提到了"义素",也提到了"字义",这说明他已经认识到了汉字的"义"的复杂性和特殊性。字本位理论中所讲的"义"指汉字在语境中的意义(即词义)。徐通锵(1997)通过探究汉字形、音、义以及它们之间的相互关系来解释汉语语法现象,所以他所提及的"义"就是汉字构形学中所讲的词义;另外,徐通锵将对汉字表意性特征的探讨放入汉字的理据性部分,这也说明字本位理论中的"义"指的是汉字的语境义。本书中,为了讨论的方便,我们吸纳了汉字构形学的做法,将"义"细分为字义和词义两部分,前者属于汉字基本知识的范畴,后者与汉字用法相关,涉及字词关系的沟通。这种划分方式与字本位教学法的主体思路也是相一致的。

学习词典助学功能得以充分发挥的重要前提条件之一就是对二语词汇知识进行较为系统的描写,这也是由词典的语言描写功能所决定的。目前,最有影响力的词汇知识分析框架当属 Nation(1990/2004,2001,2013)对"知道一个词包括哪些内容"(What is involved in knowing a word)的回答。1990 年该框架首次提出,后经过一次修正,最终确定为一个包含形式(form)、意义(meaning)和使用(use)的三维词汇知识分析框架,其主要内容如表 3.1 所示:

**表 3.1　知道一个词包括哪些内容（Nation 2013：49）①**

| | | | |
|---|---|---|---|
| **形式** | 口语 | R | 这个词听起来像什么？ |
| | | P | 这个词如何发音？ |
| | 书面语 | R | 这个词看起来像什么？ |
| | | P | 这个词如何书写和拼写？ |
| | 词的组成部分 | R | 词中包含哪些可识别的组成部分？ |
| | | P | 词中有哪些组成部分用来表达意义？ |
| **意义** | 形式和意义 | R | 这个词形表示什么意思？ |
| | | P | 这个意义要用什么词形来表示？ |
| | 概念和指示对象 | R | 这个概念包括哪些内容？ |
| | | P | 这个概念涉及哪些词目？ |
| | 意义关联 | R | 这个词能让我们联想到其他哪些词？ |
| | | P | 我们可以用哪些词替代这个词？ |
| **使用** | 语法功能 | R | 这个词通常出现在哪些语法型式中？ |
| | | P | 我们必须在哪些语法型式中使用这个词？ |
| | 搭配 | R | 这个词经常与哪些词或哪些类型的词共现？ |
| | | P | 我们必须使用哪些词或哪些类型的词与这个词搭配？ |
| | 用法限制（语域、频次……） | R | 在什么地方、什么时间和有多大概率会碰到这个词？ |
| | | P | 在什么地方、什么时间和有多大概率要用到这个词？ |

　　总体来看，Nation 的框架体系逻辑清楚，层次分明，对二语词汇教学有着较强的理论指导价值。目前主流的英语学习词典也基本上是以该框架为参照体系，对英语词汇知识进行描写。但需要注意的是，该框架是在对以英语为代表的拼音文字进行分析的基

---

① 　R＝接受性知识，P＝产出性知识。

础上提出的,并不完全适用于汉语作为第二语言教学的实际情况,因为汉语语言知识包含两大块内容,一是汉字知识,二是汉语词汇知识,这是由汉语语言文字的特点所决定的。在外向型汉语学习词典中,对汉字基本知识进行整体性描写,既符合用户的语言学习需求,也是词典在内容设计上凸显助学功能的必然选择。相反,如果有关汉字的字形、字音和字义信息,有任何一项内容出现了缺省,学习者就难以获得完整的汉字基本信息,汉语学习词典的助学功能也会因此受到一定的影响。

### 3.3.2　汉语词汇应用的汉字构词能力培养

根据周有光(1992:155—156)提出的"汉字效用递减率",最高频的 1000 个常用字已经能够覆盖现代汉语阅读文本 90% 的内容;达到 2400 个常用字,覆盖率将提升到 99%。然而,这并不意味着学习者掌握了 2400 个常用字的形、音、义后,阅读现代汉语文本时就基本上没有理解障碍了。因为从汉语学习的特点和过程来看,学习字形、字音、字义只是基础阶段的语言知识的学习,要想真正学得汉语,必须在已有汉字基本知识的基础上,进一步掌握汉字的用法。汉字用法主要体现在汉字的各种组合关系中。张志公(1982:33)指出,汉语的组合性特点非常突出,即"采取一定的方式,依靠一定的语法手段,把两个或两个以上较小的语言单位组织起来,构成一个较大的语言单位"。他(1982:40)将汉语中的语言单位分为五类,即语素、词、词组、句、句组,其中,"在汉语的各级组合中,词组一级具有特殊的重要性",因为它不但起着承上启下的作用,而且是学习者掌握汉语句法的基础。由此可以看出,学会汉字的用法就要掌握一定量的词组,这对汉语作为二语的教学实践具有重要的指导意义,帮助学习者高效、系统地掌握常见词组的用法是决定汉语教学成功的关键因素之一。从目前的汉语教学实践来看,学习者(尤其母语是拼音文字的汉语学习者)在学习汉语词汇的过程中存在着两个突出的问题：其一是"识词不识字"，其二是"识字不识词"。造成前者的主要原因在于，"西方学生不管是习得自己的母语还是学习二语（包括汉语），已经习惯了记忆的对象以'词'为单位，在学习过程中普遍存在着从词的整体出发——导致'识词不识字'的现象"（王鸿滨 2018：40）。例如，学生学了"鸡蛋"，却不懂得"鸡"的意思，于是在交际中闹出了用"鸡蛋妈妈"来指称"鸡"的笑话（参见贾颖 2001：78）。造成后者的主要原因则源于对汉语字、词组合方式的多样性缺乏足够的认识。例如，文化词"红娘"、四字词"马马虎虎"等，如果学习者将每个字的语素义叠加起来推测词义，就会导致望文生义情况的发生（参见王鸿滨 2018：41）。上述两个问题的根本原因都在于学习者未能很好地沟通字词之间的联系。王宁（2004：5）曾指出，"在给中国人编写的汉字教材里，往往要特别强调字与词的区别，但给外国人讲汉字，字词的沟通比字词的区别更重要一些"。这一论述同样适用于外向型汉语学习词典的编纂实践。从认知心理学的视角来看，外国汉语学习者多为成年人，理解能力强，如果在教学中将"以字解词"和"由词析字"结合起来，通过字词关系的多维度沟通，强调字词关联的理据性，可以有效降低他们的记忆负担，同时也能加深理解，促进深度学习。

字本位理论认为印欧语和汉语的语法结构类型在本质上是不同的：前者具有封闭性，其结构单位的序列依次是语素、词、词组和句子，每种单位都会受到一致关系的制约；后者具有开放性，其结构单位的序列分别是字、辞、块、读、句（徐通锵 1997：430—431）。虽然字本位理论提出的新术语尚有争议（参见陆俭明 2011），但其体现出的"因字而生句"的理念值得我们思考。与字本位理论相比，字本位教学法的主张显得更加温和，它承认"词"的合法地位，并将它与"字"放在同等重要的地位，认为二者都是汉语教学的基本单位，在教学实践中将"由字到词"和"以词带字"结合起来，既不否定,也不夸大两者中任何一方的价值和作用。字本位教学法也承认部分学者对汉语特殊性的看法,但不否定"词"在汉语教学实践中的重要地位。"在说英语的人谈到 word 的大多数场合,说汉语的人说到的是'字'。这样说绝不意味着'字'的结构特性与英语的 word 相同,甚至连近于相同也谈不上""汉语是不计词的,至少直到最近还是如此。在中国人的观念中,'字'是中心主题,'词'则在许多不同的意义上都是辅助性的副题,节奏给汉语裁定了这一样式"(参见赵元任 1975/2002:893,908)。因此,字本位教学法十分注重字词关系的沟通,帮助非母语汉语学习者在字词认知和使用上建立一种关联,以达到促进语言理解和生成的目的。

在汉语词典学研究中,字词关系同样是一个不可回避的话题。无论是在字典还是词典中,都需要对字和词之间的关系进行妥善处理。不少学者注意到了这个问题。例如,白乐桑(2018:11)曾提出这样一个问题:"唯有汉语才有两种'典',即词典和字典。这反映了什么样的与西文不同的一个语言状况? 是否反映了汉语是二元机制?"虽然他并没有给出问题的答案,但我们能看出他对汉语中字词关系的思考是比较深入的,因为这已经超出了他所关注的汉语教学研究领域。王宁(2014:84)也对字典和词典中字和词的关系进行过论述,"现代词典的编纂本来是以现代汉语语词为单位的,因为只有以词为单位,才能进入释义。但是在编排上,仍然采用'字头'为条目的标志,这种编纂原则一直延续至今,可以看出,汉字在书面语词中所起的区别作用,在辞书里转化为一种具有查检功能的标志作用"。显然,这是从文字学的视角对词典和字典在宏观结构上的联系进行的一种学理阐释。目前,汉语辞书界已对"字典""词典""辞典"三者之间的关系有了较为充分的讨论(如黄河清 2001a,2001b;孙剑艺、董秀梅 2001;彭泽润、丘冬 2003;萧惠兰 2003;陈国华 2017 等),虽然并未就三者之间的外延达成一致的界定,但研究者均承认"字典"与"词典"的对立,这也就间接承认汉语中存在着"字"与"词"的对立。在编纂实践中,《新华字典》和《现代汉语词典》分别代表了典型的字典和词典设计模式。不过,值得注意的是,二者并不是完全对立的关系。从宏观结构上看,字典和词典一般都会采用以汉字立目,以字带词的编排方式。从微观结构上看,二者也往往都要处理汉字的语素义(义项)与词义之间的关系,具体做法主要有两种:一是分类呈现,即在每一个义项下分别列出相关词汇;二是集中呈现,即先列出汉字的所有义项,再集中呈现所有的例词。

然而,在外向型汉语学习词典研究中,字典和词典之间的区分并没有那么严格,这主要与该类词典的用户定位有着较大的关系,外向型汉语学习词典用户群体的学习需求与汉语母语者的需求有很大不同。具体而言,母语者在学习汉字时往往已经较好地掌握了汉语(至少在口语上),而非母语汉语初学者需要同时学习文字和语言两个方面。编者需要通过词典的再语境化手段为他们的汉字学习提供多层次的认知语境(主要包括本体语境、情景语境和文化语境),以帮助他们更好地掌握汉字的用法,进而促进其汉语交际能力的发展和完善。由此可见,汉字学习和汉语交际能力提高的理念,与字本位理论语法研究中"因字而生句"的理念有契合之处,尽管二者关注的焦点不同。但是,在汉字和汉语交际能力的中间还存在一个关键环节,即本部分所讨论的字词关系沟通。沟通字词关系是字本位教学法最重要的一个主张(参见白乐桑1996,2018)。同样,在外向型汉语词典的编纂中,它也应该占据一席之地,以字带词的编纂模式与词典描写功能和助学功能的实现均有着密切的联系。

### 3.3.3　汉语文化认知的汉字文化功能拓展

语言学习和文化学习密不可分。"语言的背后是有东西的。而且语言不能离开文化而存在"(Sapir 1921,转引自罗常培1989:

1），"语言的历史和文化的历史是相辅相成的，它们可以互相协助和启发"（Palmer 1936，转引自罗常培 1989：1）。特别是对于汉语而言，语言和文化的关系尤为紧密，究其原因，这与汉语语言文字的特点有着较大的关系。从发生学的角度来看，汉字是中华民族的自源文字，"指在族群所在的地理环境下，与本族人的生活直接相关，以系统记录本族语言为发展前景的文字"（王宁 2015：34）。与以拼音文字为代表的借源文字相比，汉字在过去几千年的演变过程中从未因外部干扰而停止使用或丧失生命力，"成为世界上唯一的一种有着日渐严密体系的表意文字"（王宁 2015：36）。正是汉字的这种特点，使中华文明的同质性和延续性得以保持。英国语言学家帕默尔（1983：99）非常有见地地指出："汉字是中国通用的唯一交际工具，唯其如此，它是中国文化的脊梁。如果中国人屈从西方国家的再三要求，引进一种字母文字，充其量不过为小学生（和欧洲人）省出一两年学习时间。但是为了这点微小的收获，中国人就会失掉他们对持续了四千年的丰富的文化典籍的继承权。"帕默尔从他者视角出发，清楚地认识到了汉字是解读中国历史文化的一把"金钥匙"。汉字的形、音、义三要素中都携带一定的历史文化信息，特别是汉字的构形系统，其原始的构形理据通常反映了中国古人的习俗、礼仪、道德信仰、思维方式等。

字本位理论并不是关于语言学习的理论，该理论仅提及了汉字与中国文化之间密切的关系（徐通锵 2005），并没有对其展开论述。不过，在字本位理论的应用研究中，学界有专门讨论，如杨自俭（2008）在论述字本位理论在中国通用语文教育中的应用时，专门讨论了汉字和中华文化的关系。另外，在汉语作为第二语言的教学研究中，白乐桑（2018）也特别指出要重视汉字与中国文化之间的关系，这也是字本位教学法的第三个重要主张。在其字本位教学法提出的早期阶段（参见白乐桑 1989，1996），白乐桑并没有关注到汉字的文化学习功能。近年来，白乐桑在总结其汉语学习经验的基础上,又将汉字学习的文化拓展功能纳入了字本位教学法。他关于汉字与中国文化关系的核心论点主要集中在他 2017 年发表的一篇论文中。白乐桑(2017:37)指出,任何一门语言、任何一种文字跟一种特定的思维方式有非常微妙的关系,不仅是语言,文字可能也影响着思维;语言的跨文化传播,不仅是语言的接触,也是思维方式的接触,还是文化的接触。另外,白乐桑(2017: 38,45)还从中西文化对比的视角给西方文明和文化分别贴上了逻各斯型文明和听觉文化的标签,给中国文明和文化贴上了视觉型文明和视觉文化的标签。姑且不论这种观点是否合理和科学,仅就其从汉字来观察、了解和学习中国文化的做法,就是一个比较新颖的角度,因为"汉字的形体构造中存储的文化信息,常常深入一些琐细而具体的细节,是对历史文化宏观问题的印证和补充"(王宁 2017:146)。通过汉字来学习中国文化主要有两条路径:第一是通过激活与某一汉字有关的母语者心理词典中的文化项,就可以对母语者的文化进行构建。以"善"字为例,通过激活与该字相关的一些习语,如"人之初,性本善""马善被人骑,人善被人欺""勿以恶小而为之,勿以善小而不为"等,学习者可以初步了解中国人对"善"的一些看法。第二条路径是通过汉字形体分析来了解中国文化。"汉字形体,尤其是古汉字的形体,沉淀了非常丰富的历史文化信息。与拼音文字相比,汉字所涉及的文化项更多,跟古代社会的文化事项关系会更密切。"(李运富 2012: 245)例如,"独(獨)"从"犬","群"从羊,一只牧羊犬赶着一群羊——这完全是一幅牧区放牧的图画(王宁 2017:149)。

为用户提供文化知识说明一直是学习型词典的研编传统之一(Tarp 2008),也是词典描写功能的内在要求,其实现方式主要是通过词典中的文化语境信息来呈现(魏向清等 2014)。在我国的内向型汉语学习词典的编纂实践中,辞书工作者已经注意到了这个问题。他们强调在汉语工具书的编写中,要做到"工具性和人文

性的统一"——既解释汉语字词的释义,又能展现汉语字词背后的
文化背景知识,使学生在理解语言和运用语言的同时受到情感的
熏陶和美的陶冶(孟戴尔2010)。但在目前的外向型汉语学习词
典研编的实践中,尚未见到较为全面处理汉字与中国文化关系的
探讨。一般情况下,外国汉语学习者,特别是母语为拼音文字的汉
语学习者,他们对汉字和中国文化的学习兴趣比汉语母语者更加
强烈(白乐桑2017, 2018)。因此,如何在外向型汉语学习词典中
较为全面和系统地呈现文化信息,帮助学习者通过汉字来了解和
学习中国文化,这是一个非常有意义的研究课题。针对上文提到
的通过汉字学习中国文化的两种路径,它们均与学习词典的结构
特征有着紧密的联系。编者既可以在字目的释义部分对汉字文化
进行阐释,同时也可以通过相关配例进一步帮助学习者加深对汉
语文化的理解。

　　总之,在汉语作为第二语言的教学实践中,文化能力的培养和
提高绕不开汉字问题,因为汉字不仅仅是记录汉语的符号,也是中
国文化的载体和象征,是中华民族的精神家园。只有重视汉字的
文化学习功能,才能将中国语言和文化的学习紧密地结合在一起。
在外向型汉语学习词典的编纂实践中,要较为系统地处理汉字和
中国文化之间的关系,对汉字的文化学习功能进行拓展。

## 3.4　《华英字典》设计特征分析框架

　　马礼逊的《华英字典》主要针对母语为英语的汉语学习者。
由于当时清政府实施严厉的闭关锁国政策,绝大多数欧洲的汉语
学习者都缺乏真实的学习环境,想要成功学会汉语是一件极其困
难的事情。在这种情况下,马礼逊在总结其汉语学习经验的基础
上,借助主要蓝本字典——《康熙字典》,为欧洲汉语学习者编写

了一部具有鲜明设计特征的双语词典。虽然以字典命名,但从实际上讲,《华英字典》更偏向于"词典",因为与蓝本《康熙字典》相比,马礼逊在多个字头(特别是常见汉字)下补充了大量的汉语词汇,这与中国字书的编纂传统有着显著区别。究其原因,这与马礼逊"编用一体"的编纂视角有着密切的关系。在其词典编纂过程中,马礼逊既是词典编者,同时也是汉语学习者,这使得他对欧洲汉语学习者的需求有着充分的了解,编写出的词典具有较强的用户针对性和友好性。

从《华英字典》副文本中马礼逊关于其汉语学习理念的自述文字来看(详见本书四、五、六三章),他十分重视汉字的特殊性,对汉字的形音义、汉字文化、字词关系等问题都有论述,其汉语学习观体现出了明显的以汉字为本的倾向性①。这种倾向性的主要原因可能有两个:第一个是受《康熙字典》和《说文解字》等蓝本字典的影响。马礼逊当时所参照的辞书仍然属于字书的范畴,受到中国古代文字学研究传统的影响,这些字书的编写受到了"'小学'字本位"(王宁 2014:76)思想的影响,因此,《华英字典》的编纂实践也就体现出一定的汉字本位思想。第二个原因是马礼逊在其词典编纂过程中融入了中西语言对比的视角。他多次提醒欧洲人注意汉语的特殊性和汉字的表意性特征,他认为这是与拼音文字最显著的区别性特征。对汉字特殊性的关注构成其汉字本位编纂理念的一个必要条件,这与字本位理论和字本位教学法的提出均起源于对汉字特殊性的思考的道理是一样的。质言之,鉴于马礼逊的汉字本位学习理念与字本位理论及字本位教学法之间存在的某些内在一致性,本书在探讨字本位理论之于外向型汉语学习词典编纂适用性的基础上,尝试构建关于《华英字典》文本设计特

---

① 目前,也有研究者注意到了这一点,例如,耿云冬(2020)指出马礼逊的词典编纂活动中体现了"字本位"的思想,但他并未对《华英字典》文本的设计特征展开全面的分析。

征研究的总体分析框架,如图 3.1 所示:

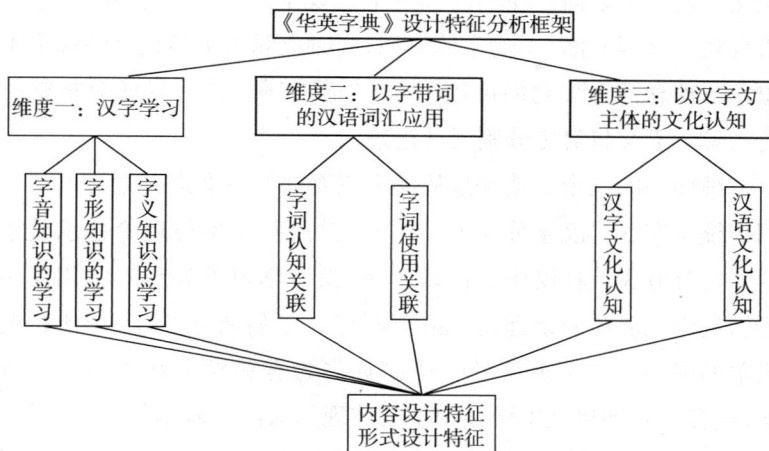

**图 3.1 《华英字典》设计特征分析框架**

　　《华英字典》文本设计特征的分析框架包括三个维度,前两个维度是从语言学习层面描写来划分的,第三个维度属于文化学习层面,分别与词典的描写功能即语言描写和文化描写功能相照应。其中,根据汉语语言文字的特殊性,外向型汉语学习词典中的语言描写又分为对汉字基本知识和汉语词汇知识的描写,即上图中的维度一和维度二。因此,关于《华英字典》设计特征分析框架的三个维度,其划分依据是词典的描写功能、字本位理论和语言习得规律三者之间的关系。具体而言,首先,二语学习的首要目标一般在于跨文化交际能力的培养,语言学习和文化学习是该目标得以实现的两个重要路径。其次,学习型词典作为一种重要的学习资源,其在词典文本中对目标语的描写也包括语言和文化描写两个层面,学习型词典的描写功能与二语学习的目标具有内在一致性。最后,字本位理论强调汉字在语法分析中的中心地位,在国际汉语教学实践中,虽然这种"中心地位"弱化为以汉字为教学的出发点,但汉字的重要地位还是得到了凸显,这主要体现为对汉字基本

71

知识教学的重视,对字词关联的处理和对汉字的文化学习功能的关注。这三个方面均在不同程度上体现了汉字在汉语学习(包括语言和文化两方面)中的主体作用,同时也涵盖了马礼逊的汉字本位学习理念,因此,它们可用于对《华英字典》设计特征分析框架的构建。下文将对之分别展开论述。

维度一的三个子范畴是从汉字三要素的角度进行划分的。中国传统文字学将汉字分为形、音、义三方面,字本位理论也承袭了这一切分方式。在汉语二语教学中,汉字学习首先是对常用汉字形、音、义三要素的掌握,比如能够认读、了解常用义、字形辨析及简单的书写等。字本位教学法中称之为有关汉字基本知识的教学,这在学习词典文本设计中主要体现为对汉字基本知识的描写,字形、字义和字音之间既相对独立又相互联系,共同构成了汉语语言知识的重要组成部分。

维度二的两个子范畴是从二语学习的语言理解和产出的角度进行的切分。在汉语二语教学中,语言理解的基础是在字词之间建立起相应的认知关联,有多种关联方式,比如利用汉字的理据性(包括音、形、义三个方面及相互之间的关系)、学习者已有的知识(比如母语知识)等。字词之间的认知关联主要体现在字义和词义的沟通和词义理解两个方面。汉语产出则与汉字的使用密切相关,学习者只要掌握了汉字的用法,就能够因字构词,因词成句。其中,字词之间在用法上的关联与汉语产出的关系最密切,因为词在字和句之间起到一种承上启下的作用,这也是字本位教学法不否认词的重要原因之一。建立字词使用关联的核心是明确汉字用法。

维度三的两个子范畴是从文字学和汉字构形学的角度进行划分的。"汉字与文化"和"汉语与文化"是两个有区别的课题:前者"专指汉字字形及其系统与文化的关系而言"(王宁 1991:78),后者"来源于汉字所记录的词"(王立军 2002: 95)。不过在字本位教学理论体系中,白乐桑(2018)并未凸显二者之间的对立,他强调的是如何通过汉字帮助学习者了解中国文化,即对汉字的文化学习功能进行拓展,这里的"文化学习"既包括与字形相关的文化,也包括与词相关的汉语文化。此外,汉字文化和汉语文化也是词典描写功能得以充分实现的一个重要保证。

综上所述,图3.1中三个维度的划分紧紧围绕着汉字的语言和文化学习功能展开,每个维度子范畴的划分又进一步融合了词典学、二语习得、汉语教学和文字学中的一些研究视角,构成了一个较为系统的分析框架。在对外向型汉语学习词典的设计特征进行分析时,还可根据学习词典设计特征理论(参见魏向清等2014)对此框架进一步细化,即将上述三个维度下的每个子范畴再与学习词典设计特征的两个维度——内容设计特征和形式设计特征结合起来,这样,就最终形成了本研究的分析框架。本书的四、五、六三章分别与上图中的三个维度相照应,以此全面展开对马礼逊《华英字典》文本设计特征的分析。

## 3.5　本章小结

本章首先对汉语语言学研究中的字本位理论进行了概述。该理论认为汉字是汉语的基本结构单位,主张以汉字为纲来展开对汉语的结构规律、演变规律、习得机制、学习规律和运用规律的探索。虽然该理论目前还存在不少争议之处,但其对汉字研究的重视和对汉语特殊性的关注值得肯定,也能够为当今的国际汉语教学带来一些有益的启发。其次,本章对目前影响较大的字本位教学法进行了概述,并在此基础上总结了该方法的三个重要主张,即重视汉字基本知识的教学、沟通字词关系、拓展汉字的文化学习功能,这对沟通汉字教学和汉语教学的关系有着积极的借鉴价值。

再次,本章在结合汉语语文辞书特点的基础上,分别从三个方面探讨了字本位理论对外向型汉语辞书编纂的适用性:1)汉语语言学习的汉字知识基础构建;2)汉语词汇应用的汉字构词能力培养;3)汉语文化认知的汉字文化功能拓展。上述三个方面与学习型词典的助学功能和语言描写功能密不可分。最后,基于马礼逊"汉字本位"的学习理念与字本位理论及字本位教学法中某些理念上的契合之处,本章在多种研究视角融合的基础上,进一步构建了《华英字典》汉字本位设计特征的分析框架。

# 第四章 《华英字典》汉字基本知识
## 学习的整体性描写

本章主要从三个方面对《华英字典》中汉字基本知识的描写特征进行分析,分别是:《华英字典》中马礼逊汉字基本知识的学习理念、《华英字典》中汉字基本知识的呈现内容、《华英字典》中汉字基本知识的呈现方式。

## 4.1 马礼逊汉字基本知识学习理念

在《华英字典》的副文本中,马礼逊对汉字学习的理念和方法均有着较为详细的论述。本节内容对马礼逊关于字音、字形和字义的学习理念分别进行梳理,从而较为完整地展现马礼逊在其词典编纂活动中所践行的汉字基本知识学习理念。

### 4.1.1 马礼逊"字音习得观"

马礼逊十分重视真实的语言交流环境在语音学习方面的重要作用。下面一段摘自《五车韵府》前言的内容集中体现了马礼逊的汉字语音习得观:

声调并非汉语之固有特征,这与希伯来语中的加点拼写法(译者注:字母加点表示元音,目的是使单词发音更加清晰)很像,仅是语言系统的一个附属特征,虽然有用,但并不是不可或缺。因此我建议欧洲汉语学习者不要一开始就将重点放在声调上,而是直到他掌握了一定数量的单词和习语用法之后。要想掌握声调,就必须直接跟随一个中文老师来学发音。缺少这样的条件,学习者很难掌握正确的发音。而发音对于能否顺利阅读和理解汉语书籍也不是那么重要。像本族语者那样优美地道的发音是无法通过字母来教授的。重音和其他语音标注符号也许能够提醒中国人注意声调的正确性,但是对外国人却作用不大。这与没有一个法国人是通过书本来掌握英语发音的道理是一样的。故基于此来看,注音符号(在帮助学习者掌握真实发音方面)几乎是无用的。①
(Morrison 1819: vii)

上述一段话传达出了三个方面的信息:第一,马礼逊注意到了汉语语音系统的一些主要特征及其与拉丁字母拼音法的主要区别;第二,马礼逊认识到真实语境下的语音输入是掌握汉语发音的必要条件之一;第三,马礼逊认为,对于欧洲汉语初学者而言,汉语语音知识并不是值得他们最先关注的。究其原因,这与当时的社会环境及马礼逊的汉语学习经历都有着密切的关系。

19世纪正值清政府闭关锁国时期,当时,中国法律禁止外国人以任何正常途径接近中国人,外国人学习中文或拥有中文书籍

---

① 原文为:As the Tones are not an original part of the Chinese Language, but like the Hebrew Points, a subsequent addition; and though useful, not essential, he would recommend the Student to defer attention to them, till he has acquired a stock of words and idioms; and then, if acquired at all, it must be by the ear from a living teacher. Without a good Chinese Assistant, a correct pronunciation is not attainable; nor is at all of importance to reading and understanding Chinese books. The nicer modulations of the living voice cannot be taught by letters. Accents and other Marks may recall to a Native the right tone, but will not enable a Foreigner to acquire it. No Frenchman can learn to pronounce English well by book. Marks for this purpose are almost useless.

被视为犯罪;同样,中国人也不能与外国人有任何来往或阅读外国书籍,否则就按叛国罪论处(E. Morrison 1839:I, 178, 255—256)。此种社会环境对外国人的中文学习是极其不利的。后来,马礼逊在东印度公司谋得一份差事后才在澳门定居下来,从而获得了多数欧洲人不可能具备的一些学习条件,如以工作之便结识一些中文学习助手。尽管如此,马礼逊(E. Morrison 1839:I, 66)将其处境描述为在无法想象的困境坚守中。马礼逊(E. Morrison 1839:I, 177)曾经不无抱怨地说:"我迄今都没有找到固定的人来指导我的汉语学习。"① 纵观马礼逊早期的汉语学习经历,其所雇佣过的汉语教师就有 Yong-Sam (容三德)、Yun-Abel (云官明)、Lee-Sëen-Săng (李先生, 名不详) 及其子 Lee-Tsak-Ting (李察庭)、Low-Hëen (蔡轩)、Kwei-Une (桂有霓)、Kǒ-Mow-Ho (葛茂和) 等数人 (E. Morrison 1839: I, 92—290)。有时候,在找不到中文老师时,马礼逊还主动到中国人的店铺与他们交谈,以便练习汉语口语(E. Morrison 1839: I, 178)。在当时的汉语学习条件下,绝大多数英国人均对学好汉语(尤其是汉语口语及发音)持怀疑态度,当然,有一个人除外,那就是乔治·托马斯·小斯当东爵士(Sir George Thomas Staunton, Bart.),但他当时并不住在英国本土,而是常驻远东地区与中国官府打交道 (E. Morrison 1839:I, 67)。换言之,其他欧洲汉语学习者很少有机会能像小斯当东和马礼逊那样拥有真实的汉语学习环境,如果缺少直接聆听中文教师发音的机会,那么汉语声调的掌握将是极其困难的。所以,马礼逊反复提醒欧洲汉语学习者:

> 以往的欧洲作家们(在提到汉语学习时),常把过多不必要的精力花在学习语音和声调上,热衷于为字母拼音添加上合适的声

---

① 原文为:I have not yet obtained any regular assistance in learning the language.

调符号。欧洲的汉语学习者应该认识到这些拼音和符号并不能十
全十美地帮助他们学习汉字和发音。①（Morrison 1815a: x）

从以上内容可以看出，马礼逊虽然意识到了汉语语音不同于
拼音文字的独特性——声调，但他对声调的认识并不完全正确，例
如，"声调并非汉语之固有特征""仅是语言系统的一个附属特征"
"并不是不可或缺"，这几个带有鲜明主观评价色彩的说法，说明
马礼逊还没有充分意识到声调在汉语语音系统中的重要地位。声
调在汉语结构中的地位，相当于印欧语的重音，汉语声调实质上是
为了弥补由于复辅音等的简化、消失而产生的一种补偿性的区别
手段（徐通锵 1997）。不过在当时的历史条件下，马礼逊的这种认
识已经实属难能可贵，总体来看，其关于汉语语音学习的策略是正
确的，当时的语言学习环境决定了"以文带语"模式（即汉字先行）
的必要性。据此，也有研究者（参见钱奠香 2016）将马礼逊的汉语
学习观总结为"重汉字形义，略汉字读音"。但平心而论，这并不
是马礼逊有意忽略汉字语音学习的重要性，而是在当时中西交流
大背景下做出的使汉语学习效率最大化的一种适应性选择。事实
上，在其词典编纂实践中，马礼逊花费了不少精力对字音信息进行
了较为全面的标注（详见 4.3.1 部分）。此外，马礼逊（Morrison
1819:vii）还补充说，"如果其词典中的注音给汉语初学者带来了
一些困惑，那么解决这种困惑没有什么秘诀可言，唯一的方法就是
获取更多与之相关的知识和经验"②。这些也能解释马礼逊在其

---

① 原文为：European Writers, have laid undue stress upon them, and upon accompan-
ying the Alphabetic Spelling with the appropriate marks of the Tones. The Student should con-
sider all Alphabetic Spelling and marks, as only imperfect helps to his recollection of the
sound of the Chinese Character.

② 原文为：It will be found from the following Work, that there is a great variety of Pro-
nunciation, in parts more perceptible than the Accents; and which in various instances will
embarrass a beginner, and for which there is no remedy, but more knowledge and experience
of the subject.

语音观上言行不一的现象,即他一方面提醒欧洲人不要过多地将精力花在注音符号上,另一方面却在词典中使用注音符号对汉字读音进行了较为系统的标注。这种矛盾实际上体现了马礼逊对汉语口语与书面语的区别性处理原则,为了弥补欧洲人汉语口语学习真实语境的缺失,就在词典中以文字描述的方式来做语境补偿。总之,从学术研究的角度来看,马礼逊对汉语语音的认识还包含部分片面性的错误,但从词典编写的角度来看,其语音观体现出了用户中心的意识。

### 4.1.2 马礼逊"字形习得观"

马礼逊十分重视字形在汉字习得中的积极作用。他认为,先掌握一定数量的汉字书写是学好汉语的重要前提(参见 E. Morrison 1839: I, 92—104)。而要做到这一点,马礼逊(Morrison 1815b: iii)指出,外国人就必须像中国人那样反复地练习书写汉字,直到能够正确书写为止。"欧洲汉语学习者会发现,这套反复练习汉字书写之法,虽然看似机械,却无比实用,这也是帮助他们记忆汉字的最好方法。"①(同上)马礼逊"字形习得观"的形成与两个因素密切相关:一是马礼逊早期的汉语学习经历;另一是马礼逊对当时欧洲人汉语学习方法的一种反思。

首先,从《马礼逊回忆录》中的相关记载来看,早期的汉语学习经历并未给马礼逊留下太多愉悦的回忆。在 1807 年动身来华传教之前,他在伦敦已经开始跟随容三德学习汉语。但他对容三德的教授方法颇有微词,抱怨其总是要求他机械地抄写汉字,例如,在那段时期,他抄写了大英博物馆收藏的《圣经》中文版手稿,以及《汉拉手稿字典》中的汉字。但后来马礼逊回顾其学习经验时

---

① 原文为:The [European] student will find this mode of practicing writing [i.e. to write the Character again and again till perfect] extremely useful, and thus forming the character repeatedly, the best method of committing it to memory.

表示,在汉语学习初级阶段识记的这些汉字为他来到中国后汉语水平的突飞猛进奠定了坚实基础(E. Morrison 1839: I, 149)。也许正是基于此种认识的转变,马礼逊在教另一名来华新教传教士米怜(William Milne, 1785—1822)汉语时,在汉语学习的初始阶段,也是要求他先反复地抄写汉字,尽管米怜也产生过类似的抵触情绪,但马礼逊仍坚持贯穿这种汉语教学方法,并认为在当时的学习环境下,通过书写来多认和多记汉字仍是学习汉语的主要捷径之一(同上)。

其次,从当时欧洲人学习汉语的方法来看,马礼逊发现多数欧洲人并未认识到汉字字形信息的重要性。这一现象由来已久。早在 16—17 世纪,由不同教派入华传教士编写的手稿汉外词典呈现出一个共同特点——不重视汉字(杨慧玲 2012:65)。例如,来自多明我会(Dominican Order)的万济国(Francisco Varo, 1627—1687)会士编写的《华语官话词典》完全不用汉字,所有汉语对应词或例证都是以汉字注音形式进行呈现(同上)。即使是 17 世纪末由叶尊孝编写的有着"手稿汉外词典巅峰"之称的《汉拉词典》,其微观结构中仍然没有收入汉字形式的例证(杨慧玲 2012:92—95)。此种循例性做法有其历史根源:早期来华传教士把汉字注音方案当作文字使用,这样基本上就能满足一个语言新手或普通传教士用汉语布道和交谈的需求,而省却了学习记忆汉字的劳苦。如果需要写汉字,他们则会让中国基督徒中的文人代劳。所以,这是与他们当时传教目标相适应的一种语言学习策略(杨慧玲2012:65)。因此,基于对欧洲人汉语学习方法的反思,马礼逊(Morrison 1815a: xi)明确指出,"迄今,无论是崇拜汉字的欧洲人,还是藐视汉字的欧洲人,他们对汉字的认识均是一知半解,因此,他们都还不足以对汉字形成正确的认识"①;这导致了在欧洲已经

---

① 原文为:Hitherto its European admirers and contemners have commonly both of them, been very ignorant of it; and consequently, not qualified to form a correct estimate.

出版的一些手稿字典、语法书和信札中出现了一些错误,例如,在傅尔蒙的语法书中就出现了将'切'误写为'节'的错误,其原因可能是"传教士手抄本语法书中仅提供了汉字的语音拼写,傅尔蒙尝试将之转换成汉字,而这个工作却超过了他的知识范围"①(Morrison 1815a: xi)。同时,马礼逊(Morrison 1815a: x)明确地表明了其观点:"除了口语交际中一些常见的话题外,其他任何用罗马字母拼读来代替汉字的做法都是非明智之举。要理解汉字就必须通过眼睛和心灵去感悟它。[叶尊孝的]汉拉手稿词典,及其后来的印刷版本《汉字西译》,均未提供任何汉字形式的例证,这使欧洲汉语学习者无法确认例证中出现的汉字和词汇。而在我编写的字典里,这个缺陷得以弥补。"②

　　马礼逊重视汉字字形的学习理念贯穿其整个汉语学习生涯,他在其他语言学著作中也反复提及这一点。例如,他在另一部专门为欧洲人学习汉语提供"实际帮助"(practical assistance)的语言学著作——《通用汉言之法》(*A Grammar of the Chinese Language*)里就表达过同样的观点:

　　　　本书作者强烈建议[欧洲]学生要给予汉字特有的关注;先不要纠结于能认识多少个汉语短语,什么时候达到在不借助参考资料的情况下就能正确写出短语中的每一个汉字才是重点。如果一开始就以此种方式学习汉语,那么将来的汉语学习就会变得轻松、愉快、进步神速,这种方法下的学习效率要远胜于仅仅通过语音来

---

① 原文为:Probably the Spelling only was found in the Manuscript Missionary Grammars, and he attempted to supply the Characters, a task above the degree of his knowledge.

② 原文为:Anything in Chinese, beyond common place topics of colloquial intercourse, is quite unintelligible when expressed in Letters of the Roman Alphabet. The Character must be present to the eye, or to the mind, in order to be understood. ...Neither the Manuscript Dictionaries, nor Printed Copies, insert the Chinese Characters in the Examples, which leaves the Learner at great uncertainty, as to the Characters or Words which compose the Examples given. In this Work, that material defect is supplied. (注:引文中的省略号为本书作者所加。)

学习汉语。①（Morrison 1815b：iii）

另外，在其编写的《广东省土话字汇》（*A Vocabulary of the Canton Dialect*）的前言中，马礼逊总结其过往学习经验时，又再一次重申了汉字字形的重要性：

> 这本词汇集编写的初衷是帮助欧洲人在不用汉字的情况下能使用汉语正常交际；但结果发现，在缺少汉字的情况下，汉语的交流存在着较大的缺陷，除非是初学者能够经常得到同时懂得罗马字和汉语的文人的帮助。尽管在不使用汉字的情况下用汉语交流并不是一件不可能的事，不过确实很难，还会让初学者感到困惑；而汉语母语者见到汉字时则会对一切意义了然于胸。因此，我觉得汉字的阙如与其初衷相背而驰，某种程度上讲，这本词汇集并没有达到原来预想的摆脱汉字的学习目的。②（Morrison 1828：Preface）

综上所述，马礼逊在对比汉英两种文字特点的基础上，较为清楚地认识到了汉字学习与汉语学习之间的关系：汉字是汉语学习的基础，用拼音取代汉字的学习方法从长远来看是行不通的，汉字的学习具有不可回避性。

---

① 原文为：The writer strongly recommends it to the student to pay particular attention to the Chinese character；and not to consider that he knows any phrase，till he can write，without reference，every character contained in it. If this be attended to at first，it will render his future progress more easy，more pleasant，and in the writer's opinion more rapid，than if confined himself merely to the pronunciation of words.

② 原文为：This Vocabulary was undertaken，in the hope that the Language could be communicated to Europeans without the Chinese Character；but it was found that the want of the Character made the mode of communication very imperfect，unless the Learner had the constant assistance of a person who already knew the Roman letters and the Chinese Language. To convey the spoken Language without the Character is not impracticable；but it is difficult，and often embarrassing to the Learner：whereas the Character being presented to the eye of the Native makes all simple and easy. The writer has therefore failed in his expectation，and consequently has not carried forward the Vocabulary to the extent which he would otherwise have done.

此外,马礼逊(Morrison 1815b: iii)还提醒欧洲人对汉语学习要有正确的认识:一方面,汉语学习既不是一些人想象的那样是一种"几乎不可能完成的事情"(almost impracticable);另一方面,也不是一些人想象的那样属于"小菜一碟"(a very easy thing);相比之下,"走中间道路"(should take the middle path)更符合汉语学习的实际情况。从语言学习的角度来看,这个建议是比较中肯的,因为对母语为拼音文字的汉语学习者而言,夸大汉语学习难度往往会导致他们对汉字学习产生畏难情绪;而轻视汉语学习中的困难,也有可能让其对汉字的特殊性视而不见。虽然马礼逊没有进一步为学习者指明如何走"中间道路",但从《华英字典》副文本中所蕴含的马礼逊的汉字学习理念来看,关注汉字字形理应是"走中间道路"的题中之义之一。

### 4.1.3 马礼逊"字义习得观"

马礼逊的"字义习得观"主要体现为其对汉字表意性特征的充分认知。鉴于汉字与西方文字体系的诸多明显差异,马礼逊强调欧洲汉语学习者首先要认识到汉语与印欧语最显著的不同之处——汉字的表意性。例如,为了说明表音和表意两种文字的不同特点,马礼逊(Morrison 1815a: vi)引用了宋代郑樵撰写的《通志》卷35《论华梵下》中的一段话:

> 梵人别音,在音不在字;华人别字,在字不在音……故梵有无穷之音而华有无穷之字。梵则音有妙义,而字无文采,华则字有变通,而音无锱铢。梵人长于音,所得从闻入……华人长于文,所得从见入[1]。

---

[1] 马礼逊引用的原文未加标点,该引文中的标点为本书作者所加。

　　这段话传递出了梵语与汉语的一些重要差异:梵语依赖于发音,主要靠听觉获取信息,因而梵语中的发音很丰富;汉语依赖于汉字,主要靠视觉获取信息,因而汉语中的汉字很丰富。当时梵语研究在欧洲已经较为深入,而且梵语与拉丁语、希腊语等欧洲语言之间具有广泛的相似性,这种对比对当时提高欧洲人对中西文字差异的认识是有帮助的。马礼逊也明确提到了其引述的目的:"上述引用旨在说明一个事实,对中国人而言,汉字的字形和字义是最值得注意的。"(Morrison 1815a: vii)从当今汉语语言学理论研究成果来看,上述看法并不全面,因为汉英语音之间的差异同样显著,汉字读音的单音节属性就是最好的例证之一。但从大众知识空间的角度来看,马礼逊的总结又具有合理性,其一,因为他并不是一名文字学研究者,他所做的比较主要是基于非母语者的感性认识;其二,该比较所针对的读者对象是欧洲汉语初学者,他们能最先体察到的汉英之间的差异往往也是最直观的显性差异。较之汉英文字之间的差异,汉英语音之间的差异多属于隐性差异的层面,读者需要具备一定的语言学知识才能体察到二者之间的不同。由此我们可以看出,上述对比是马礼逊在当时的历史条件下所能做出的一个比较符合客观实际的做法,它对于提高当时欧洲人对汉语特殊性的认识起到了积极作用。

　　接着,马礼逊(Morrison 1815a: x—xi)结合其个人看法,又进一步论述了汉字与拼音文字的差异:

　　　　显而易见,与拼音文字不同,汉字并不适宜于用来表音。……用视觉传达思维,与西方拼音文字一样,汉字符合书面媒介的所有特点,在有些方面甚至更为凸显。视觉快于听觉,所以较之听觉传递思维的过程而言,用视觉传递思维更快,形象更鲜明。汉字的确是(通过早期汉字字形的联想)形成了一幅令人难忘的美妙图画。优美的汉字书写,携着栩栩如生的画面划过脑际,其带来的力量和美感是拼音文字所不能及的(人们理解汉字的时候无需额外的说明,但碰到不同的发音时,为让口语清楚易懂,往往就需要细微和冗长的说明)。①

在上述引言中,通过"视觉传递""字形""图画"这几个关键词,马礼逊为欧洲汉语学习者进一步勾勒出了一幅汉字表意性的图景。基于此种认识,马礼逊(Morrison 1815a:x)毫不吝啬地将其学习汉语的成功经验和盘托出:

> 对欧洲学习者而言,我建议他们要特别关注汉字,因为这是学得汉语的终极的、最快的和最让人满意的方法。牢记汉字的部首,声调和送气音是次要的。……注意汉字结构和适当的词汇积累是必不可少的两个重要内容。……要理解汉字必须通过视觉刺激或心灵感悟。②

综上所述,马礼逊有关字义习得的观点可以总结为两点:其一是要关注汉字的表意性特征,其二是对汉字表意性特征的认识要

---

① 原文为:That Chinese Characters are not fitted to convey Sounds as well as the Letters of an Alphabet, is quite apparent. ...To convey ideas to the mind, by the eye, the Chinese language answers all the purposes of a written medium, as well as the Alphabetic system of the West, and perhaps in some respects, better. As sight is quicker than hearing, so ideas reaching the mind by the eye, are quicker, more striking, and vivid, than those which reach the mind by the slower progress of sound. The character forms a picture, which really is, or by early associations, is considered beautiful and impressive. The Chinese fine writing, (when fully understood, by dispensing with all the minute particles, and diffusive expressions, which are absolutely necessary to give to sounds that variety, which makes them intelligible in spoken language,) darts upon the mind with a vivid flash; a forth and a beauty, of which Alphabetic Language is incapable.

② 原文为:To the European Student of Chinese, the Writer would recommend particular attention to the Character, as finally the speediest and most satisfactory method of acquiring the Language. Let the Radicals be committed to memory. The Tones and Aspirates, are quite of a secondary nature. ...The form of the Character, and the proper collocation of words, are indispensably [indispensibly] necessary parts to be attended to. ...The Character must be present to the eye, or to the mind, in order to be understood.

立足于汉字字形。这也是马礼逊反复强调"牢记汉字部首"和"通过视觉刺激"去学习汉字的重要原因之一。总体来看,马礼逊形义优先的汉字学习理念是非常明显的。如前文所述,造成这一现象的原因既与当时的汉语学习环境有关,也与马礼逊从外国学习者视角对汉语特殊性的关注有关。当然,马礼逊对其汉语学习经验的总结难免有失当之处,例如"终极的、最快的和最让人满意的方法"之类的评述就有夸张之嫌,"声调和送气音"也不是汉语语音的一个次要特征。在汉语学习的入门阶段,特别关注汉字的表意性特征可能是一个不错的学习方法,但要想真正学好汉语,还需要全面掌握汉字的形、音、义。在《华英字典》文本中,马礼逊对汉字的形、音、义都进行了较为系统的标注,无论是在呈现内容还是呈现方式上,基本上都体现了马礼逊的汉语学习观(详见下文分析)。

## 4.2 《华英字典》汉字基本知识呈现内容

马礼逊在《华英字典》及其副文本中,为欧洲汉语学习者提供了丰富的汉字基本知识内容。这些知识内容的选取和呈现是马礼逊有关汉字音、形、义学习理念的重要体现。本书根据对《华英字典》及其副文本的研读,将马礼逊关注的汉字基本知识的内容整理如下(见表4.1):

表 4.1　《华英字典》中汉字基本知识的内容

| 汉字三要素 | 汉字基本知识的内容 |
| --- | --- |
| 字音 | 汉字读音、四声、送气音和不送气音、其他超音段现象 |
| 字形 | 笔画、笔顺、部首、结构、形近字、同文字体 |
| 字义 | 部件的造意、汉字的造意(字理) |

如表4.1所示,围绕着汉字的三要素,马礼逊着重介绍了那些

英汉差异较大、可能对西方汉语学习者造成障碍的知识点。首先，在字音信息表征方面，虽然马礼逊认为学好汉语发音离不开中文老师的指导和帮助，但词典注音是一个不可回避的问题，而且在当时苛刻的汉语学习环境下，如何通过词典来实现对汉字读音系统而规范的描写，显得意义更为重大，因为这也是远在欧洲的英国人了解汉字发音的最好途径之一。马礼逊对此需求深有感触，在其词典编纂实践中融入了大量的汉语语音知识，以期更有效地帮助英国人了解汉字的发音特点，并由此初步掌握汉语发音。具体而言，在提供汉语语音信息时，马礼逊最为关注四个方面的内容——汉字读音、四声、送气音和不送气音、其他超音段现象。第一，就汉字读音的标注而言，虽然在今天的汉语辞书中已然不是什么问题，可在当时却是一件相当棘手的事情，这主要是因为汉语中没有字母，中国传统文字学中切韵系统过于复杂，并不适于外国人使用。马礼逊（Morrison 1815a：vii）指出，虽然中国最权威的《康熙字典》认为切韵的方法是"值得称道和易于掌握的"（admirable and easy），"而那些不能理解它的人是相当愚钝的"[1]，但是《康熙字典》并没有给出有关汉字声母和韵母的固定格式，也没有在切音图中给出固定的标音汉字，他们好像总是希望学生能从老师那里直接掌握上千个汉字的读音，这使得欧洲汉语学习者无法学到原本应该从该套方法中得到的语音知识。此外，切音的方法不精确，存有一定的缺陷。例如，从 Ting 和 Kea 两个音可能会切出 Hëa 错误的发音，而不是正确的 Ta 发音，就非常具有代表性。特别是当一个人已经掌握了拉丁字母拼读方法后，会对汉语注音系统的这种缺陷更加感到不解（同上）。因此，切韵这种语音标注方式，即使是对汉语母语者而言也具有一定的难度，只有"那些部

---

① 原文是：... and that great stupidity must be the lot of those who cannot understand it.

分受过教育的中国人才可以参照他熟知的汉字来推知一个生字的发音"①(Morrison 1815a：iii)。第二,就汉语中的四声而言,马礼逊(Morrison 1822b:10)用英文中"重音"(accent)的概念与之进行类比,帮助西方汉语学习者理解四声的概念,但二者具有本质上的区别:汉语中的每个汉字都是单音节,汉字的数量远远多于汉语音节的数量,所以每一个音节可以表示多个汉字,而四声的变化是区别字义和字形的一个重要手段;在英语中,只有双音节或多音节单词才标注重音,重音也具有区分语义的功能。从马礼逊对"平上去入"四声的介绍来看,他将四声视为汉语语音学习中的一个重点和难点。第三,关于送气音和不送气音,马礼逊(Morrison 1815b：21)明确指出,汉语与英语中的送气音具有很大的不同:就汉语而言,送气音与不送气音往往构成对立的音位,但在英语中,送气与否并不区分意义,常作为音位变体而存在。第四,在对其他汉语超音段现象的处理方面,马礼逊没有发表专门的论述,但他在其词典编纂实践中提供了不少与此类现象相关的信息,如对重读、声调变化、词性变化和字词读音之间关系的说明。关于上述语音知识的呈现方式将在下一节进一步展开论述。

其次,在字形信息表征方面,马礼逊主要介绍了汉字的笔画、笔顺、部首、结构、形近字和同文字体。马礼逊介绍笔画和笔顺的目的主要是帮助欧洲人顺利使用部首检字法,他也注意到笔画可以用来区分形近字。部首具有双重功能:一是汉字检索功能,另一是语义认知功能;前者是"检字法原则的部首",后者是"造字法原则的部首"(李恩江 2002:20),马礼逊对两者都专门进行了说明,为学习者提供了如何辨别汉字部首和建立义联系的相关信息。汉字的形体结构与形近字和同文字体的识别有关,马礼逊注意到了汉语中存在着大量的异体字、通假字、古今字;从字源来看,这些

---

① 原文为:To those partially instructed, by referring to a Character well known of the same sound as one not known...

汉字在音、形、义之间都有着千丝万缕的联系。另外,马礼逊还重点关注了形近字和同文字体。与异体字、通假字和古今字相比,形近字仅考虑字形的相似性,不考虑汉字的音、形、义之间的内在联系,因此,对形近字的区分是马礼逊从学习者的角度对字形进行的一种区分,而非基于文字学理论等学理层面。同文字体指的是在汉字演化的不同阶段同一汉字的不同写法,根据汉语学习的需要,马礼逊重点关注了五种字体:篆书、隶书、楷书、行书和草书。简言之,上述字形信息与汉字的书写、检索和识别密切相关,也是非母语汉语学习者了解和掌握汉字字形的主要抓手和基本路径。

最后,在字义信息表征方面,马礼逊十分重视对部首和汉字造意的分析。马礼逊(Morrison 1815b:27)向欧洲人解释,"虽然汉字看起来复杂,但通常都可以归结到数量有限的字形之下,中国人称之为'部'"。值得一提的是,马礼逊对"部"的译义特别有意思:"a tribunal. —In Europe the *poó* are called keys and radicals"(特别法庭。在欧洲,"部"通常被称为 keys 和 radicals)。从马礼逊的解释可以看出,keys 和 radicals 是"部"的对等词,但 tribunal 和"部"之间没有直接的联系,仅从翻译的准确性来看,将之归入误译也未尝不可。但也不排除另外一种可能性,即马礼逊参考了《玉篇》中的相关释义——部,分判也。tribunal 的主要功能在于宣判案件,与"分判"在意义上有关联。不过从马礼逊同时提供的另外两个对等词来看,这应该不是一种因误解而产生的误译。一个合理的推论就是,马礼逊使用 a tribunal 这一译文的初衷可能是让欧洲汉语学习者特别注意"部"所具有的对汉字进行分门别类的功能①。对汉字部首造意的分析也是了解字义的重要手段之一。字义是造字之初的构形理据,与表音文字不同,汉字表意性的特点使得汉字

① 如果从词源关系来看,tribunal 和 tribe 也具有同源关系(参见 https://www.etymonline.com/search?q=tribunal),马礼逊(Morrison 1822b:442)在《华英字典》英汉卷中,为 tribe 提供的对应词为"一类的人,一种人,部,部长",这也可能是他进而将汉字的"部"与 tribunal 联系起来的另外一个原因。

的形和义之间的联系具有较强的理据性。自汉代以来,六书理论一直是中国传统文字学研究中阐释字义的理论基础,马礼逊也十分清楚这一点。例如,他(Morrison 1815a:iii)明确指出,"汉朝的许慎觉察到了字形演变的变化特点,并撰写了著名的《说文》以追寻和保存汉字的字源和字义"①。马礼逊深受《说文解字》中字理阐释方式的影响,并以此为重要参考,向西方读者介绍了六书造字之法,以帮助他们更好地理解字义。

综上所述,马礼逊在其字典中对汉语语言系统进行描写时,围绕着汉字的三要素为西方汉语学习者提供了丰富的汉字基本知识。从其内容特征来看,这些汉字基本知识与汉语的特点密切相关,它们也体现出了马礼逊汉字本位的学习理念。下文将对这些信息内容的呈现方式进一步展开论述。

## 4.3 《华英字典》汉字基本知识呈现方式

本部分内容从字音、字形和字义三个维度出发,分别探讨汉字基本知识在《华英字典》中的呈现方式。

### 4.3.1 字音信息呈现方式

为每个汉字都标注读音,提供与四声、送气音和其他超音段特征相关的语音信息,是《华英字典》中汉字语音知识的四个主要内容,下文将逐一论述其在《华英字典》中的呈现方式。

---

① 原文为:Apprehensive of this becoming the case, 许慎 Heu-shin, an Officer of Government, during the Dynasty 汉 Han, (about A.D.100,) had formed the well-known work, called 说文 Shwǒ-wǎn, in which he endeavours to trace and to preserve the derivation and meaning of the Character.

### 4.3.1.1 汉字读音信息

汉字读音的标注必须依靠一定的注音体系来完成。注音体系指的是词典所使用的拼读法体系,它是注音信息表征的基础。《华英字典》所参照的两个重要蓝本字典——《康熙字典》和《汉拉字典》都各有一套拼读法,前者是中国传统的反切注音方法,后者是早期阶段的利玛窦-金尼阁官话拼音方案(周有光 1960:45)。不过马礼逊并没有采用两个蓝本中的注音方案。一方面,马礼逊十分关注中国的反切注音方式,例如,他对反切的起源、发展过程、反切原理、不足之处均有着较为详细的介绍(参见 Morrison 1815a:iv - vii),但是他对反切之于欧洲汉语学习者的适用性完全持否定态度,因为这种方法既"复杂和难以捉摸"(intricate and less tangible),又"影响准确性"(to affect infallible accuracy)(参见 Morrison 1815a:141—142)。另一方面,马礼逊对《汉拉字典》中的利玛窦-金尼阁官话拼音方案持一种批判性继承的态度。他(Morrison 1815b:2 - 3)认为,"在欧洲不同民族的语言里,拉丁字母的音值是有差异的,在拼读汉语音节时也存在类似现象。目前,还没有适合英国人使用的汉字拼读法。欧洲通行的汉字拼读法基本上都是针对葡萄牙人的"[①]。为了更好地帮助英国汉语学习者降低汉字拼读困难,马礼逊对欧洲已有的用字母拼读汉字的拼读法进行了改良,对此他有着非常详细的论述:

> 有人建议该字典的拼读法应该与之前在欧洲手稿字典和已出版书籍中使用过的保持一致。如果世上真有统一的拼读法的话,不用等别人建议,我早就使用了。葡萄牙人、法国人和德国人之前

---

① 原文为:The different Nations of Europe who use the Roman alphabet do not agree in the powers of the letters, and so differ in the spelling of the Chinese syllables. In the English language little has been done relative to Chinese. Most of the spelling in Europe is that of the Portuguese.

均使用过分别与其语言特征相适应的拼读法,彼此之间各不相同。事实上,写法各异的人名、地名和外来词是拼音文字的一个固有缺陷,这个缺陷又给历史、地理和外语造成了诸多混乱。由于用罗马字母来拼读汉语书写的统一拼读法尚不存在,在向英国读者介绍汉语发音时,作者无法找到任何适当的理据用发音 Xi 代替 She,用 Goei 代替 Wei,用 Pim 代替 Ping,用 çu 代替 Tsze,等等,除了这些发音是欧洲人最初使用的之外。法国人对[汉语的]拼读法已经做了不少更改:他们把 Xi 改成 Chi,而在英语中这个发音拼为 She。这种更改会让英国人(即该部字典所针对的用户对象)误认为这差不多是拼读法的第一选择。因此,在本字典中使用一套完全崭新的拼读法是非常有必要的①。(Morrison 1819:viii – ix)

上述引文传递了一个重要信息,即在缺少统一的汉字拼读法的情况下,不同母语背景下汉语学习者的差异化需求最值得编者首先去关注。马礼逊所声称的"使用一套完全崭新的拼读法"虽然有夸大之词,但他将当时针对母语是葡萄牙语、西班牙语、拉丁语和意大利语等汉语学习者的利玛窦-金尼阁官话拼音方案修改得更加接近英文,例如用 e 代替 i,oo 代替 u,ts 代替 ç,sh 代替 x(周有光 1960:46)。马礼逊共确立了 411 个音节(参见

---

① 原文为:It has been suggested that the Orthography of the Dictionary should have been that of the Manuscripts and Books already found in Europe. Had there existed any uniform Orthography in the world, it would have been adopted before the suggestion was made. But the Portuguese, the French, and the Germans, had all previously used an Orthography suited to their respective languages, and different from each other. In fact this variety in writing the names of Persons, Places, and foreign Words, is a material defect in Alphabetic writing; which defect has introduced much confusion into History, Geography, and Foreign Languages. As no uniform system of writing Chinese words with the Roman Alphabet existed, the Author could not see any propriety in his giving the English reader Xi, for the sound She; Goei, for Wei; Pim, for Ping; çu, for Tsze, & c., merely because the first European Writers on the Chinese Language had spelled the sounds in that manner. The French had already altered much of the Orthography; they had turned Xi into Chi, for the sound which in English is expressed by She; but that tended to mislead the English reader (for whom the Work was particularly intended) just as much as the first spelling, and therefore it was judged proper to adopt an entirely new Orthography.

Morrison 1819:xx)，该注音方案"大致是最早的接近英文拼法的"（周有光 1960:44）。马礼逊本人对其修订的汉字拼读法也是相当满意，他非常自信地讲道："我认为该字典所采用的拼读法可能是最好的。"[1]（Morrison 1819:ix）换言之，在马礼逊看来，该套更具针对性的汉字拼读法可以帮助英国汉语学习者更好地掌握汉字读音。

马礼逊对其改进的汉字拼读法体系有着较为详尽的解释。这主要体现在两个方面：第一，对汉字音节中韵母的音值进行说明。例如，"CHAE, Broad A and E, coalescing. Sound like *igh* in High"（AE 中的 A 和 E 均为其重读字母音，组合发音类似于单词 High 中的 *igh* 字母组合的发音）；"CHAOU, A broad, the three vowels coalescing; no similar sound in English"（AOU 中元音 A 重读，该韵母为三元音的组合发音，在英语中没有类似的读音）；"CHAY, Ay, pronounced as in *Day*"（韵母 Ay 与单词 *Day* 中字母组合 ay 读音同）；"CHE, E, nearly as in Me"（韵母 E 与单词 Me 中 e 字母的发音同）；"CHEN, En, as in Men, the E rather longer"（韵母 En 与单词 Men 中 en 字母组合的发音同，但是 En 中字母 E 的发音要略长）（分别参见 Morrison 1819：8, 23, 29, 32, 50）。由以上几个例子可以看出，为了便于学习者顺利地拼读汉字，马礼逊引入了与韵母相接近的英文发音，以便帮助英国的汉语学习者更为准确地把握韵母的音值。第二，对汉字拼读中的一些异常规律或容易读错的地方进行提示。例如，"G, is hard in *Gǐh*"（声母 G 在 *Gǐh* 中为硬音）；"H before *e* and *i*, is by some pronounced as *Sh* and as *s*; thus He, becomes She, and Heǒ, is changed to Seǒ"（H 在 e 和 i 前有时也读作 Sh 和 s；因此，He 有时就读成了 She，Heǒ 读作了 Seǒ）；"*Ch* and *Ts* are sometimes confounded with each other, such as in

---

① 原文为：Without assuming that the Orthography adopted is the best possible.

Chae and Tsae，Chan and Tsan，Chǐh and Tsǐh，Chǒ and Tsǒ，Choo and Tsoo，Chǔh and Tsuh"（声母 Ch 和 Ts 时常发生混淆，如在以下几对发音中：Chae and Tsae，Chan and Tsan，Chǐh and Tsǐh，Chǒ and Tsǒ，Choo and Tsoo，Chǔh and Tsuh.）（分别参见 Morrison 1819：xiii，8，10，56，76，80，102）。这些提示主要有两个作用：第一，"减少查词难度"①（Morrison 1819：xiii），使得用户能够根据汉字的读音较为精准地检索到所需汉字；第二，弥补缺少真实汉语学习环境的不足，对那些无法直接聆听中文教师发音的汉语学习者而言，这些较为详细的读音提示有着重要的认知价值。

最后，马礼逊的注音体系以南京官话（Nanking dialect 或 Mandarin dialect）为注音依据，他认为这种语音是当时中国文人使用的标准语言，与其他地域性方言相比具有显著的政治优越性（参见 Morrison 1815a：x）。同时，在《华英字典》的前件中，通过音节对照表的形式，马礼逊还提供了广东方言（Canton dialect）的读音形式，见图4.1。

图4.1中，第一列读音为汉字的广东方言读音，与其相应的后面的读音是《华英字典》中所标注的南京官话读音。同时，在《五车韵府》词典正文中，马礼逊也对广东方言的读音特点进行了提示。例如，音节 Chaou 是南京官话中的读音，在广东方言中要读成Chew，其中元音/ew/的读音与英语单词 Pew 中字母组合 ew 的读音相同（Morrison 1819：23）。提供广东方言读音的一个重要原因是满足欧洲人的交际需求：由于广州是当时唯一一个官方指定的通商口岸，多数来华的欧洲人实际上接触最多的就是广东方言的读音，这样他们在使用《华英字典》时，就可以通过南京官话读音了解和掌握与之相应的广东方言读音。

另外，除了对广东方言的发音进行介绍和标注，在词典前件中

---

① 原文为：It will lessen the difficulty of finding words.

xv.

## A TABLE

TO

### ASSIST TO FIND WORDS IN THIS DICTIONARY BY THE CANTON DIALECT.

*THE FIRST WORD IN EACH COLUMN IS THE CANTON DIALECT, THE WORD OPPOSITE TO IT, THE SPELLING USED IN THIS DICTIONARY, AND WHICH CORRESPONDS GENERALLY TO THE OPPOSITE WORD.*

**A**

A, (broad) see Ya
An .... Gǎn

**C**

Cha see Cha
Chae .... {Chae / Tsae}
Chak .... Tsǐh
Chan .... Chan
Chǎn .... Chin
Chǎt .... Chǎ
Chay .... Chay
Chow .... Chow
Che .... Che
Chan .... Chen
Cheok .... Chǒ
Cheok .... Chǒ
Cheok .... Shǒ
Choang .... {Chang / Tseang}
Chew .... Chaou
{Chak / Chǔk} .... Chǒ
{Chin / Chan*} .... Chin
Ching .... Ching
Cheok .... Chǒ, l'sǒ
Cheong .... Chwang
Cheu .... {Chu / Choo}
Chun .... Chun
Chuue .... Chuen
Chut .... Chuě
Chuy .... Chuy

**E**

E, Ne, Ng, see E
Eēn .... Yen

**F**

Fa see Hwa
Fae .. Kwae
Fan .... Fan
Fat .... Fǎ
Fe, Fei .... Fe, Fei
Fo,* Wo .... Ho
Fok .... Fǒ
Fong .... Fang
Fow .... Fow
Fow .... Pow
Fun .... {Fun / Heun}
{Fung / Hung*} .... Fung

**G**

Ga see Wa, Ya
Gak .... Gǐh
Gǎng .... Gǎng
Gong .... Gang
Go .... Go
Gow, Ow .... {Gow / Gaou}
Gow .... Ncw
{Gung / Yung*} .... Ung

**H**

Ha see Hea
{Hae / Keae*} .... Heae

Heep see Heǐh
Hǎk .... Kǐh
Hoo, Foo* .... Foo
Hǎn .... Hǎ
Hoan .... Han
Hēen .... Hēen
{Hing / Ying} .... Hing
Haong .... Heang
{Hǎw / How} .... How
Hei,* He .... He
Heem .... Kēen
Hei .... He
Heep .... Hěě
Heut .... Heuě
Hew .... Heaou
{Hing / Ying*} .... Hing
Ho, Fo .... {Ho / Ko}
Hoak .... Hěǒ
Hoe .... Kae
Hoan, Koan.. {Kan / Han}
Hong .... Hang
Hoe, Foo .... Foo
How .... Haou
Hung .... {Hung / Heung}
Hǔy .... {Keu / Heu}
Heen .... Kēen
Hoo .... Koo

**J**

Jin, Yun, see Jin

Jng, Ung .... Woo

**K**

Ka see Kea
Kae, Koe .... Keae
Kǎk, Hak .... Kǐh
Kēem .... Kēen
Kǎu, Han .... Kǎn
Kaou .... Keaou
Keep, Keet .. Kěě
Kap .... Keǐh
Kow .... Kew
Ke .... Ke
Keet .... Kěě
Keong .... Keang
Kuy .... Keu
Keut .. Keuě
King .... King
Koan .... Kan
Kok .... Kǒ
Koon .... Kwan
Kǎn .... Kan
Kung .... {Kung / Keung}
Kǔy, Huy .. Keu
Kwa .... Kwa
Kwǎn .... Keun
Kwǎn .... Kwan
Kwan .... Keuen
Kwong .... Kwang
Keut .... Keuě
Kwae .... Kwei
Kwo, Ko .... Kwo
Kwok .... Kwǒ
Kwong .... Kwang

* Macao Dialect.

**图 4.1 广东方言拼读法与南京官话对比样例（Morrison 1819：xv）**

的注音体例部分,马礼逊还对北京方言（Peking dialect）和南京官话的一些规律性的区别进行了说明。例如,南京官话中 E 和 I 之前的辅音 K 在北京方言中要读成 Ch,有时要读成 Ts, 所以,南京官话 King 的发音在北京方言中要读成 Ching, Keang 则读成

Cheang 或 Tseang（Morrison 1815a：xviii）。在词典正文中,马礼逊偶尔也会为部分汉字标注北京方言的读音,如在"茉"字头下,马礼逊提示道,"茉莉花"的南京官话读音是 Mŏ-le-hwa,但在北京方言中,"茉"字的声调听起来更"悠长柔和"（lengthened and softened）,因此,"茉莉花"的北京方言读音听起来是 Moo-le-hwa（Morrison 1823：158）。关于提供北京方言（Peking dialect）的缘由,马礼逊指出,北京是清朝统治者所在地,北京方言具有地域优势,如果清政府的统治足够长的话,这种方言就会逐渐成为官方语言（参见 Morrison 1815a：x）。

综上所述,尽管马礼逊始终秉持学好汉语口语离不开聆听中文教师发音的观点（参见 4.1.1 部分）,他仍然在利玛窦-金尼阁拼音方案的基础上,修订出了第一套针对英国人的汉字拼读法。在该套汉字拼读法的辅助下,母语为英语的汉语学习者可以更加准确地拼读出字典正文中的每一个汉字。同时,考虑到中国因地域辽阔而方言众多的现实,马礼逊还兼注了以广东方言为代表的南方方言与以北京方言为代表的北方方言的发音,进一步帮助学习者扫除汉语交际中的语音障碍。

### 4.3.1.2　四声语音信息

四声是汉语中特有的语音现象。为了帮助欧洲人了解和掌握四声,一方面,马礼逊在《华英字典》的副文本中补充了较多的有关四声的语音知识介绍;另一方面,在《华英字典》正文文本中对汉字读音的四声进行了部分标注。

首先,在字典副文本中关于四声的语音知识介绍主要包括两方面的内容:一是介绍四声的读法,二是提供四声练习的材料。在介绍四声读法时,马礼逊仿制了《康熙字典》前件中的"四声等韵图"（见图 4.2）,并翻译了与该图相配的一首歌诀,名为《分四声法》:"平声平道莫低昂,上声高呼猛烈强,去声分明哀远道,入声短促急收藏"①。虽然歌诀中所述内容不够精确,但是也能让学习者大概了解古汉语四种声调的发音特点。此外,马礼逊还引述了曼宁先生(Mr. Manning)介绍的发声要领:读上声时,舌根顶住软腭,同时收缩软腭相邻部位,形成阻塞;读去声时,在音节结尾处与上声发音方式同;读平声时,上述发音部位要打开;能够注意到这一点将对学习者区分平声、上声和去声大有裨益;入声极其短促,很容易与其他三类声调区分开(Morrison 1815b:20—21)。

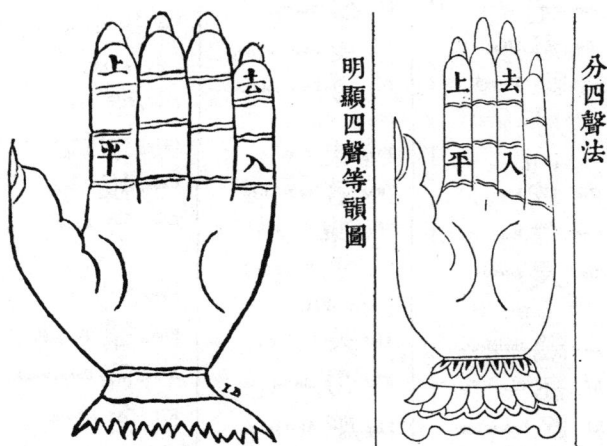

图4.2 四声等韵图对照图②(Morrison 1815b:19)

关于四声练习材料的提供,马礼逊(Morrison 1815b:25)指出他从一部小型汉语词典中选取了一份学习材料,名称为"声调练习表"(见图4.3)。顾名思义,该表可供汉语学习者练习声调使用。同时,通过该表,马礼逊还提醒欧洲汉语学习者要特别注意两点:其一,在汉语中,只有以 n 或 ng 结尾的音节才有入声读法;其二,

---

① 马礼逊的译文为:The first, *pǐng*, denotes an "even path ( tone ) neither low nor high." The second, *shàng*, denotes "a high exclamation, violent and strong." The third, *Keǔ*, "is distinct, clear, and delights in a lengthened path," ( tone ). The fourth *jǒ*, is "short, quick, and suppressed."(Morrison 1815b:20)
② 左图为马礼逊仿制版本,右图是《康熙字典》中的图。

在编排词目时,英语通常利用单词的首音,而汉语则利用尾音(Morrison 1815b:25),这一点内容马礼逊所述不详,可能是指汉语的韵书均以汉字的尾韵为依据来进行编排的传统。在根据材料练习四声时,马礼逊还特别强调要"在本土汉语教师的指导下反复练习"①(同上),这与其汉语语音学习观是相一致的。

*Table for Practising the Tones.*

§. I.

Siēn 先 Before.
Sièn 蘚 Musk.
Sién 線 Thread.
Siě 屑 Labour.

§. II.

Goēi 威 Majesty.
Goèi 偉 Rare.
Goéi 畏 Dread.

§. III.

Kī 幾 Incipient.
Kì 紀 Chronicle.
Kí 記 Remember.

§. IV.

Chū 諸 All.
Chù 主 Lord.
Chú 著 Manifest.

§. V.

Sieū 修 Adorn.
Seù 叟 Noise of rice.
Sie 秀 Flourishing.

§. VI.

Tūng 東 East.
Tùng 董 To rectify.
Túng 凍 Congeal.
Tǒ 篤 Exceedingly.

§. VII.

Yīng 英 Herbage.
Yìng 影 Shade.
Yíng 應 Answering.
Yě 益 Advantage.

§. VIII.

Pīn 賓 A guest.
Pìn 稟 An address.
Pín 嬪 A widow.
Piě 畢 Finished.

§. IX.

Chāng 張 To stretch.
Chàng 掌 Palm of the hand.
Cháng 帳 Canopy.
Chǒ 着 To place.

§. X.

Kāng 剛 Hard.
Kiàng 講 To speak.
Kiáng 降 Condescend.
Kiǒ 角 A horn.

§. XI.

Chaō 朝 Imperial palace.
Chaò 沼 Fish pond.
Chaó 照 Illustrious.

**图 4.3 声调练习表部分示例(Morrison 1815b: 22)**

其次,在《华英字典》的微观结构中,马礼逊采用声调符号对汉语四声进行了较为系统的标注。具体来讲,平声不标,上声标为[ˋ]、去声标为[ˊ]、入声标为[ˇ]或[ˇh],这种声调标注符号参照了

① 原文为:It is intended that the learner should repeat it frequently with a native Teacher.

利玛窦-金尼阁的官话拼音方案(参见周有光 1960:45)。值得注意的是,上述这套声调符号与今日汉语拼音方案中的四声符号不同,其区别主要体现在以下两点:第一是马礼逊的注音是当时南京官话发音,还保留有古汉语中入声的读法;第二是马礼逊注音体系中的平声未分阴阳。在其两部汉英字典中,平声的标注方式不统一:在第一部中,平声不标注声调符号;在第二部中,有的标注为[ˉ],有的未标,体例较为混乱,马礼逊也未给予说明。但是从适用性来看,与《康熙字典》中的切韵相比,《华英字典》微观结构字条中所提供的声调标注信息已经是一个较大的创新,这种直观的标注方式更有助于欧洲汉语学习者把握汉字读音中的四声变化特点。

### 4.3.1.3 送气音信息

马礼逊在两部汉英字典中都对汉语中的送气音进行了较为系统的标注。在《华英字典》第一部中,马礼逊用['h]表示送气符号,如"茶"的读音标注为Ch'ha;在第二部中改用符号[ᶜ],直接将之标在汉字后面,不再写在拼音中,如"茶"的读音就标注为茶ᶜCha。从《华英字典》中的语音标注情况来看,马礼逊共标注了五个送气音,分别是/CH'H、K'H、P'H、T'H、TS'H/,它们与对应的非送气音/CH、K、P、T、TS/分别构成了音位学上的最小对立体。发音时,送气与否就意味着不同的汉字,相关例证见表4.2。

表 4.2 《华英字典》(**Part Ⅰ**)中的送气音与不送气音示例

| 对立音位 | 送气 | 不送气 |
| --- | --- | --- |
| /CH'H/-/CH/ | CH'HUEN(串) | CHUEN(专) |
| /K'H/-/K/ | K'HEW(丘) | KEW(久) |
| /P'H/-/P/ | P'HEI(丕) | PEI(贝) |
| /T'H/-/T/ | T'HA(他) | TA(大) |
| /TS'H/-/TS/ | TS'HEAY(且) | TSEAY(姐) |

从上表可以看出,马礼逊注意到了汉语中的送气音与辅音的清浊有着密切的关系,而这会直接影响到语义的变化。在现代汉语普通话中,送气音包括/p、t、k、c、ch、q/六个清辅音,它们分别同/b、d、g、z、zh、j/六个气流呼出较弱的不送气浊辅音相对。与现代汉语拼音相比,马礼逊注音体系中对送气音的区分和标注基本上符合汉语语音特点的真实面貌。此外,如果我们再将之与其蓝本《康熙字典》中的切音注音方式相比,就更容易体会到马礼逊所采用的拼读法体系的适用性。以表 4.2 中"串"和"专"的注音为例,在《康熙字典》中,"串"的常见读音是"古患切","专"的是"朱缘切",对母语为拼音文字的汉语学习者而言,此种注音呈现方式远不如拼音 CH'HUEN 和 CHUEN 之间的对立显得简洁和直观。但是,在标注送气音时,《华英字典》中有一个严重的缺陷,即标注体例不统一。例如,"察、差、茶、叉"等均是按照送气音进行标注,但"查、插、刹"等均未标注送气音符号,这种注音体例上的不统一会给学习者的语音学习带来较大的副作用,因为他们从词典上所学的发音都是错误的。这种现象在两部汉英词典中都很普遍,这很可能是马礼逊的疏忽所致。

### 4.3.1.4　其他超音段现象

从语音学上讲,《华英字典》中标注的四声、送气音和不送气音均属于超音段层面上的语音信息,因为这些信息在词典中有较为固定的标注体例,所以在上文中单独论述。本部分内容中讨论的"其他超音段现象"多属个例,但类型多样,所以放入此小节中一并讨论。《华英字典》中所包含的与该类现象有关的典型例证如下所示①:

　　(1) 也② YÀY.　　A particle used generally to round and close a

---

　　① 例证中的方括号、省略号、下画线、黑体格式均为本书作者所加。
　　② 本书中《华英字典》中的繁体字除截图,通常转为简体字,涉及字形时,会视情况采用繁体字形式,如伞的繁体字"傘"。

sentence or paragraph. [ ... ] **They [ referring to the Chinese, by the present author ] remark a difference in its import, according to its being** 轻读 **King tŭh, or** 重读 **Chung tŭh, i.e. read without, or with emphasis.** In the first case, they compare it to the mere sound of an instrument, after the last note is struck; when read with emphasis, they consider it gives a tone of decision to the sentiment. As, 未之有 也 We che yew yay. "There is no such thing." ( Morrison 1815a: 39 )

（2）呀 HEA, Ya, or A. 呀呀吓 Ya ya, p'hei, Is the language of vulgar contention. The two first words are intended to mock the muttering enunciation of an opponent; and **the last is pronounced with so much force as to amount very nearly to spitting at him.** ( Morrison 1815a: 371 )

（3）坏 **Read Hwae, as a Verb Active**, To spoil; to injure; to break; to ruin; to destroy. **Read Kwae, as a Verb Intransitive**, To spoil; to injure; to go to ruin of its own accord. [ ... ] The first sense, the Chinese express by Po pae 破败 broken and ruined; or by 自毁 Tsze hwuy, Self ruined. The Transitive or Active sense, they express by Hwuy che 毁之 To ruin it. ( Morrison 1819: 300 )

（4）中 Chūng. The middle; the centre; within; half. **Read Chúng, Keu-shing** [ 去声, i.e. by the acute accent ( ˊ ) ], is a verb, To hit the centre; to attain the object. ( Morrison 1819: 110 )

（5）妻 TS'HE. A person equal to one's self; a wife. **Read Ts'hé, To give one's daughter as a wife to a man.** ( Morrison 1815a: 618 )

（6）蛇 SHÁY. A snake or serpent; [ ... ] Shay sin 蛇心 [ ... ], Shay tsuh 蛇足[...], Shay ying 蛇影[...]; **Read E. Wei-e 委蛇** tortuous; to wriggle with self satisfaction. ( Morrison 1819: 732 )

（7）行 HING. [ ˊ ] To act; to do; to perform. [ ... ], Hing kong 行宫 [ ... ], Hing le 行礼[...], Hing wei 行为[...]. **Read Hang**, A class of persons; a company; a mercantile house or factory. ( **Compare with Hang and Híng.** ) ( Morrison 1823: 295 )

　　以上几例表明,马礼逊注意到了汉语读音的变化(包括重音、声调、音节三个方面)与词性、词义的变化及用法特征都有着密切的关系。例 1 和例 2 均展示了汉语中重音变化与语义理解之间的关系,不过两个例证中的情况还有所不同:例 1 中的重音变化会引起语义的变化,而例 2 中的重音只是正确发音方式的一种附属特征,"呸"即使不重读也不会引起语义的改变;例 3 中,"坏"读音的变化与动词的使动用法有着密切的联系;例 4 和例 5 与汉语中的音变构词现象有关,声调变化与词性变化之间的关系得以展现;例 6 中,"蛇"字读音的变化与其特殊用法相关;例 7 中,"行"字读音的变化与多个义项有关,实际反映了汉语中的多音现象。上述几例中的语音标注信息反映了汉语中的语流音变现象,即音义之间的互动关系。不过在学习型词典和普通语文词典中,编者一般会采取宽式注音的方式,不对属于超音段层面的语流音变现象进行标注。马礼逊这种窄式注音的方式可能与当时的社会和历史背景有关,因为在大多数欧洲人缺少真实语音学习环境的情况下,这种为学习者提供更多读音信息的窄式注音方式可能会在某种程度上弥补真实语境的不足。

　　另外,值得注意的是,在对多音现象进行处理时,马礼逊在两部汉英词典中采用了明显不同的处理方式,如表 4.3 中的例证所示:

**表 4.3　《华英字典》前两部中同音字立目对比示例**

| 字头 | 第一部字典 | 第二部字典 |
|---|---|---|
| 臭 | 臭 Ch'how(Morrison 1823:779) | 臭 Chów(Morrison 1819:94)<br>臭 Hew(Morrison 1819:272) |
| 觉 | 觉 Keǒ(Morrison 1823:338) | 觉 Keaou(Morrison 1819:408)<br>觉 Keǒ(Morrison 1819:433—434) |
| 省 | 省 SǏNG.<br>Read Sǎng.(Morrison 1822a:710) | 省 Sǎng(Morrison 1819:697)<br>省 Sing(Morrison 1819:775) |

续　表

| 字头 | 第一部字典 | 第二部字典 |
|---|---|---|
| 禅 | 禅 SHEN, or Chen<br>（Morrison 1822a：779） | 禅 Shén（Morrison 1819：742）<br>禅 Chēn（Morrison 1819：54） |
| 塞 | 塞 Sǐh.<br>Read Sae.（Morrison 1815a：534） | 塞 Sáe（Morrison 1819：692）<br>塞 Sǐh（Morrison 1819：770） |
| 差 | 差 CH'HA.<br>Read Ch'hae.<br>Read Cha.<br>Read Tso（Morrison 1822a：64） | 差 Cha（Morrison 1819：3）<br>差 Chae（Morrison 1819：9）<br>差 Tso（Morrison 1819：918）<br>差 Tsze（Morrison 1819：943） |

　　如上表所示，在第一部汉英词典中，马礼逊对多音现象的处理方式均是在同一字头分列所有读音，一般不对不同读音的汉字做字头分立的处理。这种情况下，不同的读音仍可归于同一汉字的语流音变现象。但在第二部汉英词典中，马礼逊的标注策略发生了显著变化①。首先，部分多音字如"臭"和"觉"在第一部字典中仅标注有一种读音，在第二部字典中，马礼逊补充了多音信息，并提供了相关的语音语境信息，如在 Hew 读音下提供了"Hew che 嗅之""San hew urh tsǒ 三嗅而作"的例证。其次，在第二部字典中，从宏观结构上将多音字分列成不同的字头，从而更加凸显多音字在意义表达和语言用法方面的相对独立性，如将"省"的两个读音分立为"省 Sǎng"和"省 Sing"两个不同的字头。从上述分立的字头来看，马礼逊更加倾向于将音节有差异的多音字分立为不同的字头，而对那些因声调、语气等因素引起的读音变化的情况未进行字头分立的处理。例如，"也"和"妻"在《五车韵府》中仍然只单列一个字头。整体来看，在有关多音现象的处理方式上，《五车韵

　　① 在第二部字典中，也有一部分多音字没有分立字头，如长 Chang（Morrison 1819：16—17）、朝 Chaou（Morrison 1819：27）、便 Pëen（Morrison 1819：656—657）、屏 P'HING（Morrison 1819：673）、重 Chung（Morrison 1819：113）等多音字均未分立字头，这可能与马礼逊所确立的 411 音节体系有关，因为在该正字法中，关于送气音的清浊是用送气符号表示的，这种情况下，马礼逊都没有给予分立词条，这也带来了多音字标注体例不一致的问题。

府》要比第一部汉英字典进步不少。这种将多音字从语流音变现象中分离出来的做法具有较大的创新性,对后世汉语类辞书的编写产生了积极的影响。例如,即使在当今的汉语语文词典中,也一般会将多音字分立为不同的字条进行单独标注,此种呈现方式既方便检索也凸显了形、音、义之间的关系。但除此之外,其他语流音变现象一般不进行标注,因为对于汉语初学者而言,他们只需要掌握常规语境中的规范读音即可。

### 4.3.2　字形信息呈现方式

本部分主要从三个方面论述《华英字典》中字形信息的呈现方式:第一个方面是与汉字结构特点相关信息的呈现方式;第二个方面是与形近字识别相关信息的呈现方式;第三个方面是与同文字体识别相关信息的呈现方式。

#### 4.3.2.1　汉字结构信息

《华英字典》中的汉字结构信息主要包括笔画、笔顺、部首(或部件)、结构特征四项内容,它们集中出现在词典的副文本中,在词典正文中也有零星出现。首先,本书对《华英字典》副文本中出现的汉字结构信息进行了整理,其主要内容如表4.4所示:

表4.4　《华英字典》副文本中的汉字结构信息①

| 类别 | 提示内容 |
| --- | --- |
| 笔画和笔顺 | 在数笔画时,欧洲人最容易犯的一个错误是计算有关带框汉字的笔画。以"口"和"冂"这两个部件的区分为例,中国人一般将前者数为三画,分别是:一画"丨",二画"𠃌",三画"一";而"冂"则算为两画:第一画也是"丨",但第二画"𠃌"则是一笔完成,算作一画。值得注意的是,由此我们可以观察到汉字笔顺的基本规则,即先横后竖、从上到下、封口的笔画放在最后写。 |

---

① 表中内容信息主要来自 Morrison 1815a:1—9;1815b:iii,25—35。

| 类别 | 提示内容 |
| --- | --- |
| 结构特征 | 在合体字中,通常有一个部分表示部首。其中,部首经常位于汉字结构的左半部分,以"便"为例,其部首"亻"就在左边。但是,部首也会出现在汉字的右部、上部或下部,如"助""全""兵",甚至是位于汉字的中心部位,如"爱"字。因此,确实很难给出一个明确的判断汉字部首的规则。另外,有些特殊的汉字部件(component),虽然其外形相同,却经常出现在不同的位置。例如,在一个合体字中,如果"阝"出现在字的右侧,它代表"邑"的简写,意为"都城或城市"(city);如果出现在字的左侧,则是"阜"的简写,意为"土山"(a mound of earth)。 |
| 部首及其变体 | 在汉字的部首表中,有部分部首拥有一至多个变体形式,它们多出现在合体字中(Compound character)。这种情况下,就用一个大写字母 C 表示该部首会有出现在合体字中的变体形式。例如,手 Show. The hand; C 扌,"手"是汉字的 214 个部首之一,"手"仅作为独体字使用,在合体字中要用其变体形式"扌",如在"打"和"扶"中。 |

从上表可以看出,马礼逊对汉字结构知识的介绍比较宽泛,既缺少系统性,也不全面,多以典型个案的方式予以说明。有些说明,外国学生看后仍然会感到不得要领,例如,在介绍如何判断合体字中的部首时,马礼逊最后得出的结论竟是"实难总结"。这也从一个侧面反映了汉字结构特征的复杂性。在表 4.4 中的几项内容特征中,马礼逊对部首变体介绍得最为完整,一方面是因为这涉及字典的检索效率,另一方面是因为这部分知识内容较为固定,同时也有蓝本字典可资参考。图 4.4 为马礼逊标注的有变体的部首。

如图 4.4 所示,在 214 个部首中,共有 52 个部首标注有大写字母 C,此种标注方式在某种程度上弥补了上文中马礼逊提到的部首确认标准模糊的不足。这一方面有助于西方汉语学习者更加准确地判断出汉字的部首,从而提高检索效率;另一方面,也有助于他们对汉字的结构进行初步的分解。例如,在"照"字中,当学习者发现该字中包含部首"火"的变体形式"灬"时,就可以大致判定

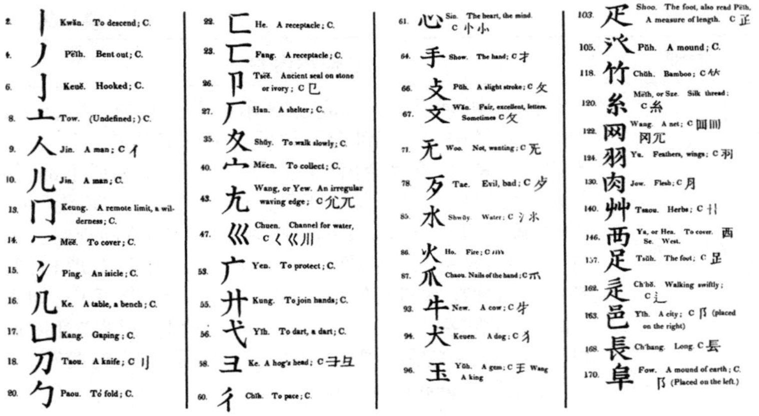
2. 丨 Kwăn. To descend; C.
4. 丿 Pĕĭh. Bent out; C.
6. 亅 Keuĕ. Hooked; C.
8. 亠 Tow. (Undefined;) C.
9. 人 Jin. A man; C 亻
10. 儿 Jin. A man; C.
13. 冂 Keung. A remote limit, a wilderness; C.
14. 冖 Mëĕ. To cover; C.
15. 冫 Ping. An isicle; C.
16. 几 Ke. A table, a bench; C.
17. 凵 Kang. Gaping; C.
18. 刀 Taou. A knife; C 刂
20. 勹 Paou. To fold; C.
22. 匚 He. A receptacle; C.
23. 匸 Fang. A receptacle; C.
26. 卩 Tsëĕ. Ancient seal on stone or ivory; C 㔾
27. 厂 Han. A shelter; C.
35. 夊 Shöy. To walk slowly; C.
40. 宀 Mëen. To collect; C.
43. 尢 Wang, or Yew. An irregular waving edge; C 尣兀
47. 巛 Chuen. Channel for water, C 巜川
53. 广 Yen. To protect; C.
55. 廾 Kung. To join hands; C.
56. 弋 Yĭh. To dart, a dart; C.
58. 彐 Ke. A hog's head; C 彑彑
60. 彳 Chĭh. To pace; C.
61. 心 Sin. The heart, the mind. C 忄⺗
64. 手 Show. The hand; C 扌
66. 攴 Pŭh. A slight stroke; C 攵
67. 文 Wăn. Fair, excellent, letters. Sometimes C 攵
71. 无 Woo. Not, wanting; C 旡
78. 歹 Tae. Evil, bad; C 歺
85. 水 Shwŭy. Water; C 氵氺
86. 火 Ho. Fire; C 灬
87. 爪 Chaou. Nails of the hand; C 爫
93. 牛 New. A cow; C 牜
94. 犬 Keuen. A dog; C 犭
96. 玉 Yŭh. A gem; C 王 Wang A king
103. 疋 Shoo. The foot, also read Pĕĭh. A measure of length. C ⺪
105. 癶 Pŭh. A mound; C.
118. 竹 Chŭh. Bamboo; C ⺮
120. 糸 Mĭĕh, or Sze. Silk thread; C 糹
122. 网 Wang. A net; C 罒罓 罓罒
124. 羽 Yu. Feathers, wings; C 羽
130. 肉 Jow. Flesh; C 月
140. 艸 Tsaou. Herbs; C 艹
146. 襾 Ya, or Hea. To cover. 西 Se. West.
157. 足 Tsŭh. The foot; C ⻊
162. 辵 Ch'ŏ. Walking swiftly; C 辶
163. 邑 Yĭh. A city; C 阝 (placed on the right)
168. 長 Ch'hang. Long. C 镸
170. 阜 Fow. A mound of earth; C. 阝 (Placed on the left.)

**图 4.4 《华英字典》中对部首变体的标注(Morrison 1815a: RADICALS, 1－9)**

其为该字的部首,将其分解成“⺍”和“昭”。标注部首变体使得汉字部首判定的方法更加多元化,为学习者提供了另一个了解汉字结构特征的抓手。

其次,在《华英字典》的微观结构中,对于部分非部首部件,马礼逊专门提醒欧洲汉语学习者注意其结构特征,如以下几例所示:

> (8) 宂冗冘 [...] These three characters, are in common use, confounded and used for each other **in compound words**. (Morrison 1819: 65)
>
> (9) 靑青 [...] The second form is **often used in compounds**.①(Morrison 1819: 65)
>
> (10) 夆夅 [...] The second form is **used in compounds**, but is erroneous, it is Heang, To descend. (Morrison 1819: 687)
>
> (11) 卖[...] is **the usual form in compounds**. (Morrison 1819: 945)

① 此条中关于“第二种形式‘青’常见于合体字中”的说法与马礼逊字典中的实际情况不一致:《五车韵府》中收录的相关字头使用的均是第一种形式“靑”,如淸、晴、靖、精、情、倩等。

（12）罯[...]**in compounds** seems to denote to move; to agitate.
（Morrison 1819：999）

上述几个例证中的字头均不属于 214 部首体系中的部首,但可能出于其构字能力较强的考虑,马礼逊增加了"常用于合体字中"的提示。在《华英字典》中,学习者可以查到一系列由上述字头构成的合体字。例如,由"卖"构成的汉字"读、渎、犊、牍"等,由"罯"构成的汉字"摇、遥、窑、繇"等。除了不具备检索功能外,这些字头与部首非常接近,同为形义的结合体,往往是汉语学习者了解汉字结构特征的"第一层级认知部件"(参见王宁 2015：98)。不过,与部首相比,这些非部首部件所构成的合体字多属于非常用字的范畴。

从上述分析可以看出,马礼逊注意到了汉字的基本结构信息,围绕着汉字的结构特征为欧洲汉语学习者提供了一系列字形信息。它们是汉字字形知识的重要内容之一,与汉字书写、字形识别和词典检索三方面的关系最为密切。不过遗憾的是,在词典正文中,与笔画、笔顺和汉字结构特点相关的信息并不充分,马礼逊仅在词典的前件中以"规则解释+示例说明"的形式进行处理。对汉语初学者而言,这种呈现方式未免失之过简。在当今外向型汉语辞书的编写中,还应在字条中对这些信息进行较为系统的标注。

### 4.3.2.2 形近字辨析信息

形近字辨析是汉字识别的重要内容之一。由于"究古今形体之辨"是《康熙字典》的编纂宗旨之一(参见《康熙字典》序言),所以收字量为 47035 个汉字的《康熙字典》中囊括了大量的异体字、古今字和通假字。这些字形中有不少在形体上比较近似,例如,"况、兄、況",此种情况下马礼逊一般都是直接翻译蓝本字典中的内容,因为对古今字、异体字和通假字进行辨形,需要扎实的古文字学专业知识,显然马礼逊并不具备这样的条件,这从他对"通用字"所下的错误定义中就能看出来①。平心而论,这已经远远超出了一个外国汉语学习者的知识范畴,因为对异体字形之间关系的考证通常是文字学家的研究任务。马礼逊也意识到了这个问题:他指出,《康熙字典》中收录了四万多个汉字,但是很多汉字都是生僻字,他的字典在收字立目上大致与《康熙字典》相同,其目的在于保证字典内容的完整性(Morrison 1815a:x)。这种从传统文字学的角度去考证异体字形之间关系的研究不在考察范围之内,本研究重点关注马礼逊如何从汉语学习的角度对形近字进行辨析。从《华英字典》中相关的字条来看,马礼逊注意到了笔画差异、结构差异和部件差异三个因素所导致的形近字。同时,我们将《华英字典》中的处理方式与《康熙字典》中的进行对比,相关例证如表 4.5 所示:

**表 4.5 《华英字典》中形近字辨析信息呈现方式的示例②**

| 类别 | 字头 | 《华英字典》 | 《康熙字典》 |
|---|---|---|---|
| 笔画差异 | 市 Fe | The perpendicular line passes through at one stroke, which distinguishes it from 巿 She, A market. (Morrison 1819:158) | 无 |
| | 己 KÉ | Ke 己 should be distinguished from the two following characters 已 E, and 巳 Sze. (Morrison 1822a:64) | 无 |
| | 夂 CHE 夂 | Distinguished from the following Radical [i.e. 夂 夊] by the transverse line commencing outside on the left hand. (Morrison 1815a:564) | ○按与夊字不同,夂右画长出于外,夊右画短缩于中。 |

① 马礼逊将"通用字"界定为"音形不同、意义相同的汉字"([the] Characters, whose pronunciation and form are different, but meaning the same.),并用英语中的 Synonymous 作为通用字的对等词(参见 Morrison 1815a:xvii)。
② 表中方括号及其中的内容为本书所加。

| 类别 | 字头 | 《华英字典》 | 《康熙字典》 |
|---|---|---|---|
| 结构差异 | 旮 Hwǎn | The line denotes the earth; or horizon; 旦 is the sun above it, or morning; 旮 is the sun below the horizon, or dusk; obscure. (Morrison 1822a: 291) | 日出一上为旦, 日入一下为昏。一, 地也。 |
| | 東 Tung **東東** | From the *sun* [日] in the midst of *a tree* [木]; the sun rising amongst the trees. The place where the sun rises, and from which light emanates; the east; the place of honor. Kaou 杲 is the sun [日] above the trees [木], *light*. Yaou 杳 is the sun [日] below the trees [木], *obscure twilight*. (Morrison 1822a: 327) | 日在木中曰東, 在木上曰杲, 在木下曰杳。木, 若木也, 日所升降。 |
| | 盻 HÉ | This character is now confounded by many persons with the following character [i.e. 盼 P'HAN]. (Morrison 1822a: 709) | 盻字乃盻恨之盻, 今人混作盼睞之盼, 非。 |
| | 貇 Né | This character is commonly written erroneously for Maou 貌, the external appearance. (Morrison 1819: 613) | 无 |
| 部件差异 | 召 CHÁOU | 以手曰招, 以言曰召 E show yuě chaou, e yen yuě chaou. To summon 'with the hand is called 招 Chaou, by words is called 召 Chaou.' (Morrison 1815a: 350) | 以手曰招, 以言曰召。 |
| | 兼 KËEN **兼 A. V.** **兼 S. C.** | Formed from a hand grasping two stalks of grain. 秉 is formed from a hand grasping one stalk. There are few things of which so many can be grasped as stalks of grain. Holding two, or several at the same time; (Morrison 1815a: 193) | 会意。秉持一禾, 兼持二禾。可兼持者, 莫若禾也。 |

　　如上表所示,在第一组例证中,笔画差异是造成形近字的原因。例如,在"巿"字头下,马礼逊提醒学习者注意"巿"的直竖写法是一个笔画,这是该字和"市场"的"市"的主要区别;在"己"字头下,马礼逊提醒学习者注意将它与"已"和"巳"区分开来;在"夂"字头下,马礼逊特别指出该字(或部首)中自左而右横切线的写法与"夊"不同,前者不出头,后者出头,这种区别在马礼逊为两者提供的篆体字形的对比中非常明显。在第二组例证中,结构差异是造成形近字的原因。例如,"旦"和"旧"所含部件相同,但部件不同的组合方式造成了两个意义完全不同的汉字;在"東"字头下,马礼逊列举了部件"日"和"木"三种不同的组合方式,在解释汉字结构差异的同时,也很好地阐释了"東""杲"和"杳"之间的字义差异。在第三组例证中,部件差异是造成形近字的原因。部件差异又有两种情况:第一种情况是两个(或多个)形近字的部件数量相同,但某一部件的写法存在差异。例如,"盼"和"盻"均包含三个部件,其差异在于部件"丂"和"刀"之间的区分;"貌"和"皃"之间的差异在于部件"臼"与"白"之间的差异,马礼逊还特意提供了"错误提醒"信息,指出"貌"常被误写为"皃"。部件差异的第二种情况是两个(或多个)形近字的部件数量存在差异。例如,"召"和"招",尽管二者声旁相同,但"招"比"召"多了一个部件"手/扌",因此二者的形和义均不相同,这种区分是显性的,学习者一般能容易觉察到二者在形体上的差异。相比之下,"兼"和"秉"之间的差异就十分隐性,因汉字的演化,其楷书形式已经失去了原有的面目,二者之间的区分就变得相对难以察觉。此种情况下,马礼逊分别为两字补充了相应的篆文字形,并在其基础上讲解了两个汉字构形理据的不同之处:"兼"为一手(彐)持二禾(秝),"秉"为一手(彐)持一禾(禾)。这样,通过篆文字形的辅助和对构意的阐释,"兼"和"秉"之间的差异就变得一目了然。最后,从字形辨析信息的来源来看,多数情况下,马礼逊直接参照了《康熙字典》,但也有所补充,如对"市"和"巿""己"和"已"和"巳""貌"和"皃"的区分,以及为"夂"和"夊""秉"和"秉"提供篆文字形。

综上所述,在为学习者提供形近字辨析信息时,马礼逊一方面参照蓝本字典,另一方面也融入了其个人汉语学习经验的总结,这些信息主要通过字典的微观结构和中观结构来呈现。在汉字的三要素中,字形是汉字的本体(王宁 2015),再加上汉语中同音字数量较多,字形识别在汉字识别中占据着非常重要的地位。在马礼逊所处的历史年代并没有类似于今天的普通话,字形的辨音辨义功能更加凸显,这可能也是马礼逊重视字形辨析的一个重要原因。细微的笔画和汉字结构的变化都会导致错别字的出现。在当今的对外汉语教学中,这种现象仍然比较普遍(李运富 2014)。不过马礼逊对形近字的辨析有三个明显的不足之处:一是字形辨析信息大多翻译自《康熙字典》,基于个人学习经验总结的字形辨析信息(如对"貌"和"皃"的辨析)相对不足;二是形近字之间缺少参见信息,对一组字的辨析信息大多集中在某一字头下,不利于用户的检索和使用;三是对形近字辨析信息的标注标准有待进一步明确,即哪些形近字需要区分,哪些没有必要区分,都应该有一个明确的标注。总之,马礼逊对形近字的关注点及其处理方式上的不足之处值得我们关注。

### 4.3.2.3 同文字体识别信息

同文字体指的是同一个汉字的不同书写形式,它们的形成与汉字的演变密切相关(Morrison 1820:iv)。马礼逊(Morrison 1815b:27)指出,"这种同一个汉字的不同写法以及楷书的简化汉字是造成外国人学习汉语困难的重要原因之一"①。在《华英字典》中,马礼逊对同文字体的处理也是通过词典副文本和词典正文

---

① 原文为:〔The, by the present author〕various ways of writing the same character, which, together with the contractions made use of in the plain hand, constituted a great source of difficulty in acquiring the language thoroughly.

两种文本结构来呈现的。

首先,在属于词典副文本的前言部分,马礼逊介绍了汉字演变的历史,提及了中国人划分同文字体的三种方式,分别是"五分法"(古文、大篆、小篆、八分、隶书和楷书)、"六分法"(古文、奇字、篆文、隶书、缪篆、虫书)和"八分法"(大篆、小篆、刻符、虫书、摹印、署书、殳书、隶书)(Morrison 1815a:ii-iii)。基于此,马礼逊在《五车韵府》第二卷中专门提供一个长达 305 页的"同文"字表。在该字表中,每一个汉字大都提供五种同文字体,按照楷书、行书、草书、隶书和小篆(或古文)的顺序依次排列。这些字形据马礼逊(Morrison 1820:178)所述,是其经多个途径搜集整理而成,但他并未进一步明确具体出处。图 4.5 为"同文"字表的首页,如下所示:

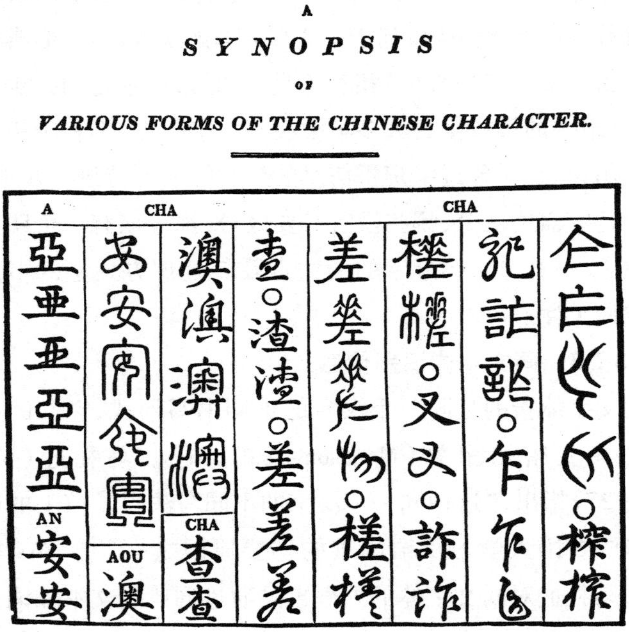

图 4.5 《华英字典》第五卷中"同文"字表图例(Morrison 1820:179)

由图 4.5 可以看出,"同文"字表中的每个汉字所提供的字体种类略有不同。例如,"亚"字提供了五种字形;"安"字也提供了五种字形,其中篆体字形提供了三个;"诈"和"乍"均提供了两个草书字形;"查"和"渣"字未提供隶书和篆书的书写形式。对于为何如此处理,马礼逊(Morrison 1820:178)给出的解释十分模糊,仅称其是根据每个字的具体情况而定(considering their extent)。我们猜测这个"具体情况"主要与两个因素相关:其一是对《说文解字》中未收录的字多未提供篆书字形,如"查"和"渣"均是后起之字,《说文》中收录的是其异体字,分别是"柤"和"溠"①;其二是马礼逊从实用性的角度出发,更为重视楷书、草书和篆书三种字形,这从马礼逊在《华英字典》副文本中的相关介绍就能看出来(见表4.6)。

**表4.6 马礼逊有关同文字体用途的介绍②**

| 序号 | 变体类型 | 用途介绍 |
|---|---|---|
| 1 | 楷书(正字)<br>(the plain hand) | 楷书是汉字形体最为美观和近乎完美的一种字体。该字体使用最为广泛。例如,几乎所有的书稿均是用楷书来完成的。另外,诸如递送官府的公文、上呈皇帝陛下的奏章、财产契约、公文和私人文书等,都必须使用楷体字书写。 |
| 2 | 行书(行字)<br>(the free hand) | 是介于楷书和草书之间的一种字体。 |

① 参见谷衍奎编,《汉字源流字典》(语文出版社,2008):"查"的篆文从木,从且(雄性生殖器,象征木桩)。隶变后楷书写作"柤"。后来木旁移到上边,且又讹为旦,俗遂写作"查"。如今规范化,以"查"为正体(802—803);"渣"在《说文》中未收录,是"溠"的异体字,也是"查"的借字(1495)。另外,还有一点需要说明的是,马礼逊(Morrison 1815a)明确提到其还参照了乾隆时期沙木编写的《艺文备览》中的字形,由于此处的重点不在考据字形的来源,故不再对"同文"字表与《艺文备览》中的字形特征进行进一步的比对。

② 表中的内容信息整理自 Morrison 1815a: ii—iii; 1815b: 26—27。

续　表

| 序号 | 变体类型 | 用途介绍 |
|---|---|---|
| 3 | 草书（草字）<br>（the running hand） | 欧洲汉语学习者应该了解一些草书的知识，熟悉草书的书写特点，并能辨认出（常见）汉字的草体形式，因为该字体与中国人的日常工作和生活密切相关。它广泛运用于私人信件及其他文件的书写，以及与做记录相关的工作中，这与草体字书写省时的特点是分不开的。此外，中国文人在给某一本书作序时通常也会使用草体。 |
| 4 | 隶书（隶字）<br>（the stiff ancient character） | 常见于碑刻中。 |
| 5 | 篆书（篆字）<br>（the seal character） | 常用于封印及军队的徽章等。现在的中国人认为这种类型的汉字来源于铭刻在古代金属器物上的象形文字，如铸刻在钟鼎和三足圆鼎上的字符。因此，这种文字也称为钟鼎文（Ancient Vases）。 |

依据上表中马礼逊对汉字五种同文字体主要用途的简要概述，我们不难发现，马礼逊认为楷书和草书的实用性最强，因为它们与中国人的日常工作和生活有着紧密的联系。《华英字典》中的所有字头均以楷体字形立目，这一点与《康熙字典》相同，这些都说明了楷书的汉字通行手写正体字的地位。

其次，在《华英字典》第一部的正文部分，马礼逊还为部分楷体字头提供了草书和篆书字形，表4.7是对这两种同文字体的数量统计：

表4.7　《华英字典》第一部中提供有草书和篆书的字头数量统计

| 字形 | VOL. I | VOL. II | VOL. III | 合计 |
|---|---|---|---|---|
| 草书 | 910 | 1 | 1 | 912 |
| 篆书 | 1368 | 383 | 358 | 2109 |

表4.7中的统计数据表明，除了楷书字形外，马礼逊还十分重视汉字的草书和篆书两种书写形式。在三卷本的第一部《华英字

典》中,共有 912 个字头提供了草书字形,2109 个字头提供篆书字
形。提供草书字形的字头多为汉语中常用的汉字,如"丈、上、下、
不、且、世、中、丰、动、勤"等;提供篆书字形的字头多为象形字、会
意字和指事字,这可能与这三类汉字的表意性特征突出有关,如
"马、交、主、井、上、下、休、仙、家"等。同时,马礼逊还倾向于为那
些因汉字形体演变而造成的构形理据不明确的汉字提供篆体形
式。以"丘"为例,该字的甲骨文字形 ⋈"像古人穴居的废窑包形。
古人造穴,先在高地挖坑,上覆以树枝、兽皮,两侧向阳留口。故丘
既表示废墟,又表示土山"。金文字形 ⅛ 稍讹,小篆字形 ⋈ 遂误
为"北""一"会意而成,隶变后楷书字形为"丘"(谷衍奎 2008:
172)。对"丘"进行释义时,《康熙字典》引用了《说文解字》中的
"四方高中央下曰丘"。上述释义兼顾了"丘"字的形和义,解释十
分形象和清楚。但是,《康熙字典》并未提供"丘"的篆文字形。如
果将《华英字典》中的"丘"字条与之对比,我们就能发现,马礼逊
也引述了"四方高中央下曰丘"这条释义,同时又补充了"丘"字的
甲骨文字形 ⋈ s.c.(参见 Morrison 1815a:21)。显然,马礼逊提供
篆文字形是有其依据的,篆文字形在解释字理时发挥着不可替代
的作用,特别是对那些古今字形变化较大的汉字而言。

此外,从标注数量的分布特征来看,三卷字典之间的字形标注
非常不均衡:第一卷的标注较为详细,后两卷的标注明显减少,特
别是对草书字形的标注,后两卷未能延续第一卷的标注特点。如
果考虑到各卷字典不同的出版时间,此种变化的一个主要原因可
能在于,包含同文字体表的第五卷字典已于 1820 年出版,与第一
卷中仅提供部分字头的草书和篆文字形相比,该表中的汉字字形
信息更为丰富,检索也更加方便(按音序排列)。因此,之后出版
的第二卷(1822a)和第三卷(1823)字典中,字形信息大幅缩减;如
果欧洲汉语学习者有查询字形的需求,他们可以直接查询此前已
经出版的《五车韵府》中的同文字体表。在 1819 年出版的第二部

汉英字典《五车韵府》中,马礼逊不再为字头提供草书和篆书字形,这大概与该部字典按音序编排的编纂方针以及与之相配套的同文字体表即将出版有很大的关系。

由以上分析可以看出,注重实用性是马礼逊提供同文字体信息的一个重要出发点。他从欧洲人汉语学习的实际需求出发,通过词典的副文本和正文结构,较为全面地提供了同文字体,特别是楷书、草书和篆书三种字体信息。不过,在提供同文字体时,也存在一些明显的不足,这主要体现在两个方面:一是标注体例不统一。例如,有的常见汉字没有标注篆文字形和草书字形(如"串"),有的标注有多个篆文字形(如"孟"),马礼逊并没有明确说明,所以这应该是马礼逊的疏忽所致;二是约有三分之一的字头仅提供篆文字形,没有相应的字理解释,这种情况下,提供篆文字形就失去了意义,因为缺少相应的解释时,欧洲汉语学习者很难在楷书字头和其篆文字形之间建立一种联系,从而最终导致这些信息沦为一种"摆设",很难起到其辅助字形和字理认知的作用。就当今的简化汉字而言,编者需要考虑的问题更细致,例如,是否词典中所有的汉字都需要提供同文字体? 如果是,需要提供哪些同文字体以及相关依据是什么? 如果不是,那么哪些汉字需要提供同文字体? 选择的依据是什么? 对学习者是否能起到帮助作用?另外,编者还需要考虑简体字、繁体字、异体字和同文字体之间的复杂关系。这些问题不解决的话,就难以形成一个明确的标注标准,从而影响到词典的编写质量。

### 4.3.3　字义信息呈现方式

字义与汉字的构形理据密切相关,字义信息的呈现离不开对汉字构形理据的分析。在呈现字义信息时,马礼逊既参照了以《说文解字》为代表的中国传统字书,同时也补充了大量其他渠道的字理阐释,这其中既夹杂着个人学习经验的总结,也有来自流俗文字

学中的内容,从而使得《华英字典》中字义信息的表征呈现出更加
多元化的方式。通过文本细读发现,马礼逊对字义信息的标注主
要集中在两个方面:一是对汉字部件①表意特征系统性的关注,二
是对单个汉字的构形理据的分析。本部分拟从以上两个方面来探
讨《华英字典》中字义信息的呈现方式:1) 汉字部件表意性信息的
呈现方式;2) 汉字构形理据的呈现方式。

### 4.3.3.1 汉字部件表意性信息

马礼逊对《康熙字典》中所确立的 214 部首体系大加赞赏,一
方面是因为他认为该部首体系兼顾了汉字的形检和义检;另一方
面是因为这些部首可以充当汉语学习者把握汉字形义关系的重要
抓手(参见 Morrison 1815a:viii; 1815b:27)。马礼逊在《华英字
典》第一部的前件中提供了汉英对照的 214 部首体系表,如图 4.6
所示。

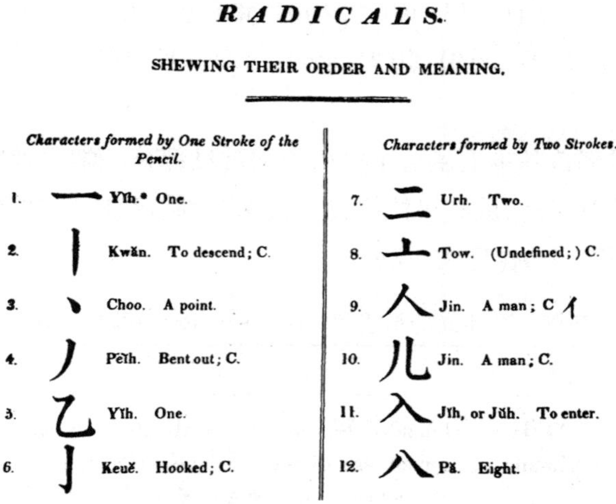

**图 4.6 《华英字典》中 214 部首体系表示例**

---

① 这里的"部件"指的是任一有构形理据的字形或字形的一部分,既包括部首也
包括非部首,有的是成字部件,有的是不成字部件,多数情况下用于构成合体字。

从上图可以看出,为了帮助欧洲学习者对汉字部首体系的表意功能形成初步的整体认识,马礼逊为每一个部首标注了读音和英文释义。这些部首多数兼具检索和示义的双重功能。本书对《华英字典》第一部中有字义信息说明的字头进行了人工统计,共查找到2311个汉字标注有字义信息。然后按照部首对之归类处理,进而统计每个部首下有字义信息的字头个数。统计结果表明,80%的汉字字头(共1857个字头)分布在以下56个部首之下:

女(284)、心(132)、手(92)、水(90)、言(90)、宀(84)、口(75)、
人(72)、木(57)、日(46)、糸(40)、火(38)、艸(38)、子(36)、
目(35)、大(34)、土(33)、尸(31)、肉(30)、疒(29)、刀(24)、
禾(23)、囗(20)、犬(20)、丿(19)、田(19)、衣(18)、二(17)、
山(17)、广(17)、一(16)、儿(16)、穴(16)、又(15)、十(14)、
耳(14)、亠(13)、彳(13)、竹(12)、门(12)、卩(11)、牛(11)、
皿(11)、马(11)、冂(10)、寸(10)、虍(10)、虫(10)、丨(9)、
乙(9)、八(9)、冖(9)、巾(9)、示(9)、见(9)、贝(9)①

上述部首基本上涵盖了汉语中的常见部首。学习者掌握了这些部首的意义后,就有可能推知一批由该部首组成的汉字的字义。以部首"疒"为例(见表4.8):

**表4.8　部首"疒"字义的系统性举隅(Morrison 1822a:662－678)②**

| No. | 字头 | 字条 |
| --- | --- | --- |
| 1 | 疒 NEÏH<br>or Chwang | Intended to represent a stickly man leaning against something; disease; sickness. Used only in compound characters. [人有疾病,象倚著之形。仅用于非独体字中] |

---

① 括号中的数字表示有字义信息的字头个数。例如,女(284)表示在"女"部首下,共有284个以"女"为部首的汉字标注有汉字字义信息。
② 表4.8中的方括号,字体加粗和汉语为本书作者所加。

| No. | 字头 | 字条 |
|---|---|---|
| 2 | 疼 T'HUNG | From *winter*［冬］and *disease*［疒］. Pain; acute feeling.［冬天里生病,痛也。］ |
| 3 | 疾 TSEÏH | From *disease*［疒］and *an arrow*［矢］. Disease which falls on men suddenly, and which flies swift as an arrow; hence the character denotes both disease and rapidity.［病来急,故从矢。矢,急疾也。］ |
| 4 | 痛 T'HUNG | From *disease*［疒］and *a tube*［甬］. Disease that passes through one; acute feeling.［从疒从甬。(从身体某一处)疾病若泉涌出也,疼痛无比。］ |
| 5 | 痼 KOÓ | From *disease*［疒］and *firm*［固］. A chronic deep rooted obstinate disease.［久固之疾。］ |

　　如上表所示,"疒"的构意与它的词义是一致的,学习者可以凭着"疒"的构形理据来理解和记忆一批与之相关的汉字,如表4.8 中的"疼、疾、痛、痼",这些汉字的词义均与"疾病"相关。简而言之,"疒"部首的表意性具有外部显性特征,即学习者能够较容易将它从相关汉字中分离出来。类似的部首还有不少,例如,表示武器或杀伤意义的字大都从"戈";表示鸟类、飞翔等义的字大都从"鸟""佳"或"羽";与心理活动相关的字大都从"心/忄"等。但是也存在一些具有隐性表意特征的汉字部件,它们在组成相关的汉字时,有时作为部首,有时仅作为一般部件;有时可以轻松地被识别出来,有时则很难将它从汉字中分离出来。以"八"为例,根据《说文解字》,该字为象形字,字义为"别也。象分别相背之形"。在合体字中,它既可以作为部首,也可以是非部首部件。在《华英字典》中,马礼逊在参照《说文解字》的基础上,对"八"部件的表意性特点进行了较为充分的展示(见表4.9)。

**表 4.9** 《华英字典》第一部中包含"八"部件的汉字示例①

| 字头 | 部首 | 字理说明 |
|------|------|----------|
| 爪 | 爪 | 爪 is 亻 Jin, in the middle of 八, "To separate;" and hence denotes to discriminate. ［人（亻）在八中,因此取"区分"意。］（Morrison 1815a：65） |
| 公 | 八 | From 八, "To turn the back up," and 厶 Sze, "Selfish," the opposite of that which is selfish and unjust. ［平分也。从八从厶。八,犹背也。自营为厶,背厶为公。］（Morrison 1815a：188） |
| 分 | 刀 | From 八, "To separate," and 刀, "A knife." ( Shwo-wan. ) To separate; to divide; to halve. ［别也。从八刀,刀以分别物也。］（Morrison 1815a：220） |
| 匹 | 匚 | From 八, Eight, and 匚, representing a piece of silk folded up. Eight folds of silk in length. ［四丈也。四丈则八端,故从八。从匚,象束帛形。］（Morrison 1815a：295） |
| 半 | 十 | From 八, To separate, and 牛, A cow, because a cow is large and may be divided. ( Shwo-wan. ) ［物中分也。从八从牛。牛为物大,可以分也。］（Morrison 1815a：302） |
| 四 | 囗 | From 囗, four square; and 八, To divide or separate; denoting that the square is to be separated; hence Four. ［囗,四方也。八,别也。囗中八,象四分之形。］（Morrison 1815a：459） |
| 小 | 小 | From 亅 Keue, Beginning to appear, and 八 Pa, to divide; just large enough to be divisible. ［从八从亅。亅,始见也。八,分也。始可分别也,见而分之。］（Morrison 1822a：7） |
| 尚 | 小 | From Pa 八 separated, and 向 directed towards. The mind wishing to attain. ［从八从向。尊崇,心向往之。］（Morrison 1822a：9） |
| 必 | 心 | From to divide and a pointed lance. Divided to the last degree of minuteness. ［分极也。从八戈。］（Morrison 1822a：131） |
| 曾 | 曰 | From a window, to separate, and day, to denote the dispersion of the air. ［曾从囧。囧,古文窗字。下从曰,上从八,象气之分散也。］（Morrison 1822a：316） |

---

① 表 4.9 中的方括号及其中的汉语为本书作者所加。

续　表

| 字头 | 部首 | 字理说明 |
|---|---|---|
| 朿 | 木 | From to bind together, and to divide. To sort; to discriminate. ［分别简之也。从朿从八。八，分别也。］（Morrison 1822a：336） |

上表中的字头中均含有"八"这一部件,但它们基本上分属于不同的部首,仅在"公"字中,"八"才作为部首。这反映出作为造字法意义上的部首与作为检字法意义上的部首之间的不一致性。从表中的字义解释部分可以看出,部件"八"在绝大多数字头中的意义均是其字义"别也"（To divide or separate）或"象分别相背之形"（To turn the back up）,仅有在"匹"字中才解释为其引申义——作为数词的 eight。从部件识别难易程度上看,除了"分"和"公"两个汉字外,其他汉字中所包含的"八"部件均不易被汉语学习者识别出来。从对"八"部件的处理来看,马礼逊对汉字部件表意性的复杂性是有着较为充分的认识的。也许是马礼逊太过于重视汉字部件的表意性,他在利用六书理论帮助学习者"据形求义"时,其字义解释方式还呈现出另一个显著的特点——以义代声,即把形声字当会意字来对待。

本研究对《华英字典》第一部中 2311 个有字义信息字头的六书构造分别进行了统计,结果见表 4.10:

表 4.10　《华英字典》中六书构造的分布比例

| 六书类型 | 字头个数 | | | 总计 | 占比 |
|---|---|---|---|---|---|
| | VOL. Ⅰ | VOL. Ⅱ | VOL. Ⅲ | | |
| 会意 | 711 | 818 | 407 | 1936 | 83.8% |
| 象形 | 134 | 65 | 34 | 233 | 10.1% |
| 形声 | 51 | 39 | 1 | 91 | 3.9% |
| 转注 | 18 | 3 | 0 | 21 | 0.9% |

| 六书类型 | 字头个数 | | | 总计 | 占比 |
|---|---|---|---|---|---|
| | VOL. Ⅰ | VOL. Ⅱ | VOL. Ⅲ | | |
| 指事 | 10 | 9 | 1 | 20 | 0.9% |
| 假借 | 4 | 6 | 0 | 10 | 0.4% |
| 总计 | 928 | 940 | 443 | 2311 | 100% |

　　表4.10中的统计数据表明，会意字是马礼逊关注的焦点，这也进一步支撑了马礼逊重视汉字部件及其表意性的观点。上表中的数据有一个存疑之处：根据现代文字学的研究成果，现代汉字中的形声字已达90%以上，《说文》中示音构件介入的字也占到将近90%（参见王宁2015：27，134），《华英字典》中形声字的比例为何偏低呢？进一步考察马礼逊对会意字的标注情况发现，问题的根源就在于"以义代声"的字义信息呈现方式。将形声字标注为会意字，导致大量形声字被划入会意字的范畴，这种现象主要包括以下三种情形，详见表4.11。

表4.11　《华英字典》中"以义代声"现象示例①

| 情形 | 字头 | 《华英字典》 | 《说文解字》 |
|---|---|---|---|
| 1 | 仲 Chung | From man and middle［从人从中］.（Morrison 1815a：74） | 中也。从人从中，中亦声。 |
| | 熄 Seĭh | From *fire* and *to stop* or *breathe*［从火从息］.（Morrison 1822a：550） | 畜火也。从火息声。亦曰灭火。 |
| | 判 P'hwan | From Knife and Half［从刀从半］.（Shwǒ-wǎn）（Morrison 1815a：227） | 分也。从刀半声。 |

---

① 表4.11中的方括号及其中的内容为本书作者所加。

| 情形 | 字头 | 《华英字典》 | 《说文解字》 |
|---|---|---|---|
| 2 | 妒 Tóo | From *woman* and *additional apartment*; or from stone, implying barren. A wife who envies or is jealous of her husband. (Morrison 1815a：610) | 妇妒夫也。从女户声。 |
| | 宇 Yù | From a cover or a concave and air expanding. (Morrison 1815a：788) | 屋边也。从宀于声。 |
| | 常 Ch'hang | From 尚, To manifest or display, and 巾, A piece of cloth. (Morrison 1822a：74) | 下裙也。从巾尚声。 |
| 3 | 堉 Yǔh | Fat fertile earth. 以其能生长万物故从育从土, Which from its capability to produce and bring to maturity every species of plant and creature, is composed of Yuh, To nourish, and 土, The earth. The Chinese speak of the earth producing animated creatures, as well as, plants and minerals. (Morrison 1815a：517) | 未收录 |
| | 疼 T'hung | From *winter* and *disease*. Pain; acute feeling. ［冬天里生病,痛也。］(Morrison 1822a：665) | 未收录 |
| | 媳 Seǐh | From woman and to produce. A woman taken into the family for the purpose of producing posterity. (Morrison 1815a：670) | 未收录 |
| | 寂 Ts'heǐh | From a covering over leguminous plants. A place where there is no human voice. (Morrison 1815a：848) | 非本字(宋:无人声。从宀未声。) |

　　如上表所示,第一种情形是马礼逊将形声兼会意字均按照会意字来处理。换言之,马礼逊只重视部件的表意功能,对其同时具有的表音功能避而不谈。例如,马礼逊仅保留"仲""从人从中"的字义解释方式,"中亦声"的信息则被忽略,"熄"和"判"的情况与之类同。第二种情形是马礼逊将形声字直接按照会意字来处理。例如,"妒、宇、常"均是形声字,但马礼逊忽略了声旁"户、于、尚"的示音功能,把声旁当成形旁来对待。第三种情形是马礼逊将《说文解字》中未收录的形声字均按照会意字的方式进行字义解释。该类别中的四个例证,情况还各有不同之处:1)"堉"属于生僻字的范畴,汉字构造为形声字(谷衍奎 2008:1181),《康熙字典》中将之视为会意字——"地之肥也。以其能生长万物,故从育从土"。马礼逊直接参照了《康熙字典》的处理方式,没有提及部件"育"的示音功能;2)"疼"为后起字,形声字(谷衍奎 2008:1110),《说文解字》中未收录,声旁"冬"的示音功能未被提及;3)"熄"是"息"的加旁分化字,为后起字,构造是会意兼形声字(谷衍奎 2008:1672),《说文解字》中未收录,马礼逊仅关注其作为会意字的字义阐释方式,"息"的示音功能被忽略;4)"寂"为形声字(谷衍奎 2008:1332),《说文解字》中收录的是其异体字"宗"和"婌",二者也均为形声字,部件"叔"的示音功能被忽略。

　　由上述分析可以看出,马礼逊阐释字义时出现的"以义代声"现象并不是偶发的,它在《华英字典》中具有一定的普遍性,其背后的原因值得思考。一方面,从客观原因来讲,这可能与当时汉语拼读体系尚不够完善有关。虽然马礼逊对利玛窦-金尼阁官话拼音方案进行了改进,使之更符合英国汉语学习者的拼读习惯,但是其标音的准确性还不够,特别是对四声的标注比较混乱,这样就会直接影响到声旁的示音功能。从《华英字典》中所标注的 91 个形声字来看,马礼逊的选择标准并不明确,其对形声字的标注具有很大的随机性。另一方面,从主观原因来讲,这也可能与马礼逊"文字先行”的汉语习得观有关。马礼逊的汉语学习经历、当时的汉语学习环境(前文已经分析过)以及六书理论对马礼逊的影响,这些因素都使得马礼逊过度强调汉字的表意性特征,从而形成了“文字先行”的汉语学习理念。在当时的历史条件下,这也是一种适应性选择。与形声字相比,会意字的各个部件都带有表义功能,是分析汉字形义关系的理想选择,因而具有独特的认知价值。在此动机驱使之下,重视汉字部件的表意性特征,过度使用会意构造之法解释字义似乎也在情理之中。但是,需要指出的是,上述“以义代声”的现象无疑也会带来诸多负面影响,主要体现在对部件和汉字表意性特征分析的科学性上。从学理上讲,将形声字当成会意字来处理违背了六书理论,这势必会破坏字义信息表征的系统性。另外,无论是在古文字学还是在现代文字学中,形声字的数量都占据着绝对的优势,所以,在重视汉字表意性特征的基础上,还应回归到中国语言文字本体研究的特点,对部件的示音功能给予应有的重视。

#### 4.3.3.2 汉字构形理据信息

如上文所述,马礼逊在呈现汉字构形理据信息时深受六书理论的影响。为了辅助欧洲汉语学习者更好地理解和解析字义,马礼逊在《华英字典》的前件中补充了六书理论的造字之法(见图 4.7)。

THE CHARACTER IS SAID TO BE DERIVED FROM THE FOLLOWING SIX SOURCES.

I. Resemblance to the object, as in the above instances of the Sun, Moon, &c.

II. Pointing out some Property, as 上 Shang, "Above;" an 下 Hea, "Below."

III. Combination of ideas, as in 信 Sin, "Truth, belief," from man and word. 義 E, "Just, righteous," from a sheep, and the Pronoun I.

IV. Sound of the thing spoken of, as 河 Ho, "A river;" 江 Keang, "A large river, a torrent." Sometimes a part of the Character is to give meaning, and part to give sound.

V. Contraries, by inverting and reversing the Character, thus 屮 Che, "To grow out of the ground;" inverted, makes 帀 Tsă, "To revolve, to go round." 正 Ching, "Right, proper;" reversed 乏 Fă, "Defect."

VI. Borrowed, supposed, or arbitrary Characters, as 令 Ling, "To order;" and 長 Ch'hang, "Long." (Some arrange 令 Ling, under the III Class.)

| | | | |
|---|---|---|---|
| The First Class, they call | 形象 Hing-seang. | The Fourth, they call | 諧聲 Heae-shing. |
| The Second, | 指其事 Che-k'he-sze. | The Fifth, | 轉注 Chuen-choo. |
| The Third, | 會意 Hwuy-e. | The Sixth. | 假借 Kea-tseay. |

图 4.7 《华英字典》前件中对六书理论的介绍(Morrison 1815a: ii)

如上图所示,通过对六书理论的简单介绍,马礼逊进一步向欧洲汉语学习者介绍了汉字的形和义之间密切的联系。在他看来,汉字构形理据的可分析性可以帮助汉语学习者因形求义,减少汉字学习的困难(Morrison 1815a:ii – xi;1815b,Preface)。在分析字义信息时,马礼逊直接参照《说文解字》的情况最为常见。例如,马礼逊(Morrison 1823:737)对"马"字义的解释为"The ancient form of this character resembles the mane,the tail,and the four feet of a horse",该解释就是直接翻译自《说文解字》对"马"的解释——象马头髦尾四足之形。本研究统计数据表明,标注有字理信息的2311个字头中,直接参照《说文解字》的多达1584个,约占总数的69%。因此,在《华英字典》中,超过三分之二的汉字字头的字义分析是以六书理论为依据的。此种现象不难解释,六书理论影响深远,一直是中国传统文字学研究中探究形义关系的理论基石。但值得注意的是,马礼逊对字义信息的阐释方式并未完全参照《说文解字》及六书理论,这主要体现在两个方面:其一,他吸纳了部分流俗文字学中的研究成果;其二,他根据自身汉语学习的经验融入了编者主体性。

首先,马礼逊在利用流俗文字学解释字义时,主要存在以下几种情况,详见以下几例:

(13)吞 T'HUN 吞 According to some,from 天 T'hëen,giving sound,and Mouth. Others consider it formed from the three characters 一大口 Yĭh, ta, k'how,'A large mouth' united.〔在一些文献中,该字的构形理据是"从口天声";但也有人将之拆分为三个汉字"一大口",意为"人吞东西时经常是大口地往下咽"〕(Morrison 1815a:365)

(14)同 T'hung. 同 From Mouth,implying many holding the same language and agreeing in one. (Sha-mǔh.) (Morrison 1815a:

358）

（15）嬲 NEAOU. From a man placed between two women. Women endeavoring to seduce a man.（Morrison 1815a：678）

（16）伞 SAN. To cover; to shade off the sun or rain; an umbrella. [...] **五人共伞，小人全仗大人遮**"Five men with one umbrella, little men's sole dependence is on the shelter afforded by great men." **This is said in allusion to the form of the character**, in which the top part represents the character 人 Jin, "Man," of which, there are four small ones within. [五人共伞小人全仗大人遮这句话是针对"伞"字的字形而言的,其上部是一个"人"字（Man）,"人"字下面又有四个小字号的"人"字。]（Morrison 1815a：145）

在例 13 中,马礼逊提到了其字理阐释的引述来源,但并未明确标示具体出处,仅用 According to some 与 Others consider 两个模糊语概述,这种情况在《华英字典》中十分普遍。经过文献核对,我们不难发现,第一个文献来源就是《说文解字》,因为其对"吞"的解释"从口天声"正好与相应的英文吻合;但第二条解释目前尚未考证出具体出处。显然,在解释"吞"的字理时,马礼逊既参照了《说文解字》,也补充了流俗文字学中的解释。与基于六书理论的"从口天声"的解释相比,"一大口"更形象和生动地将"吞"的形义联系起来;虽然"一大口"这种解释方式与"吞"的真实构形理据并不一致,但对汉语初学者而言,这种方式的助学助记功能会好一些,这也许是马礼逊吸纳流俗文字学字理阐释方式的主要原因所在。在例 14 中,马礼逊标示了引述来源——清代沙木撰写的《艺文备览》。《说文解字》中也收录了"同"字,但马礼逊并未引用。如果我们对比一下两者对"同"的解释,就能大致判断出马礼逊的依据所在:在《说文解字》中,"同"字的解释为"合会也。从冃从口"。马礼逊引用的《艺文备览》将之解释为"从口,意指很多讲同一种语言的人所见略同"。与《说文解字》中的解释相比,该解释更为通俗,虽然融入了个体的主观性阐释成分,但其优点也明显,即凸显了形义之间的联系。在例15中,"嬲"属于生僻字范畴,未被《说文解字》收录,马礼逊将其构造理据解释为"一男夹于二女之间,女人企图诱惑男人",释文的前半部分与"嬲"的构形相关,后半部分与"嬲"的构意相关,据此,西方汉语学习者应该不难理解该字的字义。但是,由于马礼逊没有标注引文来源,我们无从得知这是他引用其他文献而来,抑或是其个人主观阐释。无论哪种来源,这均属后人附会的解释,应该划入流俗文字学的范畴。在例16中,"伞"为后造的俗字(谷衍奎 2008:299),《说文解字》中收录的是"繖","伞"本作"繖";在马礼逊编词典之时,"繖"已经废弃不用,取而代之的是"伞"字。马礼逊引述了来自当时他读到过的一个拆字联作为例证,非常巧妙地融入了对"伞"字字理的解释。据说,该拆字联来自一则民俗故事——《杨溥巧联免父役》:杨溥,明朝初期人,幼时家贫,但颇有才华。童年时期,因父年老体弱,杨溥请求地方官减免其父的劳役。地方官想出一个上联:四口同圆,内口皆归外口管。只要杨溥能对出下联,就答应他的请求。杨溥用"五人共伞,小人全仗大人遮"工整地对出了县令的上联。下联利用"伞"字的字形,既形象地反映了当时明朝的社会等级关系,也婉转地表达了自己的诉求,最后成功为父免役(参见颜迈、陈天银 1997:110—111)。可能因词典篇幅所限,也可能是马礼逊没有读到完整的故事,他只摘录了和"伞"有关的下联,并没有详细交代故事的来龙去脉。与前面三例不同的是,在该例中马礼逊是以例证的形式来对"伞"的字义进行呈现,呈现方式较为巧妙,为当今的词典编者在借助流俗文字学研究成果时提供了一个新的参考。

上述四个例证表明,马礼逊有意识地将一些流俗文字学范畴中的内容吸纳进其词典编纂实践中,并将之视为对六书理论的一种有益的补充。流俗文字学对字义的解释虽然缺少文字学理论支撑,主观性较强,但其释义内容往往十分形象生动,趣味性强,有利于吸引读者的注意力。同时,流俗文字学也为解释《说文解字》中未收录汉字的字义提供了一种有效的途径。这些都可能是马礼逊关注流俗文字学的重要原因。

其次,在阐释字理信息时,马礼逊采用了对比的方式,从而更好地帮助欧洲汉语学习者理解字义。相关例证如下所示:

(17) 富 FOO. 畐宿 From a *covering* and an ancient form of the word *happiness*; being snug under a shelter. This is the etymology given by the Dictionaries, there is however a popular derivation from *together* and *field*. Many fields possessed by one person, makes rich, which is contrasted with 贫 Pin, from *to divide* and *wealth* which makes *poor*. (Morrison 1815a: 851)

(18) 亼 TSEÏH 亼 S.C. Three persons united. The ancient form of 集, "To collect, to assemble." It is discussed by Critics, whether this character is made from 人, "Man" or from 入, "To enter," and 一, "One". Some say it is neither from the one nor the other; but is a hieroglyphic representation of three united in one. Some Europeans have supposed, that this character was a traditional emblem of the Christian doctrine of a Trinity. The writer of this [here referring to Morrison, the present author], has found no trace of the Chinese understanding the character as having an allusion to any opinion respecting the Deity. (Morrison 1815a: 62–63)

(19) 券 K'HEUEN 𥄴 S.C. A bond; a deed of contract; written evidence of a transaction. In ancient times, such bonds consisted of a tablet of wood, which being split asunder with a knife, had the edge of each piece serrated with corresponding teeth, and each contracting party retained one half of the tablet, in a way similar to the mercantile check of Europe: Hence the character is formed from *Knife*. (Morrison

1815a：233)

（20）之 CHE. 屮 s.c. Issuing forth from；going to；meeting with. The lower stroke represents the ground；the middle one the stem of a plant；those on the side，leaves or shoots which go forth from the stem；hence，borrowed to denote the Possessive Case of Nouns. Expressive of that，which comes forth from，or belongs to. It may often be translated by，"Of，" or the sign of the Genitive "'s." 一人之子 Yĭh jin che tsze. "A man's son." 天之恩 T'hëen che gǎn. "The favor of heaven."（Morrison 1815a：33)

在例 17 中，马礼逊首先参照了汉拉手稿字典中的字义解释——从宀从畗（福字的古文形式），有温暖舒适的地方住即为富。"富"在《说文解字》中的解释为"从宀畐声"，是个形声字。显然，手稿字典中对"富"的解释属于流俗文字学的范畴。同时，马礼逊又提供了他所了解的另外一种更为流行的解释方式："富"字的构意起源于 *together* 和 *field*（田）①，意为一个人拥有许多田地即为"富"。另外，马礼逊还引述了《说文解字》对"贫"的解释：从贝从分，财分少也。由此，在"富"字头下，欧洲汉语学习者能够读到两个对比之处：其一是有关"富"的两种流俗文字学范畴内的字义解释；其二是与"富"相反的"贫"字的字义解释。这些对比有助于学习者加深或拓展对"富"字构形和构意及二者之间关系的理解。在例 18 中，马礼逊首先简要概述了中国人对"亼"字解释的分歧之处：《说文解字》中的解释是"亼，三合也。从人一，象三合之形"；徐鉉的观点是"此疑只象形，非从人一也"，这些内容均转引自《康熙字典》。同时，马礼逊还指出，有部分欧洲人将"亼"与基督教中三位一体的教义联系在一起，但他提醒这些人：据他考证，这种穿凿附会尚缺少依据，因为中国人从来没有将之与神明联系起来。

---

① 本研究尚未考证出 *together* 对应的汉字部件。

这也说明虽然马礼逊赞成使用流俗文字学的方式来解释字义,但他还是避免采用那些过于主观的、与汉语语言和文化事实明显不符的内容阐释。在例 19 中,马礼逊对"券"的解释主要是基于《说文解字》:契也,以木牍为要约之书,以刀剖之,屈曲犬牙,故从刀。值得一提的是,为了帮助欧洲人更好地理解"券"的字义,马礼逊将之与欧洲人更为熟悉的 mercantile check 做对比。例 20 中的情况与之相似,一方面,马礼逊参照了《说文解字》中的部分内容——出也,象草过中枝茎益大有所之。一者,地也;另一方面,马礼逊融入了个人较为主观性的阐释内容——从其篆文字形所示的植物开枝散叶的取象中,引申为枝叶与根茎之间的所属关系,从而与英语中的名词所有格联系起来。姑且不论马礼逊的解释是否合理,十分明确的一点是,他在有意地将欧洲汉语学习者已知的事物与未知的事物联系起来,从而降低他们的认知负担。

通过上述四例的分析,我们可以看出,马礼逊在阐释字义时,有意识地运用对比的方法,帮助欧洲汉语学习者在两种语言之间建立起某种联系,既包括字义上有联系的不同汉字之间的对比(如"富"和"贫"),也包括汉英语言之间类似概念之间的对比(如"券"和"mercantile check of Europe")。这一编纂主体行为的出发点主要在于帮助学习者理解汉字的字义及其表意性特征,进而起到提高词典文本的可读性和减少汉字学习困难的双重目的。尽管马礼逊的解释存在不少失当之处,如将"之"的构形与英语所有格联系在一起①,但不能否认的是,从外语学习的视角来看,此种做法也有可取之处,至少它考虑到了学习者的认知学习规律,即利用学习者已有的知识去学习新知识。

---

① 根据《汉字源流字典》,《说文解字》对"之"的字形解说不确。"之"的甲骨文 𝖄 从止(脚),从一(表示此地),指出人足从这里出发前往。金文 𝖄 线条化,篆文 𝖄 整齐化。隶变后楷书写作"㞢",俗作之。如今规范化,以"之"为正体,是"适"的本字。因此,"之"的本义当为前往,即由所在的地方去往他处(参见谷衍奎 2008:44)。

目前,关于能否在汉语语文词典中吸纳流俗文字学中的相关内容还是一个有待进一步探讨的研究课题。无论是词典还是字典,都属于"典"的范畴,因而在对语言规则和文化现象进行描写时要讲究规范性。流俗文字学中的内容大多缺少学理上的支撑,因此,收录流俗文字学中的内容与词典的规范性是相矛盾的。在对外汉语教学实践中这种矛盾也存在,主要体现在要不要给非母语汉语学习者提供符合学理之外的语言和文化学习信息。其中,在处理二者之间关系时,张德鑫(1999:87)的观点比较有代表性:在教学应用上,不管什么方法和说法,即使某种说法暂时还不太成熟或完善,但只要不是旁门左道,不有悖于汉字特点及构成的常理,不偏离中国文化背景,不产生曲解误导,而是有助于化解难点,促进对外汉语教学,都可拿来所用,关键是我们能否把握住一个恰当的度。上述观点同样适用于外向型汉外词典的编纂实践。从服务于教学应用的角度来看,学习型词典的科学性(或典范性)和学习性之间不应该是一种对立的关系,而应该是一种多元互补的关系。就流俗文字学中的字理阐释方式而言,只要它们有助于非母语汉语学习者的理解和记忆,同时又不偏离中国文化背景,不产生曲解误导,就可以酌情考虑将它们收录进词典中。当然,这些信息内容的呈现方式可以有多种,例如可以是六书理论与流俗文字学两种阐释方式的并举(例 13 中的"吞"),这样学习者既能了解该字的科学的构形理据,同时也能通过流俗文字学的解释来加深印象或辅助记忆;也可以是以例证的形式来展示(如例 16 中的"伞"),如果从例证设置的角度来看,对规范性的要求就会退而求其次,因为例证的主要功能是辅助语言认知和交际;另外,也可以采用中西对比的形式来展示(如例 17—20),不过这种方式对编者的双语素养要求较高,因为只有精通两种语言才有可能找到合适的对照点。总之,《华英字典》中字义信息的呈现方式具有多元化的特点,既有不足也有优点,对当今的外向型汉外词典的研编有着积极的借鉴价值(详见第七章)。

## 4.4 本章小结

　　本章基于对《华英字典》副文本和正文本的分析,分别探讨了马礼逊关于汉字基本知识的学习理念、《华英字典》中汉字基本知识的呈现内容和呈现方式三个方面的内容。

　　首先,在《华英字典》的副文本中,马礼逊从音、形、义三个方面出发,较为系统地阐述了其汉字学习理念。通过对马礼逊相关自述语料的爬梳,我们发现,马礼逊主要从两个方面来阐述其汉字学习理念。第一个方面是对汉语特性的认识:马礼逊反复强调汉字与拼音文字的差异,提醒欧洲汉语学习者对汉字的表意性特点给予充分的关注。基于此种认识,他认为汉字的"形"和"义"是最值得关注的,尤其二者之间关系的理据性是学习汉字的重要抓手之一。第二个方面是从欧洲汉语学习者的实际需求出发:与对汉字"形"和"义"的高度重视相比,马礼逊建议汉语初学者不要将过多的精力花费在"音"的学习上,因为学好口语最好的方式是在真实的语境中聆听母语者的发音。但是在其词典编纂实践中,马礼逊并未轻视语音信息的标注,他一方面制定了一套专门针对英国汉语学习者的汉字拼读法体系,另一方面还采用了"一字一音"的标注原则,为词典中的每个汉字都标注发音,除了标注南京官话读音外,还标注常见的广东方言和北京方言读音。第一个方面体现了马礼逊对汉语学习效率的关注,第二个方面则体现了马礼逊对汉字基本知识学习的完整性的强调。

　　其次,本章从汉字的音、形、义三个维度出发,分别探讨了《华英字典》中汉字基本知识的呈现内容。在字音信息方面,马礼逊重点关注了汉字拼读法、四声、送气音和不送气音、汉语读音中的其他超音段现象四个方面的内容；在字形信息方面，马礼逊介绍了与汉字书写、查检和识别相关的内容信息，主要包括笔画、笔顺、部首、结构、形近字与同文字体等信息；在字义信息方面，较为系统地提供了与部件和汉字相关的构形理据分析。

最后，本章进一步分析了《华英字典》中汉字基本知识的呈现方式。研究结果表明，马礼逊在对汉字基本知识进行呈现时，充分利用了词典的副文本及正文结构。具体而言，涉及知识性内容介绍时，马礼逊一般将之放入词典的前件或附录中集中处理，如对四声、笔画、笔顺、部首、六书理论等知识的介绍；但对汉字基本知识进行信息表征时，一般要通过词典的宏观结构、微观结构和中观结构来实现，如对字头的注音、形近字的辨识、字理信息的阐释等。此外，在呈现汉字基本知识时，马礼逊还兼顾到了对蓝本字典的参考与编者主体性发挥之间的关系：一方面，马礼逊参考了《康熙字典》中的内容；另一方面，马礼逊也补充了不少他从其他途径搜集而来的资料，其中还夹杂一些个人汉语学习经验的总结。

总体来看，在《华英字典》中，马礼逊从字音、字形和字义三个维度对汉字基本知识进行了较为系统的描写；《华英字典》在汉语词汇基础信息表征方面体现了汉字本位的设计理念。不过，在上述三个方面都存在着标注体例不统一的问题，这也是《华英字典》中的一个硬伤。

# 第五章 《华英字典》汉字构词能力
## 培养的多路径关联

　　字词关系是汉语研究及其教学实践中不可回避的一个话题，组字成词是汉语学习与应用的重要能力。本章首先探讨马礼逊有关字词关联的学习理念，其次是《华英字典》中字词关联的呈现内容，最后是《华英字典》中字词关联的呈现方式。

## 5.1　马礼逊字词关联学习理念

　　第四章探讨了马礼逊关于汉字基本知识学习的理念，他主要是围绕着汉字的三要素——音、形、义分别展开论述的。但是，掌握了汉字的基本知识与掌握了汉字的用法并不是一回事，前者是文字层面上的学习，后者则属于语言层面上的学习。马礼逊对此也有着较为明确的认识，例如，他（Morrison 1815b：25）指出，"每个汉字都承担了部分意义，如果学习者同时对其声调有所了解，也许就能够说他们认识这个汉字"①；另外，马礼逊（Morrison 1815b：

---

　　① 原文是：To each character is affixed a partial definition, that whilst the Tones are acquired, the character also may become familiar.

iii)还明确指出过,"本作者强烈建议欧洲汉语学习者要先关注汉字,直到他们能够默写出某一词组中的每一个汉字后,再去学习该词组的用法"①。显然,马礼逊对汉字基本知识的学习和汉字用法的掌握是有所区分的。这种区分就要涉及对汉语中字词关系的讨论,特别是从汉英两种语言对比的视角来看,字词关系更是一个不可回避的话题。马礼逊也不例外,虽然他对此的论述并不多,但在两部汉英词典的前件中都论及了这个问题,现分别摘录如下:

引文一:

汉语中没有合成词的说法看起来是一种误解。虽然汉字(不像英文字母那样)连在一起是客观事实,但是对于聪明的读者、讲话人和听话人而言,他们往往是将拼音的音节连接起来整体理解的。例如,'字典'或'字汇''本土人'等均被当作一个合成词来理解;这些词中的汉字虽然没有像其英文对应词'Lexicon, or Dictionary''Aborigine'中的英文字母那样连在一起,但对一个理解汉语的人来讲,它们就像'Aborigine'中的'Ab'和'origine'一样是连在一起的②。(Morrison 1815a:x)

引文二:

多数语言都遵循这样一个原则,那就是某一意义明确的词干通过增添几个字母或音节,就可以衍生出许多其他的词,就好像从某一根茎岔开而长大的植物,这种现象在汉语中也存在。欧洲汉语学习者将会发现,作者已经有意在本部词典中(译注:指《五车

---

① 原文是:The writer strongly recommends it to the student to pay particular attention to the Chinese character; and not to consider that he knows any phrase, till he can write, without any reference, every character contained in it.

② 原文为:That the Chinese Language has no Compound Words, seems a misapprehension. That the Characters are not actually joined to each other is a fact; but to the intelligent Reader, Speaker, and Hearer, the Syllables are often understood in a compound sense. 字典 Tsze-tëen, or 字汇 Tse-hwuy, "Lexicon, or Dictionary," are understood as compound terms. 本土人 Pun-t'hoo-jin, denotes "Aborigines;" and thought the Characters be not linked together, they are in sense, and in the apprehension of the Person who understands Chinese, as really joined as "Ab" is to "origine".

韵府》)按此种方式来编排汉语中的词汇①。(Morrison 1819：vi)

在引文一中,马礼逊所说的"汉语中没有合成词的说法看起来是一种误解"的主要依据是,在古汉语中多数汉字也是单音节词。在《通用汉言之法》中,马礼逊曾多次提及汉语的单音节属性,并从英汉对比的角度将汉语中的单音节称为"没有词形变化的单音节"(indeclinable monosyllables)(参见 Morrison 1815b：37,68,273)。但随着汉语语言的演化,多音节词,尤其是双音节词,目前已在汉语词汇系统中占据主流(黄德宽 2015)。"字""典""汇""本""土""人"等汉字既可以作为词单独使用,也可以作为一个语素出现在合成词中,如在"字典""字汇""本土人"中。因此,将"本土人"中的"本"字的功能与 Aborigine 中的 Ab 进行类比,这种认识具有合理性的一面,即它们在合成词中都处于"素"(语素或词素)的地位。但是,两者之间也有明显的区别:"本"还可以是一个音、形、义三位一体的单音节词,这时相当于英语中的一个单词;Ab 在英语中只能作为一个粘着前缀使用。马礼逊没有强调两者之间的区别,这或许与其想强调汉语合成词特点的目的有关。

在引文二中,马礼逊使用打比方的方式对汉语中的字词关系进行说明,并指出他已经尝试在词典编纂实践中对这种关系进行了处理。在马礼逊所使用的这个比喻中,"根茎"指的是一个汉字,由"根茎"上岔开枝叶长成的植物则是由该字构成的合成词或短语。值得注意的是,在第二部汉英字典中,马礼逊使用了两个术语——elementary words 和 primitives 来探讨汉语中的字词关系(参见 Morrison 1819：vii)。尽管马礼逊没有为这两个术语提供明确

---

① 原文为:As it is a principle in most Languages, that from a short word of a specific meaning, various other words, increased by the addition of letters, or syllables shall arise, as plants grow up and branch off from a root, something similar exists in the Chinese Language, and which, as the Student will find, has been attended to in the arrangement of this Part of the Dictionary.

的定义,但与第一部汉英字典相比,这体现了马礼逊对字词关系认识的深化。从上述两个术语出现的语境来看,elementary words 指汉语中的单音节词,elementary 主要体现在单音节词是构成合成词的基础;依据马礼逊的"primitives 应该与它们构成的合体字按照部首顺序排列"①(Morrison 1819:vii)这一说法,我们可以推测 primitives 指的应该是"基础字形",它与 elementary words 互有交叉,但概念的侧重点不同:primitives 凸显的是由字组字的过程,属于文字学研究的范畴,elementary words 凸显的则是由字组词的过程,属于语言学研究的范畴,本部分内容关注的是后者。由此我们也可以看出,马礼逊对"字"的界定比较简单,视觉上观察到的一个字形或听觉上感知到的一个单音节就是字,但对"词"的界定就比较模糊了。从广义上讲,从一个汉字衍生出的比句小的单位都可以纳入词的范畴(其外延包括合成词、词组和短语),本处所讲的"词"就是这种广义上的定义。

从汉语语法史来看,马礼逊是将西方语法学中词类划分引入汉语研究的第一人,比《马氏文通》早了 80 多年。从其自述文字及词典文本的设计特征来看,马礼逊套用英语中 word 概念的主要原因有两个:第一是便于欧洲人利用已知的语法概念来分析汉语,减少他们的理解负担;第二是由于马礼逊意识到了汉字的组合性与语言产出之间的关系,钟少华(2006b:88)对此曾有明确的总结:"由于马礼逊在实际运用中文时发现,仅是单字已经很难清晰而全面地表述承担复杂的意义(一字多义),于是在其例句中大量利用由两个或多个单字所组成的'词',并充分发挥'词'或'词组'所表述的中文概念"。这在常用字条目(如"天、性、洋、的"等)中表现

---

① 原文是:That the Primitives should be joined with their compounds, according to the order of the Chinese Keys. (注:此句中的"compounds"应该译为合体字,而不是复合词,在《华英字典》中,马礼逊使用过 compound characters 表示合体字,也使用过 compound words 表示复合词,同时也用过 compounds 来指称合体字或复合词,这种情况下需要根据语境而定。)

得尤为清楚。

总之,马礼逊一方面将汉字视作汉语学习的突破口,另一方面也强调通过掌握汉字在不同语境中的用法,将汉字与汉语学习统一起来。同时,马礼逊还提醒欧洲汉语学习者不要套用学习拼音文字的方法来学习汉语,仅仅通过罗马字母注音去拼读和记忆各种各样汉字组合的做法不足取,那样做会耗费大量精力,学习中文必须"采用一套全新的方法"(to enter on an entirely new method)(参见 Morrison 1815b:1)。马礼逊没有进一步对这套全新方法展开论述,但从其词典编纂实践来看,主要是围绕一个中心主题,即帮助欧洲汉语学习者正确认识和处理好汉语中字词之间的关系。下文将从马礼逊在《华英字典》中对字词关联呈现的内容和方式两个方面分别展开论述。

## 5.2 《华英字典》字词关联呈现内容

由上文可知,马礼逊建立字词关联的主要目的是帮助西方汉语学习者掌握汉字在具体语境中的用法。从《华英字典》的内容设计特征来看,马礼逊有关字词关联的理念主要体现为,在汉字字头下提供丰富的搭配信息,从而使欧洲汉语学习者在不同的搭配组合中形成对字词关系的理解,达到沟通字词关系的目的。在《华英字典》中,这些搭配信息可以大致分为两类:组合共现信息;聚合选择信息。

首先,在词汇组合共现信息的呈现方面,马礼逊主要使用了一系列与词语搭配用法有关的译义元语言,例如 applied to、compounded with various other words、joined to、(often) joined with other characters、modified by、used before、(used) after、(used) in connection with、(often) used in compounds、used (only) with、used only in the following senses、never used alone、（when）taken/joined together 等,例证如下①：

（1）起 KE. Ke lae 起来 up come，to arise；**is applied to many Verbs** denoting The commencement of the action，as Keang ke lae 讲起来 began to speak. [...] Noo ke lae 怒起来 became angry；anger arose. Ta seaou ke lae 大笑起来 burst into a loud laugh.（Morrison 1819：369—370）

（2）出 Ch'hǔh. 出来 Ch'hǔh lae，"Out comes，" are words **often joined with other Verbs，** and denote the completion of what is implied in the Verb，as 写出来 "To write out". 闹出大事来"To create a great disturbance." 露出来"To expose；to discover."（Morrison 1815a：216—217）

（3）伏 Fǔh.（To lie prostrate on the face），in the sense of "Humbly"，is **used before** 祈 Ke，and 乞 Keǐh，"To beg，to pray，to entreat"；**before** 望 Wang，"To hope"；**before** 惟 Wei and 思 Sze，"To consider"；**before** 愿 Yuen，"To wish，to desire"；and **before** 查 Cha，"To examine into".（Morrison 1815a：79）

（4）车 KEU. **Is found compounded with various other words** forming individual names of things. Keu ya 车牙 that which contains the teeth；the jaw bones. Fow keu 覆车 a particular kind of net. Ping keu 兵车 a military chariot. Kin keu 巾车 name of an officer. Tëen keu 田车 a farmer's cart. Kung keu 公车 name of an official court.（Morrison 1819：442）

（5）妇 FOO. **Used in connection with a great many words**. Chung foo 冢妇 the eldest son's wife. Sin foo 新妇 a bride. Kwa foo 寡妇 or Le foo 嫠妇 a widow.（Morrison 1819：170—171）.

①　例证中的方括号、字体加粗与下画线为本书作者所加。

140

（6）闺 KWEI. Heang kwei 香闺 the fragrant apartments; **and a great many other Adjectives joined to Kwei**, express the apartments appropriated to the females. (Morrison 1819: 505)

（7）臣 CHIN. Now used only for state servants. A servant in a family of distinction; a servant of the crown; a statesman. **It is modified by the words 大 Ta, Great, and 小 Seaou,** *Small*, *petty*, **preceding it**. The ministers about the person of the Sovereign are called Ta-chin. (Morrison 1819: 67)

（8）肠 Chang. [...] and **joined with other characters**, forms several proper names, 大肠 Ta chang, The great intestines leading to the anus. 心肠 Sin chang, A feeling towards, a liking or disposition for. (Morrison 1819: 21)

上述几例大致能够概括马礼逊对汉字组合共现关系的呈现内容。例 1 和例 2 中的字头"起"和"出"都是单音节词,二者都能与"来"字构成述补关系的双音节词"起来"和"出来";在此两例中,马礼逊均指出"起来"和"出来"常和其他动词连用,并举例进一步说明其用法。无独有偶,在其他一些动词字头下,马礼逊也提供了"动词+起来"和"动词+出来"这样的例证,如卷起来、捆起来、爬起来、包起来、价增起来、讲出来、标出来、吐出来等①。用今天的语言学术语来讲,"动词+起来"和"动词+出来"均属于"构式",尽管马礼逊没有明确使用类似的术语,但可以明显看出,马礼逊在描写汉语语言系统时已经具有归纳词汇用法结构的意识。例 3 总结了动词"伏"的常见搭配用词及结构;例4—8 中的字头都是单音节的名词,马礼逊也都提供了一些与字头相关的组合共现信息。不过从每个字条中所呈现的组合信息的丰富程度来看,有些字头下的

---

① 分别参见 Morrison 1819: 448, 500, 630, 640, 872, 395, 653, 855。

例证过于简略,如例 6 中虽然有搭配提醒——还有其他很多形容词与"闺"连用,但马礼逊并没有给出具体例证,这样,对学习者的帮助作用就不能达到最大化。另外,在多数情况下,马礼逊没有为词组进一步提供例证,这也不利于学习者进一步沟通字词之间的关系。例如,在例 2 中,"闹出大事来"明显与其他"动词+出来"的构式不同,当学习者看到这种不同之后,他们可能会进一步思考一系列相关问题,如"写出来"和"露出来"是否也能说"写……出来"和"露……出来",对于学习者这种潜在的疑惑编者要有所预判。所以,总体来看,马礼逊具有明确的沟通字词关系的意识,但在词典内容的可查性和配例的丰富性方面,还有不少待改进之处。

其次,在词汇聚合选择信息的呈现方面,马礼逊注意到了一些汉字在不同的组合中表示相同或相近意义的搭配现象,即同一个汉字与其他不同的汉字组合而构成同义词的现象。相关例证如图5.1 所示,马礼逊为部分字头下的合成词提供了一个或多个可替换的同义词,以丰富学习者的词汇表达方式。在《五车韵府》中共有287 组这样的同义词。在条目编排上,马礼逊以意义优先为指导原则,将同义表达方式放在一起,通常使用右半部分大括号将其集中呈现。这种呈现方式打破了该部词典按音序编排的总原则,给用户的检索带来一定的不便,但其优点也很明显,使学习者对可替换的同义表达一目了然,可以选用不同的词组来增加表达方式的丰富性。在第一部汉英词典中,马礼逊还没有为学习者提供同义词(或词组)的明确意识,例如,在"起""卖""结""倚"等字头下,用户检索不到相关同义词组信息。在其他字头下,马礼逊也提供了一些同义表达,如在"企"字头下提供有"企望 or 企仰",两个词中间用 or 连接,共用一个释义(To stand on tiptoe looking with expectation)(Morrison 1815a:77),表示在此释义下二者可以相互替

起　Ke něen ｜念｝the first throught
Ke　Ke e ｜意｝or idea of.

卖　Mae show twan ｜手段｝a vain
Mae　Mae lung ｜弄｝ostentatious display of one's cleverness.

膠　Tsing shin joo keaou 情深如｜
Keaou　Keaou tseïh seang ftow 漆相投｝as intimate as glue and varnish.

詻　Kaou fung ｜封｝to confer by
Kaou　Kaou tsǎng ｜賠｝Imperial order some honors on parents. Commonly obtained by purchase.

靠　Kaou chǒ ｜着｝trust to ; reliance
Kaou　Ke kaou 倚｝upon ; a state
E kaou 依｝of dependance, as on a relation for the necessaries of life ; to throw one's self upon for support.

结　Kĕĕ chow ｜仇｝to form an enmity,
Kĕĕ　Kĕĕ yuen ｜怨｝to induce a person's resentment.

齊　Ching tse 整｜｝all properly ad-
Tse　Tse ching ｜整｝justed.

倚　E e ｜｜ E kaou ｜靠 E lae
È　｜頼 E she ｜悖 E chang ｜仗 all express Reliance on ; dependance upon.

帥　Tseang sae 將
Sae　Keun sae 軍｝a general officer ;
Yuen sae 元
Choo sae 主｝a commander.

班　Pan lĕĕ 列｝these several ex-
Pan　Pan tsze 次｝pressions denote
Lun pan 輪｝A series of persons who attend to some service in rotation, as persons who wait on kings and nobles.

**图 5.1　《五车韵府》中同义合成词聚合关系示例①**

换。与第二部中的显性标注方式相比（即图 5.1 中用大括号并置同义词组的做法），第一部中相关内容的随机性较大。

　　此外，在《华英字典》的文本中，我们还注意到了一种特殊的搭配关系呈现——同素异序词，即由相同汉字构成的合成词（多为二字词组）因汉字组合次序的变化而导致的词义变化现象。在第一部汉英字典中，该类语言现象还未引起马礼逊的注意，但在第二部汉英字典中，马礼逊增补了不少例证，部分例证如图 5.2 所示：

---

　　①　示例字头分别来自：起 KE.（Morrison 1819：370）、卖 MAE.（Morrison 1819：570）、胶 KEAOU.（Morrison 1819：408）、诰 KAÓU.（Morrison 1819：365）、靠 KAOU.（Morrison 1819：365）、结 KĔĔ.（Morrison 1819：411）、齐 TSE.（Morrison 1819：878）、倚 È.（Morrison 1819：134）、帅 SAE.（Morrison 1819：692）、班 PAN.（Morrison 1819：635）。

**(1) 种 Chung**
种花 to plant flowers.
花种 flower seeds.

**(2) 粉 Fun**
粉米 variegated; embroidered.
米粉 rice flour.

**(3) 话 Hwa**
说话 speech; talk; sentiment.
话说 it is said, *on dit*——is a usual mode of commencing a novel, or a new section, in colloquial books.

**(4) 人 Jin**
中人 a *midsman*, one who acts between two parties.
人中 the central spot, between the nose and mouth.

**(5) 家 Kea**
人家 a man; a person.
家人 a domestic; also name of one of the diagrams.

**(6) 卷 Keuen**
书卷 a book.
卷书 to close a book.

**(7) 牛 New**

黄牛 the common bull and cow.
牛黄 bezoar; a concretion formed in the stomach of animals.

**(8) 班 Pan**
上班 to server one's turn.
班上 a Supracargo, is so called, in Canton.

**(9) 手 Show**
下手 to put one's hand to; to act.
手下 beneath one's hand; subject to one.

**(10) 刷 Shwǎ**
鞋刷 a shoe brush.
刷鞋 to brush shoes.

**(11) 罪 Tsuy**
犯罪 to commit a crime.
罪犯 a violator of the laws; a criminal.

**(12) 挖 Wǎ**
耳挖 an ear pick.
挖耳 to pick the ears.

**(13) 王 Wang**
法王 titles of Buddha.
王法 the royal law; the laws of the land.

**(14) 务 Woo**
本务 is one's peculiar duty itself.
务本 is to attend to one's duty.

**图 5.2 《五车韵府》中与语序相关的词汇搭配示例①**

图 5.2 中的例证大致可以分为两类情况:第一类是合成词中的字序发生变化后,词性和词义都发生了变化,如例 1 中的"种花"为动词,"花种"则变成了名词;第二类是汉字组合次序改变后,合成词的词性不变,但词义发生了变化,如例 4 中的"中人"和"人中"是两个不同的概念。针对上述两类情况,马礼逊采取的均是在同一个字头下分别辅以两个例证,与字典中另外一种特殊的搭配组合方式区别开来,即合成词中字序的变化对词义不产生影响的情况,如"刚才 or 才刚""若乃 or 乃若""辉光 or 光辉""上午 or 午上""欢喜 or 喜欢""识认 or 认识""有人客 or 有客

---

① 上述例证分别参见 Morrison 1819:114, 182, 298, 333, 385, 447－448, 621, 635, 758, 765, 932, 963, 970, 988。

人"等①。马礼逊用 or 连接两个合成词，表示二者意义相同，与图 5.2 中例证的情况构成了显著的对比。

总之，在《华英字典》中，马礼逊通过为汉字提供丰富的搭配信息来帮助西方汉语学习者认识字词之间的关系。每一个搭配都相当于为汉字提供了一个语言本体语境，能够让学习者认识到汉字在不同语境中的用法特点，进而去感知和把握汉语中字词之间复杂的语义关系。诚如王力（1986，序）指出的那样，"要了解一个合成词的意义，单就这个词的整体去理解它还不够，还必须把这个词的构成部分（一般是两个字）拆开来分别解释，然后合起来解释其整体，才算是真正彻底理解这个词的意义了"。与拼音文字相比，字词关系是汉语中特有的语言现象，在汉语本体研究和汉语教学实践中均占有重要的位置。在字本位教学法中，沟通字词关系是汉语教学的一个核心任务，也是影响汉语教学效率的一个关键因素。字词关系沟通所需的主要物理空间是以合成词和词组为主体的各种汉字搭配关系，这其中涉及的因素较为复杂，既有语义因素，也有语法和句法因素。上述几个因素在《华英字典》中均得到了不同程度的体现，但在某些细节性的处理（如检索、参见系统）和内容呈现的系统性和完整性方面还有不足之处。

## 5.3 《华英字典》字词关联呈现方式

根据前文的论述（参见 3.3.3），帮助非母语汉语学习者（尤其是非汉字文化圈的学习者）沟通字词之间的联系是解决"识词不识字"与"识字不识词"问题的有效路径。字本位教学法认为"字"和"词"是两个不同的认知单位和教学单位，二者是一种对立统一

---

① 上述例证分别参见 Morrison 1819：360，607，322，727，303，747，459。

的关系:"字"体现了汉语的特殊性,"词"体现了汉语教学的目的性,学习汉语的过程与学会如何在字词之间建立关联的过程基本上是同步的(白乐桑 2018)。依据前文对字词关联方式的论述(参见 3.4),本部分主要从两个方面来论述《华英字典》中字词关联的呈现方式:第一是与字词认知关联有关的呈现方式,第二是与字词使用关联有关的呈现方式。

### 5.3.1　字词认知关联呈现方式

字词认知关联,顾名思义,指从语言理解(主要侧重于语义理解方面)的角度来探讨字词沟通的一种汉语学习路径。理顺字义和词义之间的关系,对于帮助汉语学习者理解构词理据、降低词义理解负荷发挥着积极的作用。在双语学习词典中,使用学习者的母语进行释义与对源语和目的语进行对比,是两种最常见的降低学习者认知负担的有效方式。本小节从译义元语言和语言对比的视角出发,对《华英字典》中字词认知关联的呈现方式分别进行讨论。

#### 5.3.1.1　译义阐释

元语言又称为"纯理语言"或"符号语言"(戚雨村等 1993:42),常被定义为"一种用来描写语言的语言"[①](Lyons 1995:7),是与人们在日常生活中使用的具有交际功能的自然语言相对的一个术语。用于辞书编纂和语言教学的释义元语言是语言学领域中"元语言"研究的三大方向之一(李葆嘉 2002:141)。与单语词典中同质的释义元语言相比,双语词典中的释义元语言是以异质的译义形式而存在的,这些译义兼具描写对象语言的工具性特点和满足二语学习者语言交际的功能(魏向清 2005b:164)。由于双语

---

①　原文是:In doing so [...] refer to as a metalanguage:i.e., a language which is used to describe language.

词典中的释义元语言是学习者的母语,所以译义元语言就不必再受单语词典释义中"词汇控制理论"的限制,避免为了保证释义简单易懂,而不得不以牺牲部分释义的精准性为代价。但是,双语词典译义研究也有新的问题需要解决,比如,对等词和例证翻译的质量、译义元语言的系统构建等。在汉语作为第二语言的教学实践中,字词认知关联的建立主要有两种方式:一是通过汉字字理联想,二是通过汉字词义联想。本部分主要从上述两个方面来分析《华英字典》中译义元语言手段在建立字词认知关联时的辅助作用。

一、汉字字理联想译义模式

"字理是联系字与词的纽带。"(王宁 2015:264)该论断对字词关系沟通的重要启示在于只有弄清楚了字理或造字的理据性(即字义),我们才能进一步对造词的理据性(即词义)进行更好的分析。汉字字理联想指的是通过对汉字构形理据的分析来沟通字义和词义之间关系的一种认知方式。在《华英字典》中,马礼逊以译义的方式为大量的汉字提供了字理分析(参见 4.3.3.1),其主要目的不仅仅在于凸显汉字的表意性特点,还在于帮助西方汉语学习者找到汉字的本义,理顺汉字字头下各个义项之间的逻辑关系,进而从整体上理解和把握汉字构词的理据性。此种字理联想译义模式具有两个较为明显的优点:一是字理阐释有助于学习者理清汉字在不同语境下的诸多词义之间的关系,为他们的词义理解提供了重要的认知基础;二是字理联想下的译义模式降低了学习者在语言理解方面的认知负担:以母语的方式讲解汉字字理信息,以及在此基础上的字义和词义译义元语言系统的构建,都为汉语初学者在利用字理信息沟通字词关系方面提供了必要的可理解性语言输入。鉴于在参照六书理论对字理进行分析时,马礼逊十分重视会意字和象形字(参见第四章),本部分内容采用个案分析的方法,分别来考察针对会意字和象形字的字理译义分析在词义理解中的作用。

首先，关于会意字的字理译义分析在字词认知关联中的作用，本书以“解”字为例，其字条内容如图 5.3 所示：

解 解 5483. [ \/ ] From *knife*, *cow*, and *horn*; cutting to pieces a cow's horn. To cut up; to lay all the parts by themselves; joints or parts of a thing; to extricate; to open; to unloose; to put off; to liberate; to explain; to define; to illustrate; to be permeable; to cease or desist. A trace; a footstep; to convey officially to a place, as a criminal. Used in a variety of proper names, and employed for several of its own compounds. She-keae 尸丨 certain magic arts of the Taou sect.

Keae che 丨豸 a certain fabulous animal. See 豸 Che.

Keae yŭh tae tsze che 丨玉带赐之 took off his gem-girdle and bestowed it on him.

Keae choo 丨除 to expel noxious influences, and deliver a patient by prayers, and so on.

Keae taou kwan foo 丨到官府 to bring before a magistrate.

Keae gĭh 丨额 to present a statement of the fixed number.

Keae kae 丨開 to open up a case; to illustrate.

Keae taou kin 丨到京 to convey to Peking.

Keae kow 丨構 troublesome; annoying interference in debating the rights of any proceeding.

Keae keae 丨丨 the appearance of a cluster of spears.

Keae pŭh kae 丨不開 unable to explain away or open up.

Keae kew 丨救 to rescue; to deliver from.

Keae heang tsin king 丨餉進京 to convey duties from the Provinces to Peking.

Keae keang 丨講 } explanation.
Keae shwŏ 丨說 }

Keae mun 丨悶 to dissipate grief.

Keae show 丨手 or Seaou keae 小丨 to pass urine; to ease nature.

Keae sing 丨醒 to rouse; to awaken; to recover from a fit of intoxication, —the property of tea.

Keae san 丨散 to explain away what causes discord.

Keae tung 丨同 the explanation the same in two or more cases.

Keae tŏ 丨脫 to put off, as one's clothes; to extricate; to let go.

Keae wei 丨圍 to raise a siege.

Keae yuen 丨元 title of the first person of the degree called *Keu-jin*.

**图 5.3 《华英字典》中“解”字条内容（Morrison 1819：392）**

从图 5.3 可以看出，马礼逊首先以译义的形式对“解”字的字义进行了分析，然后列举了一系列的对应词。马礼逊（Morrison 1819：vii）对其在词典中提供对应词的看法是，“欧洲汉语学习者一定不要满怀期待地认为该部词典提供的英语对应词恰好可以用于翻译,但每个对应词可以为学习者选择合适的短语提供一个线索"①。换言之,这些对应词为学习者正确理解词义提供了认知基础,只要他们将每个对应词放入相应的语境中,总有机会能够正确理解词义。从这些对应词的来源来看,它们主要是归纳自蓝本《康熙字典》。图 5.4 是《康熙字典》中"解"字的部分字条②:

【酉集上】【角字部】
【說文】判也。从刀判牛角。【莊子·養生主】庖丁解牛。【左傳·宣四年】宰夫解黿。【前漢·陳湯傳】支解人民。
又【博雅】散也。【玉篇】緩也。【易·解卦註】解,難之散也。【前漢·張耳陳餘傳】今獨王陳,恐天下解也。【註】謂離散其心也。
又【玉篇】釋也。【儀禮·大射禮·解綱註】解,猶釋也。【文心雕龍】百官詢事,則有關刺解諜。解者,釋也。解釋結滯,徵事以對也。
又【廣韻】脫也。【禮·曲禮】解屨不敢當階。
又【廣韻】講也。一曰釋詁也。【禮·經解疏】解者,分析之名。又樂曲解。
又【字彙補】削也。【魯語】晉文公解曹地,以分諸侯。又止也。【前漢·五行志】歸獄不解,茲謂追非。又開也。又解構,猶開構也。【後漢·隗囂傳】勿用傍人解構之言。又猶會合煩辱也。又道家有尸解術。【史記·封禪書】爲方僊道,形解銷化。【集解】尸解也。又解解,戟多之貌。又【增韻】物自解散也。【孔安國·尚書序】逃難解散。
又【博雅】跡也。【爾雅·釋獸】麔,其跡解。【註】其跡名解。又地名。【左傳·昭二十二年】王師軍於解。【註】洛陽西南有大解、小解。
又【說文】解廌,獸也。【史記·司馬相如傳】弄解豸。【註】解豸,似鹿,一角,一名神羊。
【類篇】除也。一曰聞上也。【韻會】發也。【唐制】進士由鄉而貢曰解額。
又【國史補】外府不試而貢者,謂之拔解。【宋史·選舉志】天下之士,屏處山林,令監司守臣解送。
【僧皎然·題毗沙天王像】憶昔胡兵圍未解,感得此神天之下。

**图 5.4 《康熙字典》中"解"字条的部分内容**

① 原文是:The Student must not expect from this Work, the precise words to be employed in translation, but so much of the meaning of a word, as will furnish him with a clue to select a proper phrase.
② 《康熙字典》中"解"字条的内容过长,有许多内容与《华英字典》之间关系不大,为了节省篇幅,在此没有全文呈现。

对照图 5.3 与图 5.4,不难发现,《华英字典》中提供的义项大都来自《康熙字典》,如"散也、释也、脱也、讲也、削也、除也",但是马礼逊围绕着每个义项提供了更多的短语例证,以便于欧洲汉语学习者理解"解"在不同语境中的词义。根据马礼逊列举的"解"的动词性对应词以及提供的例证,可以将之切分为四个义项,每个义项下均有例词出现,如表 5.1 所示:

表 5.1　《华英字典》中"解"字的义项切分

| 义项切分 | 例证归类 |
| --- | --- |
| 义项 1<br>切割,肢解 | 尸解 |
| 义项 2<br>分开,松开,打开 | 解玉带赐之、解脱、解开、解不开、解构 |
| 义项 3<br>分析,讲说 | 解说、解讲、解同 |
| 义项 4<br>除去,消除 | 解除、解救、解围、解醒、解散、解闷、解手、小解 |

如表 5.1 所示,马礼逊在对"解"进行译义时,列举了一系列的对应词,它们有的可以归并为一个义项,这些经过调整的义项之间的逻辑关系显得更加清晰,如图 5.5 所示:

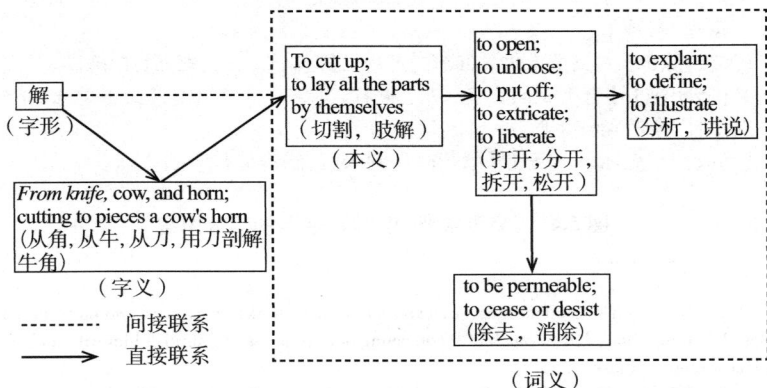

图 5.5　《华英字典》中"解"字条的字词关系示意图

如图 5.5 所示,汉字"解"各项词义之间的内在逻辑联系,以及字形和词义之间的联系都有赖于字义的明晰。马礼逊在字理分析后,以译义对等词的形式设置了一系列义项,这些义项基本上是按照从字义到本义、再到引申义的逻辑顺序排列的:切割牛角（cutting to pieces a cow's horn）→分割事物或分割物（To cut up; to lay all the parts by themselves; joints or parts of a thing）→使脱离、分开（to extricate; to open; to unloose; to put off; to liberate;）→解释,使明白（to explain; to define; to illustrate）→ 融化、消散（to be permeable）→废除、终止（to cease or desist）。这样,从字理分析切入,通过字义,非母语汉语学习者既能在"解"字的字形和其本义之间建立一种认知关联,也能在字义的基础上深化对"解"字各义项之间逻辑关系的认识,从而在字义和词义的认知关联建立中对词义形成更深刻的理解。

其次,关于象形字的字理译义分析在字词认知关联中的作用。与对会意字的处理相比,马礼逊还为欧洲汉语学习者提供了相应的篆文字形(在第一部汉英词典中)。究其原因,这与马礼逊对汉字形体演变的认识有着较大的关系。例如,他（Morrison 1815a：i）指出,早期的汉字十之八九是象形的,但由于汉字形体的演变,汉字的象形功能逐渐丧失,时至楷书阶段,字形与字义之间的联系已经变得非常脆弱。这种情况下,为了帮助欧洲人更好地认识汉字的表意性特点,马礼逊为绝大多数有字理分析的象形字提供了篆文字形①。以象形字"交"的字条信息为例,如图 5.6 所示:

在图中,星号表示"交"字为象形字,由于该字的古今字形已有明显差异,马礼逊为欧洲汉语学习者补充了小篆字形,以便更好地对其字理信息进行说明。在字理信息之后,马礼逊罗列了

---

① 《华英字典》第一部中有字理分析的象形字为 233 个,近 90%的象形字都提供了篆文字形。

**交** KEAOU. • S.C. R.H.

Said to be derived from 大 Ta, and to represent the legs crossed. To blend; to unite; to connect; to deliver over to; to exchange; the intercourse of persons in society; and of friends. 貨換貨謂交易 Ho hwan ho wei keaou yĭh. "To exchange one commodity for another is called Keaou yĭh." Trade; commerce. 日中爲市致天下之民聚天下之貨|易而退各得其所 Jĭh chung wei she, che t'hëen hea che min tseu t'hëen hea che ho, keaou yĭh urh tuy, kŏ tĭh ke so. "Hold a market in the midst of day, that all the people of the land may collect together the commodities of the whole land, and having made their exchange, retire, every thing finding its proper place." (Yĭh king.)

|價 Keaou kea. "To pay the price of a commodity." |互 Keaou hoo. "Mutually connected, or blended together." |雜 Keaou tsă. "To mix." |友 Keaou yew. "The intercourse of friends; a friend." |遊 Keaou yew. "A constant companion." 相| Seang keaou. "Mutually blended, or connected;" said of persons or things. 結| Kĕĕ keaou, or |結朋友 Keaou kĕĕ păng yew. "To form friendships; become intimate with." 絶| Tseuĕ keaou. "To dissolve a friendship; break off an intimacy." 與國人|止於信 Yu kwŏ jin keaou, che yu sin. "In holding intercourse with fellow subjects rest in truth," as the highest excellence. (Ta heŏ.)

一面之| Yĭh mëen che keaou. "To have met a person once." 濫| Lan keaou. "To be intimate with every person one meets."

與酒|水 Yu tseu keaou shwŭy. "To mix wine and water." |付 Keaou foo. "To deliver to; to transfer; to pass over." |寄 Keaou ke. "To transmit to." |出一個人 Keaou chŭh yĭh ko jin. "To deliver up a man." |出銀子 Keaou chŭh yin tsze. "To pay money." |其子爲質 Keaou ke tsze wei che. "Gave up his son as an hostage." |盤 Keaou pwan. "To deliver over the platter;" to deliver over the whole of a concern, commercial or official, to another person. |替 Keaou te. "To deliver over to the management of another." |戰 Keaou chen. "To fight."

|界 Keaou këae; or |疆 Keaou këang. "Adjoining boundaries, or limits." || Keaou keaou. "The appearance of birds flying."

The name of a place. The part of a garment which surrounds the neck; the part which folds over at the breast. Occurs in the sense of 蛟 Keaou, and of 鵁 Keaou.

图 5.6 《华英字典》中"交"字条内容(Morrison 1815a: 53-54)

一系列译语对等词,并提供了丰富的例证信息。从这些信息的来源来看,马礼逊部分地参照了《康熙字典》,但从其他来源补充的信息所占比例更大。图 5.7 是《康熙字典》中"交"字条的信息内容:

交【子集上】【亠字部】
〔古文〕这【廣韻】古肴切【集韻】【韻會】【正韻】居肴切,茲音郊。【小爾雅】俱也。【廣韻】共也,合也。【易·泰卦】上下交,而其志同也。又友也。【易·繫辭】上交不諂,下交不瀆。【禮·郊特牲】爲人臣者無外交,不敢貳君也。又交交,鳥飛貌。【詩·秦風】交交黃鳥。又交加,參錯也。【前漢·劉向傳】章交公車。又州名,南越地,漢置交州。【書·堯典】申命羲叔宅南交。【蔡傳】南交,南方交趾地。又衣領也。【揚子·方言】衿謂之交。又同蛟。【前漢·高帝紀】則見交龍於上。【史記】作蛟。又同鵁。【司馬相如·上林賦】交精旋目。即鵁鶄。

图 5.7　《康熙字典》中"交"字条内容

从图 5.7 可以看出,马礼逊仅参照了《康熙字典》中的"共也,合也"和"友也"两个常见义项,其他译义对应词均未取自《康熙字典》。此外,马礼逊为"交"字提供的字义分析和例证在《康熙字典》中都属于缺失信息的范畴。这从侧面说明马礼逊在构建目标语(即汉语)译义元语言系统时融入了其编者主体性。从马礼逊提供的对应词来看,它们可以大致划分成五个义项,每个义项下均有相关的例证呈现(见表 5.2),《华英字典》中"交"字条各义项之间的关系如图 5.8 所示。

表 5.2　《华英字典》中"交"字的义项切分

| 义项切分 | 例证归类 |
| --- | --- |
| 义项 1<br>彼此连接 | 相交、交杂、交互、交界、交疆、交战、与酒交水 |
| 义项 2<br>互换,相接替 | 交易、交价、交替 |
| 义项 3<br>递,付,给 | 交付、交出、交寄、交盘、交其子为质 |
| 义项 4<br>社会交往,与……结识 | 交友、结交、交结朋友、交游、滥交、与国人交止于信 |
| 义项 5<br>社会关系,友谊 | 绝交、一面之交 |

153

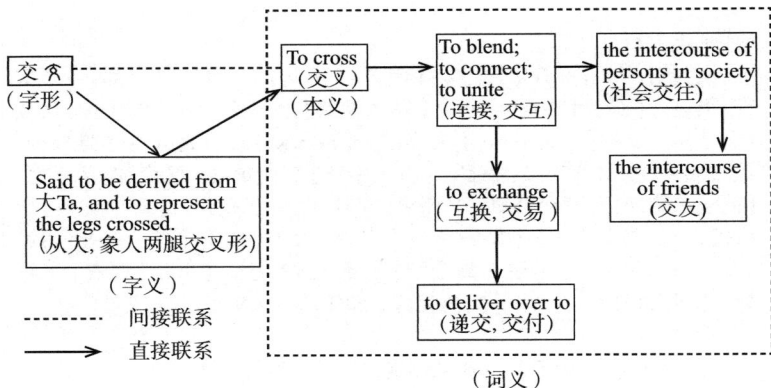

**图 5.8 《华英字典》中"交"字条的字词关系示意图**

在图 5.8 中,从对"交"字义项关系的梳理,我们可以看出,"交"字的引申词义都与其本义"To cross"有着直接或间接的关系,但是本义与字形"交"之间缺少直接的联系,它们之间还需要通过字义(字理分析)的介入才能建立认知上的联系。与上例中的"解"字相比,"交"字的小篆字形在辅助学习者理解字义方面起到了积极的作用。如果缺少小篆字形的辅助,欧洲汉语学习者就只能直接尝试在"交"字的楷书字体与字义信息之间建立一种认知联系,但可能需要付出更多的认知努力。

从上述对"解"和"交"的个案分析可以看出,字理联想译义模式包括三个重要环节:1)对汉字字理进行译义。译义时,马礼逊主要参照《说文解字》,但也吸纳了流俗文字学中的一些内容(参见第四章),同时不乏编者主体性介入下的个人阐释;2)对汉字的词义进行译义。汉字的词义也是汉字在不同组合共现中所呈现出的语素义,在词典中体现为义项,在为字头提供译义时,马礼逊参照了《康熙字典》中的释义,对于多义字,一般选取较为常用的义项进行译义;3)以词组为主要配例手段,较为全面地展示字义和词义之间的联系。为字头提供丰富的词组例证是《华英字典》不

同于其蓝本的一个主要区别性特征。对学习者而言,这些词组例
证是展示字头词义用法的重要语言素材和证据,缺少了这些例证,
字义和词义之间的联系就会变得抽象,二者之间的认知关联效果
也会受到影响。不过,需要指出的是,上述字理联想译义模式有两
点不足之处:一是将多数形声字当作会意字来处理,势必会影响字
理分析的科学性和系统性,进而影响到词义的理解;二是为字头提
供的译义对等词未完全按照字义引申的逻辑顺序进行排列,词组
例证采用了混排的方式,而没有归类放在相应的义项之下,这样不
利于学习者按照语义逻辑将字义、词义和相关例证直接对应起来。

二、汉字词义联想译义模式

汉字词义联想是指汉字的词义(在词典中体现为义项)一般
是固定的,学习者可以充分利用这一特点去理解一批由该汉字构
成的合成词或词组。在双语的语境下,学习者通常会利用汉字的
译义来理解和记忆多个合成词,这是汉字译义联想功能的重要体
现。在《华英字典》译义元语言系统的构建过程中,马礼逊将直译
定为其主要翻译策略之一,并将之作为建立字词意义关联的一个
重要手段。下面一段引自《五车韵府》前言中的话集中体现了他
的直译翻译观:

　　尽管本词典中的英文翻译有些地方显得生硬粗糙,但只要英
文句子语义透明,那么对欧洲汉语学习者而言,采用直译和地道翻
译的方法对汉语句子进行翻译,要远好于采用意译和模糊翻译的
方法,因为意译仅笼统概括了原句的含义,并没有体现出原句的风
格。如果一个人想学孔夫子的话,我们宁愿听他讲话时带一点儿
汉语成语味(也许你可以称它为非标准英语),也不愿意听他用纯
正的古典英语说话。虽然意译比直译要简单得多,我还是主张使
用后者,因为直译更能准确地表达原义。不过,有时兼顾准确和简

明是很难做到的。这种情况下就应该灵活掌握方法①。(Morrison 1819：ix)

从上面马礼逊的自述中可以看到,马礼逊采用直译翻译策略主要有两方面的考量:一是为了再现汉语的源语风格,另一是为了准确地表达原义。但同时他也没有弃用意译,而是在两者之间寻求一种平衡。所以,在《华英字典》中,读者可以发现大量使用"直译+意译"方法的英文翻译。在汉语词汇层面,"直译"或"直译+意译"的翻译方法也非常普遍,主要体现在对合成词中以下几种类型的翻译上,见表5.3：

表 5.3 《华英字典》中采用直译方式的合成词结构类型

| 合成词结构<br>主要类型 | 相关直译例证 |
| --- | --- |
| 偏正结构 | (1) 足下 foot below, i.e. you, addressed to friends and e-quals. (Morrison 1815a：17)<br>(2) 同窗 the same window, i.e. a fellow-student. (Morrison 1815a：358)<br>(3) 光棍 a naked stick, denotes a person possessed of nothing, who goes about swindling. (Morrison 1819：501)<br>(4) 脑袋 the bag that contains the brains; the head. (Morrison 1819：610)<br>(5) 我的哥子 my elder brother. (Morrison 1819：472)<br>(6) 一包棉花 a bale of cotton. (Morrison 1819：581) |

① 原文是：In extenuation of the stiffness and occasional harshness of the style in this Work, it may be said, that as long as the sense of the English sentence is apparent, a literal and idiomatic translation of Chinese Sentences is much better for a Student, than a free and vague translation, which contains generally the idea of the original, but nothing of the manner. A man who wants to learn *the language of Confucius*, had better hear him with a little of his Chinese idiom (call it broken English if you will) than listen to him speaking the most Classical English style. Although a free translation is always more easy than a close translation, the Author prefers the latter, because he thinks it mere calculated to answer the end proposed：but to unite a close rendering and perspicuity, is sometimes impracticable, in such cases more freedom must be used.

| 合成词结构<br>主要类型 | 相关直译例证 |
|---|---|
| 偏正结构 | （7）齿牙之慧 the smartness of the teeth；expresses a ready elocution.（Morrison 1819：43）<br>（8）文墨之人 a man of letters and ink, a literary man.（Morrison 1819：588）<br>（9）陆续到 arrived in succession.（Morrison 1819：560）<br>（10）十分好 very good；perfectly good. 十分大 very large.（Morrison 1819：744）<br>（11）大声叫喊 To call out with a loud voice.（Morrison 1819：217） |
| 述宾结构 | （1）免罪 to forgive an offence. 免劳 to prevent trouble. 免官 to remove from office. 免冠 to put off a cap.（Morrison 1819：581）<br>（2）磨墨 to rub（Chinese）ink. 落墨 to drop ink, i. e. to write. 贪墨 to covet ink；denotes a magistrate being corrupted by bribes.（Morrison 1819：588－589）<br>（3）沽名 to buy a name；i.e. to use various arts to procure notoriety.（Morrison 1819：591）<br>（4）论国政 to discuss the politics of the country.（Morrison 1819：562）<br>（5）做小买卖 to carry on a petty trade.（Morrison 1819：570）<br>（6）救燃眉之急 to save from danger imminent as burning eyebrows, used when begging the loan of money.（Morrison 1819：585） |
| 述补结构 | （1）吹灭 to blow out a light. 灭亡 to destroy, as a house or family. 灭尽 completely destroyed.（Morrison 1819：580）<br>（2）讲出来 to speak out. 讲明白了 fully explained；clearly stated.（Morrison 1819：395－396）<br>（3）生得颇俏 formed very pretty.（Morrison 1819：704）<br>（4）急得发赌誓 provoked to utter curses and squander oaths.（Morrison 1819：95）<br>（5）放在桌上 put it on the table. 怀恨在心 to cherish resentment in one's heart.（Morrison 1819：864） |

| 合成词结构主要类型 | 相关直译例证 |
| --- | --- |
| 述补结构 | （6）控告二十次 to accuse, or impeach to government upwards of twenty times.（Morrison 1819：488）<br>（7）落他们圈套里 to fall into their snare.（Morrison 1819：555） |
| 主谓结构 | （1）力薄 deficiency of strength, weak.（Morrison 1819：538）<br>（2）脚麻 the feet asleep — stagnation of the blood.（Morrison 1819：569）<br>（3）心厚 heart thick; a liberal benevolent good state of the heart. 心不在 or 心不存 absence of mind; wandering of the thoughts.（Morrison 1819：771）<br>（4）房屋一所 a house; a place.（Morrison 1819：775）<br>（5）毛骨悚然 the hair and bones to stand erect; to be struck with astonishment.（Morrison 1819：575）<br>（6）年方二八 age just twice eight; i.e. just sixteen years of age.（Morrison 1819：632）<br>（7）所见不殊 that which（we）see — our views, or opinions — are not different.（Morrison 1819：775） |
| 联合结构 | （1）利害 advantageous and hurtful, are used as opposites; when taken together they denote sharp and injurious; formidable; severe.（Morrison 1819：212）<br>（2）歌舞 singing and dancing, or a kind of posture making; the employment of Chinese ladies of the imperial palace.（Morrison 1819：472）<br>（3）东西 east and west; taken together, they answer to the word thing.（Morrison 1819：699）<br>（4）讽诵 to recite, in a singing tone. Fung 讽 refers principally to the letters or words; Sung 诵, to the notes.（Morrison 1819：190）<br>（5）出入 to go out and in, to go abroad, or to remain at home.（Morrison 1819：330）<br>（6）夫唱妇随 the husband sings and wife follows, expresses domestic harmony.（Morrison 1815a：584） |

| 合成词结构<br>主要类型 | 相关直译例证 |
| --- | --- |
| 联合结构 | （7）委婉曲折 turning and winding, crooked and broken；applied to landscapes, it denotes romantic and diversified scenery；applied to style and speech, it denotes a varied and soothing manner, in contradistinction from, abruptness and harshness.（Morrison 1815a：628） |

如表 5.3 所示，马礼逊对合成词中的偏正结构、述宾结构、述补结构、主谓结构和联合结构的翻译均使用了直译。但是每个词语所采用的翻译方法又略有不同，主要有以下三种情况：第一种情况是逐字对译法，例如，"同窗、磨墨、心厚、利害"等，这几个例证中的每个语素都直接对应一个英语单词，不过这种情况容易导致望文生义，所以，马礼逊在直译之后一般会附加上意译作为重要补充，如将"同窗"译为 the same window 后，还要补充上"i.e. a fellow-student"。第二种情况是"字+词"混合直译的对应，以"十分好"为例，马礼逊没有将"十分"再进行拆分译为 ten marks good，而是作为一个词译为 very，这说明马礼逊对直译单位是有选择层次的。第三种情况是英文翻译与汉语的语序不对应，如"文墨之人"的直译 a man of letters and ink，这是汉英两种语言的句法特点差异所造成的，从翻译方法上看，仍然属于直译的范畴。上述五种结构的合成词的翻译有一个共同特点，即对合成词中的每一个成分都尽量进行翻译，如果语义不透明的话，还要再从整体上进行意译。在联合结构合成词的翻译中，这种特点表现得尤为突出，这可能与该类型合成词的结构特点有关：其构词成分为并列的两个语素，比较适合采用直译的方法，同时，两个语素合在一起往往还具有不同于直译模式下的引申义。因此，在联合结构合成词的译义中，读者经常会见到"（when）taken together"的译义元语言提示，表示该词的字面义和引申义之间的区别和联系。

另外,不采用直译的情况主要有四种:一是专名或物质名词,如"合浦、浦江、协办大学士、茉莉花、欣都思、谷雨、阿弥陀佛、易卦、鄂罗斯、樟脑、曹操"等。二是连绵词,如"匍匐、蝌蚪、蟾蜍、恍惚、窈窕、叮咛、仿佛、彷徨、徜徉、徘徊、硫磺、玻璃、咆哮、踌躇、荏苒"等,其中在个别词目下,马礼逊还有专门提示。例如,在"踌"字头下,马礼逊(Morrison 1819: 93)提醒欧洲汉语学习者,这个汉字从不单用,一般只出现在"踌蹰"或"踌躇不进"这两个词中。三是叠字,如"诺诺、常常、刚刚、慢慢、轻轻、拴拴、绳绳、僮僮然、咥咥然"等。四是其他虚词,如副词、介词、连词等,但也有个别例外的情况,如马礼逊(Morrison 1819: 568)将"马上"译为"on horseback; to do a thing on horseback, means to do it immediately";将"只得如此"译为"only obtain this; merely this; obliged to act thus"。从其译义不难发现,马礼逊采用直译的主要出发点是在直译与该词的词义之间建立一种认知联系,其主要体现是帮助欧洲汉语学习者理解汉字组词的理据。在揭示汉语词汇的理据性方面,"直译+意译"的译义方式能够起到一定的积极作用。不过这种阐释方式也有争议之处,与流俗文字学中的字理阐释方式类似,其科学性往往是招致研究者批评的一个地方,如上例中的"马上",目前我们尚无法考证出马礼逊的解释——"在马背上做一件事情,意味着很快就能完成"来源何处,《康熙字典》作为一部规范性的官方辞书没有收录这样的解释。虽然这种词义阐释方式的合理性存有争议,但不可否认的是,通过语言间的直译转换,可以帮助非母语汉语学习者在某些字词之间建立一种认知关联。

最后,对于一些构词能力强的常用汉字,马礼逊还注意到了其译义的系统性,这种系统性的体现只能通过直译的方式来实现。以"小"字为例,在该字头下,马礼逊提供了造意分析,并在此基础上沟通了原义和引申义之间的关系,然后充分利用该字常见的词义对其构成的合成词进行较为系统的译义。《华英字典》中由

"小"字构成的部分合成词的译义图 5.9 所示：

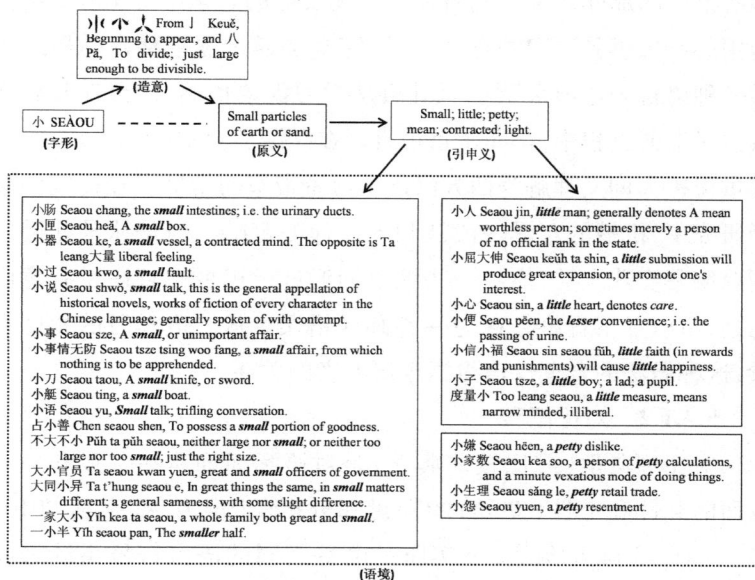

图 5.9 《华英字典》中"小"字译义系统性的示例①

如上图所示,在"小"字头下,马礼逊为"小"字提供了六个对应词(也可称为义项)。从配例情况来看,他对前三个义项的配例最为丰富,每一个配例中都使用了直译的翻译方法。对汉语初学者而言,这种处理方式有一个突出的优点,即认知的经济性,学习者只需要记住少数的几个义项(通常是最常见的),就能了解或记住一个或多个相关词群。虽然这种直译方式可能导致望文生义,但可以通过补充意译的方式进行消解。如在解释"小说"和"小语"时,马礼逊都将其直译成了 small talk,但他对两者所补充的意译中的 novel 和 trifling conversation 还是做了非常清楚的区分。

--------

① 图中的例证来自 Morrison 1815a：45, 218, 291, 302, 310, 433, 806；1819：21, 252, 333, 450, 803, 847；1822a：7-8。

综上,马礼逊对直译的优点和缺点有着较为清楚的认识,诚如他所指出的那样,"完全的直译是不切实际的。学习中文就要更多地用心灵去感受汉字的意义,而不完全是通过逐字翻译的形式用另一种语言表达出来"①。马礼逊从学习汉语伊始,乃至在其后来教授汉语的过程中,都非常重视直译在汉语学习中的积极作用,尤其重视扩大词义理解为西方汉语学习者带来的帮助。在传统的翻译研究中,机械的直译一般被归入误译的范畴。但是从马礼逊的词典编纂实践来看,他对一些汉语词汇进行机械性直译是有意而为之,所以并不宜将之视为一种翻译错误。从二语学习的角度来看,这种做法的合理性值得当今研究者的关注。

### 5.3.1.2　对比阐释

对比词典学(或比较词典学)是对语际间词典在实践和理论方面的共性和个性(差异)的探讨和分析(于屏方、杜家利 2010:5)。"双语词典的编纂,其实质是两种不同的语言符号系统之间的对应,是两种异域异质文化及思维的对话。"(魏向清 2005c:26)因此,对于任何一部双语词典而言,编者都不可能完全回避对母语和目的语展开语言或文化上的对比,《华英字典》也不例外。马礼逊注意到,由一些汉字构成的合成词,比如人名、地名等专名术语以及蕴含文化信息的文化词,由于英汉两种语言文化之间的差异,可能会造成西方汉语学习者词义理解上的困难。这种情况下,他采用英汉对比的方法对部分词进行译义,在很大程度上减少了学习者在词义理解上的负担。具体而言,在其编纂实践活动中,马礼逊采用了显性对比和隐性对比的方式来帮助学习者理解词义。本部分以《五车韵府》中收录的包含对比方式译义的词例为个案研究对象,分别对上述两种对比方式进行分析。

---

① 原文为: A perfect verbal rendering is impracticable. Acquaintance with the Language will enable the mind to feel much more of the sense of Characters, than can be conveyed by the words of another Language, in a close verbal translation. (Morrison 1816:vi)

一、显性对比方式

显性对比的方式是马礼逊在对汉语中的词汇进行解释时，利用欧洲汉语学习者已有的概念或知识来帮助他们理解汉语词汇的一种译义方式。本书对《五车韵府》中采用显性对比方式进行译义的词汇进行了人工统计，一共查找到 247 条相关信息，根据其译义内容可以大致分为以下三种情况：

1. 新词

马礼逊是第一位来华新教传教士，当时的中国还处在闭关锁国的状态，作为中西语言和文化交流的早期参与者和见证者，马礼逊在其编纂的《华英字典》中收录了大量的新词（参见黄河清 2008，2009）。在对这些新词进行解释时，马礼逊有时也从欧洲人的视角补充了他们较为熟悉的概念。这样的例证共有 43 条，部分例证如下：

（1）红 HUNG. 红毛 a nickname, applied first to the Dutch, and afterwards to the English, by the Chinese of Canton.（Morrison 1819：293）

（2）拉 LA. 拉体纳文字 the Latin written language, —this expression is taken from an Imperial document.（Morrison 1819：514）

（3）万 WAN. 万花筒 the tube of ten thousand flowers；a name given by the Chinese to the Proteuscope, or Kaleidoscope.（Morrison 1819：966）

（4）科 KO. Applied to medicine, answers to the word Practice. 外科 surgical practice；surgery. 内科 internal practice；physic.（Morrison 1819：472）

（5）公 KUNG. 公司 term by which Chinese designate European Companies. 公司船 a company's ship. The English Company is expressed by 英吉利国公班衙.（Morrison 1819：490）

（6）礼 LE. 礼拜日 the day of the rites of worship；the sabbath of

the Christians and Mahommedans.(Morrison 1819:528)

上述几例中出现的词都不是汉语中固有的词汇,而是在中西方交流的过程中逐渐产生的新词。例 1 中,从马礼逊提供的释译来看,"红毛"在《华英字典》编写之前就已经存在,刚开始是中国人对荷兰人的称呼,后来广东人也用它来指称英国人;例 2 中的"拉体纳文字"来自某一御制文书,"拉体纳"是 Latin 的音译,也属于外来词的范畴;例 3 中的"万花筒"是中国人对西方新事物 kaleidoscope 的一种译名,至今仍在使用;例 4 中的"科"在医学中的解释当时尚属新概念,马礼逊用西方人熟悉的 practice 来表示,并同时介绍了"外科"和"内科"这一对现代医学的概念;例 5 中的"公司"是当时中西贸易中的新事物,"英吉利国公班衙"是当时中国人对英国公司的称呼;例 6 中的"礼拜日"指的是西方基督徒和伊斯兰教徒的安息日。例 1—6 中的新词反映了当时中西方在政治、经济、文化、科技、医学和宗教等方面的交流情况,它们在英语中一般都有固定的所指,这种情况下就不再适宜直译,而是将这些词回译到英语中相应的词汇表达,从而更好地促进欧洲人对汉语新词的理解。

2. 时间和地点相关的专名

表示时间和地点的专有名词在学习型词典中并不是必要信息,马礼逊《华英字典》具有的百科词典性质,也收录了大量的专有名词,其中,对部分时空名词的解释特别值得留意。如以下几例所示①:

（1）成 CHING. 成帝 the Emperor who reigned **when our SAVIOUR appeared in Judea**.(Morrison 1819:72)

---

① 例证中的下画线和粗体格式为本书作者所加。

（2）孟 MANG. 孟子 Mencius, a disciple of Confucius; writer of that portion of the Four-Books, which goes by his name, **B.C. about 350; contemporary with Xenophon, Herodotus, and Socrates**. （Morrison 1819；573）

（3）春 CHUN. 春秋 Name of an historical work compiled by Confucius, giving an account of **the sixth century before the Christian era**. （Morrison 1819；108）

（4）番 PWAN. 番禺县 the district of Pwan-yu, **in which European ships moor at *Hwang-poo***, （Whampoa）on the river of Canton. （Morrison 1819；690）

（5）海 HAE. 海珠寺 fort on an islet, **commonly called the Dutch Folly**. 海幢寺 a spacious temple **situated opposite to the European factories at Canton; commonly called Ho-nan Jos house**. （Morrison 1819；214）

（6）宁 NING. 宁波 a place in Chě-keang, **N. L. 30°** （Morrison 1819；622）

（7）玉 YUH. 玉门关 a pass in western Tartary, **in about 53°N. L.** （Morrison 1819；1053）

如上述几例所示，为了帮助当时的欧洲人更加全面和深入地了解中国，马礼逊在对一些专名进行解释时，非常注意利用欧洲人已有的母语或百科知识来帮助理解来自异域的新事物。例1和例2代表了马礼逊对中国历史人物的译介方式：介绍"成帝"时，马礼逊用"其统治时期与我们的救世主出现在朱迪亚的时间相一致"进行对比说明；介绍"孟子"的生辰时，马礼逊除了使用公元纪年，还列举了欧洲人耳熟能详的历史人物——色诺芬、希罗多德和苏格拉底作为参照，这几位人物与孟子大致生活在同一个时代。例3中对"春秋"的释义也采用了西元纪年的方式，用以说明该部著作出现在公元前6世纪。例4和例5中的两个地名，马礼逊也为西方读者提供了认知参照物:"番禺县"是欧洲商船停泊在广东黄埔江码头的所在地;"海珠寺"被西方人称为"Dutch Folly","海幢寺"坐落在广州十三行的对面,西方人所熟知的名字是"Ho-nan Jos house"。例 6 和例 7 中的两个地名,马礼逊则运用了西方地理学知识,"宁波"的释义是"位于浙江省,北纬三十度","玉门关"的释义为"中国西部鞑靼地区的一个山口,约北纬五十三度"。从上述几例中可以看出,马礼逊在处理以人名和地名为代表的专有名词时,极力利用其已有的知识结构,试图为西方读者提供一个认知新事物的视角,将新旧知识联系起来。对这类专名的解释多属于百科知识的范畴,虽然当今学习型词典中收录的专名信息相对有限,但对一些重要的人名(如孔子)和地名(如北京)的译义,马礼逊的处理方式仍有较大的借鉴价值。在这方面的不足之处仍然是体例不统一的问题,马礼逊仅对部分人名和地名进行了类似上述几例的处理,词典中收录的其他人名和地名则未采用对比的方式,如老子、武则天、南京、嘉峪关等,这一方面可能与马礼逊的知识结构有关,另一方面也有可能是疏忽所致。

3. 文化特色词

对于一些文化特色词,马礼逊也尽量在学习者的母语中寻找类似的表达进行对比,以便加深欧洲人对中国历史文化的理解,相关例证如下[①]:

(1) 巨 KEU. 巨查 the great raft; performed a circuit of the heavens in twelve years, and existed on the western seas in the time of Yaou, B.C. 2330. The Deluge recorded by Moses is placed B.C. 2340. **The Great Raft has probably an allusion to Noak's ark**.( Morrison 1819:435)

① 例证中的加粗和下画线格式为本书作者所加。

（2）伽 KEAY. 伽蓝佛 a denomination of Buddha, applied also to **the Chinese Mars**, Kwanfootsze.（Morrison 1819：410）

（3）龙 LUNG. 龙王 the dragon king,or 海神 god of the sea, **the Neptune** of China.（Morrison 1819：563）

（4）岁 SUY. 万岁 the name of a hill, also epithet or title of the reigning monarch. Wan suy yay 万岁爷 or Wan wan suy 万万岁 denote the Emperor of China. The last phrase is used on particular occasions by the military, **as in Europe the cries of** *Long live the king*! *Vive l'Empereur*! **&c.**（Morrison 1819：789）

（5）定 TING. 定格 to place characters in Chinese writing higher than the row of columns, as a mark of respect to the person or thing mentioned, **answers to the use of capitals in European writing**.（Morrison 1819：846）

（6）圈 KEUEN. 打个圆圈 Ta ko yuen keuen, to draw a circle; to draw a circle; to draw a line around; to insert a period. The officers draw a red circle over important passages of their proclamations, to draw or to require the attention of the people to them. 白圈 Pǐh-keuen, is a point thus ◯. 黑圈 Hǐh-keuen, is a point thus ●. 尖点 Tsëen-tëen, is a point thus ❭. The Chinese place these points or marks by the side of characters as stops, and also in rows to give emphasis to the passage, **as we draw a line below a word, or print it in Italics, or in Capital letters.** The Schoolmaster also marks his approbation of a boys writing by marking it with one or other of the above points. 这句话可圈可点 should this sentence be marked with a round period or a sharp pointed dot( Morrison1819：448)

（7）游 YEW. 游学 to travel in order to learn, **as is done in Europe; the Chinese however do not go beyond their own empire**.（Morrison 1819：1016）

（8）谕 YU. An order from a superior, whether from the Emperor to his ministers or governors of provinces; from these inferior officers, or from the father of a family, or the master of a house to those below him. In reference to the Emperor, its opposite is Tsow 奏 in other eases Pin 禀 is the opposite of *Yu*. The Emperor insists on calling whatever he writes to foreign princes an *Yu* or *Mandate*. He allows their papers to be called 表 Peaou or 疏 Soo. **Letters from the Sovereign of England were translated by Shoo 书, the usual word for *Letter* amongst equals.**(Morrison 1819：1042)

在上述几例中,马礼逊进行释义时,均融入了中西对比的视角。例1中,对"巨查"进行解释时,马礼逊参照了《拾遗记·唐尧》中的内容——有巨查浮于西海,十二年一周天。马礼逊提供的对比信息有二:一是时间上(B.C. 2330)与摩西记录大洪水的时间(B.C. 2340)在同一个时期,二是"巨查"可能类似于"诺亚方舟"。例2和例3的处理方式与此相同:例2中,马礼逊将佛教中的"伽蓝佛"称为中国的战神——关夫子,欧洲人看到 Mars 就会自然想起战神阿瑞斯(Ares);例3中,将"龙王"与西方的"海神"相类比。例4中的"万岁"或"万万岁",马礼逊同时提供了英语和拉丁语的两种对应说法。例5和例6中的"定格"和与"圈"相关的符号,马礼逊从功能对应的角度帮助欧洲人理解其含义:"定格"的格式相当于欧洲人写作中所用的首字母大写;中国人在文档中用加圈加点表示强调的做法与欧洲人在单词下方加下画线,或使用斜体或大写字母表示强调的做法类似。例7和例8中的"游学"和"谕"的概念在中西方都有,但有区别:中国人的"游学"一般仅限于在他们自己的国家内,而在欧洲,跨国游学则是常态;在中国,由皇帝传达的命令或下发的文件被称为"谕""表"或"疏",在英国则更强调平权思想,所以多使用"书"这一译名。这些显性对比信息对加深西方汉语学习者对汉语文化词的理解起着积极的作用。但是这种对比方式也有不足之处,最显著的一个不足就是容易造成学习者只了解两种文化之间的"同"而忽视两者之间的"异质性"。例如,在例2中,马礼逊将中国人十分景仰的武圣关羽(关夫子)简单地等同于罗马神话中的战神 Mars(马耳斯),Mars 虽然骁勇善战,但凶残不仁,这与关羽不仅善战而且兼具仁义的君子形象大相径庭。所以,在词典编写中,仅仅为学习者简单地找出东西文化中的相似点还远远不够,对差异的揭示有时显得更为重要,在这一点上《华英字典》还存在着明显的不足。

综上所述,马礼逊在对部分新词、专名和文化词进行译义时,尝试通过提供对比参照物的方式,来帮助欧洲汉语学习者降低词义理解困难。从认知语言学的视角来看,这些参照对象也可以被理解为"认知参照点",它们在学习者的语言学习和心理认知过程中发挥着重要的作用。新词、专名和文化词在两种语言中很少找到完全对等词,因此,直译的策略很少有用武之地,相比之下,释译和意译使用的较多。这种情况下,字词之间的沟通多表现在对词义的整体理解上,因为这几类词中的汉字要么仅起到记录汉语音节的作用(如"拉体纳文字""嘉峪关"),要么其构词的理据性透明度不高(如"红毛""春秋")。当然,如果某一词存在着合适的比较对象(如"游学""打个圆圈"),即使不属于上述两种情况,也可以引入对比的方式进行阐释,这依赖于编者的知识面和双语能力,因为双语词典中译义对比信息的呈现要求编者对两种语言都要精通才行。

二、隐性对比方式

除了上文中的显性对比译义方式之外,马礼逊还使用了隐性对比的译义方式,即对某些词汇进行解释时,没有提供对等词或可类比的对象,但在译义时使用了"in China""by the Chinese"等译义元语言,用以说明中国所特有的或与西方不同的事物的特征。本书对《五车韵府》中采用此类隐性对比译义方式的词条进行了统计,共找到286条译义信息,根据译义的主题内容,可以大致分为以下五类：日常生活类（127 条）、宗教习俗类（94 条）、官府类（30条）、时间类（24 条）和历史地理类（11 条）。各类主题比例的分布见图 5.10：

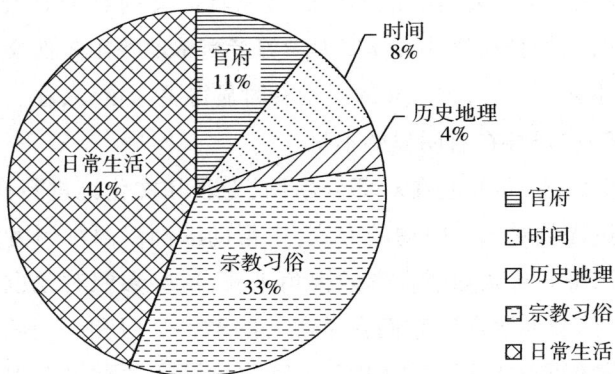

**图 5.10 《五车韵府》中词汇释义中的隐性对比信息的主题分布**

如上图所示，在上述五类主题内容中，马礼逊最为关注的是与中国人日常生活相关的主题，其次是宗教习俗类，其他三类的数量相对较少。下文分别对五类主题内容进行说明。

1. 日常生活类

日常生活类的主题指与中国人衣、食、住、行等密切相关的词汇，如以下几例：

（1）枕 CHIN. 枕头 a pillow for the head; in China they are generally hard.（Morrison 1819：65）

（2）袋 TAE. 缠袋 a sash formed like a bag open at both ends, frequently worn by the Chinese.（Morrison 1819：802）

（3）鱼 YU. 鱼翅 the fins of a fish; particularly of a shark, which are eaten by the Chinese.（Morrison 1819：1038）

（4）轿 KEAOU. 轿柜底 the bottom part of a chair in which the Chinese place luggage.（Morrison 1819：407）

(5) 键 KËEN. The part of a Chinese lock, which is thrust into a case which contains the spring; the key. (Morrison 1819: 418)

(6) 扮 PAN. 扮故事 to dress up processions in the ancient fashion, —Chinese are very fond of it. (Morrison 1819: 634)

在例 1 中,马礼逊除了给"枕头"提供对应词 pillow 外,还补充了一条信息——"在中国它们通常很硬"。该内容的隐含之意非常明显,那就是中国的枕头与欧洲的有差异,欧洲人对枕头的印象一般是软的,所以这条补充信息就会引起欧洲人不同程度的联想和对比。例 2 中的"缠袋"提供有"中国人经常佩戴",例 3 中的"鱼翅"提供有"中国人经常食用",这些信息都会引起西方读者的兴趣,进而触发他们的思考,比如,中国人常常佩戴的缠袋是什么样子?鱼翅在中国竟然是一种食材(马礼逊补充的信息里暗含了一种欧洲人好像不吃鱼翅或不知道鱼翅也能吃的意思)?例 4 中的"轿柜底"、例 5 中的"键"和例 6 中的"扮故事"也都是与中国人日常生活相关的事物,马礼逊在释义中所使用的 Chinese 明确表明了马礼逊的西方视角,使其释义带有一种从读者视角来审视异域语言和文化的色彩。

2. 宗教习俗类

宗教习俗类主题多与中国人的礼仪、风俗习惯、信仰等相关。如以下几例:

(1) 放 FANG. 放水灯 or 放水陆 certain rites performed in the seventh moon, by the Chinese, to save souls from purgatory. (Morrison 1819: 156)

(2) 儒 JOO. A denomination of persons, who, in China, devote themselves to study. Originally their intention was, to improve themselves in morals and science; the object at present is, to acquire a place in the government. The Literati. *Joo*, denotes Soft, mild. A

scholar teaches with softness and mildness.(Morrison 1819：339)

（3）壘 LUY. 神荼 and 郁壘 the names of two brothers, said to have lived in high antiquity, who were deified in consequence of their control over evil spirits. Their names are pasted upon the doors of Chinese houses at the new year.(Morrison 1819：566)

（4）撒 SǍ. 撒米 to scatter rice, a ceremony performed at Chinese marriages.(Morrison 1819：691)

（5）剃 TE. 剃头 to shave the head, in the manner of the Chinese; a custom introduced by the reigning family. ( Morrison 1819： 825)

例 1 中的"放水灯"或"放水陆"是中国广东和福建一带流传的传统民俗活动,一般在中元节举办,旨在祛邪、避灾和祈福。从马礼逊所使用的 purgatory 一词来看,该活动让马礼逊联想到的是类似于西方宗教中开展的拯救灵魂脱离炼狱的活动。例 2 中的"儒"字与中国人的伦理道德观密切相关。马礼逊指出,在中国被称为"儒"的社会群体,起初都是为了提高自身道德修养和科学文化水平而努力读书,但现在大多是为了在官府中谋求任职。例 3 中的"神荼"和"郁壘",马礼逊指出他们是一对兄弟,在中国人过年时,他们的名字常被贴在门上。例 4 中的"撒米"是中国人婚礼上的一种仪式,例 5 中的"剃头"提到了当时清政府的剃发政策。上述这些隐性对比信息是当时欧洲人了解中国社会风貌和文化的重要路径之一,其主要缺点在于这些信息有时失之过简,缺少相对完整的说明。例 4 中如果对"撒米"这种仪式的寓意进行扼要的补充,可能会更有助于加深西方汉语学习者对中国文化的了解。

3. 官府类

官府类主题与中国当时的政治、法律等相关,马礼逊对这类主题的关注可能与其身份和工作性质有着较大的关系。相关典型例证如下所示：

（1）查 CHA. This word, occurs very frequently in Chinese government papers, after stating a case, and before giving a decision, they use it denoting, I have referred to the law, or the records of the office, and find — then follows an opinion or decision. ( Morrison 1819: 2)

（2）誓 SHE. Oaths are accompanied by various significant forms, as breaking a porcelain cup; blowing out a light; and shedding blood; cutting off the head of a cock is deemed most solemn, and which none like to witness, deeming it infelicitous. The government in China requires no oaths.( Morrison 1819: 738)

（3）驿 YĬH. Post, or post horses; government dispatch; a post horse (there is no post in China for the people). 驿站 the government posts: post stages.( Morrison 1819: 1022)

（4）斩 TSAN. 斩头 or 斩首 to cut off the head, a more frequent capital punishment in China than strangling.( Morrison 1819: 869)

（5）捕 POO. 捕风捉影 to pursue the wind and catch at a shadow; to follow visionary projects. The officers of government often caution the people against so doing, in cherishing hopes of influencing justice, for Chinese officers, they say, are incorruptible. ( Morrison 1819: 681)

例 1 中的"查"字是中国古代官府文书中的一个常见词,中国人用该词表示他们参考相关法律或文档记录,最终做出决策。例 2 中的"誓"字头下,马礼逊列举了中国人发誓时的几种行为表现:摔碎瓷碗、吹灭灯盏、滴血,其中,砍掉公鸡头被认为是最庄严的一种仪式;另外,马礼逊还指出中国古代官员就职时不需要立誓,显然,这是与西方相应的社会现象对比得出的结论。例 3 中的"驿站"和例 4 中的"斩首"也包含这种隐含对比的信息：马礼逊指出在中国没有为普通人服务的邮局；在中国，"斩首"比"绞刑"更加普遍，其言外之意是"绞刑"在西方更普遍，这与西方的法律制度是相符的。例 5 中的"捕风捉影"描述的是中国官员在司法审判时用来警告犯人的话，意在表明他们的审判是公正的，他们的官声也是清廉的。

4. 时间类

时间类的主题均是一些与中国节日相关的专名，如以下几例：

（1）大 TA. 大寒 a term which answers to January 21st. 大雪 a term which answers to December 8th. 大暑 a term which answers to July 21.（Morrison 1819：796）

（2）秋 TSEW. 秋分 September 24th, a Chinese term.（Morrison 1819：905）

（3）清 TSING. 清明 April 6th, a Chinese term.（Morrison 1819：915）

（4）高 KAOU. 登高 a Chinese holiday, on the 9th of the 9th moon.（Morrison 1819：365）

（5）夕 SEĬH. 七夕 the seventh evening of the seventh moon —— a Chinese holiday.（Morrison 1819：711）

在上述几例中，马礼逊除了提供日期，还往往会提示这是"中国节日"或"中国术语"，以此来凸显文化上的异质性。不过马礼逊没有进一步为这些节日名词提供解释，译义较为简略，与对其他类词汇的译义相比（如官府类、宗教习俗类），译义风格发生了改变。在学习型词典中，这些信息都属于百科信息的范畴，对百科信息的呈现一般要注意信息量的适度，既不能内容太多，占据太多词典篇幅，也不能完全将之排除在词典之外，而是应该在二者之间寻求一个平衡。马礼逊对百科词条的处理似乎没有明确的标准可依,有的字头下的百科信息过于烦琐,有些则又显得略微不足,如对"时间类"的处理。这也是当今词典编者需要进一步思考和解决的问题。

5. 历史地理类

历史地理类主题指的是与中国历史和地理相关的一些释义信息,如以下几例:

（1）江 Keang, in Chinese history, commonly refers by way of eminence to the great river called the Yang-tsze-keang. ( Morrison 1819: 393)

（2）北 PĬH. 北直隶 the province usually called Pe-che-li, in which the Chinese court resides.( Morrison 1819: 669)

（3）唐 TANG. The name of a state; the denomination of one of the most celebrated dynasties in Chinese history, which commenced about A.D. 618, and continued till 923. The surname of the founder was Le 李 hence the word is distinguished from its other applications by connecting it with the word Le.( Morrison 1819: 814)

（4）印 YIN. 五印度国 five Indian nations, mentioned by Chinese travellers to India. ( Morrison 1819: 1030)

（5）禹 YU. Name of a person famous in Chinese history for having drained off the water after the Deluge Expanded; easy state. ( Morrison 1819: 1039)

例 1 中的"江"指的是中国历史上有名的扬子江;例 2 中的"北直隶"是中国皇家所在地;例 3 中的"唐"是中国历史上最著名的朝代之一,常常与"李"姓联系在一起;例 4 中的"五印度国"是去往印度的中国游客提及的一种说法;例 5 中的"禹"是中国历史上大洪水时期最有名的一个历史人物。该类信息与上文中提及的"时间和地点相关的专名"相类似,二者的主要区别在于相关译义中是否提供了西方文化中的明示信息。

从以上分析可以看出,无论是采用显性对比方式抑或是隐性对比方式,马礼逊的目的均很明确,即为欧洲人了解和认识中国社会和语言文化提供相应的认知参照点,这些参照点的选择通常是欧洲人头脑中已经具有的母语文化知识。在单语词典编纂实践中,由于编者一般从母语者的视角出发对词目语进行描写,因此,很少会采用与异域语言和文化进行对比的视角去呈现信息。而在双语词典中,译义元语言系统构建的过程也基本上是与源语语言系统进行对比的过程。从广义上讲,任何译义的过程都体现着对比的视角。不过本部分内容中所指的是狭义上的对比,即上文中提到的两种对比方式,它们都涉及对某一具体语言和文化项的比较。就外向型汉英学习词典的研编而言,英汉对比视角下的译义方式,可以让中西方语言文化间的异同在学习者面前变得更加清晰。这种对比的译义方式与意译和释译的翻译方法关系密切,即使能够找到对等词,马礼逊一般还会补充上简短的说明,以促进欧洲汉语学习者对文化特色词的理解。这也从侧面说明,对字词认知关联的处理,马礼逊并没有实行一刀切的译义方式,而是根据字词关系不同的特点,采取多样化的译义模式进行呈现。

### 5.3.2　字词使用关联呈现方式

与字词认知关联相对,字词使用关联指的是从语言产出的角度来探讨字词沟通的一种汉语学习路径。汉语是一种具有典型层级句法特征的语言,由字而词,再由词成句是生成汉语表达的一般步骤。在这个过程中,沟通字词关系是一个关键环节,离开了字,词就变成了无水之源;离开了词,汉语的表达就会变得支离破碎。因此,从这个意义上来讲,学习汉语的过程也是掌握汉字用法的过程。汉字用法与字词使用关联密切相关,在汉语教学中,字词关联的手段主要有两个：一是语法手段，二是语境充实手段。本小节将围绕这两个方面，对《华英字典》中字词使用关联的呈现方式分别展开论述。

### 5.3.2.1 语法手段

几乎所有的语言学理论都会涉及词汇和语法的关系，"它们都是为各自的总体理论目标服务，都承认词汇和语法密不可分，词语决定具体的特征，语法负责一般的规律，词汇是开放的，语法是封闭的，二者相辅相成，共同为表达意义服务"（王勇、李正林 2015：86）。在汉语学习的过程中，仅仅通过读写汉字是无法真正掌握汉语的，学习者还必须通过学习汉语文法才能学会汉字用法。马礼逊非常重视汉语语法在汉语学习中的积极作用。但是在他那个时代，汉语还没有一套完整的语法体系，此种情况下，马礼逊就引入了英语语法中的词类划分体系，并对汉语词类的用法进行了较为系统的描述。于是在 1815 年，当其出版《华英字典》第一卷时，马礼逊还特意出版了一部"副产品"——《通用汉言之法》。关于该书出版的目的，马礼逊（1815b：iii）有过明确的交代："本书的目的在于为学习汉语的学生提供切实的帮助。……目前为止，尽管已有不少关于汉语语法的探讨，但尚未有人用我们的母语讲解汉语语法，从而为英国汉语学习者提供切实可行的帮助。希望本书的出版能在一定程度上弥补这个缺憾。"①《通用汉言之法》全书内容大致可划分为五个部分：1）汉字字形知识；2）汉语读音及韵律；3）汉语词类划分；4）汉语句法常识；5）汉语方言。其中，对汉语词类的划分是主体部分，共包括名词、量词、形容词、数词、代词、动

---

① 原文是：The object of the following work is, to afford practical assistance to the student of Chinese. ... On this subject much has already been said; but, as yet, in our language, little practical assistance has been afforded to the student. It is hoped that this grammar will, in some degree, supply the defect.

词、副词、介词、连词、感叹词 10 种词性。从词性划分的结果来看，马礼逊基本上是按照英语语法体系来尝试对汉语中"字"的语法特征进行描述，但他也看到了两种语言体系之间的一些差异。例如，他没有将英语中的"冠词"移植到汉语语法体系中，而是特别提到了汉语中的"量词"。本部分全面考察了马礼逊在《华英字典》中所使用的语法术语，如表 5.4 所示：

表 5.4　《华英字典》中的主要语法术语

| 序号 | 类别 | 子类别 |
|---|---|---|
| 1 | Noun（名词）① | case（格）、genitive case（属格）、possessive case（所有格）、dative case（与格）、antecedent（noun）（先行词）、appellative（通称名词）、gender（性）、number（数）、singular（or single words）（单数形式）、plural（复数形式） |
| 2 | Verb（动词） | active verb（主动动词）、passive verb（被动动词）、neuter verb（中性动词）、agent（施事者）、accusative（宾格）、auxiliary verb（助动词）、substantive verb（名词性动词）、tense（时态）、passive tense（被动时）、past tense（过去时）、perfect tense（完成时）、intransitive verb（不及物动词）、transitive verb（及物动词）、irregular（不规则）、indefinite（非限定） |
| 3 | Pronoun（代词） | relative pronoun（关系代词）、demonstrative pronoun（指示代词）、the plural of pronouns（复数代词） |
| 4 | Adverb（副词） | —— |
| 5 | Adjective（形容词） | complimentary adjective（敬语形容词）、excessive degree（表程度高）、superlative degree / the highest degree of the adjective（最高级） |
| 6 | Interjection（感叹词） | imperative interjection（祈使感叹词） |

---

①　括号中的汉语翻译为本书作者所加，马礼逊并未提供与英文相对应的汉语翻译。

| 序号 | 类别 | 子类别 |
|---|---|---|
| 7 | Preposition（介词） | —— |
| 8 | Particle（虚词） | particle of aspiration（or exclamation）（送气或感叹虚词）、affirmative particle（or particle of affirmation）（肯定虚词）、auxiliary particle（助词虚词）、colloquial particle（口语虚词）、conditional particle（条件虚词）、connective particle（or particle of connection）（连接虚词）、disjunctive particle（转折虚词）、qualifying particle（补充虚词）、emphatic particle（强调虚词）、euphonic particle（or particle of mere sound）（音调虚词）、final particle（终助词）、interrogative particle（or particle of interrogation）（疑问虚词）、negative（or prohibitive）particle（否定虚词）、numeral particle（数量虚词）、superlative particle（最高级虚词）、suppositive（or hypothetic）particle（假设虚词） |

马礼逊（1815a：192）曾经指出过，中国人大致将汉字分为实字和虚字两种类型，前者有较为固定的意义，用以指称一些具体的人、地点或主题，后者意义不定或没有实义，与实字的用法形成互补。从上表中的语法术语可以看出，马礼逊的基本思路大致是尝试将汉语中的实字和虚字与英语中的词类体系对接起来。从其使用的语法术语的子类别来看，马礼逊较为关注的是名词、动词、形容词、代词和虚词；其中，名、动、形、代与汉语中的实字相对应，其他词类都划入了虚字的范畴。但是，值得注意的是，马礼逊对汉语中实字的语法描述主要是围绕英语中的核心语法概念——屈折变化展开的，其主要目的是在英汉两种语言间"求同"，帮助欧洲汉语学习者在汉语目的语中找到与母语相对等的语法手段；相比之下，马礼逊对虚字的描述主要是基于对汉语语言特点的认识，目的在于凸显英汉两种语言间的"差异"。下文将从这两个方面分别展开论述。

一、"求同"呈现方式

在其词典编纂实践中,马礼逊对名词、动词、形容词和代词的标注有两个较为突出的特点:第一个特点是采用词类对译的隐性标注方式,未提供词性标签。以"迷"字为例,马礼逊为其提供的对应词有"A deceived perturbed state of mind"和"to stupify; to puzzle"等(参见 Morrison 1819:577),英国汉语学习者据此很容易判定其作为名词和动词的用法。第二个特点是从英语中存在的屈折变化形式之间的"一致"(concord)或"管辖"(government)关系入手,来考察该类语法功能词在汉语中的句法表现形式。以英语中形容词最高级的屈折变化为例,马礼逊在《华英字典》中提供了以下汉语中的表达方式①:

(1)至:**the highest degree**;至恶 extremely vicious; wicked in the highest degree. 至丑 most ugly. 至易 most easy. 至贤 the highest degree of morals and goodness. 至近 as near as possible. 至公 most just and equitable. 至极 the utmost extreme; a double superlative. 至难 most difficult. 至圣 most holy, is applied to Confucius. 至神 most divine, was applied to the first Emperor of the Ming dynasty. 至德 most virtuous. 至亲 the nearest related — are father and son; elder and younger brother. 至远 extremely remote. 至仁 most benevolent. (Morrison 1819:33)

(2)狠:**Forms the superlative degree**. 狠是 very right. (Morrison 1819:220)

(3)好:好不 **denotes the superlative degree**. 好不苦恼 extremely annoyed and vexed. (Morrison 1819:225)

(4)竭:To carry to the utmost point; to exhaust; **the highest degree**; to try to the utmost. 竭诚 perfectly; sincere; to carry sincerity to

----

① 例证中的下画线和粗体格式为本书作者所加。

the utmost degree. 竭力 to exert all one's strength ; to do one's utmost. (Morrison 1819: 413)

（5）莫: **It generally denotes the highest degree of the adjective which follows**, when that adjective has a noun following, as 莫大天 there is nothing greater than heaven. (Morrison 1819: 595)

（6）杀:**used to denote the superlative degree**. 服杀 to submit to entirely. (Morrison 1819: 724)

（7）十:十分 ten parts, or ten tenths, the whole, complete, perfect, perfectly, the highest degree; used as an adverb, **making the superlative degree**. 十分好 very good; perfectly good. (Morrison 1819: 744)

（8）甚:**In an extreme degree**; very; **it generally precedes the adjective**, sometimes follows the words which make the affirmation as, 凌辱已甚 insult and disgrace already carried to its utmost degree. 甚好 very good. 甚贵 very dear. 甚是 very right. (Morrison 1819: 750)

（9）盛:Great; abundant; plenteous; affluent; flourishing; **any good in the highest degree**; excellent. 盛服 pompously and solemnly dressed out. 盛恩 abundant kindness and favour. 盛名 famed; celebrated; famous. 盛德 daily moral renovation; continual increase in virtue. (Morrison 1819: 752)

（10）殊:**A particle marking strongly the superlative degree**; 殊尤之产 rare productions. 殊不介意 far from giving any concern to the mind. (Morrison 1819: 755)

（11）哉:An interrogative exclamation, **denoting the superlative degree**, of what is affirmed or implied. 大哉尧之为君也 great indeed! or O! How great was the Prince Yaou! (Morrison 1819: 865)

（12）绝:**the highest degree**; 绝妙 most admirable. (Morrison 1819: 901)

（13）最: **in the highest degree**; exceedingly; very commonly forms the superlative. 最为昭著 is exceedingly luminous. 最要紧 most

important. 最先 first of all; in the first place. 最为第一 the very first.
（Morrison 1819：934）

（14）笃：Annexed to adjectives, **makes the superlative**. 危笃
imminently dangerous.（Morrison 1819：944）

（15）万：**a superlative particle**. 万望 ten thousand hopes; i. e.
great expectation, trust, reliance upon. 万无此理 no such principle.
（Morrison 1819：966－967）

（16）于：**After 莫, and an adjective, answers to *than*.**莫孤于
自恃 none more orphans than those who presume to trust entirely on
themselves.（Morrison 1819：1037）

从上述例证可以看出,英语中最高级别或程度的表达,主要是
通过形容词或副词的最高级屈折变化形式来实现的,但在汉语中,
主要是通过词汇手段来实现,尤其是虚词起着重要的作用。所以,
在《华英字典》中,马礼逊对名词、动词、形容词和代词用法的关
注,主要体现在对其与相关虚词用法关系的关注上。归根结底,
《通用汉言之法》和《华英字典》中的词类信息均是围绕虚词以及
实词与虚词的关系而展开的。从现代汉语语法理论来看,汉语中
的形容词是没有最高级的,同样名词没有单复数之分,动词也没有
及物与不及物之分。对实词的处理还应该以汉语本体理论为基
础,但在当时的历史条件下,这种处理方式的进步性是值得肯定
的,特别是马礼逊从汉语语言文字的特殊性出发,对汉语中虚词的
关注。下文将对此进一步论述。

二、"示异"呈现方式

在《通用汉言之法》中,马礼逊使用英语中传统的词类分类模
式来对汉语进行描述,但在《华英字典》中却使用了"Particle"来统
称除了名、动、形、代之外的所有词类。例如,冠词被称为"数量虚
词"、助词被分为"助词虚词"和"终助词",连词切分得更细,有"连
接虚词""条件虚词""转折虚词""假设虚词"。这种变化一方面

体现出了马礼逊对汉语中虚词特殊性的关注,另一方面也能反映出他尝试将英语中的词类划分模式与汉语中的实字和虚字二分模式结合起来的努力。从马礼逊在其词典编纂实践中对虚词的切分方式来看(参见表 5.4),这种用 Particle 表示"属"、用"句法功能"表示"种差"的"属+种差"的命名和标注方式显得更加简洁和系统。

汉语中的虚词是非母语汉语学习者的一个学习难点,马礼逊对此有着清楚的认识。在其所划分的各种虚词类型中,他最为重视的是对量词的标注。在《通用汉言之法》中,马礼逊共介绍了 80 个量词(参见 Morrison 1815b:37—59),大约有三分之二的量词在《华英字典》中均有用法说明或例证展示①。在《华英字典》中,马礼逊共在 78 个字头下展示了相关量词的用法,其中有明确词性标注的有 27 个②,如对"口"的量词用法说明为:"The numeral particle employed when reckoning houses, persons, draughts of liquid, and knives or swords."(用于对房屋、人、液体、刀或剑进行计量的数量词);同时,还提供了"数口之家"和"小刀八口"两个例证(Morrison 1819:481)。另外 51 个字头虽没有标注 numeral particle③,但马礼逊提供了其量词用法的例证,如"双"字头下提供了"一双鞋"和"一双手"两个例证(参见 Morrison 1819:767)。

此外,由于虚字的意义比较"虚"(empty),在阐述其语法功能时就需要通过足够多的例证来对之进行说明。对于一些常用的语法虚词,马礼逊大都为学习者提供了丰富的例证,以《五车韵府》

---

① 未在《华英字典》中出现量词用法的字头有 33 个:节、座、幅、挏、帙、管、成、串、重、方、行、下、画、回、竿、根、间、科、连、领、亩、面、门、刀、台、担、帖、道、顶、端、假、文、首。

② 27 个字头分别是:札、盏、章、张、挑、枝、只、株、椿、页、介、噉、级、员、颗、口、款、两、枚、把、匹(疋)、部、类、本、头、位、员、个。

③ 51 个字头分别是:条、双、餐、层、阵、炷、封、伙、架、件、局、句、卷、股、块、辆、棱、粒、片、旬、点、朵、纼、对、团、尾、剂、福、遭、盅、名、堆、次、所、刻、段、步、钱、寸、尺、丈、群、项、品、宗、乘、缭、包、班、榜、艘、圆。

中的虚字"了"和"的"为例,见表5.5:

### 表5.5 《五车韵府》中语法功能词配例举隅

| 字头 | 语法功能及相关配例 |
| --- | --- |
| 了 | Leaou, is a very frequent particle in the Spoken Language, serving to round the period, and form the Perfect Tense. 我见了 I have seen. (Morrison 1819:532)<br>(1)潮:潮涨了 or 潮水满了,潮退了;(2)成:成了;(3)废:手足废了;(4)完:食完了;(5)看:看轻了,看破了;(6)讲:讲妥了,讲明白了;(7)空:空了;(8)亮:天亮,天亮了;(9)弄:弄坏了;(10)饱:饱了;(11)备:备下了;(12)破:看破了;(13)削:削职,削了职;(14)说:说差了 or 说错了;(15)参:参透了;(16)经:已经做了;(17)完:完清了 or 完了数;(18)读:读完了① |
| 的 | Now used as an auxiliary particle for the 底 Te of the Sung dynasty. 我的 my or mine. 你的 they or thine. 他的 his. 谁的 whose? (Morrison 1819:840)<br>(1)传:传教,传教的人;(2)我:我的,我们的;(3)你:你的,你们的,是你们的事,这个不是你们的么;(4)识:识趣,识趣的人;(5)谁:此物系谁的;(6)他:他的,他们的;(7)读:读书,读书的人;(8)稳:稳当,稳当的人② |

如表5.5所示,马礼逊在介绍虚词"了"的语法功能时,将其与英语中的"完成时"进行类比,然后在不同的字头下,均有体现该用法的例证。特别是在例8和例13中,从马礼逊提供的两个构成明显对比的例证——"天亮"和"天亮了""削职"和"削了职"中,学习者应该不难觉察到两个短语在意义上的微妙变化。在解释"的"的语法功能时,马礼逊采用了相同的方法,学习者通过分布在相关字头下的例证就能对"的"的用法形成一个较为全面的认识。

综上所述,马礼逊套用了英语语法体系的方式来帮助欧洲人掌握汉字的词类搭配用法。虽然英语语法体系并不完全适用于汉语,但在当时的历史条件下,其进步意义是毋庸置疑的,而且这种

---

① 例证分别参见 Morrison 1819:27, 72, 162, 301, 356, 396, 488, 531, 562, 642, 651, 676, 714, 767, 868, 468, 915, 945。
② 例证分别参见 Morrison 1819:98, 206, 612, 747, 769, 796, 945, 970。

做法也与学习型词典类型特征的内在要求是相符的,即呈现语法信息是学习型词典编写中必不可少的一个设计特征。所以在当时来看,这种做法具有一定的前瞻性。在借鉴英语词类划分方法时,我们能够发现,一方面,马礼逊在汉英两种语法特征差异巨大的情况下,还在尝试找出二者之间的共同特征;另一方面,马礼逊也提醒欧洲汉语学习者要对汉语语法中的特殊词类多加关注。这种"求同存异"的处理方式,能够使得西方人对汉语词类划分的特点及其特殊性形成一个较为全面的认识,为字词关系的沟通提供了一个重要的抓手。另外,马礼逊对汉语语法的处理主要集中在词类划分方面,对汉语句法的介绍相对有限[①]。马礼逊对此也有明确说明,他给出的解释是汉语中的字词既缺少形态变化,也没有句法管辖和一致关系,汉语的句法特征实在难以描述,目前唯一能做的就是简单列举几项有关汉语语序的规则(参见 Morrison 1815b:268)。这些与马礼逊的编者身份有着较大的关系:虽然马礼逊是一位非常出色的汉语学习者,但他并不是一位语言学家,也不是一个专业的辞书编纂者,其对汉语语法规则的总结基本上还是以感性的经验总结为主,并没有上升到一个系统的理性认识层面。这其中既有客观原因也有主观原因:就前者而言,当时并没有一部现成的汉语语法著作可供参考;就后者而言,马礼逊并未受过专门的文字学训练,即使是作为一名成功的汉语学习者,他对汉语语法规则并没有太深的理性认识,这与不少汉语母语者会讲汉语但又讲不清楚汉语规则的现象比较类似。在当今的外向型汉英词典的编纂实践中,这种历史条件的限制性已经被打破,编者可以利用汉语本体研究和汉语作为第二语言的教学语法中的研究成果来处理字词使用关联这一问题。

---

① 马礼逊对汉语句法的介绍仅包括九条简单的汉语语序规则,例如,时间状语放在谓语动词之前、形容词通常位于名词之前,等等。更多内容见 Morrison 1815b:268—272。

#### 5.3.2.2　语境充实

从编纂过程来看,双语学习词典编纂有两个阶段与语境化紧密相关:一是"去语境化"(de-contextualization)阶段,另一是"再语境化"(re-contextualization)阶段。前者指词典编者基于多蓝本单语词典的释义来提供义项对应词时,语词的意义经历了跨语言的去语境化过程;后者指的是编者从词典用户的语言文化认知特点与需求出发,努力给那些孤立抽象的译语对应词汇单位再构建认知语境的过程(魏向清等 2014:155)。因此,在双语词典文本中,语境充实,即如何为词目重构源语语境,以便有效再现其在源语语言文化系统中的真实面貌,将在很大程度上决定词典的内容质量。在《华英字典》副文本中,马礼逊多次指出语言学习环境的重要性。例如,他(Morrison 1819:viii)指出,"众多生活在中国以外的欧洲人,他们没有中国人做助手,仅仅通过一本字典上的定义、一些单词和例句是不可能掌握汉语的。不过欧洲的一些图书馆里有许多有关中国的书籍和资料,再加上花费大量的时间的话,在语言学习上也许会有一定的成果。但是这也仅限于一小部分有条件的人。对于那些处在不同环境下的人来说,这些成果是不可能得到的"①。为了弥补当时欧洲人缺少真实汉语学习语境的不足,马礼逊在《华英字典》中补充了较为丰富的语境信息。通过对词典文本的分析,本研究发现,明示交际场景和构建主题式情景语境是马礼逊充实词典文本语境信息的两个主要手段。

一、明示交际场景的方式

通过词典文本细读发现,在提示或补充与某一交际场景相关

---

① 原文是:Europeans, and most of all those out of China, and who have no Native Assistant, cannot learn Chinese from a Dictionary, which contains only a definition of single word, and of detached sentences. Still with such a collection of Books and Papers, respecting Chinese, as is contained in some European Libraries, and with a great sacrifice of time, it is probable that considerable progress may be made in the Language; but these are helps which few can command; and what may be practicable in that case, becomes impossible to those who are differently circumstanced.

的语境信息时,马礼逊侧重于关注以下三方面内容:一是交际对象,包括讲话人和听话人;二是使用场合,指交际场景的时空性;三是得体性,主要涉及语义色彩和语体两个方面。概括起来就是,何人在何时以何种方式使用某一语言表达方式。下文将分别论述。

1. 交际对象

首先,在补充与交际者相关的语境信息时,马礼逊常使用 used by (sb.), applied by (sb.), applied as … to (sb.), said by, when addressing/calling (sb.), employed by sb, be confined to sb., somebody say(s)/use(s) so, an expression/ a term for somebody, addressed to, an expression used on a certain occasion 等译义元语言作为交际场景明示手段。相关例证如下所示①:

(1) 番 FAN. Fan kwei 番鬼, foreign devil; an opprobrious epithet **applied by the people of Canton to Europeans**. ( Morrison 1819: 151)

(2) 久 KEW. Kew pëĕ 久别,and 久违 kew wei. "Long separated;" are expressions **used by friends or acquaintances** on meeting each other. ( Morrison 1815a: 33)

(3) 下 HEA. 足下 Tsŭh hea. "Foot below;" i. e. you, **addressed to friends and equals**. ( Morrison 1815a: 17)

(4) 狗 KOW. A dog, **it is vulgarly applied to porters and gentlemen's servants**. Ta-kow 大狗 a great dog, mean also A gentleman's servant. Chang man kow 掌门狗 a dog that guards the gate; a porter. ( Morrison 1819: 481)

(5) 下 HEA. 阁下 Kŏ hea. "Council chamber below;" by the same kind of allusion, as in the last sentence, **is used for the pronoun "You" when addressing ministers of state**, who have a

---

① 例证中的下画线和粗体格式为本书作者所加。

share in the Imperial councils. (Morrison 1815a：17)

(6) 来 LAE. 来呀 Lae ya. "Come here!" **Used by the Chinese, when calling a servant**. (Morrison 1815a：100)

(7) 堂 T'HANG. **A governor of a Province instead of the Pronoun I, says** 本部堂 Pun-poo-t'hang. (Morrison 1815a：513)

(8) 咱 TSA. I；me. **This word is confined to** the northern people. Tsǎ-mun 咱们 we；us. Tsǎ laou tsze 咱老子 my father. (Morrison 1819：862)

在上述几例中,欧洲汉语学习者可以较为清楚地了解到词头的适用对象。例 1 中,交际双方的身份都十分明确;例 2 和例 3 中,虽然仅提及了交际者中一方的身份,但"朋友或熟人之间"这一信息弥补了交际者身份不完整的问题;例 4 中,当学习者了解到"狗"字用来指称服务员或大户家的仆人外,也就能较好地理解"大狗"和"掌门狗"的隐喻性用法;例 5—8 都需要学习者根据自己的身份特征来决定是否使用这些词语。

2. 使用场合

在对与使用场合相关的语境信息进行补充时,马礼逊使用了丰富的语场标签,例如,Medical phrase / phraseology(医学短语)、Military phrase / term(军事短语)、Legal phrase(法律短语)、Poetical term(诗歌术语)、Technical phrase / term(专门术语)、Chinese term / phraseology(中国短语)、Foreign word / phraseology(外来短语)、Ancient phrase / phraseology(古代短语)、Modern character / word / term(现代字/词/术语)、Local phrase / term/ word(土话/土谈)、Slang(行话)、Common phrase / expression(常用短语)、obsolete phrase(过时短语)。兹分别举数例如下①:

(1) 死 SZE. Sze pǔh ming 死不明 to die without a manifest

---

① 例证中的下画线和粗体格式为本书作者所加。

cause; **a legal phrase**; a death suspected not to have been by natural means. (Morrison 1819: 793)

（2）墨 MIH. 泼墨 Scattering ink, and 游墨 Rambling ink; are **poetical terms** for sketching pictures more than for writing. (Morrison 1815a: 545)

（3）夹 KEA. Keǎ kung 夹攻 to attack on both sides. Used both as **a military and a medical phrase**. (Morrison 1815a: 588)

（4）子 TSZE. Keun tsze 君子 a prince; is in Chinese moral philosophy, **a technical term**, denoting a wise and virtuous man, to whom every moral perfection is attributed. (Morrison 1815a: 704)

（5）示 SHE. Mǐh she 默示 a silent manifestation; a revelation from heaven; —**a Chinese term**. (Morrison 1819: 734)

（6）嚕 LOO. Speech; to flatter. **A foreign word**, used by the Tartars and Buddhists for the syllable Roo. 夷语, 吐嚕犹华言可惜 In foreign phraseology Too-loo, is the same as the Chinese expression K'ho-seǐh, Worthy of pity! Alas! (Morrison 1815a: 447)

（7）域 YIH. 九州之地域 Kew chow che te yǐh, The limits of the nine regions—expresses in **ancient phraseology**, the whole world. (Morrison 1815a: 506)

（8）赔 Pēi. A **modern character**, used to denote making up a deficiency or loss; to restore. (eg. 赔偿 or 赔还、赔补、赔垫) (Morrison 1819:660)

（9）崽 or 仔 Tsàe. **A local word** for son or child; a disrespectful insulting term for another person; the second character is common. Lan tsae 烂仔 an idle vagabond; a blackguard. (Morrison 1819: 866)

（10）伶 LING. Ling le 伶俐 **a common phrase** to denote being clever, ingenious. (Morrison 1819: 525)

（11）瓦 WA. Wa ta 瓦大 the honorable —**an obsolete phrase**. (Morrison 1819: 962)

（12）蟋 SEIH. Ta seǐh sǔh 打蟋蟀 to fight crickets, or grasshopper, a kind of gambling to which the Chinese are addicted, the gamesters fight them for cakes, but **in their slang**, each cake is understood to mean a certain sum of money. (Morrison 1819：713)

  上述语场标签标注的词语一般具有较强的专业性,往往是某一领域中的术语或行话。例如,例1中"死不明"是中国古代的一个法律术语,在司法活动中使用的频率更高;例12中的"打蟋蟀"属于行话,只有熟悉或参与赌博的人才有可能理解该词的含义。有时马礼逊标注的过于粗略,如例5中的"默示"仅标注有"中国短语",例9中的"崽(仔)"标注有"方言词",没有进一步指明其适用范围。例10中的"常用短语"和例11中的"过时短语"提示相对比较有用,因为对汉语初学者而言,他们最先需要学习的一般是语言的常见用法,同时也需要规避那些过时的用法。整体来看,《华英字典》中语场标签所提示的交际场景信息相对粗略。与此相对的是另一种形式的与使用场合相关的语境信息充实方式——场景式白描,即以一种语言白描的方式对词语的使用场合进行较为详细的解释,如以下几例①:

  (1) 知 CHE. Che taou 知道 or 知道了 Che taou leaou, I know it；very well；said in reply to some information given. It does not signify approbation, nor its opposite. **These words are often the official reply of the Emperor to papers which are sent to him**. (Morrison 1819：32)

  (2) 叨 TAOU. Taou mung 叨蒙 and Taou mǔh 叨沐 **are used to express** thankfulness for undeserved benefits conferred. (Morrison 1819：817)

  (3) 久 KEW. Kew yang 久仰 long looked up, and Kew moo 久慕 long thought on with regard；**are phrases used at first meeting**, by persons who have been known by name to each other. (Morrison 1819：456)

---

  ① 例证中的下画线和粗体格式为本书作者所加。

（4）驱 KEU. Keu chǒ 驱逐 to drive out; to expel; **a favorite phrase with the Canton government**, applied to the European ships of war, which on all occasions they threaten to drive away. (Morrison 1819: 441)

（5）尼 NE. Sǎng ne mëen tsin 僧尼免进 priests and nuns, are not allowed to enter here, **is pasted up at the door by many persons who do not wish to be importuned for charily**. (Morrison 1819: 612)

（6）绑 PANG. Pang foo she tsaou 绑赴市曹 take him bound to the market place and execute before the multitude—is a sentence **always written on the board which contains the warrant for capital punishment**. The board is affixed to the criminal's back. (Morrison 1819: 637)

（7）吉 KEIH. 开门大吉 great felicity attend the opening of the door; —**written on paper and pasted on people's doors by beggars**, during the last night of the old year, that it may strike the attention and awaken the fond hopes of the inhabitants, when first opening the door, on New year's morning. The beggars expect an alms as the reward of their good wishes. (Morrison 1819: 428)

从上述几例可以看出，每例中所包含的有关使用场合的语境信息均较为具体。从其解释内容来看，马礼逊的主要思路仍是将这些短语经常出现的场合描述清楚。从语场类别来看，这些短语涵盖的内容比较宽广，不易将其归到某一特定语场中。例如，例1中的"知道了"，马礼逊提供的使用场景描述是"皇帝批复奏章时常用的一个短语"；例2和例3中的"叩蒙（沐）"和"久仰（慕）"分别是表示致谢和见面打招呼的客套语；例4中的"驱逐"是广东官府人员对欧洲战舰常用的警告用语；此外，马礼逊还为一些常见的标语和习语如"僧尼免进""绑赴市曹""开门大吉"等提供了较为详细的使用场景说明，这些都体现出了马礼逊对中国人日常生活场景的细致观察，很难将它们都贴上某一语场标签。因此，对这些词语的使用场合进行适当的说明,可能比仅仅提供语场标签的做法更好地满足学习者的需求。

3. 得体性

在对词语的得体性进行相关的语境信息补充时,语义褒贬和语体色彩是两个主要因素。首先,《华英字典》中与语义褒贬有关的语境标签主要有:delicate expression/term, complimentary expression/term, respectful epithet/term, the language of courtesy/compliment, a term of abuse, abusive language, gross word, indelicate expression, in a good/delicate sense, in a bad/vicious sense, in an indelicate/indecent sense, a disrespectful insulting term, opprobrious language/epithet. 部分较有代表性的例证如下所示[①]:

(1) 老 LAOU. A person aged 70, old; aged; venerable; **a term of honor and respect**. Laou, at the end of phrases, is a kind of vulgar **complimentary term**, which some deem an insult, as 外江老, a person from beyond the 扬子江, i.e. a man of another province. (Morrison 1819:521)

(2) 费 FEI. Fei leĭh 费力 to use effort. This, and the two following terms, **are often the language of courtesy** apologizing for the expence, attention, or trouble to which one puts a friend. (Morrison 1819:161)

(3) 高 KAOU. Represents a high raised terrace or gallery; high; lofty; eminent; elevated; a high degree of, **generally in a good sense**. 高见 elevated ideas; extensive views.高登金榜 to be promoted to the golden list— of literati. Expressed as a wish at the new year. 高姓 what is your eminent surname? 高大 lofty and great. (Morrison 1819:365)

(4) 刁 TEAOU. It is **much used in a bad sense**, not noticed by

---

① 例证中方括号、下画线和粗体格式为本书作者所加。

the Dictionaries, denoting perverse; restless; violent; ungovernable; wicked; artful; encroaching. 恃刁 to assume in a violent obstinate manner. 刁恶 wicked; bad; malignant. 刁抗 perverse; obstinate; unruly. 刁蛮 harbarous; boisterous; unruly. 刁登 intractable; stubborn; perverse. (Morrison 1819: 828)

（5）废 FEI. Fei wǔh 废物 or Fei leaou wǔh këen 废了物件 a useless thing, **used as a term of abuse**. (Morrison 1819: 162)

（6）骨 KUH. Tsëen kǔh tow 贱骨头 a mean bone, is **used in abusive language** to denote lowness of birth or of conduct. (Morrison 1819: 486)

上述例证大致可分为敬语和禁忌语两类,对缺少语感的外国人而言,这些语境信息是帮助他们减少语用错误的重要认知辅助手段。例如,例3中经常表示褒义的"高"字,由其构成的合成词也大都带有褒义色彩;例4中的"刁"字则与之相反,由其构成的合成词常常带有贬义色彩。

其次,语体又分为口语和书面语,马礼逊对这两者的使用场景标注都很重视。《华英字典》中出现的与口语有关的情景语境标签主要有:used in common conversation, sometimes used in conversation, in familiar conversation, in the spoken language, in the colloquial style, a colloquial term/particle, (be) quite colloquial, in colloquial books, in the colloquial dialect, colloquially, less formally. 相关例证如下所示[①]:

（1）了 Leàou. Leaou, is a very frequent particle **in the Spoken Language**, serving to round the period, and form the Perfect Tense. 我见了 I have seen. 他来了 He is come. 知道了 I know it. 罢了 Enough! Very well. 一语未了 ere a sentence was finished. (Morrison

---

① 例证中的下画线和粗体格式为本书作者所加。

1819：532)

(2) 别 Pëě. **In the Peking colloquial dialect**, used in a prohibitive sense, as Do not, or **less formally** Don't. (Morrison 1819：654)

(3) 什 Shǐh. **In the Colloquial style**, Shǐh mo 什么 is used for What? And who? Shǐh mo sze 什么事 What affair? (Morrison 1819：744)

(4) 也 Yày. In light composition, and **in the Colloquial Dialect**, used in the middle of a sentence in the sense of and; also; likewise; even. Yay haou 也好 also well; may do. (Morrison 1819：1002)

(5) 行 HANG. Hang san 行三 I am the third brother. This question and answer are preparatory to laying aside the name and title **in familiar conversation**, and addressing the person by San-ko 三哥 third brother. (Morrison 1819：222)

(6) 子 TSZE. Neu tsze 女子 a woman—**a colloquial term**. (Morrison 1815a：702)

(7) 屑 SEAOU. **Colloquially** Seaou, as Pǔh seaou lae 不屑来 There is no occasion to come. Pǔh seaou tso 不屑做 It is unnecessary to do it, you need not be at the trouble. (Morrison 1819：704)

(8) 儿 Urh. 小儿 Seaou urh, or 小儿子 Seaou urh tsze, A little boy; or in the language of courtesy, My little boy. 孩儿 Hae urh, A child, or Your child; used by children to their parents, instead of I, or me. 一点儿 Yǐh tëen urh, A little; a small quantity. 明儿 Ming urh, Tomorrow. These expressions are **quite colloquial**. (Morrison 1819：137)

为了满足欧洲人汉语交际的需求,马礼逊十分重视汉语口语,特别是在《五车韵府》中,增加了大量的口语例证。从上面几例可以看出,马礼逊既注意到了汉语中一些常见的口语虚词的用法,如例1—4中的"了、别、什、也",同时也对一些实词的常见口语用法进行了标注,如例5—8中的"行、子、屑、儿"。上述字头在《康熙字典》中是不收录口语用法的,这种变化也体现出了马礼逊对欧洲汉语学习者真实学习需求的关注。

与书面语有关的语境信息标签主要有：not colloquial, in the language of books, in grave writing, in letters, in government/official papers, in state papers/documents, on invitation cards. 相关例证如下所示①：

（1）侪 CHAE. 吾侪 Woo chae, We; **in the language of books, not colloquial**. (Morrison 1819：8)

（2）且 TS'HEAY. 且夫 "Now further". This they define 从宽远说起之词 "An expression which prefaces the introducing of something remote." **Used only in grave writing**. (Morrison 1815a：20)

（3）及 KEIH. Yew keǐh 又及 again terminated, are words which **commonly close the postscript of a letter**. (Morrison 1819：425)

（4）兹 TSZE. Tsze 兹 or Tsze chay 兹者 are used for now, **when commencing a letter or a paragraph**. (Morrison 1819：939)

（5）查 Cha. This word, **occurs very frequently in Chinese government papers**, after stating a case, and before giving a decision, they use it denoting, *I have referred to the law, or the records of the office, and find* —then follows an opinion or decision. (Morrison 1819：2)

（6）我 Wo. **In state papers**, Wo requires to be rendered by our; as Wo chaou 我朝 our dynasty. Wo kwǒ 我国 our country. (Morrison 1819：981)

在对汉语中的书面语信息进行标注时，马礼逊较为关注"书信、邀请函、官府公文"三个方面的内容，这可能与他当时的生活经历及社会处境有关。马礼逊当时任职于东印度公司，经常代表公司与中国官府谈判，对官文、书信及其他书函的关注度相应地就会

---

① 例证中的下画线和粗体格式为本书作者所加。

提高。

从上述分析可以看出,明示交际场景是马礼逊呈现汉字用法的主要路径之一。这对当今汉语作为第二语言的教学中的"语""文"之争具有积极的启示。汉字教学既服务于汉语教学又具有不可替代性。换言之,对汉语二语学习者而言,只有学好汉字才能学好汉语,而不是相反。我们认为,与汉语母语者相比,外国留学生在学习汉语时对汉字的依赖性更大,他们只有在汉字的辅助下,才能在汉语学习的道路上走得更远。长期以来,我国对外汉语教学的目标一直是培养学习者的语言交际能力,要想成功达到这一教学目标,就要处理好汉字教学和汉语教学的关系。通过语境充实,为汉字的用法提供交际场景提示,是在字词之间建立使用关联的一个重要手段。在外向型汉英学习词典中,交际场景信息与语言表达的得体性和准确性有着密切的关系。《华英字典》中呈现的交际场景信息内容虽然有其时代性,但其呈现方式值得借鉴。

二、构建主题式情景语境的方式

上文中主要探讨了《华英字典》微观结构中汉字语境信息的充实方式,这些信息分散在不同的字条下,用户不易从整体上观察到某一类别语境信息的系统性和完整性。本部分通过个案分析的方法来考察《华英字典》在宏观结构上的语境充实方式。

在《华英字典》中,superior(上级)和 inferior(下级)是两个出现频率较高的单词,它们一般与情景语境中的交际主体和使用场合两个因素密切相关。基于此典型个案,本部分以《华英字典》第二部为考察对象,分别提取了该部字典中包含 superior 和 inferior 的语境信息。检索结果为:共有 147 个语境信息符合条件,涵盖103 个汉字字头,其中,"下级"对"上级"的语境有 98 个,"上级"对"下级"的语境有 49 个。然后在此基础上,本研究根据其情景内容的不同分别对其分类,结果分别见图 5.11 和图 5.12。

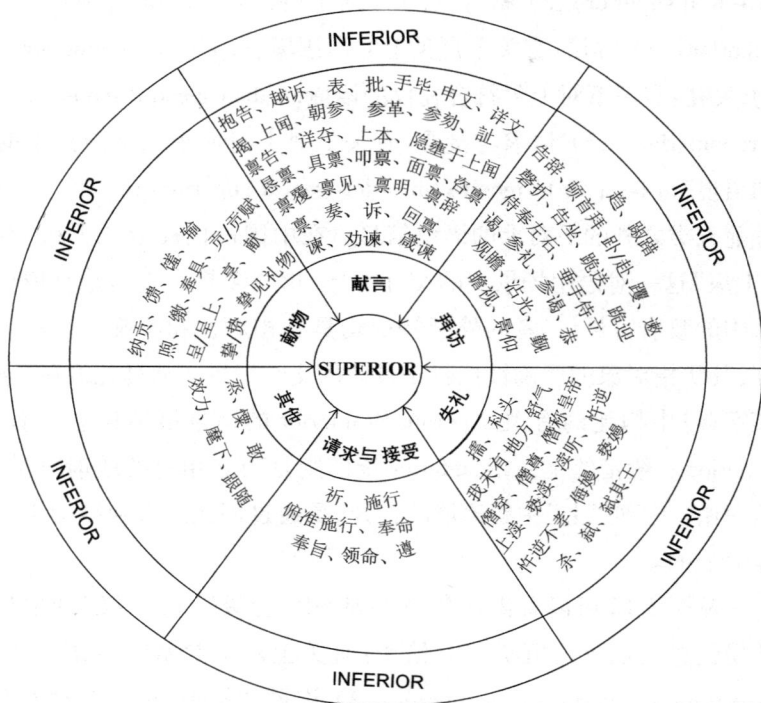

**图 5.11　"下级"对"上级"的语用情景构建①**

如上图所示，《华英字典》中关于"下级"对"上级"的 98 个语境可以大致归为六类：1）献物：有关下对上呈现物品时的语境（to

---

① **献物**部分参照的字头有：挚/贽（p.38）、呈（p.69）、享（p.242）、献（p.255）、煦（p.260）、缴（p.405）、具（p.440）、贡（p.488）、纳（p.607）、馈（p.508）、馐（p.722）、输（p.757）；**献言**部分参照的字头有：谏（p.424）、劝（p.449）、箴（p.66）、禀（p.672）、恳（p.358）、具（p.440）、叩（p.483）、面（p.582）、咨（p.937）、告（p.364）、揭（p.412）、详（p.702）、上（p.727）、闻（p.969）、隐（p.1030）、参（p.867—8）、劾（p.213）、詿（p.34）、抱（p.641）、越（p.1045）、表（p.652）、批（p.645）、毕（p.665）、申（p.748）、详（p.880）；**拜访**部分参照的字头有：瞻（p.51）、景（p.466）、观（p.497）、沾（p.50）、觐（p.463）、谒（p.1003）、参（p.868）、恭（p.490）、侍（p.735—6）、磬（p.470）、坐（p.917）、跪（p.505）、告（p.364）、顿（p.947）、卧/赴（p.163）、躩（p.433）、邀（p.782）、趋（p.900）、踏（p.896）；**失礼**部分参照的字头有：擂（p.339）、科（p.473）、气（p.378）、僭（p.892）、渎（p.965）、忤（p.984）、嫚（p.571）、杀（p.724）、弑（p.738）；**请求与接受**部分参照的字头有：祈（p.376）、施（p.737）、俯（p.166）、奉（p.188）、嘀（p.219）、领（p.551）、遵（p.928）；**其他**部分参照的字头有：烝（p.71）、慄（p.782）、敢（p.355）、效（p.245）、麾（p.325）、跟（p.357）。

give to a superior）；2）献言：有关下对上讲话时的语境（to state to a superior）；3）拜访：有关下拜见上时的语境（to visit to a superior）；4）失礼：有关下对上不符合礼仪的语境（a disrespectful manner before superiors）；5）请求与接受：有关下对上有所求或下遵照上时的语境（to beg；or to receive an order from a superior）；6）其他：有关前五类之外的下对上的语境信息。在中国古代社会，"下级"与"上级"这一对语用场景中的交际主体，指的多是出于封建官僚体系中的政府官员，二者的外延特征均具有相对性和不确定性的特征，其所指对象的明确性依赖于具体的交际场景。从马礼逊在《华英字典》中构建的有关 superior 和 inferior 的情景语境信息来看，superior 一般指的是皇帝，inferior 指的则是与之相对的政府官员。这一由"下"对"上"主题语境的构建，是通过词典的宏观结构来构建完成的。

从图 5.12 可以看出，《华英字典》中"上级"对"下级"的情景语境信息大致分为五类：1）给予：有关上对下封赏时的语境（to give from a superior to an inferior）；2）许可与拒绝：有关上对下发出请求的答复性语境（to permit or refuse a proposal from an inferior）；3）命令与告知：与上对下的训示相关的语境（to order or notify an inferior）；4）屈尊：有关上对下进行巡视时的语境（to go to，or condescend，used by superiors）；5）其他：有关前四类之外的上对下的语境信息。与图 5.11 中"下级"对"上级"的情景主题相比，我们可以看出，superior 和 inferior 的话语方式具有显著的不同。具体而言，马礼逊在围绕 superior 和 inferior 这对交际者构建情景语境信息时，在例证的选配上是有一定的思考和选择的。在当时的社会背景下，马礼逊选择了中国封建社会中皇帝和下属臣子之间的交际场景作为描述对象，较为系统地构建了交际主体为 superior 和 inferior 时的典型情景语境。

SUPERIOR

封赠、诰封、教、诰赠
赐顶戴、赍、养子、赐宴
赐、钦赐、赐贡、赏养
资给、赏赐、颁赐

此准、准此、驳衾

给予　许可与拒绝

利派、拘束、尔曹
我要你的脑盖

其他　INFERIOR　命令与告知

谕、圣意、面谕、饬
谕旨、旨意、策书、示
饬下示、指示、吩咐左右
颁下、召、召见、召臣、知道知道了

屈尊

沧、沧民、枉驾
垂怜、垂爱、君能下下
临下、惠下、下问

SUPERIOR

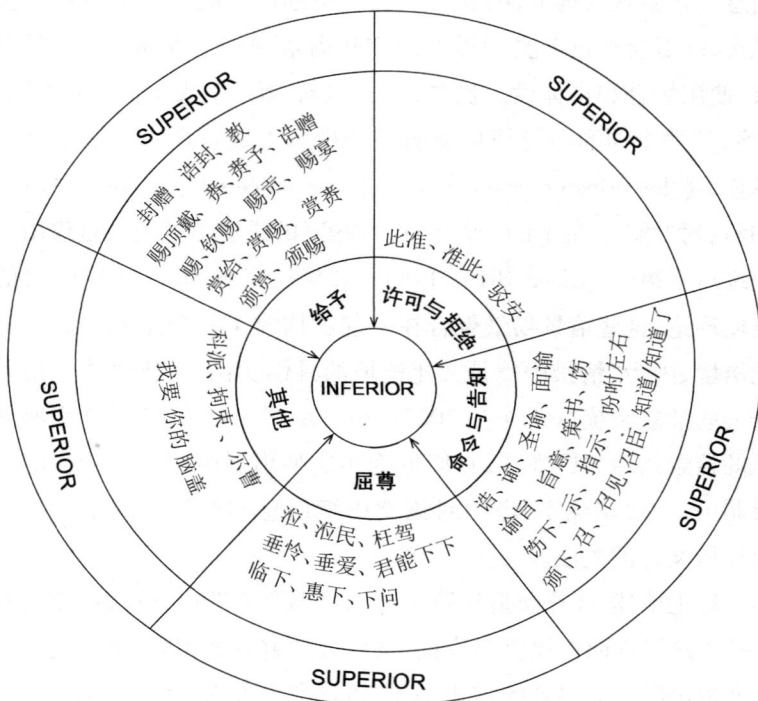

**图 5.12　"上级"对"下级"的语用情景构建①**

在《华英字典》汉英卷中,这种围绕某一主题词进行场景构建的设计特征与字典的宏观结构和微观结构都有着密切的关系。在宏观结构上,编者要选词立目,确定在哪些字头和词目下补充相应的语境信息,如马礼逊在"参"字头下提供了"参礼"和"参谒"两个表示"下级"对"上级"拜访时的语境信息,在"奉"字头下提供有"奉命"和"奉旨"两个表示"下级"对"上级"请求与接受时的语境

---

① **给予**部分参照的字头有:颁(p.635)、赏(p.728)、赐(p.795)、赍(p.516)、赠(p.872)、诰(p.365)、教(p.409)。**许可与拒绝**部分参照的字头有:准(p.109)、驳(p.679);**命令与告知**部分参照的字头有:诰(p.365)、谕(p.1042)、旨(p.42)、策(p.907)、饬(p.61)、示(p.734)、右(p.1014)、颁(p.635)、召(p.828)、知(p.32);**屈尊**部分参照的字头有:沧(p.525)、枉(p.970)、垂(p.118)、下(p.233);**其他**部分参照的字头有:曹(p.875)、拘(p.438)、科(p.473)、脑(p.610)。

信息。在微观结构上,编者还需要对所选词目的语境信息进一步充实,一般会涉及上文中提到的交际场景的三个方面——交际对象、使用场合和得体性。例如,马礼逊对"跪"字头下的"跪送"和"跪迎"两个词的语境信息说明是:"中国下级官员对上级谄媚的举止"( the cringing conduct of inferior officers )( Morrison 1819: 505);对"垂"字头下的"垂怜"和"垂爱"的语境信息说明是仅用于上级对下级( Morrison 1819: 118)。如果按照 Halliday( 1999: 8)的语域理论,这些情景场景聚合在一起就构成了一个主题明确的文化语境,因为"情景语境是文化语境的具体实例,文化语境是情景语境的抽象系统"( 朱永生 2005:11)。从图 5.11 和图 5.12 中所展示的情景语境主题来看,它们也确实反映出了中国封建社会的等级制度。在《华英字典》中对该类语境信息的凸显反映了马礼逊对异域文化的关注。

综上所述,在外向型汉英学习词典编纂实践中,仅仅为字头和字条中的汉语词汇提供对应词,从语言理解方面来看,也许能够满足非母语汉语学习者的需要,但在语言产出方面,这种经去语境化处理的译义对应词尚不能充分满足学习者语言编码的需求。因为对汉字用法的阐释,除了需要在语言本体语境层面对汉字的语法特征和搭配信息进行说明,还需要在言外语境层面对汉字的情景语境和文化语境进行充实,否则字词使用关联的功能就会处于一种缺失状态。在词典文本中,围绕着汉字用法为用户补充丰富的情景语境信息是词典文本信息实现再语境化的重要手段之一,同时也是帮助非母语汉语学习者在字词之间建立使用关联的一个主要路径。

## 5.4　本章小结

本章首先总结了马礼逊关于字词关联的主要学习理念。从

《华英字典》副文本中有关马礼逊的自述文字可以看出,马礼逊认为汉字是学习汉语的基础,但是掌握了汉字的基本知识并不意味着就掌握了汉语。一个成功的汉语学习者还必须能在所学汉字的基础上进一步沟通好字词关系,掌握好汉字在不同语境(主要以词汇组合的方式)中的用法,从而获得相应的口语和书面语交际能力。其次,本章内容分析了《华英字典》中的有关字词关联的呈现内容。研究发现,马礼逊对字词关联的内容进行呈现时,主要集中于对汉字组合共现信息和聚合选择信息的呈现。在词汇组合共现信息的呈现方面,马礼逊使用了一系列与词语搭配用法有关的明示性译义元语言,提醒学习者注意汉字的组合关系。在词汇聚合选择信息的呈现方面,马礼逊采用了列举的方式,将相关同义表达放在一起,便于用户选择使用。另外,马礼逊还注意到了汉语中同素异序词这一特殊搭配形式,即相同汉字因组合顺序不同而引起的词义变化现象。最后,本章考察了《华英字典》中字词关联的两种呈现方式:一是字词认知关联,二是字词使用关联。前者是从语言理解角度对字词关系沟通的一种考察,在词典文本中,马礼逊利用了译义手段(包括对字理信息的译义以及在汉字词义译义过程中直译策略的使用)和英汉对比的方法(包括显性对比和隐性对比),帮助西方汉语学习者在字义和词义的认知方面建立起关联,从而有助于其语言理解。后者是从语言产出角度对字词关系沟通的一种考察,马礼逊通过提供系统的语法信息和充实语境信息的手段,使得字词使用关联得以较为系统地呈现,为学习者掌握汉字的用法和提高汉语交际能力提供了重要的抓手。总之,在《华英字典》中,马礼逊对字词关联的处理体现出了汉字本位的设计理念。

# 第六章 《华英字典》汉字文化学习功能的选择性拓展

本章从三个方面论述马礼逊在其词典编纂实践中对汉字文化学习功能的拓展。第一个方面是对马礼逊有关汉字文化学习理念的总结;第二个方面是对《华英字典》中汉字文化信息呈现内容的分析;第三个方面是关于《华英字典》中汉字文化信息呈现方式的探讨。

## 6.1 马礼逊汉字文化学习理念

"从本质上讲,词典编纂是社会文化行为,而词典使用则是社会心理行为。"特别是语文词典,作为"非纯粹意义上的语言工具书,其全面的语词收录和庞杂的引证构建了系统的文化知识体系和道德价值理念,体现了人文价值、社会理念和语言知识的融合,是民族语言的文化综合体"(雍和明、彭敬 2013:2)。马礼逊是一位业余的词典编写者,但他对词典编写和语言学习之间的关系有着较为清楚的认识——语言知识的学习不应该是语言学习的全部内容,文化知识的学习具有同等重要的地位(参见 Morrison 1817)。换言之,马礼逊认为语言和文化密不可分,学习一门语言的同时也应该了解语言背后的文化现象。正是基于此种语言文化习得观,马礼逊编纂的《华英字典》也是一部"非纯粹意义上的语言工具书",在编纂理念和内容特征上体现出了"人文价值、社会理念和语言知识的融合",由此也奠定了它在中西文化交流史上的重要学术地位。

马礼逊在总结其汉语学习经验时指出,他在刚开始学习汉语时,最先吸引他注意力的,同时也是最让他感兴趣的就是汉字,因为与他所熟悉的拼音文字相比,汉字更具视觉冲击力(参见Morrison 1815a,Introduction)。马礼逊从西方人的视角来审视汉字,他给中国汉字贴的几个主要标签是:神秘、美、民族认同性(同上)。马礼逊之所以用"神秘"来形容汉字,是因为与拼音文字相比,汉字的形和音之间的关系具有不透明性;"美"指的是每个汉字就像一幅图画,尤其是汉字书法所带来的美感是拼音文字无法产生的;"民族认同性"指的是汉字的书写形式和意义一般不会因时代和地域方言的影响而产生较大变化,汉字对于疆域辽阔的中国的统一是有贡献的,因此,汉字既是民族认同性的重要体现,也是民族认同性得以实现的重要保证。在上述三个标签中,"民族认同性"是马礼逊将语言学习和文化学习结合起来的纽带。马礼逊明确指出:

> 中国人是一个有独创性的民族。他们的思维和推理方式也具有独创性,与欧洲人的思维经常是相异的。……忽视中国人的思维方式及相关语言用法,往往会导致外国人理解汉语时犯错。[1]
>
> 因此,针对外国学生编的词典应该按照一定的编写大纲融入以下文化信息:历史、地理、宗教、哲学、国家机构、风俗习惯。[2]

---

[1] 原文为:The Chinese are an original people. Their modes of thinking and reasoning are original; and are often widely different from those of Europeans; […] And an ignorance of the usages and mind of China, will always subject a foreigner to a misapprehension of their language(Morrison 1819:viii).

[2] 原文为:A Dictionary therefore of a Foreign Language, ought to have annexed to it an outline of the History, Geography, Religion, Philosophy, Government and Customs of the Country(Morrison 1817:1).

上述文字最能体现马礼逊的语言文化习得观,即语言学习和文化理解密不可分。同时,这又成为《华英字典》的重要编纂理念之一,进而构成马礼逊词典观的主要内容之一。马礼逊认为汉字不仅具有传递语言信息的功能,还影响着中国人的思维方式和世界观。当然,上述观点与当时"文字传教"的社会背景以及马礼逊的传教需求有着很大的关系(参见 E. Morrison 1839)。马礼逊曾指出,"对任何一个新教传教士而言,如果他想要通过个人努力在中国人当中传播基督教义或科学知识,那么他必须要精通汉语语言文字,同时还要十分熟悉他们的历史、惯例、礼仪、思维方式和风俗习惯;因此在词典和其他语言文字著作中也有必要详细地阐明这些主题"(Kidd 1839:21)①。

马礼逊在编第一部汉英词典(尤其是第一卷内容)时,严格遵循其语言和文化相结合的学习理念,收录了大量具有文学性的古典例句,他认为只有这样才能够为欧洲汉语学习者提供更多了解中国文化的机会。不过第一卷字典出版后并没有取得预想中的成功,因为当时来华的欧洲人多数是为简单的交际需求而学汉语,他们并无深入了解中国文化的主观意愿(Morrison 1819:x)。鉴于此种学习需求,马礼逊只好中断了第一部汉英字典的编纂工作,转而优先编写第二部汉英词典——《五车韵府》。与之前出版的第一卷汉英词典相比,该部词典中的文化信息精简了不少,尽量少收诗歌性、比喻性的古典例句(Morrison 1819:vii)。但是,"马礼逊的这种妥协并不是他的本意""他在《五车韵府》中对每一个汉字都用英语解释原意,显示了他对学习汉字文化的态度。……他仍然坚持了自己学习汉语应同时学习中国文化的主张"(朱凤 2011:78,79)。

---

① 原文是:Every one desirous of diffusing Christian or scientific knowledge by his personal efforts among the Chinese, ought to be well versed in their language; to the attainment of which considerable acquaintance with the antiquities, usages, manners, habits of thinking, and customs of China is required; and hence the necessity of extensive illustrations of these subjects in dictionaries and other philological works.

马礼逊始终坚持语言和文化相结合的学习理念,认为语言不只是一种交际工具,它还影响着中国人的思维方式和世界观;汉字具有民族认同性的特点,它已在中国人的思想意识中留下了深深的印记。因此,在马礼逊看来,学习汉字、重视汉字的文化学习功能,既是掌握汉语的重要认知辅助手段,也是了解中国文化的主要路径之一。

## 6.2　《华英字典》汉字文化信息呈现内容

马礼逊在编纂《华英字典》时有意识地融入了丰富的文化背景知识,涉及对中国宗教和哲学思想、历史、法律、政治、教育制度、地理风俗、各类文学、中医等多方面内容的介绍。在封闭的词典文本空间内,这些文化信息被分散到不同的字头下。另外,马礼逊还将原本作为《华英字典》附录的文化知识部分单独装订成册,1817年以《中国大观》为书名正式出版,以便为欧洲汉语学习者了解中国文化提供更快捷的查阅通道(Morrison 1817)。在该书中,马礼逊从国家历史、地理、政治、时间度量、节日、信仰六个方面较为细致地向西方人介绍了中国的基本国情、社会风俗和道德准则。对当时中西交流环境下的西方人而言,这种专题形式的文化介绍是他们快速了解中国社会最主要的一个途径。

目前,在《华英字典》的相关研究中,有关《华英字典》文化功能的研究起步最早,研究成果也最为丰富(参见 2.3)。在研究的早期阶段,多以例证列举的个案式分析为主,例如谭树林(1994:65—76)从五个方面列举了《华英字典》中一些有代表性的文化信息[1],

---

[1]　这五个方面分别是:1) 对中国各派宗教哲学及神话传说的介绍;2) 对中国礼仪和风俗习惯的介绍;3) 对著名历史人物的介绍;4) 对中国学校教育及科举制度的评介;5) 对中国天文学、音乐戏剧的介绍。

以论证该双语词典在中西文化交流史上的重要地位。进入21世纪后,学界对《华英字典》文化信息的研究视角和研究方法逐渐多样化。例如,钟少华(2006b)对《华英字典》与《康熙字典》中的文化信息做了比较研究;林英杰(2012)引入定量分析的方法对《华英字典》第一部中的引证数量进行了统计,以此来探究中国传统文化在该部词典中的内容呈现特征;屈文生(2013)系统地考察了《五车韵府》中法律条目的翻译及马礼逊对中国法律制度的看法;张冕(2012)对《华英字典》三部六卷本中的宗教词语进行了统计,并在此基础上探讨其中所反映的中西文化交融与碰撞及马礼逊的宗教文化观;张淑文(2018)从译义元语言视角出发,采用定量和定性分析相结合的方法,在语言文化场框架中对《华英字典》的中国文化构建功能进行了考察;等等。从近十年来学界对《华英字典》文化功能的研究来看,其研究呈现出两个显著的特点:第一是引入定量分析方法的研究在数量上明显增多,第二是研究主题更加聚焦,主要侧重于对某一类文化信息的深度挖掘,这离不开定量分析方法的支撑,所以,这两个特点是相辅相成的。然而,目前为止,尚未有基于定量分析对《华英字典》中的文化信息展开全面研究的文献,因为对《华英字典》文本中的文化信息进行定量分析主要以人工检索为主,需要耗费大量的时间和精力,并非一朝一夕之功。鉴于当前《华英字典》文化功能研究的待补白之处以及研究方法的局限性,本研究暂且采用一种折中的办法,即在研读词典文本的过程中,以"内省+个案"的方式,在更为宏观的层面上对《华英字典》中的文化信息类别进行较为全面的考察。具体来讲,就是在文本阅读的过程中,注意对《华英字典》中文化信息的呈现特点进行观察和思考,然后尝试总结出相关结论,并辅以典型案例的支撑。

依据上述研究思路,本研究发现,《华英字典》中的文化信息主题大致分为三个方面:1)与中国人物质生活方面相关的文化;

2）与中国人社会生活方面相关的文化；3）与中国人精神生活方面相关的文化①。每个方面下还包括相应的子类别，具体内容及典型例证见表6.1：

表6.1 《华英字典》中的文化信息类别

| 类别 | 子类别 | 典型例证 |
|---|---|---|
| 物质生活方面 | 衣 | 常服、元服、朝珠、方头靴、尖头靴、缎靴、单夹衣服、套衣、中裙、狐裘、佩巾、方巾、马褂、大褂、绣裳、纱帽、汗衫、长衫、颈环、项圈、耳环、首饰、粉霜、红粉、膏沐 |
| | 食 | 马蹄粉、白豆蔻、牢丸、川椒、土蜜、元宵、烙饼、孟娘菜、烧鹅、牛百叶、豆腐、丸子、荔枝、龙眼、工夫茶、熙春茶、雨前、安溪、杏仁茶、鹿茸、燕窝、阿胶、人参、花娘蟹、玳瑁螺、八角、大茴、小茴 |
| | 住 | 大殿、龙殿、宫房、行宫、大厦、公馆、寓所、客寓、夕室、房屋、内室、卧房、寝室、茅舍、茅室、客厅、书厅、瓦屋子、草舍、茶房、门楣、玄关、厢房、拱篷、匾额、照壁、手拐、牛皮帐、葵扇、睡壶、便壶、水桶、桌布、椅垫、炕火 |
| | 行 | 輼、辌、輴、輓、车幨、轸、綖、鞌、车乘、乘驾、乘马、骈马、车辇、马车、马车轿、八轿、轿担、轿子、轿夫、划子、孤舟、筏、竹篙、扁舟、漕船、贡船、官舱、指南车 |
| | 其他 | 黄堥（煎药用具）、冬虫夏草、牛黄、佛手、天师栗、桑寄生、地萝卜；神龛/香龛、冢土、神像、明粢（古代祭祀所用的谷物）、三牲、六牲、铏、簠（古代祭祀时盛稻粱的器具）、俎、卤 |

---

① 《华英字典》中也收录了一些西方的文化词，但主要以物质文化名词为主，例如，海獭、洋参、刀叉、咖啡、面包、牛乳油、中衫（即夹克）、洋烟、城堡、车床、显微镜、纸牌、鹅毛笔、戏剧、雕塑，等等。这些词在当时都属于新词的范畴，它们大多与西方人的社会生活方式密切相关。此外，还有一部分与西方人宗教信仰相关的词，例如，天使、先知、耶稣、天主、亚当、福音、乐园（基督教中所说的伊甸园）、古兰经、真主、穆罕默德、十字架、礼拜、受难，等等。本研究中仅关注与中国文化相关的信息。

| 类别 | 子类别 | 典型例证 |
|---|---|---|
| 社会生活方面 | 政治 | 奏章、诏旨、抄白、抄咨、摺子、晓谕、柱石之臣、官衔、六部、翰林院、阁老、中堂、内务府、正一品、从一品、知府、师爷、上任、告假、明君、昏君、官体、官样、贪官污吏、俸禄、纱帽、官印、印务、开印、荩臣、朝贡、仁政、酷政 |
| | 经济 | 当票、通宝、纹银、银票、铜钱、定银、田赋、田契、房契、货贝、印信、杂货、收赎、利息 |
| | 法律 | 九刑、三法司、作乱、休妻、律例、罚俸、革职、充军、鸣冤、凌迟处死、刖、刲、剐、问死罪、囚笼、法场、夹棍、嫡子、庶子、冒籍、宫刑、失察、追封、画押、欠债还钱、结案、大赦、斩首、杖一百、颁诏天下、抄家、正法、捉拿、翻案、上告、认罪、抗旨、欺君、诛灭九族、将功赎罪、买妾 |
| | 教育 | 游学、乡学、进学、大学、小学、四书、学馆、胎教、义学、夜学、官学、私学、学堂约条、读书十戒、科场条例、学政、儒生、乡试、会试、殿试、秀才、举人、进士、状元、榜眼、探花、科举、八股文、放榜 |
| 精神生活方面 | 习俗礼仪 | 上丁日、成丁、加冠、礼尚往来、非礼勿视勿听勿言勿动、算命、问卜求神、赤口、叩头、择吉日、开门大吉、乳名、实口、祝哽、居丧、守丧、人死归土为安、回礼、回拜、祝寿、女婿三朝回门、女子二十而嫁、催妆启、门登户对、六礼、风占、洞房 |
| | 宗教信仰 | 三宝、放下屠刀便成仙佛、佛法无边、还俗、偈语、五戒、舍利子、功德、化缘、金刚神、削发为僧、善恶、轮回、参禅打坐、正果、因果、菩萨、放生、华严经、戒律、开光、六根、真如、入定;太一、三才、三清、三元、八仙、雷公、龙王、老子、天兵、元气、乾坤、天道、太极、阴阳、真经、五行、元神、太虚 |
| | 伦理、道德 | 五伦、三纲、五常、孝享、孝悌、仁德、仁爱、仁心、友爱、中庸、信、敬、君子、小人、义、利、和、修身、修德、修真、兄友弟恭、不先父食、忠孝两全、嫂叔不通问、知恩不报非君子、恭宽信敏惠、威武不能屈 |

| 类别 | 子类别 | 典型例证 |
|---|---|---|
| 精神生活方面 | 文学、艺术 | 《诗经》《礼记》《论语》《孟子》《庄子》《左传》《史记》《资治通鉴》《道德经》《封神演义》《醒世恒言》《三国演义》《西厢记》《红楼梦》《好逑传》、编磬、大皮鼓、琵琶、三弦、风琴、锣鼓、横笛、生旦净末丑、文房四宝 |

从上表可以看出，《华英字典》中的文化信息主题比较全面，可以大致分为三类：1）反映中国人物质生活的物质文化；2）反映中国人社会生活的制度文化；3）反映中国人精神生活的精神文化。

首先，在物质文化呈现方面，可以细化为五个小类，分别与中国人日常生活的衣、食、住、行和其他活动有着密切的关系。"衣""食""住"三个方面又能反映出中国的服饰文化、饮食文化和建筑文化；在"行"方面，马礼逊重点关注了中国古人出行的三种主要方式——马车、轿、船，其中对马车这一交通工具的介绍最为详细[①]，包括对车的种类，例如，辌（古代的一种卧车）、轖（古代用竹木条做成的车）、轞（古代军中用以瞭望敌军的一种兵车）、軬（副车）；与车相关的用品，例如，軬（车篷架）、车幨（车上的帘子）、軫（古代指车箱底部四周的横木）、紖（乘舆马饰），等等。这些内容多直接翻译自《康熙字典》，生僻字较多。其他类的物质文化主要与中医和祭祀有关，前者如"黄埜"是一种煎药用具，"冬虫夏草、牛黄、佛手、天师栗、桑寄生、地萝卜"等都是重要的中药药材，后者如"神龛、香龛、神像"与祭祀的神灵相关，"明粢、三牲、六牲"是常见的祭祀用品，"铏、簠、俎、卣"是常用的祭祀用具。这两类都在中国先民的生活中占据有重要的地位。

---

① 在《五车韵府》中，以 carriage 为检索词，能检索到 280 条信息，多数与马车相关。

其次,在制度文化呈现方面,《华英字典》中收录了较多的与中国政治制度、经济制度、法律制度、教育制度和习俗礼仪相关的内容。在政治制度方面,主要集中于对中国古代官府机构的组成和功能、官职及其演变、君臣关系、官民关系等的介绍;在经济制度方面,介绍的内容相对有限,主要提及了与古人生活密切相关的赋税、佃租、抵押和赎回、契书、货币等相关的事物;在法律制度方面,马礼逊从《大清律例》和《大明律》中引用了部分内容,对中国封建社会的一些主要刑罚、司法流程、司法机构等都有较为系统的说明;在教育制度方面,马礼逊提及了中国古代的教育机构、教学过程和方法、科举制度和八股文的写作方法等;在习俗礼仪方面,马礼逊十分懂得"入乡随俗"和"入乡问禁"的道理,在词典中收录了大量的民谚民俗,既有地方的,也有全国通用的,其中有两个方面的内容介绍较多:一是婚嫁习俗,二是丧葬习俗。在其《中国大观》(Morrison 1817)中,马礼逊也重点向欧洲人介绍了这两点,这大概因为马礼逊对中国人"红白喜事"的传统观念有着充分的认识(参见 Morrison 1839)。

最后,在精神文化呈现方面,主要体现在对中国人的宗教信仰、伦理道德、文学艺术三个方面的关注。在宗教信仰方面,马礼逊十分清楚地认识到"三教"——儒教、佛教和道教对中国人精神生活的强大影响力(参见 Morrison 1815a:339;1817:110—113)。鉴于儒教对中国文化的影响力主要体现在伦理道德方面,所以本书中的"宗教信仰"主要指的是佛教和道教,而将儒家思想单独列出,归入伦理道德的范畴中。与佛道相关的文化信息主要体现在神话人物介绍、宗教建筑、法器、教义等几个方面;与佛道思想相比,儒家思想更强调伦理和道德,小到个人修身养性、中到家庭或家族的家风建设、大到国家的治理都与儒家的核心伦理思想分不开。所以,在呈现儒家思想时,马礼逊引用了多种儒家典籍,例如,作为儒家文化的基本著作——十三经,绝大多数在《华英字典》中

均有不少引证出现 ①。在文学艺术方面,《华英字典》中录入了大
量来自中国古典文学和明清戏剧小说中的内容,前者如《诗经》《史
记》《资治通鉴》《论语》《孟子》《庄子》等古典文学作品,在此不再赘
述;后者以《封神演义》《醒世恒言》《三国演义》《西厢记》《红楼梦》
等为代表。马礼逊对这些文献的引述仍然是以服务于当时欧洲人
的汉语学习为主要目的,这从其《中文会话及凡例》一书中就能看出
来。该书是马礼逊为教授外国人学习汉语而编写的一本汉语教材,
以口语学习为主,共包括 31 个长对话。在第 5 个对话中,马礼逊借
"先生"之口告诉外国学生:要先学习以《大学》为代表的古典著作,
其次再根据以《红楼梦》为代表的通俗小说学习汉语口语 ②。此外,
马礼逊还提到了一部分小说中的主要人物③,以及中国古代文学
史上的一些文豪④。他对中国艺术的关注主要体现在京剧、乐器
和书法三个方面,与文学相比,内容相对较少。

综上,在《华英字典》中,马礼逊较为系统地呈现了与中国人
物质生活、社会生活和精神生活相关的文化信息。当然,物质文
化、制度文化和精神文化这三者并不是截然分开的,而是相互联系

①　在查阅词典文本的过程中,发现马礼逊标有明确引用来源的有:《诗经》(She
king)、《春秋》(Chun tsew)、《周礼》(Chow-le)、《礼记》(Le ke)、《易经》(Yǐh king)、《左
传》(Tso chuen)、《论语》(Lun yu)、《尔雅》(Urh-ya)、《孝经》(Heaou king)、《孟子》
(Mǎng tsze)、《礼经》(Le king)。
②　对话 5 的主题是"跟中文老师学汉语"(With an Assistant in Learning the Lan-
guage),部分对话内容为:"学生:请问,初学者看什么书为好? 先生:先学大学要紧。学
生:恐怕大学难明白,是否? 先生:其次念红楼梦甚好。……学生:红楼梦书有多少本?
先生:共二十本书,此书说的全是京话。"(Morrison 1816:64—66)另外,在该书中,马礼
逊还节选了一段来自《红楼梦》的对话(Dialogue 25),主题是"生病的人"(A Person
Ill),内容是袭人生病后与宝玉的一段对话。(Morrison 1816:194—199)
③　例如,崔莺莺(the heroine of the novel called 西厢 Se seang)(Morrison 1822a:
41)。其中,以《红楼梦》中的人物最多,如林黛玉、贾宝玉、贾探春、贾惜春、贾母、贾雨
村、王熙凤、王夫人、尤三姐、史湘云、薛蟠、妙玉、袭人、龄官,等等。
④　例如,对苏东坡的介绍,除了介绍其是宋代著名诗人,还将"推敲"这一典故安
在了苏东坡的身上(参见 Morrison 1819:408)。尽管引述有误,但马礼逊重视呈现中国
文学信息的倾向性是非常明显的。其他提及的一些文人还包括屈原、李白、杜甫、孟浩
然、柳宗元、梁昭明太子,等等。

的一个整体,以至于有时经常划分不清彼此之间的界限。例如,与祭祀相关的用具——铏、簠、俎、卣,它们既可以归到物质文化的范畴,也可以划入精神文化的范畴,只是强调的侧重点不同。将三者区分开来主要是为了研究和讨论上的方便。一方面来看,马礼逊提供文化信息的一个主要出发点是满足传教需求。来到中国后,马礼逊逐渐认识到,任何一个希望顺利传播基督福音的人,都必须跨越语言和文化双重障碍,仅仅与异教徒进行简单的日常交流还远不够,最好还要相当熟悉中国社会的风土人情,做到入乡随俗,融入他们的社会生活,因为传教事业往往与异教徒思想认识的转变有着密切的联系(E. Morrison 1839)。也许正是基于此种认识,在《华英字典》及其副文本中,马礼逊反复强调并倾向于呈现那些与中国人社会生活和精神生活相关的文化信息。但是,从另外一个方面来看,"物质文化是体现民族文化心理特点的最直观方式,因此它具有民族的特点"(刘守华 1992:41)。在这个意义上讲,物质文化、制度文化和精神文化其最终指向都是民族的心理和思维方式,这与马礼逊呈现文化信息的初衷是相一致的。下文将对《华英字典》中与汉字相关的文化信息的呈现方式进行具体的分析。

## 6.3 《华英字典》汉字文化信息呈现方式

同语言信息的呈现方式相类似,由于词典结构的限制,文化信息也会被词典中的一个个词条分割成不同的片段,分散地呈现在词典文本中。对汉语词典而言,由于汉字的表意性特征与中国文化的密切关系,再加上词典中的立目单位一般是字而不是词,这就决定了汉字与中国文化信息的呈现有着紧密的联系。从马礼逊的语言文化习得观可以看出,他非常重视汉字的文化学习功能,强调汉字在中国文化学习中的重要作用,并在其词典编纂实践中通过对中国文化的呈现,试图探究中国人的社会行为和思维方式。从《华英字典》的文本设计特征来看,马礼逊对汉字的文化学习功能的拓展具有选择性,这主要表现在以下两个方面:其一是基于对所选汉字的造意分析,进一步挖掘汉字中所蕴含的文化信息;其二是基于对汉字字头的配例,较为系统地构建围绕某一主题的中国文化。下文将就此两方面分别展开论述。

### 6.3.1　基于汉字造意分析的文化信息呈现

汉字的起源和发展与中华民族的文明紧密相连。从汉字构形学的角度来看,"汉字的构形不论是在宏观的整体系统上,还是在微观的构形事实上,都能在一定程度上反映出不同时代的历史文化信息"(王宁 2015:219)。汉字构形特点所体现出的造意往往也与中国文化的关系十分密切。在马礼逊的第一部汉英字典中,有造意分析的字头数量是 2311 个(参见第四章),在此基础上进一步统计既有文化信息又有造意分析的字头数量,统计结果如表 6.2 所示:

表 6.2　《华英字典》第一部中提供有汉字文化信息的字头

| 来源 | 字头 | 合计 |
|---|---|---|
| VOL. I | 且、丘、丙、丞、㐅、丹、主、井、乇、九、二、互、五、亥、人、亼、仁、仙、伴、伐、休、位、佐、佑、佞、佩、佰、使、来、仑、侗、侵、便、俎、俦、保、信、仓、幸、伞、儿、兄、兆、凶、八、公、兵、典、册、冕、冠、冢、冥、覔、冬、冰、冶、凶、函、分、刑、初、删、判、券、则、剐、力、劳、男、包、匠、十、半、卜、印、又、友、口、史、司、同、名、吏、君、告、命、品、员、哭、意、善、喜、衰、啬、嗣、器、噪、囚、四、囮、因、固、困、图、圙、土、圣、圭、城、域、堉、尘、境、墨、玺、士、壴、夕、夜、天、奔、妑、妓、妙、妾、姆、始、妯、姓、姻、娶、姘、婆、婚、婢、妇、婿、媒、媳、腠、嫁、嫜、婴、子、孔、孙、字、孚、孝、孟、孩、孳、学、孺、宁、宅、宇、守、安、宋、宗、官、宙、宜、客、宣、室、宦、宰、害、宴、家、宸、容、宿、寄、寇、富、窝、寒、寓、察、宝 | 185 |

| | | 续 表 |
|---|---|---|
| 来源 | 字头 | 合计 |
| VOL. Ⅱ | 寺、封、射、尊、小、局、居、屋、巍、巫、常、幸、广、序、度、庀、弓、役、心、忍、忘、性、恃、恕、恩、恭、悌、悲、情、惠、想、意、愚、愿、慈、戈、戮、扁、扇、教、旋、族、日、旦、旺、易、昔、星、映、晚、昧、昨、晨、昏、暜、曹、有、月、朔、木、本、析、枚、棺、极、樗、武、死、母、氏、气、水、火、炙、炮、牢、牧、物、玄、率、王、田、申、男、界、畜、疫、疾、瘠、癸、登、盂、盛、相、矢、示、社、祖、神、祟、礼、私、科、租、税、稼、筋、笔、算、箭、籍、精 | 112 |
| VOL. Ⅲ | 纸、缊、美、羞、义、圣、耕、肖、胚、胎、胖、花、苗、臣、胤、荆、莽、血、蚖、解、亲、言、计、讼、谕、译、贝、贯、贫、辱、财、钗、闰、馗、魄 | 35 |

　　如上表所示,在词典宏观结构的安排方面,马礼逊共为332个有造意分析的字头提供了文化信息。其中,第一卷词典中有185个字头,数量最多,其他两卷中的数量依次递减,分别为112和35个,三卷中的数量分布极不平均。究其原因,这主要与第一部汉英字典的部首编排方式有关,第一卷中的部首更重要一些,包含的常用字也多一些,相比之下,后两卷词典中所收录的汉字,"它们与中国人有关道德、政治和哲学的观点,或者与中国人的信仰、迷信和仪式之间的关系,不如第一卷中的汉字与之更加紧密"①(Kidd 1839:6)。但是,在字头选取标准上,即为哪些汉字提供基于造意分析基础之上的文化信息,马礼逊并没有给予明确说明。Kidd(1839:7)对此进行的评论是,"在整卷词典中一些合适的字头下,穿插着与中国人的风俗、礼仪和习惯相关的或长或短的说明"②。显然,Kidd也语焉不详,"一些合适的字头下"究竟指的是哪些汉

---

　　① 原文是:…There are none more closely connected with the chief moral, political, and philosophical sentiments of the Chinese, or with their religious, superstitious, and cere-monial observances, than those which are contained in this volume[注:指《华英字典》第一卷].

　　② 原文是:Notices, longer or shorter, of the manners, ceremonies, and habits of the Chinese, are interspersed throughout this volume under the appropriate symbols.

字,读者也无从得知。不过从表 6.2 中的统计结果来看,马礼逊所选择的字头,其造意分析中所体现出的中国文化多数与中国古人的社会生活、风俗习惯、伦理道德、哲学思想等相关。这与上文中提及的马礼逊倾向于选择那些与制度文化和精神文化相关的汉字的编纂实践是相一致的。从内容信息的呈现方式来看,马礼逊注意到了汉字文化信息呈现的系统性,同时,他没有照本宣科,唯蓝本字典马首是瞻,而是在编者主体性介入的基础上补充了不少文化信息。这些编纂实践在《华英字典》的宏观结构、中观结构和微观结构上均有所体现。

第一,在汉字文化信息呈现的系统性方面,马礼逊注意到了某一类汉字的构形理据所体现出来的文化主题性。以第一卷词典中的五个相关字头——"婚、姻、媒、娶、嫁"为例,这几个汉字的造意分析均与中国古代的婚嫁习俗有关,相关内容见表 6.3:

**表 6.3　《华英字典》中汉字文化信息系统性呈现的相关示例**

| 字头 | 相关文化信息 |
| --- | --- |
| 婚 HWAN | From *woman* and *evening*. A bride's repairing to the house of her husband in the evening; marriage. A bride's connexions are expressed by Hwǎn; a son-in-law's connexions are expressed by 姻 Yin. (Morrison 1815a:659) |
| 姻 YIN | From *woman* and *because of*. The person made for man; a bride; the bridegroom is called 婚 Hwan, from *woman* and *dusk*; because he came, according to ancient usage, in the evening of the day to receive his bride. (Morrison 1815a:639) |
| 媒 MEI | From *woman* and *a certain person*. One who goes between certain persons not yet fully known to each other, in order to arrange marriages or family alliances; a go-between. (Morrison 1815a:666) |
| 娶 TS'HEU | From *to take* and *woman*. To marry a woman. Tseu 娶 is "exorem ducere." Kea 嫁 is, "Viro nubere." Tseu tse 娶妻 or Tseu foo 娶妇 or Tseu neu 娶女 or Tseu tsin 娶亲 are all expressions which denote to marry a wife. (Morrison 1815a:652) |

| 字头 | 相关文化信息 |
| --- | --- |
| 嫁 KEA | From *woman* and *house*, *or home*. To go from home to the house of a husband. To marry, or to be married, applied to the woman; to send a bride to the house of her husband; to take a wife is expressed by 娶 Tseu, with which compare; and for an account of marriage ceremonies, see under 姻 Yin. (Morrison 1815a: 674) |

    表 6.3 表明,为了较为系统地呈现中国古代婚礼习俗,马礼逊首先在宏观结构上选择了"婚、姻、媒、娶、嫁"五个字头作为造意分析的对象:1)婚,从女从昏,新娘子要在傍晚时前往丈夫家。2)姻,从女从因,为男人而生的人,新娘;新郎被称为婚,婚,从女从昏,因为按照古时婚俗,新郎要在傍晚时分来迎娶新娘子。3)媒,从女从某,指古时某些专门从事包办婚姻或家族联姻的中间人,通过他们牵线的男方和女方在结婚前多不认识对方。4)娶,从取从女,从男方的角度看,他要选取一个女人作为妻子;从女方的角度看,她要嫁给一个男人作为妻子。5)嫁,从女从家,指女人离开自己家到男人家做他的妻子。从以上几个字头的字理解释中,西方汉语学习者可以对中国古代的婚嫁习俗形成一个大概的了解。其次,在每个字头所构成的微观结构中,马礼逊还补充了不少相关的文化信息,如"婚"字头下的"男女订婚后即立婚书";"姻"字头下还详细介绍了"六礼、骑过火盆、挑去新娘之头上红帕、花烛酒、回门"等婚俗;"媒"字头下有"男女非有行媒不相知名""娶妻要媒人买妾亦要媒人"的例证,等等 ①。这些信息更有助于欧洲汉语学习者加深对汉字造意中蕴含的文化信息的理解。最后,在中观结构上,马礼逊也注意到了几个字头之间的联系,例如,"婚"字头下提及了"姻","姻"字头下提及了"婚、嫁、

---

    ① 因每个字头下的例证数量较多或例证内容较长,为了节省篇幅,在表 6.3 中未进一步列举相关例证。

娶、媒"①,"娶"字头下提及了"嫁","嫁"字头下提及了"娶"和
"姻","媒"字头下提及了"娶"和"婚"。这样,通过词典的宏观结
构、微观结构和中观结构,有关中国古代婚俗礼仪的文化信息就得
到了较为系统的呈现。

第二,从汉字文化信息的来源来看,马礼逊既参照了《康熙字
典》和《说文解字》,也从其他资料来源补充了部分文化信息,相关
例证详见表 6.4。

表 6.4 《华英字典》中汉字文化信息来源示例

| 字头 | 相关文化信息 |
|---|---|
| 冬 TUNG 夆 S.C. | The last of the four seasons. Winter; to store up; the close; the end. From 宑 Chung, "The close;" and 仌 Ping, "Ice." The celestial influence ascends, and the terrestrial descends; the communication between heaven and earth is stopped, and winter caused. Such is a specimen of their theory. (Morrison 1815a:203) |
| 兄 HEUNG 𠑽 S.C. | Formed from 口, "The mouth," and 儿, "A man," because the senior has a right to instruct. 兄先弟后 "The senior brother takes precedence, the junior follows." 兄友弟恭 "The elder brother should be kind, the younger respectful." (Morrison 1815a:176-177) |
| 肖 SEAOU | From small and flesh. Flesh and bones; i.e. constitutional like-ness; likeness between a parent and a child; they say that the blood of a father and his child, if let fall into the same cup will unite as one, but not so of other persons, and to this ordeal of legitimacy they sometimes have recourse. (Morrison 1823:91) |
| 仙 SËEN 𠊺 S.C. | From "man and hill." An imaginary species of beings: men, who, by a total abstraction from the world, have escaped from the body, and are risen higher in the scale of existence than mortal man. They are supposed to inhabit hills and mountains, away from the haunts of men; to be immortal, and to have the power of becoming visible or invisible, at pleasure. They are spoken of as profoundly skilled in a kind of Alchymy [Alchemy]; |

---

① "姻"字头下内容较多,表 6.3 中仅呈现了与"姻"字造意分析相关的内容。

| 字头 | 相关文化信息 |
|---|---|
| | and as having discovered the Philosopher's stone, by which they can change whatever it touches to gold, raise the dead, and produce various wonderful transmutations. 老而不死曰仙 "Old, and not dying is called Sëen." Again, 仙迁也迁入山也 "Sëen, is to remove; to remove and enter amongst the hills." 八仙 Pǎ sëen. "Eight sëen;" a reference to whom is common. These eight, two of whomwere women, have some how or other, risen to a degree ofeminence above the rest, and being considered always happyand not liable to death, they are painted on various household utensils; and alluded to at birth-days, &c. in the hope of participating of their felicity and long life. Some of these eight are not very ancient. One of the females was of the last Dynasty; and one of the men, is said to have dressed the head of Fǔh, and is particularly venerated by the barbers. They are not generally considered as gods, nor worshipped, nor have they temples erected to them. Each is represented as holding in the hand an instrument or vessel, which has a reference to some part of his or her story. (Morrison 1815a: 69 – 70) |
| 冠 KWAN 屌 S.C. | From 冖, "To cover," 元, "The head," and 寸, "An inch;" denoting, that a cap is made by rule. The Chinese say, in high antiquity, when people lived in the caves of wildernesses, their garments were of hair, and the covering for the head of skin. In after ages, the Sages observing that birds had crests and crops, and that animals had horns and beards, hence took the idea of forming caps and crowns, with ribbands to bind them, and hang down below the chin.<br><br>Read Kwán, To cap; to put a cap on a young man; a ceremony formerly performed by his father, when the individual had arrived at the age of twenty. It is now performed on the day of marriage. Females have a similar observance; instead of being capped, their hair is put up and dressed in a particular manner, with a bodkin of wood, copper, silver, or gold, according to the wealth of the parties. 加冠 Kea kwan, "To add the cap," or perform the ceremony just described. 冠礼云弃尔幼志 Kwan le, yun, k'he urh yew che, "At the ceremony of capping (as above described) it is said, put away your childish purposes." |

| 字头 | 相关文化信息 |
| --- | --- |
| | 冠冕 Kwan mëen, "A cap." 免冠 Mëen kwan, "To put off a cap." This is plain language. 升冠 Shing kwan, "Raise the cap;" i.e. put it off, in the language of courtesy. Chinese politeness requires the head to be covered, which, in very warm weather, is unpleasant; a visitor is therefore requested to put off his cap. But the cap with its knob is a badge of rank, and it sounds harsh to desire a person to put off that badge; hence they say, "Raise or promote" the cap, implying a wish, that so far from desiring the person to put away, or lose his badge of honor, it is hoped he will obtain a higher one. The cap is a part of full dress; with officers of government, it is also a badge of official rank; hence when they offend, and render themselves unworthy of that rank, they sometimes kneel in the presence of their superiors and tear off their caps, as a mark of confession and contrition; as if they said, "I am unworthy of the rank or office of which this cap is the sign." (Morrison 1815a：200) |

从上表中的五个例证可以看出,在对汉字的造意进行分析时,马礼逊主要参照了《康熙字典》,但在基于造意分析的文化信息呈现方面,马礼逊也补充了不少内容。针对以上几例,分别论述如下：

1) "冬"字头下的字理分析来自《说文解字》："四时尽也。从仌从夂。夂,古文终字。"字理中所蕴含的文化信息则来自《康熙字典》："【礼·月令】天气上腾,地气下降。天地不通,闭塞而成冬。"马礼逊特意增加了一句评论:这就是他们中国人对冬天形成原因的一个主要认识。显然,马礼逊试图在提醒欧洲人注意"冬"的造意与中国人思维方式之间的关系,同时也含有这与欧洲人对"冬"的看法不同的意思。

2) "兄"字头下的字理分析来自《康熙字典》："【通论】口儿为兄。儿者,人在下,以兄教其下也。【精蕴】从人从口,以弟未有知而诲之。"马礼逊补充了与"兄"字文化信息相关的两个例证——"兄先弟后"和"兄友弟恭",旨在凸显中国古代社会"长兄为父"的权威型家庭伦理思想与西方所倡导的注重个性自由的平等型教育理念之间的差异性。

3）"肖"字头下的字理分析来自《说文解字》："骨肉相似也。从肉，小，意兼声。"马礼逊在此基础上补充了中国人的"滴血认亲"：中国人认为，将一个父亲和他孩子的血滴到同一个杯子里面，它们就会融在一起，如果不融合的话，就说明孩子非他所亲生；中国人有时用这种方法来证明血缘关系。"血亲"与中国人的宗族和伦理观念关系密切，在该例中，马礼逊将汉字文化与汉语文化恰到好处地结合起来，值得我们借鉴。

4）"仙"字头下的字理分析来自《康熙字典》："【释名】老而不死曰仙。仙，迁也。迁入山也。"但从"仙"字条的内容来看，马礼逊又补充了不少有关中国人对"仙"的认知，例如，脱离凡胎肉体、能够升到天庭、居住在深山中远离尘世、长生不老、能隐身、拥有点石成金和起死回生的法术等。此外，马礼逊还介绍了中国人耳熟能详的"八仙"，但他所讲述的八仙与当今我们所了解的不尽一致。例如，马礼逊提到八仙中有两个女性，其中一个是明朝人，她们比其他几位具有更高的知名度，各种家用器具上都有她们的画像，在过生日时人们也经常提及她们，希望能从她们那里得到幸福和长寿。另外，还有一位男性仙人，据说剃着一个和尚头，尤其受到理发师的尊敬。从马礼逊补充的内容可以看出，马礼逊在当时汉语学习资源匮乏的情况下，尽量将他所搜集到的信息，尽管有不少是道听途说，都收录到了词典中，便于欧洲人从多方面了解中国文化。在当今的词典编纂实践中，编者可以依据汉语文化学的相关研究成果对这些信息进一步优化。

5）"冠"字头下的字理分析来自《康熙字典》："【说文】絭也，所以絭发。从冖，元。冠有法制，故从寸。【后汉·舆服志】上古穴居野处，衣毛冒皮。后世圣人见鸟兽有冠角髯胡，遂制冠冕缨綾。"马礼逊进而补充了中国人的加冠仪式：过去，中国男子在20

岁时要举行加冠仪式,现多在婚礼上进行,这个仪式可以去除孩子气;如果是女孩,则用簪子将头发挽起来,簪子的材质依据各家的富裕程度而定,木头、铜、银、金做的都有。另外,马礼逊还专门指出,"冠"是一种地位和身份的象征,对于中国古代官员而言,更是如此,当他们渎职时,就会将他们的帽子拿下来,然后跪倒在上级面前,表示悔过和认罪,这种仪式好像是在说:"属下不称职,不配这顶官帽所代表的职位。"

由上述几例可以看出,从汉字的造意分析入手是马礼逊在其词典编纂实践中呈现中国文化信息的一个重要方式。在呈现汉字文化信息时,马礼逊参考了《说文解字》和《康熙字典》中对汉字造意的分析以及这种分析中所蕴含的文化信息。但是,这两部蓝本字典中的文化信息一般比较简短,并不能充分满足欧洲汉语学习者了解中国文化的需要。在这种情况下,马礼逊又从其他资料来源补充了一部分相关的文化背景信息,以帮助西方汉语学习者进一步加深对中国文化的理解。Kidd(1839:7)曾对此评论说:"在这些文化主题上,细节性的陈述是非常有价值的,因为东方人十分注重形式和仪式,礼节对他们而言至关重要,所以,在描述一个古老而遥远的帝国的风俗时,需要提供关于礼仪的各方面信息。"①另外,这些细节性的描述很有可能会引起西方读者的共鸣,有助于他们与本民族的文化进行对比。例如,在"冠"字条中,当欧洲汉语学习者读到中国官员跪在地上拿着官帽向上级表示悔罪时,他们有可能会想到西方文化中类似的现象。Kidd(1839:8)给出的一例是:"《圣经》的读者应该会想起,在希伯来的风俗中也有类似的对渎职表示悔过的方式,他们是以撕裂外衣表示后悔犯下了罪,

---

① 原文是:Minuteness of detail on such subjects is valuable, because in describing the usages of an ancient and distant empire, information is supplied on points of etiquette, which, from the excessive attachment of the Orientals to forms and ceremonies, are of great importance.

或者是其他原因引起的过度悲伤。"①从当时与此设计特征相关的一些评论来看,以汉字造意分析为切入点,进而拓展汉字的文化学习功能的做法有其合理性之处,值得当今词典学研究者关注和思考。

当然,马礼逊在呈现汉字文化信息时也存在诸多不足之处,较为明显的有以下几个:1) 在宏观结构上,马礼逊为一部分生僻字和非常用字(如"庀、巍、囷、圂、圛、楬"等)提供了造意分析和汉字文化信息,而对一些常用字(如"山、寸、井、女、妻"等)却未能提供相关信息,从而影响了词典的实用性和编写体例的一致性;2) 在微观结构上,马礼逊对所呈现的汉字文化信息量的度把握不够,有些字头下的文化信息堆积得过多(如"官、孝、家、姓、冠"等),而有些字头下的信息就很简略(如"日、月、母、庙、客"等),这样就容易造成语言信息和文化信息的失衡,同时也会引成词典内容信息的臃肿;3) 在中观结构上,有内在联系的字条之间尚未建立起相应的参见联系(如"冠"和"冕"、"姓"和"名"、"君"和"臣"等)。造成这些问题既有客观方面的原因(如受《康熙字典》的影响,马礼逊资料搜集的丰富程度等),也有主观方面的原因(如时间和精力有限,个人疏忽,编纂体例不明确等)。在当今外向型汉英学习词典的研编中,这些也是编者需要重点关注和解决的问题。

### 6.3.2　基于汉字字头配例的文化信息构建

除了对汉字造意中的文化信息进行分析,围绕着汉字字头而展开的配例,是马礼逊在《华英字典》中系统呈现中国文化信息的另一个重要方式。《华英字典》中的文化信息非常丰富,如何较为系统地呈现那些与中国人思维方式相关的文化信息始终是马礼逊

---

① 原文是:The Scripture reader will be reminded by this method of showing contrition for official delinquency, of the Hebrew custom, to which it is not dissimilar, of rending the garments as a token of sorrow for sin, or of excessive grief from other causes.

关注的重点内容之一。马礼逊(Morrison 1819：vii - viii)认识到，中国人的思维方式和推理方式具有独特性，但对作为母语者的中国人而言，他们对此通常是习而不察的，要想帮助欧洲人了解中国人的思维方式，就需要将影响中国人思维方式的文化语境信息较为系统地呈现出来。关于此问题的解决办法，马礼逊认为从深刻影响中国人价值观和世界观的"三教"入手是最根本的一个途径(参见 Morrison 1817：110 - 113, 120 - 126；Morrison 1819：viii)。鉴于儒释道三者中，儒家思想在《华英字典》中的内容信息最丰富，与中国人的精神生活也最为密切，下文拟以马礼逊对"儒教"的关注为个案，具体地分析《华英字典》中基于汉字字头配例的文化信息呈现方式。

马礼逊主要从两个方面着手介绍儒家思想在中国的影响力：其一，介绍儒家思想的代表人物；其二，介绍儒家经典著作中的核心思想。在他看来，这是欧洲人了解儒家思想在中国如何产生庞大影响力的不二选择(参见 Morrison 1817：120 - 126)。

首先，在介绍儒家思想的代表人物时，首推孔子，马礼逊也不例外。他指出，在中国的历史长河中，"孔子垂法万世"[1]而享有"万世之师"的称号，相比之下，其他圣人只能称为"百世之师"(参见 Morrison 1819：794)。鉴于孔子历史地位的重要性，马礼逊不惜词典篇幅，在"孔"字头下用英文详细介绍了孔子的生平，译文如下：

> 鲁国陬邑大夫叔梁纥与正妻生有九女，却一直没有儿子。后来，他的小妾为其生一子，取名孟皮。孟皮是个瘸子，叔梁纥很不满意，于是接着纳颜氏的三女儿徵在为妾。叔梁纥与颜氏女野合而生孔子。因其母曾祷于尼丘(山)而得孔子，再加上孔子出生时

---

① 原文是：Confucius left a rule to ten thousand ages. (Morrison 1819：118)

首上圩顶,故名"丘",字"仲尼"。孔子出生的时间是周灵王二十一年十月二十七日(那时的十月大致相当于今天的八月)。孔子长九尺有六寸,人皆谓之长人,尧额,陶背,面呈五岳四渎之相。站立时就像栖息的凤凰,正坐时犹如龙蹲。另外,据说孔子出生时还出现了麟吐玉书的异象。故关于孔子的出生也有"水精之子,继衰周而素王"的说法。虽说孔子的祖上可以追溯到德高望重的黄帝(B.C.2622),但孔氏一族的名声却因为"孔门三出妻"的事情而蒙羞。

孔子三岁丧父,童年过着清贫的生活。孔子的第一份工作为"料量"(称重量),第二份工作是"畜藩息"(管理牧牛)。十九岁时迎娶了楚国人亓官氏之女为妻,二十岁时获子。此时,正好赶上鲁昭公赐孔子两条鲤鱼,为取悦于昭公,故给其子起名为鲤,字伯鱼。二十四岁时,母卒,孔子将之与其父合葬于防山。此后,孔子离开鲁国,开始周游列国。在访问蔡国、宋国和卫国时,孔子被围困于陈国和蔡国之间七日,后被楚人施救才得以脱身回到鲁国。回到鲁国后,鲁国国君派遣一辆双马拉的车和一名随从,让孔子前往周国向老子求教有关礼的问题。《史记》中没有记载孔子和老子的谈话内容,但是在他们道别时,老子讲道:"吾闻富贵者送人以财,仁义者送人以言。吾不富不贵,无财以送汝;愿以数言相送。当今之世,聪明而深察者,其所以遇难而几至于死,在于好讥人之非也;善辩而通达者,其所以招祸而屡至于身,在于好扬人之恶也。为人之子,勿以己为高;为人之臣,勿以己为上,望汝切记。"此行过后,孔子的弟子逐渐增多了。二十九岁时,孔子又向晋国一位叫师襄的乐师学琴。这些事情均发生在孔子三十岁之前,到三十岁时,孔子用"吾十有五而志于学,三十而立"总结该阶段的人生。

孔子的余生依旧不平静,经常游历于各个诸侯国。郈昭伯以斗鸡故得罪鲁昭公,昭公率师讨伐之,遭遇兵败,孔子被迫逃往齐国。在五十岁至七十岁的二十年间,孔子有长达十四年的时间都是在鲁国之外度过的。六十六岁那年,孔子妻亡,其子伯鱼哭了整整一年,直至听孔子说"嘻其甚矣"才停止了哭泣。六十九岁时,孔子子亡。孔子七十岁时，鲁哀公和其他国君还会问政于他。同年，孔子的得意门生颜回卒，孔子痛彻心扉地说，"噫！天丧予！天丧予！"孔子七十三岁时，在其去世前的第七天，子贡前来探望，孔子挂着手杖在门口慢步排遣，喟叹道，"大山坏乎，梁木催乎，哲人萎乎！"说完不禁泪流双颊。稍后对子贡说："天下失去常道已经很久了。"然后又对子贡讲了一个前天晚上做过的梦，并说这是死兆也。七日之后，孔子果然病发而亡。孔子的忌日是二月十八日，正式入葬时间是同年的六月九日，与其妻合葬在一起。子贡为孔子守墓六年才离开。

孔子一生不语人之死后的世界，他对死亡的来临貌似既不关心也不恐惧。在他看来，"生命和永生"的话题是无法揭示的，因此，即使是死之将至，他也不会向上天或任何一个神进行祈祷。这从之前他生病时，子路提出为他祈祷而被谢绝的做法中就可略见一斑，因为孔子当时对子路讲"丘之祷久矣"。孔子死后被授予了各式无趣的称号和头衔。例如，鲁国国君尊称其为尼父；汉朝时，又被尊为尼公；唐朝时，首次被尊为先圣，被追谥为文宣王，其塑像造型为身披王之礼服，头戴王冠；明朝皇帝称其为至圣先师孔子，这一称谓亦被当今的清皇族所使用。孔子仅有一个孙子，名为子思伋，其后，孔氏后人逐渐开枝散叶，至今已到了六十七代，康熙年间，男丁就多达11000个。在孔子出生之地，孔氏后人获得无数殊荣。例如，自孔子第五十代传人始，均被封为衍圣公，直至今日，孔氏家族已有二十位公爵。在这个帝国的每一个县，都有一座庙专门供奉孔子，上到九五之尊的皇帝、皇亲国戚，下到普通的读书之人均对孔子尊崇备至。

孔子一生关心政治，其伦理观念也主要是基于为政者的社会职责而提出的。在孔子看来，家国不分，其伦理体系建立的基础是"忠"（dependence）和"顺"（subordination），而非"自由"（independence）和"平等"（equality）。这些理念贯穿于孔子的著述之中，并逐渐融进各种庄严的礼仪之中，进而成为规范中国人举止言行的道德准绳。也许正是这一特点，孔子的伦理思想受到了历代君主的尊崇。因此,中国人从小就会受到孔子思想的熏陶和影响,特别是那些有志于从政或想谋求一官半职的人。因此,鉴于孔子思想的巨大影响力,中国拥有世界上最多的思想较为统一的人口。总之,纵观孔子的一生,虽然他没有干出过什么惊天动地的大事,但其思想的光辉泽被后世。公正(justice)、仁慈(benevolence)和社会秩序(social-order)这三个术语是理解孔子思想的关键所在,这与西方基督教中的"行公义、好怜悯、存谦卑的心,与你的神同行"(Do justly, lover mercy, and walk humbly with thy God.)有两个共同之处,尽管孔子不相信来生,不语鬼神。(Morrison 1815a:709 – 713)

在上述内容中,马礼逊主要从五个方面来呈现孔子的人物形象:1)人物生平,如孔子的出身、早年经历和一些重要的人生节点;2)孔子的道德和政治学说;3)有关孔子的轶事典故,如周游列国、孔子问礼、孔子学琴;4)孔子的影响;5)马礼逊对孔子的评价。从内容的信息来源来看,马礼逊主要参照了《史记·孔子世家》和《论语》这两部古代经典著作,也摘引了《拾遗记》等野史志怪小说中的内容,如孔子出生时天降异象的描述。此外,马礼逊还参考了其他来源不明的文献,目前尚无法考证出处,如对孔子后人男丁数量的考证。同时,我们也能清楚地发现,马礼逊对孔子生平的介绍存在不少错误,例如,孔子的孙子名伋,字子思,马礼逊误认为"子思伋";再如,马礼逊对"丘之祷久矣"的理解恰与原文相反,在《论语》中,孔子并没有制止子路为他祈祷,而是说他自己其实已经祈祷很久了,只是觉得尽了人事听天命就好了。这些错误一方面可能由于马礼逊所参考文献的真实性不可靠,另一方面也有马礼逊理解错误的因素。在谈论孔子对后世的影响时,马礼逊特别提到了中国人从小就会被灌输孔子的思想,这进而使得整个国民在思想和道德操守上体现出高度的一致性。显然,马礼逊觉察到了孔子的言论对中国社会的塑造力,这也许在某种程度上能够解释马礼逊特别重视对孔子进行介绍的原因。此外,马礼逊还将孔子的思想与基督教的教义进行比较,以期求同存异,为其传教而服务,但这在客观上也加深了欧洲人对儒家思想的理解,促进了中西文化的交流。总体来看,马礼逊对孔子伦理道德体系的理解和评价是比较中肯的。

其次,在介绍儒家经典著作中的核心思想时,如上文所述,马礼逊引用了大量的儒家典籍(在此不再赘述),这些引证多以词典例证的形式分散在不同的字头之下。鉴于统计工作量较大,本书仅人工统计出了《华英字典》第一部中摘自《论语》的例证数量,然后在此基础上,通过考察其例证分布特点,进而探究马礼逊在词典文本中系统呈现儒家思想的方式。

统计结果表明,《华英字典》第一部共引用《论语》例证 159条,分布在 116 个字头下;其中,第一卷中的例证数量最多,为 146条,分布在 104 个字头之下;第二卷共 11 条例证,分布在 10 个字头下;第三卷中的《论语》例最少,共两条,分别位于两个字头下[①]。从每个字头下的例证数量来看,"子"字头下的例证最多,共计 8 条引证,然后依次是"孔、孝、学、信"等字头,分别包含 7、4、4、3 条例证。其他字头下均是包含一至两个《论语》例。从这些例证在《论语》中的分布来看,基本上《论语》中的每个篇目都有例证被马礼

---

① 第一卷中的 104 个字头分别是:三(1)、且(1)、乃(1)、乎(1)、乘(1)、九(1)、乞(1)、也(1)、乱(2)、事(2)、二(1)、亦(1)、仁(1)、以(2)、任(1)、何(1)、佞(2)、侃(1)、侮(1)、便(1)、俟(1)、信(3)、俱(1)、倍(1)、倦(2)、偲(1)、备(2)、价(1)、亿(1)、儌(1)、克(1)、免(1)、兢(1)、共(1)、冕(1)、出(1)、刀(1)、刑(1)、则(3)、加(2)、勃(1)、勇(1)、劝(1)、勿(1)、匡(1)、橛(1)、区(1)、十(1)、卑(1)、卓(1)、南(1)、卷(1)、厚(1)、厌(1)、厉(1)、叩(2)、召(1)、可(1)、君(2)、吝(1)、吾(1)、周(1)、哉(2)、问(1)、喻(1)、丧(1)、嗳(1)、嗅(1)、尝(1)、器(2)、因(2)、困(2)、固(2)、圃(1)、图(1)、在(1)、堂(2)、尧(1)、报(1)、坠(1)、夷(1)、奚(1)、夺(1)、女(1)、如(1)、妻(1)、威(1)、子(8)、孔(7)、孛(1)、孝(4)、孟(2)、季(1)、孰(1)、学(4)、安(1)、完(1)、宿(1)、富(2)、寒(1)、宁(1)、察(1)、寝(2)、宽(1);第二卷中的 10个字头分别是:射(2)、少(1)、巽(1)、虑(1)、摄(1)、文(1)、时(1)、汛(1)、沽(1)、礼(1);第三卷中的 2 个字头是:约(1)、道(1)。括号中的数字表示该字头下引用《论语》例证的数量。

逊引用。图 6.1 展示了 159 条例证在《论语》中的分布情况：

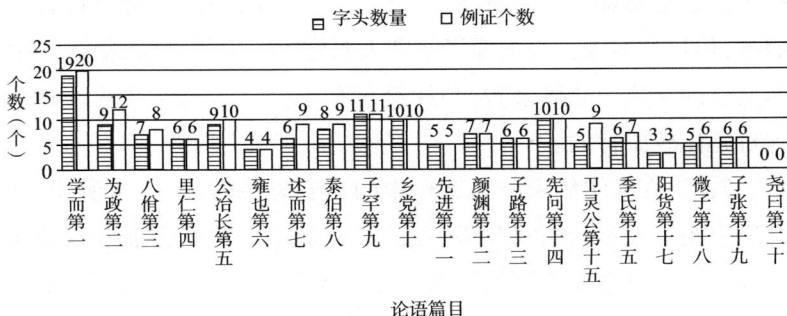

**图 6.1　《华英字典》中《论语》相关例证的分布**

　　如上图所示,在《论语》的二十个篇目中,仅有第二十篇《尧曰》中没有引例在《华英字典》中出现,其余十九篇中均有相关语句被马礼逊摘引,虽然每个篇目中引例数量的分布不均匀,但这至少能够说明马礼逊从《论语》中进行引例并不是随意之举。进一步聚焦每条例证所关注的主题,我们发现,上述 159 条例证可以大致归为三类:1）与道德修养和为人处事相关,本书将之归为"修身类";2）与治理国家相关,将之归为"为政类";3）与教育和知识学习相关,将之归为"为学类"。这三类主题的内容分布比例如图 6.2 所示。

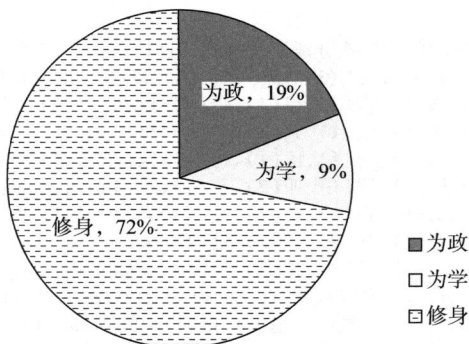

**图 6.2　《华英字典》中有关《论语》例证的主题分布**

图 6.2 表明,与三类主题相关的例证中,"修身类"例证的比例最大,共计 114 条,该类例证多涉及立身处世的道理,如"信"字头下的"与朋友交,言而有信","侮"字头下"孔子曰:君子有三畏:畏天命,畏大人,畏圣人之言。小人不知天命而不畏也,狎大人,侮圣人之言"等。相比之下,其他两类的例证数量要少很多:"为政类"的例证共计 30 条,主要与仁德和礼法治国有关,如"事"字头下"君使臣以礼,臣事君以忠","信"字头下"上好信则民莫不敢用情"等。"为学类"例证的数量最少,仅有 15 条,主要涉及孔子与其弟子探讨求学问道的言论,如"问"字头下"切问而近思","学"字头下"子曰:学而时习之,不亦说乎"等。从整体来看,上述三类例证基本上覆盖到了"孔子的哲学范畴"①(参见张岱年 1985:93),除了天道、恕、智、中庸、性、一贯六个范畴未从《论语》中引证,余下的 14 个范畴,即道、德、仁、礼、忠、孝、悌、勇、美、善、两端、习、学、思,均有相关数量不等的《论语》例证。这些例证分散在具有封闭性的字典文本中,构成了一个相对完整的有关儒家思想的文化背景知识体系,它们为当时欧洲人了解中国人的伦理道德观及其思维方式提供了重要的认知线索。

此外,马礼逊引用的论语例中还涉及其他一些与中国人社会生活和精神生活相关的重要概念,例如"天命、君子、小人、信、义、利、恭、敏、惠、宽、富、器、色"等,其中,"君子"出现的次数最多。基于此,本书以核心术语"君子"为例,进一步考察马礼逊通过为字头配例来呈现文化信息的方式。《华英字典》第一部中"君子"的例证信息见表 6.5:

---

① 张岱年将孔子的哲学范畴划分为二十个,分别是:道、天道、德、仁、礼、忠、恕、孝、悌、智、勇、美、善、中庸、两端、性、习、学、思、一贯。

表 6.5　《华英字典》中引自《论语》的"君子"例证①

| 字头 | 相关例证信息 |
| --- | --- |
| 侮 | （1）孔子曰：**君子**有三畏：畏天命，畏大人，畏圣人之言。小人不知天命而不畏也，狎大人，侮圣人之言。（Morrison 1815a：106） |
| 刑 | （2）**君子**怀刑（Morrison 1815a：224） |
| 厚 | （3）**君子**常失于厚，小人常厚于薄（Morrison 1815a：324） |
| 厉 | （4）**君子**听其言也厉（Morrison 1815a：330） |
| 周 | （5）**君子**周急（Morrison 1815a：374） |
| 喻 | （6）子曰：**君子**喻以义，小人喻以利（Morrison 1815a：413） |
| 器 | （7）**君子**易事而难说也。说之不以道，不说也。及其使人也，器之。小人难事而易说也。说之虽不以道，说也。及其使人也，求备焉。（Morrison 1815a：440） |
| 固 | （8）**君子**不重则不威，学则不固（Morrison 1815a：466） |
| 威 | （9）**君子**不重则不威，学则不固（Morrison 1815a：646） |
| 子 | （10）孔子曰：**君子**有三畏：畏天命，畏大人，畏圣人之言。小人不知天命而不畏也，狎大人，侮圣人之言。（Morrison 1815a：705）；<br>（11）**君子**有九思（同上）；<br>（12）**君子**谋道不谋食。［君子］忧道不忧贫。（同上）；<br>（13）人不知而不愠，不亦**君子**乎？（Morrison 1815a：706）；<br>（14）**君子**求诸己，小人求诸人（同上）；<br>（15）**君子**矜而不争，群而不党（同上）；<br>（16）**君子**病无能焉，不病人之不己知也（同上）；<br>（17）**君子**疾没世而名不称焉（同上）。 |

　　从上表可以看出，马礼逊从《论语》中共引用了 17 次与"君子"相关的例证，这些例证分布在 10 个字头下；其中，"子"字头下的例证数量最多，多达 8 个，与其他字头下的例证数量形成了鲜明

---

① 限于篇幅，例证的英文释义略。

的对比。造成这种现象的主要原因可能在于"君子"是由字头"子"构成的词语,换言之,它与字头联系紧密,可以直接用来充当字头的例证。相比之下,其他例证中的"君子"与字头没有直接的关系,它们只是例证中与字头共现的非核心成分。所以,从学理上讲,同一个例证可以放在不同的字头之下,只要该例证满足一个前提条件,即例证中要包含有字头。这种情况下,词典中的配例就会出现大量的重复,表6.5中的例证也反映了这种现象。例如,"侮"和"子"两个字头下共用了下例:"孔子曰:君子有三畏:畏天命,畏大人,畏圣人之言。小人不知天命而不畏也,狎大人,侮圣人之言。""固"和"威"两个字头下共用了"君子不重则不威,学则不固"这一例证。每一个例证都可以出现在例证中所包含的每一个字头下面作为配例,以"君子不重则不威,学则不固"为例,该例不仅可以出现在字头"固"和"威"下,也可以出现在"君、子、不、重、则、学"字头下。但在词典编纂实践中,一般不会出现这种情况,特别是在语文词典的配例中,编者要考虑的因素有很多,比如,例证的典型性、功能、重复率等。从马礼逊为字头的配例来看,他在不同的字头下选择同一例证的做法反映出了其对中国传统文化构建的主体意识。从本质上来讲,例证的选取在较大程度上体现了编者的主体性,为某一字头配例时,编者可以有多种选择,马礼逊选择例证的一个重要标准就是挑选那些对中国人思维方式有塑造力的儒家经典。

不过,马礼逊直接引用《论语》中的句子作为例证的做法也有不足之处,这主要体现在两个方面。第一,以《论语》中的引证作为例证,这对于欧洲汉语学习者会造成一定的认知负担。由于这些引证多为孤例,在缺少上下文语境或解释过于简略的情况下,西方汉语学习者就会不解其意,这样例证也就失去了存在的意义。例如,在"孝"字头下,马礼逊引用了四条《论语》中的句子,分别是孟懿子、孟武伯、子游和子夏问孝(参见 Morrison 1815a:723)。

《论语》中这四句话旨在从不同的角度阐释"孝"的内涵:1) 依礼而行;2) 爱惜自己,不让父母担忧;3) 仅有物质奉养而无精神慰藉的孝是伪孝;4) 孝敬父母要和颜悦色,表里如一。但马礼逊提供的解释还多停留在字面意思的翻译层面,欧洲人难以领会到这四句引例所要表达的有关"孝"的要义。第二,从例证的典型性和助学功能来看,还有不少改进的空间。例如,引证"孔子曰:君子有三畏:畏天命,畏大人,畏圣人之言。小人不知天命而不畏也,狎大人,侮圣人之言"放在"畏"字头下要比放在"子"字头下更合适一些;与"君子"直接相关的"君"字头下竟然没有出现《论语》例,这也是配例上的一大硬伤。

综上所述,在《华英字典》中,围绕着一些与中国制度文化和精神文化密切相关的汉字,马礼逊从以《论语》为代表的儒家典籍中摘取了丰富的引证。这些例证分布在不同的字头之下,通过词典的中观结构聚合在一起,是马礼逊尝试对中国文化进行主题式构建的重要体现之一。不过在呈现文化信息时,马礼逊没有把握好适度原则,在某些字头下融入了大量的文化信息,造成非语言信息过量,使《华英字典》具有百科词典的性质。以上文中的"孔"字条为例,马礼逊对孔子的介绍其实相当于一篇内容完整的小短文,里面充斥着各种来源的信息,让用户真假难辨,这与词典的规范性特征相距甚远。另外,在编写针对汉语初学者的汉外词典时,从中国典籍中摘录大量句子作为词典配例,这种做法的适切性也值得进一步思考。在当时特定的历史条件下,马礼逊通过汉字字头下的配例来对儒家思想进行构建的做法有其合理之处,这与马礼逊的传教目的有着密切的联系。在当今外向型汉英学习词典的编纂实践中,编者既要借鉴这种做法的优点以拓展汉字的文化学习功能,同时也要避免在词典中融入过量的文化信息,造成语言信息和文化信息的失衡。

## 6.4 本章小结

本章分别探讨了马礼逊有关汉字的文化学习理念、《华英字典》中汉字文化信息的呈现内容和呈现方式。首先,关于汉字的文化学习功能,马礼逊始终秉持语言和文化相结合的学习理念,他认为,学好一门语言不仅仅是能用语言进行交流,而且还要了解母语者的思维方式。马礼逊意识到了汉字在汉语学习过程中的特殊性和重要性,强调通过汉语语言文字的特点去了解中国文化以及中国人的思维方式。其次,在《华英字典》中选择中国文化信息的呈现内容时,马礼逊重点呈现那些与制度文化和精神文化相关的汉字文化信息,对汉字的文化学习功能的拓展具有明显的选择性。这一做法背后的深层次原因可能与马礼逊传教的目的相关,因为对异教徒的传教从本质上来讲其实是一种思想上和文化上的交流,语言只是一种表层的交流工具。最后,关于《华英字典》中汉字文化信息的呈现方式,马礼逊主要通过两种方式来呈现。第一种方式是基于对汉字造意的分析来呈现汉字构形中所蕴含的文化信息。在宏观结构上,马礼逊共选择了 332 个字头作为汉字文化信息分析的对象,尽管马礼逊选择字头的标准不明确,但从这些字头所反映的文化主题内容来看,它们与马礼逊在呈现中国文化信息时所表现出的倾向性是相一致的;在微观结构上,马礼逊一方面参照了《说文解字》和《康熙字典》中的汉字字理解释,另一方面也从他搜集的其他资料来源中补充了丰富的文化信息,这些信息有助于西方汉语学习者进一步加深对中国文化的理解;在中观结构上,马礼逊注意到了不同字头在汉字文化信息表征方面的内在联系,通过参见的形式将不同的字头联系在一起,从而使得与某一主题相关的汉字文化信息的呈现更有系统性。第二种方式是基于对汉字字头的配例来较为系统地构建中国文化。马礼逊意识到，中国人在说到某一个汉字时，他们往往能够想起一系列与该汉字相关的文化现象或主题。从现代语言学的研究成果来看，汉字具有激活心理词库的作用。或许是受此启发，马礼逊在《华英字典》的某些字头下，为学习者提供了不少相关的文化例证，其中最有代表性的例证就是直接来自中国典籍中的引证，而这又以出自儒家典籍中的引例为代表。总之，围绕着汉字的文化学习功能，《华英字典》的内容和形式设计特征体现出了马礼逊的汉字本位设计理念，这对当今外向型汉英学习词典的研编具有一定的借鉴价值。

# 第七章 《华英字典》设计特征研究的
## 当代意义与启示

基于前面几章的研究,本章就《华英字典》设计特征研究的当代启示做进一步思考,主要内容分为三个部分:首先,基于第四、五、六三章对《华英字典》文本设计特征的分析,从总体上对《华英字典》设计特征研究的理论与实践意义进行论述;其次,对《华英字典》编纂设计的历史局限性进行反思;最后,在借鉴《华英字典》汉字本位设计特征的基础上,尝试对我国外向型汉英学习词典的编纂设计进行创新探索。

## 7.1 《华英字典》设计特征研究的理论与实践意义

Adamska-Sałaciak 和 Kernerman(2016)在论述双语词典研编的价值时明确指出,尽管一些历史文本在某些方面较为陈旧,存在不足,但其所遵循的编纂理念和原则有可能是不过时的,对当今的词典编纂实践仍然具有较大的借鉴价值。《华英字典》就是这样的一部双语词典。虽然马礼逊在编写该部词典时以《康熙字典》为主要蓝本,但他已经清楚地意识到了《康熙字典》"是为汉语母语者而编,并不是给外国人看的",同时,他还明确指出,"仅仅通过翻译《康熙字典》远远不能满足欧洲人的汉语学习需求"（Morrison 1815a：ix）①。马礼逊将个人学习汉语的成功经验融入其词典编纂实践中，虽然他并不是一名职业的词典学家，但其采用的"编用一体"的词典编写模式有着鲜明的用户取向，这也是有研究者指出《华英字典》的编纂理念已经超越了其历史时代的一个重要依据（参见 Ye et al. 2018）。另外，值得注意的是，马礼逊对"汉语语言特殊性"（the peculiarities of the Chinese language）的关注（参见 Morrison 1815b，Preface），以及对汉字音、形、义学习理念的阐述（参见 Morrison 1815a，Introduction），与白乐桑的"字本位"教学理念存在着较多的一致性。尽管马礼逊提出的汉语学习理念与白乐桑倡导的"字本位"教学理念之间有近两个世纪的时间差，但二人在提出其汉语学习理念时都融入了个人学习经历和经验的总结，都体现出了一种二语学习者视角下对汉语特殊性的观察和思考。因此，我们认为，他们在汉语学习理念上的一致性并不是一种巧合，该现象背后折射出的深层次原因是马礼逊和白乐桑的他者视角下（即母语为拼音文字的汉语学习者的视角）对汉语学习特点和规律的深层次认知：他们都有双重身份——既是汉语学习者也是汉语教育者，这使得他们对汉语学习特殊性、学习难点、学习者的真实需求等的认识往往较之汉语母语者更为深刻。马礼逊虽然没有用"汉字本位"这一术语来指称其汉语学习理念，但其汉语习得观充分体现出了与现代"字本位"教学理念相近的观点。在当今中国文化走出去的时代背景下，《华英字典》设计特征所体现出的汉字本位设计理念值得当今辞书研究者深挖。本部分内容拟从以下两个方面展开论述：第一是《华英字典》设计特征研究在汉语学习词典理论构建方面的价值；第二

---

① 原文是：a mere translation of *Kang-he's Dictionary*, would be far from answering the purposes of the European Student；the Imperial Dictionary was intended for Natives, not for Foreigners.

是在外向型汉外词典编纂实践方面的应用价值。

### 7.1.1 理论构建价值

从词典创新与语言学理论之间的关系来看,外向型汉语学习词典的创新离不开汉语本体研究理论成果的支撑。迄今为止,外向型汉语学习词典的研编仍深受西方语言学理论的影响,相比之下,对汉语语言学中理论研究成果的借鉴尚不充分。从《现代汉语学习词典》(1995)借鉴霍恩比在《牛津高阶英语学习词典》中设置句法模式表的做法,到《汉语入门词典》(汉英对照)(2017)所遵循的以法国词汇—语法为理论基础的句本位理念,均是国内辞书研究者在西方语言学理论指导下的词典编纂创新活动。当然,在创新过程中不可能不考虑汉语研究的特殊性。在借鉴任何一种理论用以指导外向型汉语学习词典编纂实践时,首先要处理好汉字与汉语的关系。目前,国内外研编的汉语学习词典大都以"词"和"句"为重心,对汉字表意性特点的凸显和汉字文化学习功能的重视还不够。对外汉语学习词典的研编需要吸收文字学研究的优秀成果,向非母语汉语学习者揭示汉字的表意性特点,沟通汉字和汉语之间的关系。江蓝生(2007:2)指出,这些年有不少汉语学习词典出版问世,"但真正具有原创性、创新性的并不多见,倒是不乏一些抄袭、变相抄袭的侵权之作,或是模仿、杂凑毫无新意的重复之作"。任何文化产品都贵在创新,词典也不例外,而理论创新首当其冲。马礼逊的汉字本位学习理念是其汉语学习成功经验的总结和升华,《华英字典》则是其践行该理念的重要场所。《华英字典》设计特征中所蕴含的汉字本位设计理念对汉语学习词典理论的构建和发展起着积极的推动作用。在未来外向型汉语学习词典理论研究中,以下几个方面值得关注:

首先,外向型汉语学习词典理论构建与用户需求研究。在词典学研究中,虽然"用户中心"视角下的需求分析是一个老生常谈的话题,但真正弄清楚二语学习者的真实学习需求并非一件易事。由于各种主客观方面的原因(前者如国内的词典编者缺少一手的对外汉语教学经验,后者如外国留学生母语背景的复杂性),常常会出现词典编者对用户的真实学习需求习而不察的现象。这样编写出来的词典很难能满足用户的学习需求。在谈到学习型词典的研编时,Rundell(2010:386)曾明确指出,"现在,词典编者需要回答的问题不是'我们怎样才能把词典编得更好',而是'学习者需要词典来做什么,以及满足这些需要最有效的方法是什么'"①。Rundell 想要强调的是,编者除了具备良好的语言水平,更重要的是还要培养一种"移情"能力,即主动地去感知和发现二语学习者的困难。就外向型汉语学习词典的编纂而言,其文本设计的内容特征和形式特征与非母语汉语学习者的需求密切相关。马礼逊对欧洲汉语学习者的需求有着"感同身受"的认识,他根据其自身汉语学习经验的总结,以汉字为主要抓手,较为系统地呈现了汉字识别、汉字使用、汉字的文化学习功能几个方面的信息。尽管马礼逊十分清楚当时欧洲汉语学习者对汉语口语学习的迫切需求,他仍然更为重视汉字在汉语学习中的重要作用,因为他已经认识到汉字是一把双刃剑:如果学习者在汉语学习的初始阶段打好汉字基础,其后的汉语学习就会突飞猛进;反之,汉字就会成为制约学习者汉语水平发展的瓶颈。因此,马礼逊汉字本位学习理念的一个重要启示在于,针对母语是拼音文字的汉语学习者的学习词典,其词典编写思路和或理念一定要凸显汉字要素,然后在此基础上兼顾其他语言要素,否则,非母语汉语学习者的需求就无法得到真正的满足,外向型汉语学习词典理论的构建也会变成空谈。

---

① 原文是:The question dictionary-makers need to ask now is not "how can we make dictionaries better?" but "what do learners need dictionaries *for*, and what are the most efficient ways of meeting these needs?"

　　其次,外向型汉语学习词典理论构建与汉语本体理论研究。外向型汉语学习词典的理论构建离不开汉语本体理论的支撑,从宏观结构上立目单位的选择,到微观结构上汉字基本知识的呈现、义项的切分与排序、字词关系的处理等,都需要从汉语本体理论研究中寻找学理。在编写《华英字典》时,马礼逊主要从中国传统文字学研究中汲取理论营养,如六书理论和反切理论,同时也借鉴了英语语法研究中的理论成果。马礼逊是将英语中的 word 和词类划分体系引入汉语语言研究中的第一人,他十分重视汉字的特殊性,尤其重视对汉字表意性特点的凸显。目前,编者可资利用的汉语理论研究资源丰富得多,例如,汉字构形学、汉字文化学、词汇语义学、现代汉语语法等,这些汉语本体理论研究成果为外向型汉语学习词典理论的构建提供了坚实的基础。在外向型汉语学习词典的编纂实践中,汉字的结构分析、汉字字理的解释、古文字形的提供、常见异体字的辨析、汉字文化的挖掘,等等,都离不开汉语本体理论研究的支撑。

　　最后,外向型汉语学习词典理论构建与汉语作为第二语言的教学研究。学习词典的发展史表明,学习词典学的发展与二语教学实践密不可分。二语教学中的词汇控制、教学语法和语块理论构成了学习词典学理论构建的基石(Cowie 1999)。就外向型汉语学习词典理论的构建而言,同样也离不开对上述三个方面的理论探讨:1) 在词汇控制方面,对字词进行分级,明确字频和词频信息,是汉语学习词典与国际学习词典学研究接轨的重要举措之一。马礼逊在确定常见字词时,更多的是在依靠个人汉语学习经验的基础上做出的一种主观的和内省式的选择,因为字频和词频的确定往往需要语料库的支撑,这在当时的条件下是不可能完成的。在当前研究条件下,已有多种较为权威的汉字分级字表和词汇分级表问世,如《现代汉语常用字表》(1988)、《汉语水平词汇与汉字等级大纲(修订本)》(2001)、《高等学校外国留学生汉语言专业教学大纲》(2002)、《国际汉语教学通用课程大纲(修订版)》(2014)等,这些理论研究成果为在汉语学习词典的研编中全面实施汉字本位的设计理念奠定了坚实的基础。2)在教学语法方面,要明确非母语汉语学习者的语法学习难点,并通过多种方式提供有针对性的语法信息内容。马礼逊认为汉英两种语言在虚词用法方面的差异明显,他在《华英字典》及其副文本中十分详细地介绍了汉语虚词的用法,其中对汉语中特有的虚词(如数量虚词,即量词)的关注度更高。语法信息对非母语汉语学习者的语言产出起着重要的辅助作用,因此,在外向型汉语学习词典的编纂实践中,如何较为系统地呈现语法信息是汉语学习词典理论构建的重要内容之一。这些教学语法信息的呈现内容和呈现方式与二语教学的目标、语法教学的重点和难点均有着密切的关系。3)在语块理论方面,要重视搭配信息的呈现。从二语教学的目标来看,提高语言交际能力是二语者的一个主要学习目标,其中,对语块的学习和掌握是该目标得以实现的重要保证之一。马礼逊为汉字的用法提供了丰富的搭配信息,它们在沟通字词关系方面发挥着不可替代的作用。在汉语中,"语块"被称为"字块"会更合适一些,因为每一个搭配都是由若干个相对独立的汉字组合而成。汉语学习者既需要理解汉字组合的整体意义,还需要了解组合中单个汉字的意义,只有这样,他们才能较好地在字义和词义之间建立起相应的认知和使用关联。

总之,在当下汉语学习词典理论建设滞后、理论体系尚不健全的情况下,《华英字典》文本设计特征中所体现出的汉字本位编纂理念为我们提供了一种新的理论视角,这有助于我国的词典学研究者更好地从汉语本体研究中汲取理论营养,进一步完善汉语学习词典理论体系的构建。

### 7.1.2　实践应用价值

　　《华英字典》编纂实践中所体现出的汉字本位设计理念对当今外向型汉英学习词典的编写有着积极的借鉴价值。目前,外国留学生很少使用我国出版的外向型汉英学习词典(也包括汉语单语学习词典)①,这与《华英字典》至今仍然被世界上的汉语学习者所使用的情况(Ye et al. 2018:407)形成了鲜明的对比。在本节内容中,我们选取前文中已经分析过的两个字条——"冠"字条(参见 6.3.1,表 6.4)和"解"字条(参见 5.3.1.1,图 5.3)②,然后将之与从当代的两部外向型汉英词典中选取的相应字条进行对比,从而更好地探讨《华英字典》设计特征研究的实践应用价值。这两部国内出版的词典分别是《留学生汉英学习词典》(留学生汉英学习词典编写组 2008)(以下简称《留学生》)和《商务馆学汉语字典》(黄全愈等 2011)(以下简称《商务馆》)③。在两部词典中,"冠"和"解"字条分别见图 7.1、图 7.2、图 7.3 和图 7.4。

　　从图 7.1 和图 7.2 可以看出,在汉字基本知识描写方面,两部词典都为字头及字头下的词目提供了注音,同时也注意到了音义之间的联系,按"冠"字的不同读音来分立字头,但《商务馆》并未将相应的词目放在分立的字头之下,而是采用了混排的方式,这可

---

　　①　该结论来源于本书作者对五位对外汉语教师的访谈,这几位汉语教师均有在英语国家孔子学院教授汉语的经历。关于国外汉语学习者的词典使用习惯这一问题,几位受访的老师均表示,非母语汉语学习者较少使用中国出版的汉语学习词典,使用较多的是他们自己国家出版的一些双语学习词典,即使这些词典的内容质量有时较差。造成这一现象相关的原因较复杂,需进一步调研。
　　②　这两个字条的内容特征基本上能够反映马礼逊的汉字本位设计理念,包括对汉字基本知识的整体性描写、汉字的文化学习功能的拓展和对字词之间关系的关注。为了节省篇幅,本处不再重复提供《华英字典》中相关的字条内容。
　　③　选取这两部词典也受一些客观因素所限:一是国内出版的外向型汉英词典的数量有限,21 世纪以来出版的仅有五部,另外三部均是按全音序编排(字词混排),不便于字条内容的完整呈现。另外,从设计特征上看,其他三部词典与《留学生汉英学习词典》和《商务馆学汉语字典》相比,并无特殊之处。所选择的这两部样本词典基本上能反映国内出版的外向型汉英词典的研编现状。

冠 1 guān ❶（帽子）hat；cat ❷（形状像帽子的东西）corona；crown ❸（鸟的冠）crest；comb
【冠冕堂皇】guān miǎn táng huáng highfalutin；high-sounding
【冠心病】guānxīnbìng〈医〉coronary heart disease
【冠状病毒】guān zhuàng bìngdú〈医〉coronavirus
冠 2 guàn ❶（把帽子戴在头上）put on a hat ❷（在前面加上名号或文字）precede；crown with ❸（居第一位）first place；the best：名～一时 overtop the age
【冠军】guànjūn champion；gold medallist：新的世界～ new world champion ◇ ～赛 championships；tournament
【冠名权】guànmíngquán right to name：这家公司取得了这次赛事的～。The company obtained the right to name the competition.

图 7.1 《留学生汉英学习词典》中"冠"字条（2008：223）

1464 冠 TM 13 FM

guān n. hat; cap; crown; crest

guàn n. v. crown; champion; to put on a hat; to precede; to crown with

冠冕堂皇 guānmiǎn tánghuáng exp. in highsounding words

冠心病 guānxīnbìng n. coronary disease; coronary heart disease

冠词 guàncí n. article (part of speech) ·mw 个

冠军 guànjūn n. (HSK 5) champion ·mw 个、位、名
留学生足球队和中国学生足球队明天争夺冠军。
*The foreign student soccer team will play the Chinese student soccer team for the championship tomorrow.*

**RELATED WORDS**

王冠 27        衣冠 331        桂冠 768        皇冠 831

图 7.2 《商务馆学汉语字典》中"冠"字条（2011：223）

能是为了方便用户的检索。在字词关系沟通方面,两部词典都按照以字带词的原则提供了多个词组例证。但二者在处理方式上也有不同之处:《留学生》没有为字头和词目标注词性,《商务馆》在此方面则与《华英字典》相接近,借鉴了英语中词类划分的方式,同时还对汉语中的量词用法进行了专门标注;此外,《商务馆》还对字头下的词频进行了标注。与《华英字典》中的"冠"字条相比(参见 Morrison 1815a:200),最显著的区别是《留学生》和《商务馆》均没有关注"冠"字的表意性特征,而这一特征关系到汉字字理和文化信息的阐释、篆文字形的呈现、字义和词义之间认知关联的建立等几个主要问题。虽然马礼逊百科式的文化信息呈现方式并不完全可取,但当代外向型汉英词典完全忽视汉字表意性特征和汉字文化的做法也值得商榷。在"解"字条中,《留学生》和《商务馆》也表现出了类似的做法,见图 7.3 和图 7.4。

如这两图所示,由于"解"字的构词能力较强,两部词典中都收录了大量由该字构成的词汇,这也是沟通字词关系的一个重要环节。但与对"冠"的处理方式类似,在对汉字基本知识的描写方面,《留学生》和《商务馆》都忽略了字形信息以及字形和字义之间的联系。这样,字形"解"和其义项之间的联系就不易被学习者觉察到。例如,在《留学生》中,虽然编者提供的六个义项大致按照逻辑顺序排列,但由于缺少字理分析,非母语汉语学习者很难在"角、刀、牛"和第一个义项"剖开,分割"之间建立起一种认知联系,这也会影响到他们从整体上把握各个义项之间的内在逻辑联系。简言之,在对汉字特殊性的关注方面,《华英字典》仍然有值得借鉴之处。特别是在字本位理论的观照以及字本位教学理念的启发下,当代外向型汉英词典的助学功能可在以下几个方面进一步优化。

首先,系统地呈现汉字基本知识。字音、字形和字义三方面的内容不可偏废:1)在对字音信息进行标注时,除了借鉴马礼逊"一解 1 jiě ❶（剖开；分割）cut apart；divide ❷（把扣着的或系着的东西打开）untie；undo：～腰带 undo the waistbelt ❸（解除）allay；alleviate；dispel；dismiss：～热 allay a fever ‖ ～痛 alleviate pain ❹（解释）explain；interpret；solve problem：～码 decode ❺（了解；明白）understand；comprehend：费～ hard to understand；obscure ❻（数）solution：求～ find the solution

【解馋】jiěchán satisfy a craving for good food；satisfy an appetite for good food

【解嘲】jiěcháo try to explain thing away when ridiculed；try to get out of a scrape when ridiculed

【解除】jiěchú remove；relieve；get rid of：～合同 terminate a contract ‖ ～思想负担 be relieved of a mental burden

【解答】jiědá answer；explain：这个问题很难～。This question is difficult to answer.

【解冻】jiědòng ❶（融化）thaw；unfreeze：赶在没有～时去溜冰 go skating before the thaw ❷（解除对资金等的冻结）unfreeze（funds, assets, etc.）：～某人的财产 unfreeze one's assets ❸（关系缓和）thaw

【解毒】jiědú ❶〈医〉detoxify ◇ ～药 antidote ❷（中医）relieve internal heat

【解读】jiědú ❶（分析；研究）analyse；study：～人生 study human life ❷（阅读并解释）read；interpret：～信息编码 read information codes ❸（体会；理解）understand；realize：人们对此项政策有不同的～。People interpret the policy differently.

【解乏】jiěfá recover from fatigue；refresh oneself

【解放】jiěfàng liberate；emancipate：～生产力 liberate the productive forces

【解放军】jiěfàngjūn ❶（为取得解放而战的军队）liberation army ❷（中国人民解放军）the Chinese People's Liberation Army；the PLA ❸（解放军战士）PLA man

【解放思想】jiěfàng sīxiǎng emancipate the mind；free oneself from old ideas：他们应～，破除迷信。They must emancipate the mind and overcome superstition.

【解雇】jiěgù fire；dismissal；kick out；layoff：老板突然～了他。The boss fired him at short notice. ◇ ～费 dismissal pay；separation allowance

【解恨】jiěhèn vent one's hatred；have one's hatred slaked

【解禁】jiějìn lift a ban（embargo, restriction）：～期间 open season；open time

【解酒】jiějiǔ relieve the effect of alcoholic drink

【解救】jiějiù save；rescue；deliver：～人质 free the hostage

【解决】jiějué ❶（处理问题）solve；resolve；settle：～温饱问题 achieve food security ‖ ～就业问题 solve the problem of employing the population ❷（消灭）finish off；dispose of：把他对手全部～了。He has disposed of all the opponents.

【解开】jiěkāi untie；undo；unfasten：～这个谜 find a clue to the mystery

【解渴】jiěkě quench one's thirst：水牛在河里饮水～。The buffalo satisfied its thirst at the river.

【解困】jiěkùn resolve difficulties；overcome difficulties ◇ ～房 houses for the poor

【解闷】jiěmèn divert oneself（from boredom）

【解密】jiěmì ❶（解除保密等级）declassify ❷（除去加密的信息）decrypt；decode；decipher

【解难】jiěnán overcome difficulty：～答问专栏 agony column

【解囊】jiěnáng〈书〉open one's purse：～相助 help sb. generously with money

【解聘】jiěpìn dismiss an employee；fire：那些不称职的将被～。Those who are not fit for their office will be dismissed.

【解剖】jiěpōu ❶〈生〉dissect；anatomy：尸体～ autopsy ❷〈喻〉analyse；examine：自我～ self-examination

【解气】jiěqì vent one's spleen；work off one's anger：她向儿子发怒～。She vented her ill-temper upon her son.

【解劝】jiěquàn soothe；mollify；comfort：～的语气 soothing voice

【解热】jiěrè allay a fever

【解散】jiěsàn ❶（集合的人分散开）dismiss：让他们～ dismiss them ❷（取消）dissolve；disband：～非法组织 disband an illegal organization ‖ ～国会 dissolve a parliament

【解释】jiěshì explain；expound；interpret：这很容易～。This can be easily explained. ◇ ～性报道 interpretative reporting

【解手】jiěshǒu relieve oneself；go to the toilet

【解说】jiěshuō explain orally；comment ◇ ～员 announcer；narrator

【解说词】jiěshuōcí ❶（口头上的）commentary ❷（书面上的）caption

【解体】jiětǐ disintegrate；break up：他们的家庭～了。Their family dissolved.

【解痛】jiětòng alleviate pain

【解脱】jiětuō ❶（摆脱）free oneself from；extricate oneself：～困境 extricate oneself from a difficult position ❷（开脱）exonerate；absolve：为某人～责任 exonerate sb. from responsibility

【解围】jiěwéi ❶（解除包围或困围）force an enemy to raise a siege；rescue sb. from a siege；come to the rescue of the besieged ❷（摆脱窘境）help sb. out of a predicament；save sb. from embarrassment

【解疑】jiěyí disambiguation

【解约】jiěyuē break off an engagement；annulment of contract；rescission ◇ ～书 letter of cancellation

【解职】jiězhí dismiss from office；discharge；relieve sb. of his post：她昨天被～了。She was dismissed yesterday.

图7.3 《留学生汉英学习词典》中"解"字条（2008：311—312）

**1929　解**　TM 18 FM

Jiě v.n. to separate, to divide; to untie; to relieve; to dispel; to answer; to explain; to understand; solution

1. 解鞋带儿 to untie shoelaces
2. 这个字有了新解。This character has a new interpretation.
3. 这个字的新解很费解。The new interpretation of this character is hard to understand.

Jiè v. to escort

**解除** jiěchú v. (HSK 6) to remove; to get rid of
你不解除她的疑虑，她很难跟你合作。If you can't free her of her doubts, it will be difficult for her to cooperate with you.

**解答** jiědá v.n. to answer; to explain; resolution · mw
这位新市长每周都要解答市民的问题。The new mayor answers questions from city residents weekly.

**解冻** jiědòng v. to thaw; to unfreeze (funds); to relax tension (between two countries, parties, etc.); to relax a restriction (on an activity)
1. 这些肉需要解冻。This meat needs to thaw.
2. 中美关系已经解冻。The tension between China and the U.S. has been relaxed.
3. 这个项目还没有解冻。The restrictions on this project have not yet been relaxed.

**解毒** jiědú v. to relieve fever (Chinese medicine)

**解法** jiěfǎ n. solution · mw 个、种

**解放** jiěfàng v. adj. (HSK 5) to liberate; to emancipate; liberal (as opposed to conservative)
不解放思想，就没有思想。Without the emancipation of people's minds, there will not be any thoughts.

**解放军** jiěfàngjūn n. People's Liberation Army · mw 个、队

**解雇** jiěgù v. (HSK 6) to dismiss; to fire
他可能会突然被解雇。He might suddenly get fired someday.

**解救** jiějiù v. to save; to rescue

**解决** jiějué v. (HSK 3) to solve; to resolve; to settle
杰克认为，没有婷婷解决不了的问题。Jack believes that there aren't any problems TingTing cannot solve.

**解开** jiěkāi v. to untie; to undo; to solve (a riddle)
总有一天他会解开那个疑案。Eventually he will solve that suspicious case.

**解渴** jiěkě v. to quench one's thirst
啤酒不能解渴。Beer can't quench your thirst.

**解码** jiěmǎ v. to decode

**解闷** jiěmèn v. to relieve boredom; to amuse oneself
他常常开别人的玩笑来给自己解闷。He often makes fun of others in order to amuse himself.

**解谜** jiěmí v. to solve a riddle

**解聘** jiěpìn v. to dismiss/fire (an employee)
他可能会突然被解聘。He might suddenly get fired someday.

**解剖** jiěpōu v. (HSK 6) to dissect; to analyze; to criticize

**解散** jiěsàn v. (HSK 6) to disband (an organization); to call off (a rally)

**解释** jiěshì v.n. (HSK 4) to explain; to interpret; explanation · mw 个、种
这个字有了新的解释。There is a new interpretation for this character.

**解手** jiěshǒu v. to relieve oneself; to use the toilet

**解说** jiěshuō v. to explain orally; to comment
他宁愿口头解说，而不愿书面解释。He would rather give an oral explanation than a written interpretation.

**解脱** jiětuō v. to shake off; to free/extricate oneself from
实际上，他不当领导反而是一种解脱。Actually, it may be liberating for him to quit his job as a leader.

**解围** jiěwéi v. to rescue from a siege

**解析** jiěxī v. to analyze

**解疑** jiěyí v. to dispel doubts; to remove ambiguities

**解约** jiěyuē v. to terminate/cancel an agreement / a contract

**解职** jiězhí v. to dismiss from office
经理某天可能会突然被解职。The manager might be suddenly dismissed from office someday.

RELATED WORDS

| | | |
|---|---|---|
| 不解 24 | 了解 29 | 分解 172 |
| 劝解 253 | 见解 268 | 曲解 272 |
| 瓦解 358 | 注解 494 | 讲解 498 |
| 和解 627 | 图解 741 | 押解 757 |
| 理解 1187 | 排解 1230 | 误解 1345 |
| 费解 1577 | 谅解 1628 | 溶解 1736 |
| 调解 1745 | 递解 1825 | 题解 1859 |
| 辩解 1935 | 土崩瓦解 15 | |

图 7.4　《商务馆学汉语字典》中"解"字条（2011：1925）

字一音"的做法，我们还应将更多的精力放在对字音和字形之间关系的揭示上。例如，对哪些部件经常做声旁，哪些部件不做声旁，以及经常被误以为声旁的部件要有清楚的说明或提醒。与拼音文字相比，汉语文字的形和音之间的不透明性，以及汉语中以形声字为主体的客观实际，都使得对形声字的标注既重要又必要。2）在对字形信息进行标注时，笔画、笔顺、部首、结构特点、形近字辨析

都是这方面内容的题中之义。该类设计特征被 21 世纪新涌现出的内向型汉语学习词典所吸收,如《新华多功能字典》(商务印书馆 2005)、《小学生汉语学习词典》(外语教学与研究出版社 2006)、《现代汉语学习词典》(商务印书馆 2010)、《唐文多功能新华字典》(湖南教育出版社 2013)、《实用新华字典》(云南人民出版社 2016)等(参见孙文龙 2019:107)。然而奇怪的是,在外向型汉语学习词典中,这类信息却暂告阙如。3)在对字义信息进行标注时,要重视对汉字表意性特征的系统呈现。对母语为拼音文字的汉语学习者而言,汉字的表意性往往是最先吸引他们注意力和学习兴趣的地方(石定果、万业馨 1999:336)。在对汉字字义进行分析时,既要以《说文解字》为主要参考依据,保证字理解说的科学性和系统性,也应该注意合理吸纳流俗文字学中的字理分析,特别是《说文解字》中未收录的一些后起字。对词典编者而言,应该将流俗文字学定位成与传统文字学互补的一种字理解说方式,而不宜将两者完全对立起来,因为学习词典的主要功能是助学,与规范性的单语语文辞书应有所区别。另外,由于汉字字形的演化,一些楷体字形已经失去了原有的构形理据,这种情况下,编者还应该根据实际需要,适当补充篆文字形,帮助非母语汉语学习者在字形和字义之间建立认知关联,降低其汉字学习过程中的认知负担。

其次,重点呈现与字词关系沟通相关的内容。虽然目前国内出版的汉语词典或字典多是按照以字带词的原则来编排字条内容,但字形和字义之间、字义和词义之间、词义之间的关系尚未得到应有的关注。在处理上述几对关系时,《华英字典》可以为我们带来一些有益的启示:1)在帮助非母语汉语学习者语言理解方面,通过呈现字理信息,沟通字义和词义之间的关系,进而在确定汉字本义的基础之上,理顺字头的各个义项之间的引申关系,这样可以更好地帮助学习者深入了解汉字的构词理据。另外,针对合成词的释义①,不仅要从整体上解释合成词的词义,而且要对构成合成词的语素进行解释,只有这样,学习者才能对字词之间的语义联系了解得更透彻。2)在帮助非母语汉语学习者语言产出方面,编者要为学习者提供有关汉字的语法信息、搭配信息和语用信息。最基本的语法信息就是词类标注,其中需要重点关注的是汉语中虚词的语法特征。搭配信息指汉字与其他汉字的组合或聚合关系,在词典中主要以词语例证的形式进行呈现。语用信息指的是交际场景中汉字的用法特征,该类信息能够帮助非母语汉语学习者减少语用失误,增加语言表达的得体性。上述三个方面的信息与汉字使用密切相关,是沟通字词关系的重要保证。

最后,通过汉字的文化学习功能,将语言和文化学习结合起来。"现代语言学研究成果告诉我们,要驾驭一门外语,学习者一定得经历从语言能力(linguistic competence)的成熟,到社交语言能力(sociolinguistic competence)的成熟,最终到文化能力(cultural competence)的成熟这一必经的过程,缺一不可。"(张柏然 1992:Ⅱ)换言之,传统外语教学中经常提及的语音、语法和词汇三要素只是语言习得的一个部分,真正习得一门外语还意味着要学会跨越与语言学习相伴而来的文化障碍,即不同文化背景所导致的基本价值观念、交际礼仪与习俗差异。与汉字文化圈国家的汉语学习者相比,非汉字文化圈国家的汉语学习者对汉字学习的兴趣更加强烈,其中一个重要原因就是他们极为崇拜中国的文化和古代文明,认为汉字的独特造型具有新奇感和吸引力(石定果、万业馨 1999:344)。因此,在汉语学习词典中融入适度的文化信息是一种必要的选择。这里提及的"适度"指的主要是文化信息的标注标准要明确,这主要包括以下几个方面:1)为哪些字头提供汉字

---

① 这里指针对某些结构类型中的一部分合成词,例如,偏正结构、述补结构、述宾结构、主谓结构和联合结构。同时,需要指出的是,任何结构类型都有例外,具体选择标准要依赖汉语本体理论的研究成果。

文化分析？2）在哪些字头下提供相关的中国文化信息？3）提供哪方面的文化信息？4）文化信息的量（篇幅）以多少为宜？5）文化主题是否凸显？如果编者所遵循的标注标准不明确就很容易出现厚此薄彼的不均衡现象。在《华英字典》中，除了文化主题较为凸显，其他几个方面的标准均不是很明确，这也导致该词典中收录的文化信息有些失衡，某些字条中的文化信息过多，而另外一些字条中的文化信息却相对不足或出现缺失。简言之，在外向型汉英学习词典编纂实践中，编者要从汉英对比的视角融入一些与中国人物质生活、社会生活和精神生活相关的文化信息，特别是针对那些蕴含有丰富文化信息的常见汉字，它们是编者在词典中将语言信息和文化信息紧密结合在一起的重要纽带之一。

综上所述，在上文提及的三方面内容特征中，我们不难发现，汉字的字形处在一个非常重要的位置上，它与字音的拼读、字理的阐释、汉字文化的解析以及字义与词义的沟通都有着直接的联系。这给我们的启示是，在编写外向型汉英学习词典时，字形是词典文本设计过程中的一个重要抓手，它是汉字本位设计理念观照下的诸多设计特征的关联点，抓住了它也就抓住了汉语语言文字的特点，同时也抓住了汉语学习的特殊性。

## 7.2 《华英字典》编纂设计的历史局限性反思

作为特定历史时代的产物，《华英字典》在19世纪中西文化交流中发挥着一定的积极作用。该词典中体现出的汉字本位设计理念也具有一定的历史前瞻性。但在研读《华英字典》文本的过程中，我们也发现了该词典中存在的一些不足和问题，本部分分别从汉字本位设计理念的三个维度展开。

首先，在汉字基本知识描写方面，主要存在以下两点不足：

一是编写体例不统一。在字音信息标注方面，马礼逊严格遵守了
"一字一音"的编写原则，但在字形和字义信息标注方面，都没有
遵照相应的既定原则。在《华英字典》第一卷的前件部分，马礼逊
专门制定了一套用以标注汉字六书构造和汉字古文字形的体例符
号（见图 7.5），但马礼逊仅对少部分字头进行了标注，多数情况下
都未使用该套符号。这就造成了词典编纂体例与词典正文中的内
容相脱节，给学习者的词典使用造成不便。

First,　　Representation of the object, by *

Second, Pointing out some property,　by †

Third,　Combination of ideas,　　　by ‡

Fourth, Giving sound,　　　　　　by §

Fifth,　 Inverting or reversing,　　by ‖

Sixth,　 Arbitrary Characters,　　　by ¶

S. C. denotes the Seal Character.

R. H. the Running Hand.

A. V. Ancient Vases.

**图 7.5　《华英字典》中字形信息标注体例符号**

如上图所示，马礼逊分别使用六种符号对汉字的六书构造进
行标注，使用 S.C.、R.H.、A.V.大写字母缩略符号分别标注篆文、草
书和金文，与蓝本字典相比，这也算得上是马礼逊的一个创新之
处。但遗憾的是，马礼逊仅在第一卷的前 30 个部首中大体上使用
了该套符号对个别字头进行了标注，在其他部首中基本上没有使
用该套体例符号。以对象形字的标注为例，常见的象形字如"力、
马、口、土、象、心、方、日、斧、水、木、气、火"等都没有标注星号。其
他体例不一致的情况还有很多，例如，有的象形字和古今字形变化
较大的字提供了篆文字形，有的却没有提供；同一个部首下，有的
生僻字提供了字理解释，但不少常见字却没有相关信息（如"水"
部首下，"江、汗、汁、汽、河、泡、注、洞、洗、洪、海、浪"等常见字头
下都未提供字理信息）。因此，从整体上看，虽然在第一部汉英字

典中,马礼逊为 2311 个汉字提供了字理解释,但其标注标准并不十分明确,从而使得其对字理信息的标注呈现出一定的随机性。对于汉语初学者而言,这种体例上的缺陷可能会误导他们,例如,如果他们查到"马、口、气"等没有标注星号的字头,可能得出这些字不是象形字的错误结论。

二是忽略形声字。涉及形声字的造意分析时,经常会出现"以义代声"的情况,即把形声字当作会意字来处理。以《华英字典》第一部中"女"部为例,该部首下共有 284 个字头有字理解释,其中有 127 个汉字被《说文解字》收录,这 127 个汉字中,形声字 111 个,会意字 10 个,会意兼形声字 6 个。但是,在《华英字典》中,只有两个字头"婼"和"娲"是按照形声字的译义元语言模式进行阐释的①;其他 109 个形声字的字理均按会意字的译义模式进行处理,例如,娟 From woman and to excite(从女从肙),媚 From woman and eyebrows(从女从眉)②;6 个会意兼形声字也是只关注其意义,而不关注其声旁,例如,"婚"在《说文解字》中是"从女从昏,昏亦声"。马礼逊(Morrison 1815a:659)仅保留"From woman and evening"这一信息,而忽略了"昏"的表音功能。这种做法导致《华英字典》中形声字的标注比例显著偏低,与汉语研究的实际情况不一致,《说文解字》中形声字的比例占到 87% 以上,现代汉字中的形声字已达 90% 以上(王宁 2015:27)。究其原因,一方面,这可能与马礼逊"重汉字形义,略汉字读音"的汉语习得观有关(钱奠香 2016);另一方面,也可能与会意字所具有的独特的认知价值有关,因为它最典型地体现了汉字的形义关系(石定果 1996)。在《华英字典》副文本中,马礼逊反复提醒欧洲人注意汉字表意性特征的做

① 两个字头的字理解释分别是:婼 From woman and the sound Ta.(Morrison 1815a:652);娲 The character woman is for sound only, and does not denote that the person was a woman.(Morrison 1815a:669)。
② 参见 Morrison 1815a:650, 667。

法也能从侧面证明这一点。总之,虽然马礼逊"因形求义"的诉求值得重视和研究,但其"以义代声"的做法也应该得到纠偏。

其次,在字词关系沟通方面,主要存在以下三点不足:1）部分汉字的字形与字义、字义与词义之间的关系处于脱节状态,这与上文提到的对字理信息标注的不足有着直接的关系。字理信息的缺失会直接导致形义联系的脱节,进而对字义和词义的沟通造成不利的影响;2）字头下词目之间的排序无规则可循。以"解"字头下的几个例词的排序为例:She keae 尸解、Keae che 解豸、Keae yǔh tae tsze che 解玉带赐之、Keae choo 解除、Keae taou kwan foo 解到官府、Keae gǐh 解额(Morrison 1819：392),上述几个由"解"构成的合成词和词组之间的排序既非按义项排列,也非按音序排列,这会给用户在查询由"解"构成的词或词组时带来不便;3）通过直译方式在字词之间建立认知关联时,存在一些翻译失当或错误之处。如以下几例所示:

(1) 钓誉 to fish for praise.（Morrison 1819：831）

(2) 大小姐 the senior young lady. 二小姐 the second young lady.（Morrison 1815a：624）

(3) 老拙 old and stupid.（Morrison 1819：521）

(4) 贫僧 poor priests.（Morrison 1819：697）

(5) 头目 the eye of the head.（Morrison 1822b：334）

(6) 口是心非 the mouth is right, but the heart wrong.（Morrison 1815a：346）

(7) 痴心妄想 a foolish heart and disorderly thoughts.（Morrison 1815a：609）

(8) 麻有公有母 the hemp plant has male and female.（Morrison 1819：569）

(9) 堂姊 a mother's female relations;堂姊妹 a mother's sisters.（Morrison 1819：812）

(10) 愚弟 your humble younger brother.（Morrison 1819：1039）

上述几例中存在的翻译问题大致分为两类:第一类是由机械性直译带来的"望文生义"式的翻译,但是,严格说来,这并不是马礼逊的疏忽所致,而是其直译翻译策略的直接体现,因为如前文所分析(参见 5.3.1.1),直译是马礼逊用来沟通字词关系的一种重要手段。所以,这类错误的原因应该归咎于马礼逊未在直译的后面补充上相应的意译。换言之,如果例1—8 中的直译后面同时附有意译,那么这种翻译方式是可以被接受的。相比之下,例9 和例10 所代表的第二类翻译问题则是马礼逊的个人理解出现了问题,从而导致翻译偏差。"堂姊"和"堂姊妹"指的是父方的血亲关系,马礼逊将之译为母方,显然属于误译;同样,"愚弟"是说话人对己方的一种谦称,"愚"不用于直称与对方有关的人或物,所以"愚弟"应该译为 my humble younger brother,马礼逊混淆了"愚弟"与"令弟"的区别。汉语中的称谓语要比英语中的复杂不少,这也可能是马礼逊误译的一个主要原因。总体来看,与第一类问题相比,第二类问题的数量不多。

最后,在汉字的文化学习功能拓展方面,主要存在文化信息收录失衡的问题,这在第一部汉英词典中表现尤为明显。例如,在"学"字头[①],为了向西方读者介绍中国的教育制度,马礼逊对县学、府学、学馆、义学和夜校都做了介绍;另外,他还摘引了 100 条学堂条约、27 条读书心法和读书十戒,又详细介绍了中国的科举制度、八股文的格式和要求。这些内容已经超出了语文词典的功能范畴,从而使《华英字典》具有了百科词典的性质。在呈现汉字文化信息时,不能因为某些汉字重要或者搜集到的资料相对丰富,就在词典中融入大量的非语言信息,这样容易导致语言信息和文化信息失衡,同时也会带来词典篇幅问题。但在另外一些重要的字头下,马礼逊提供的内容却又失之过简。例如,在"红"字头

---

① 参见"学"字头 Morrison 1815a:746—785。

下①,马礼逊仅从《康熙字典》中选取了 5 条内容进行简单的直译——红色(red)、红颜料(reddish colour)、南方闲色(colour of the southern regions)、地名(name of a place)、草名(name of a plant),而对红色在中国文化中的特殊意义只字未提。上述两个有代表性的例证较为清楚地说明了《华英字典》在汉字文化信息表征方面存在厚此薄彼的现象。在第二部汉英词典中,马礼逊删减了非语言信息的量,这说明他也认识到了第一部词典在此方面的失当之处。

词典中有编写体例不一致的错误、翻译错误或其他类型的一些失误,但在当时的社会历史条件下,能够编写出一部多卷本的汉英双语词典已实属不易。马礼逊也很清楚"人非圣贤,孰能无过"的道理,并表现出了一副虚心接受读者批评的姿态。他(Morrison 1819:viii)指出,"如果有人能指出编者的错误的话,他会感到很高兴,而无窘迫之感"②。在当今国际中文教育蓬勃发展的新时期,未来外向型汉英学习词典的编纂实践既要与时俱进,也要合理借鉴和吸收历史词典文本遗留给我们的宝贵学术财富。

## 7.3 外向型汉英学习词典编纂设计的创新探索

长期以来,《华英字典》中所蕴含的汉字本位设计理念一直未能引起学界的重视,直到最近才有研究者注意到了马礼逊的"字本位"编纂思想(参见耿云冬 2020)。另外,在汉语二语教学界,虽然"字本位"教学理念的提出已经有 30 多年,但长期以来,该理念的

① 参见"红"字头 Morrison 1823:2。
② 原文是:...and to find that he is mistaken will be a source of pleasure, not of mortification.

应用主要集中在对外汉语教材编写领域,在词典编纂实践中还鲜有应用性研究。针对当前外向型汉英学习词典研编中存在的一些问题,我们认为,《华英字典》内容和形式设计特征中所体现出的汉字本位设计理念为辞书研究者提供了一种新的解决方法。本节内容在学理和实践两个层面上分别对外向型汉英学习词典编纂设计的创新进行探讨。

## 7.3.1 基于汉字本位设计理念的外向型汉英学习词典编纂思考

从四、五、六三章的分析可以看出,马礼逊始终坚持语言和文化习得相结合的汉语习得观。其中,在语言和文化学习两个方面,汉字均占据有重要的地位,这也是《华英字典》中汉字本位设计理念的一个主要体现。本部分在借鉴现代字本位教学理念的基础上,对《华英字典》中的汉字本位设计理念进一步探讨,并厘清其分析维度和所含要素(详见表7.1)。

**表7.1　汉字本位设计理念的维度和要素**

| 汉字本位设计理念的维度 | 汉字本位设计理念的要素 |
| --- | --- |
| 汉字的识别 | 字音识别:拼音、声旁<br>字形识别:部首、笔画、笔顺、结构、形近字<br>字义识别:形旁、字理 |
| 汉字的使用 | 字频和词频<br>语法信息<br>搭配信息<br>语用信息 |
| 汉字的文化学习功能 | 汉字文化<br>汉语文化 |

从上表可以看出,在外向型汉英学习词典的编纂实践中,汉字本位设计理念的维度主要有三个,分别是汉字的识别、汉字的使用和汉字的文化学习功能。其中,前两个维度主要与语言学习相关,

第三个维度与文化学习相关。然后,围绕着每个维度,又包含有若干不同的要素。

首先,在"汉字的识别"这一维度,包含有三类要素信息,分别是汉字音、形、义的识别。在词典编纂实践中,这三类要素信息主要体现为有关汉字基本知识的整体性描写:1)在字音识别方面,使用汉语拼音方案为词典中字头、词目及例证注音是目前最常用(也是通用)的一种处理方式。然而,汉字声旁的示音功能至今仍然未受到词典编者的重视,这可能与声旁示音功能表征中的例外情况较多有关。在马礼逊所处的时代,由于汉字拼读法对语音描写的精度所限,对形声字的处理确实缺少有效的方法。时至今日,在汉语语言学理论研究和国际汉语教学理论研究成果的支撑下,该问题已经得到部分解决(比如在标注字频的情况下,就可以对特定收字范围内的声旁示音功能及其例外情况进行全面总结)。因此,在当代具有明确用户指向的外向型汉语学习词典编纂实践中,声旁的示音功能应该作为字音识别方面的一个关键要素。2)在字形识别方面,部首、笔画、笔顺、结构、形近字是五个关键要素。马礼逊在词典的微观结构中并没有对"部首、笔画、笔顺"进行标注,与汉字结构和形近字辨析相关的信息也多呈零星状态分布。在当今的外向型汉英词典中,上述字形方面的几个关键要素未得到应有的关注。3)在字义识别方面,形旁和字理是两个关键要素,它们也是非母语汉语学习者了解汉字表意性特征的重要抓手。目前的外向型汉英词典中尚未处理这一信息。由上可以看出,现有的外向型汉英词典中的汉字基本知识的描写是不完善的,从汉字本位设计理念来看,在字形和字义信息的内容呈现上都存在待补白之处。目前,已有学者注意到了这一问题,并有意对传统外向型汉语学习词典中字形和字义信息的缺失进行纠偏。例如,鲁健骥(2018)基于汉字与拼音文字的差异这一基本事实,编写了针对非汉字文化圈学习者的《汉字认读助学手册》,试图通过介绍汉字构成的理据和规律,使外国人认识汉字,进而理解汉字和掌握汉字。该手册编写的一个重要思路是帮助学习者在理解的基础上记、认汉字,同时避免对字的读音和意义进行死记硬背。鲁先生目前正在编写《汉字认读助学手册》的姊妹篇——《汉字书写助学手册》,旨在帮助学习者掌握汉字书写规律,正确书写汉字。这种以学习手册的形式单独对字形和字义进行分析的做法,一方面反映了外向型汉语学习词典在汉字助学功能方面的缺失,另一方面也反映出学界对汉字基本知识的重视正在加强。汉字本位设计理念观照下的汉字识别维度及其要素特征,对未来外向型汉英学习词典的编写具有重要的参考价值。

其次,在"汉字的使用"这一维度,包含四类要素信息:字频与词频、语法信息、搭配信息以及语用信息。在汉字本位设计理念的三个维度中,该维度处于中心地位,因为它与汉语学习的目的直接相关,即通过汉字来学习汉语和提高语言交际能力。换言之,汉字本位设计理念的核心思想是通过帮助非母语汉语学习者掌握汉字用法来沟通汉字学习和汉语学习之间的关系。在词典编纂实践中,这一理念的实现要通过上述提及的四类要素信息来完成,其中,字频和词频的标注是最关键的一个环节,因为它直接决定着词典中其他要素的呈现内容和呈现方式。例如,如果一部词典选择2500常用汉字作为重点描写对象,其他信息的呈现(如语法、搭配和语用信息,同时也包括汉字基本知识的描写)则要以此为基础进行选择性呈现,选择的主要标准之一就是字频和词频。在汉语作为第二语言的教学实践中,字频和词频已经成为教学大纲制定和汉语教材编写的重要参照标准之一,同时它也是字本位教学理念的重要基石之一(参见白乐桑 2018)。在马礼逊当时所处的历史环境下,还无法标注字频和词频信息,马礼逊只能根据个人学习经验或参照汉语母语者学汉语的一些启蒙用书(如《千字文》《三字经》《幼学琼林》等)来选择需要重点处理的字词单位。语法信息、搭配信息和语用信息三个要素内容的呈现则主要通过词典的再语境化过程来实现(详见5.3.2.2),它们共同构成了汉字使用的语境信息,是沟通字词关系的重要手段。具体来讲,在语法信息方面,多数汉语学习词典主要集中在对词性标注、虚词用法(如量词)、常见句法(如被字句和把字句)等的关注上(Yuan & Church 2006:3);在搭配信息方面,也有词典尝试沟通语素(字)义与词义之间的有机联系,从而达到帮助学习者快速以字识词的目的(参见邵敬敏2000);在语用信息方面,目前较为系统地对汉字使用语境进行充实的词典还不多见,这可能与当前外向型汉语学习词典的编纂规模有关,它们多数属于中小型词典,因受篇幅所限,内容信息相对简略。

最后,在"汉字的文化学习功能"这一维度,包含两类要素信息:汉字文化和汉语文化(关于二者的关系详见第六章)。从理论上讲,任何语文词典中的文化信息都可以按上述两要素进行分类,但是从汉字本位视角来看,在外向型汉英学习词典中,汉字构形理据与汉字文化之间关系密切,汉字字头通过词典的结构(宏观结构、微观结构和中观结构)也能起到构建中国文化主题的作用。目前,绝大多数外向型汉语学习词典一般采取的是少收或不收文化信息的做法,汉字构形中蕴含的文化信息被忽略,汉语文化信息基本上以零星状态分布,标注标准不明确,缺少系统性。例如,在"*Tuttle Learner's Chinese-English Dictionary*"中的"节"字头下,编者提供了"节日"这一词目,为该词目的配例是:"中国人最重要的节日是春节,也就是中国人的新年"[①](Li 2005:114)。显然,该例证中融入了"春节"这一文化因素;《商务馆学汉语字典》中"兵"字头下的"兵法"和"兵家"两个词目的配例中,都专门融入了"孙子"这一文化信息:"《孙子兵法》已被许多商家运用到当今的商场上",

---

① 相应的英文释义略,下同。

"孙子是一位伟大的兵家"（黄全愈等2011:129）;《当代汉语学习词典（初级本）》则明确表示该部词典不收文化信息,将无文化因素干扰作为配例的基本标准之一,其依据是对汉语初学者而言,文化信息会增加他们的语义理解负担（徐玉敏2005）。但实际上,这种追求语义自主的做法,即仅为二语学习者提供不需要再进行二次解释的句子,很难做到,因为一些字词本身就蕴含文化信息,在该词典中读者也能找到一些含有文化信息的例句。例如,在"春节"词目下的第一个配例是:"春节就要到了,我们要好好ㄦ地玩ㄦ一会ㄦ。"因为该例中的"春节"不符合"语义自主"的标准,所以编者紧跟着又提供了另一个解释:"这是中国人最主要的传统节日,大约在每年的一月或二月。"（徐玉敏2005:124）由此可以看出,在外向型汉语学习词典中完全排除文化信息的做法是不现实的,与因担心造成文化障碍而采取的回避策略相比,采用合理的呈现方式可能更为明智。汉字本位设计理念下的"汉字的文化学习功能"这一维度为外向型汉语学习词典中文化信息的呈现提供了有益的参考。

综上所述,汉字本位设计理念的三个维度既考虑到了汉语语言文字的特点,同时也兼顾语言和文化习得的全面性,在对外汉语教材编写实践中,其科学性和实用性已经得到相应的证明。早在20世纪90年代初,就有国内学者指出,针对外国人学汉语的汉英词典,要想编得有实用价值,其形式与内容要通过教学实践来决定（王还1990:52）。我们认为,在外向型汉英学习词典研编领域,汉字本位设计理念同样可以较好地被用来指导实践。只要词典编者紧紧抓住汉字本位设计理念中的要素,就有可能编写出与非母语汉语学习者的学习需求和认知特点相符合的外向型汉英词典。下文将根据表7.1中列举的汉字本位设计理念要素尝试编写部分样条。

## 7.3.2  基于汉字本位设计理念的外向型汉英学习词典样条示例

在上述汉字本位设计理念的指导下,本部分尝试编写几个针对母语为英语的汉语初中级学习者的字条。围绕着汉字本位设计理念的三个维度,相关编写体例主要包括:1) 在"汉字的识别"维度,为字头及该字头下的词头标注拼音,对形声字声旁的示音功能进行提示;为字头标注部首、笔画、笔顺、汉字结构信息①,提供形近字辨析信息;对合体字中形旁的示义功能进行提示,为象形字、会意字、指事字和形声字提供字理分析信息;2) 在"汉字的使用"维度,标注字频和词频②,围绕汉字的用法提供语法信息、搭配信息和语用信息;3) 在"汉字的文化学习功能"维度,对汉字构形中蕴含的文化信息进行标注,同时重视汉字的文化建构功能,以多元化方式在例证中融入文化信息。下文分别以"末、示、善、液、伞、葡、萄"七个字头为例,按照上述体例来编写相应的字条③。选取

---

① 标注汉字结构时,本书借助如下一些体例符号:▯▯(左右结构,如"打")、▯▤(左右结构,右半部分中的横线表示该部分还可进一步分成上下两部分,如"楼")、▤(上下结构,如"思")、▤(上中下结构,如"劳")、▭(独体结构,如"人")、▣(全包围结构,如"回")、◪(半包围结构,如"凶")、▢(半包围结构,如"冈")、▢(半包围结构,如"这")、▢(半包围结构,如"病")、▢(半包围结构,如"句")等。如果是独体字,或部首不易通过简化图标注的话,则会在字条中单独列出。因存在汉字部首位置和部件的二级拆分两个变量,上面未全部列出汉字中所有的结构分布情况。

② 以《现代汉语常用字表》(国家语言文字工作委员会汉字处 1988)、《汉语水平词汇与汉字等级大纲》(国家汉语水平考试委员会办公室考试中心制定 2001)、《国际汉语教学通用课程大纲》(孔子学院总部/国家汉办 2014)为主要参照依据。

③ 编写样条时,参考的资料主要包括《华英字典》(Morrison 1815a,1822a)、《解开汉字之谜》(安子介 1990)、《汉语 1000 常用字》(陈明、张瑞 2010)、《ABC 汉英大词典》(德范克 2003)、《汉字源流字典》(谷衍奎 2008)、《商务馆学汉语字典》(黄全愈等 2011)、《汉字演变五百例》(李乐毅 1992)、《留学生汉英学习词典》(留学生汉英学习词典编写组 2008)、《汉字认读助学手册》(鲁健骥 2018)、《商务馆学汉语词典》(鲁健骥、吕文华 2006)、《汉英大词典(第 3 版)》(吴光华 2010)、《现代汉语词典(第 7 版)》(中国社会科学院语言研究所词典编辑室 2016)、《细说汉字—— 1000 个汉字的起源与演变(修订版)》(左民安 2015)。另外,还有部分网络资料。在呈现样条内容时,不再对参考内容的文献来源进行逐一标注。

这几个字头的作为样条的依据如下:1)"末"字为指事字的代表;2)"示"字为象形字的代表;3)"善"字为会意字的代表,同时由于该字所蕴含的文化信息较为丰富,因此也作为"汉字的文化学习功能"维度的一个示例;4)"液"字为形声字的代表;5)"伞"字为后起字的代表(《说文解字》中没有收录该字),同时,该样条还代表着如何处理繁体字与简体字之间关系的情况;6)"葡"和"萄"为非语素字的代表,两个汉字均不能单用,在二者组成的联绵词中,仅代表一个音节。以上六种情况基本上能够涵盖汉字本位设计理念观照下的外向型汉英词典编纂实践。相关样条内容分别如下:

一、"末"字条

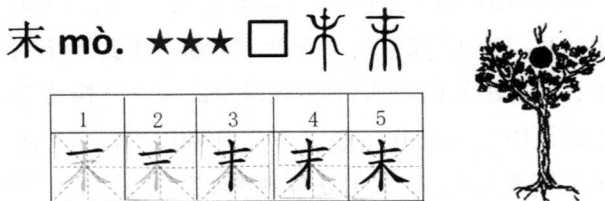

From mù 木 *wood* and *a line*—, denoting the tip of a tree. Hence, the original meaning of this character refers to the top branches of the trees or the treetops. Later, this meaning was widened to refer to the tip/end of something else, especially a period of time. Besides, since compared with the trunk of the tree, to which the top branches are attached, the character mò 末 was further used to denote small and unimportant things. Sometimes, the things are so small that they are cut into tiny pieces, something like powder and dust. In brief, this character's meaning evolution is roughly as follows: the tip of a tree; treetop →the tip/end of something; the end of a period of time → nonessentials; minor details→ powder, dust.

In compound characters, mò 末 can be used as either a semantic radical or a phonetic radical. E.g. in mò 抹 (to plaster, to wipe) and mò 沫(foam), mò 末 is not only a semantic radical, but also indicates its pronunciation；in mò 茉（joined with lì 莉，refers to jasmine），mò 末 only gives sound.

❶ Noun. the tip of a tree；treetop

【末梢】mòshāo. ★★★tip；end.鞭子的末梢 the tip of a whip. 树枝的末梢上站着一只鸟 There is a bird on the end of the branch. 神经末梢 nerve ending.

❷ Noun. the tip/end of something；the end of a period of time

【末班车】mòbānchē. the last（scheduled）bus/train，etc.他没 赶上回家的末班车，只好住在一个朋友那里 He missed the last bus home and had to stay with a friend.

【末代】mòdài. last dynastic reign.末代皇帝 the last emperor of a dynasty.

【末伏】mòfú. the last of the three ten-day periods of the hot season. It is also referred to as 三伏（天），and is considered to be the hottest time of the year. ☞ See 头伏凉快，二伏热，过了三伏再请客 （p.页码）。

【末了】mòliǎo★★★<colloquial> in the end；finally.末了的一 个 the last one. 列车末了的一节车厢 the end carriage of a train.

【末路】mòlù. dead end；impasse；miserable ending.末路穷途 or 穷途末路 be driven into an impasse；the last extremity.

【末年】mònián. last years of a dynasty/reign. 中国每个朝代的 末年都会出现很多农民起义 There would be many peasant uprisings in the last years of every dynasty in China.

【末期】mòqī. final period；last phrase. 20 世纪末期 toward the end of the twentieth century.在他创作的末期,他的风格有了很大的 变化 At the end of his creation，his painting style changed a lot.

【末日】mòrì. ★★★ doomsday；end；doom. 末日论者 doomster；doomsayer. 末日审判 Judgment Day.侵略者的末日 the end of the aggressors.

【末尾】mòwěi. end；last part. 排在末尾 stand at the end of a line.你已读到这本书的末尾了吗？Have you reached the end of the book?

【始末】shǐmò. beginning and end; whole story.案情始末在审判时真相大白 The full story came out at the trial.

【周末】zhōumò ★★★weekend.周末愉快 have a nice weekend. 周末特价从 11 月中旬就有了 A special weekend rate is available from mid-November.

❸ Noun. nonessentials; minor details

【本末倒置】běnmò-dàozhì. ★★★take the branch for the root; to confuse cause and effect; put the cart before the horse.

【舍本逐末】shěběn-zhúmò. neglect the fundamentals and attend to the trivialities; run after the less important things.

【细枝末节】xìzhī-mòjié. small twigs and upper end branches, metaphorically refers to minor details; nonessentials; side issues.只有细枝末节还没确定 Only minor details now remain to be settled.

❹ Noun. powder, dust

【茶叶末】cháyèmò. broken tea leaves; tea dust.

【粉末】fěnmò. ★★★powder.一层粉末 a layer of powder.一堆粉末 a pile of powder.

【肉末】ròumò. minced meat; mince. 肉末粉条 sautéed vermicelli with minced pork, one characteristic traditional dish of Sichuan Province and Chongqing.

---

**Notes on similar characters**

The figures of mò 末, wèi 未 and běn 本 often confound Chinese beginners: for one thing, each of them is composed of mù 木 *wood* and *a line*—; for another, they have the same radical mù 木. When writing the three characters, please pay attention to the following tips: (1) As regards mò 末, the first horizontal line is longer than the second one, while (2) in term of wèi 未, the first horizontal line is shorter than the second one (For more details ☞ See "wèi 未"); finally, (3) regarding běn 本, the second horizontal line is at the bottom of mù 木 *wood*, denoting the root of a tree. Therefore, běn 本 and mò 末 are opposites. For more details ☞ See "běn 本".

---

在"末"字条中,用户可以查到以下信息:1)字音信息:为字头和词头中的汉字提供的汉语拼音;在 3500 常用字的范围内,对"末"的示音功能进行提示。2)字形信息:部首(木部,见 Notes 部分)、笔画(5 画)、笔顺(有笔顺展示)、结构(独体字)、字形辨析(专栏形式,区分"本""末"和"未")。3)字义信息:有字理阐释,并提供两个能看出字体演化关系的篆文字形,同时配有更具象的图片加深学习者对"末"字造意的理解;在 3500 常用字的范围内,对"末"的示义功能进行提示。4)汉字用法信息:字频(2500 常用字,以三个星号表示),词频(常用词,以三个星号表示);"末"字的词义演化关系;对合成词的解释以"直译+意译"的译义模式为主,如"本末""肉末""细枝末节"等,以便学习者沟通字词之间的联系;提供语法信息及用法说明,如为"粉末"配例时,注意其量词搭配,"末了"提供有语体信息。5)文化信息:在例证中融入汉语文化信息,如"末伏"及该词目下的中国民谚,"末年"词目下的句例,"肉末粉条"词目中的饮食文化介绍。上述几方面信息基本上是按照汉字的识别(包括音、形、义三个方面)、使用和文化学习功能三个维度展开的。但是,需要说明的是,该样条只是汉字本位设计理念指导下的一个构想,与词典编纂实践中的字条有较大的差异,还存在不少待细化和解决的问题。例如,该样条中的词目按义项分立的原则进行编排,这就会给用户的检索带来问题;另外,理顺义项之间的逻辑关系、提供字理分析、融入文化信息等都需要进一步明确相关标准。

二、"示"字条

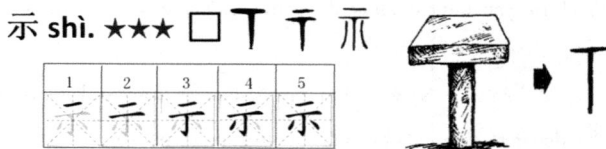

Originally, it was the stone table for offering ceremonial sacrifices to the gods. In terms of the form of 丅, the horizontal line represents the top of holy table, the vertical line the table stand. Later, another shorter horizontal line was placed above it (示), which signifies offerings for the gods. Much later, it was found that the table stand had evolved into the figure of "小". Clearly, the original meaning of shì 示 refers to the altar, through which ancient Chinese people prayed to the gods in hopes of getting blessings and some sacred inspiration from them. Thus, it could lead on to another meaning, viz. take things out or point them out to let people know. In this sense, it is similar to such English words as to show, to demonstrate, to signal, to hint, to indicate, to express, to display, to imply, to forebode, to predict, to reveal, to notify, to instruct, etc.

【示范】shìfàn. ★★★To set an example; to demonstrate.起示范作用 play an exemplary role.示范教学 teach by demonstration.示范项目 a demonstrative project.讲课中将不时插入实际示范 Lectures will be interspersed with practical demonstrations.老师给学生示范怎样操作仪器 The teacher gave the students a demonstration of how the instrument worked.

【示弱】shìruò. ★★★ show weakness; give the impression of weakness; show the white feather. 不甘示弱 reluctant to show weakness; not to be outdone.她戴着一个漂亮的冕状头饰,而新郎也不甘示弱,穿了一件很潇洒的刺绣马甲 She wore a lovely tiara but the groom, not to be outdone, had on a very smart embroidered waistcoat. 振作起来! 难道你甘愿在这些人面前示弱吗? Pull yourself together! Do you want to show the white feather in front of these people?

【示威】shìwēi. ★★★ Put on a show of force; demonstrate; march; demonstration.示威游行 demonstration; parade; demonstrate. 人们都上街参加示威游行了 The people have taken to the streets to protest.示威运动 demonstration.示威者 demonstrators. 街头示威 street demonstration.举行示威 hold a demonstration.

【示意】shìyì. ★★★ to signal;to hint;to indicate.示意图 schematic diagram/sketch.示意某人做某事 give sb. the tip to do sth.以目示意 give a hint with the eyes.向某人挥手示意 waving one's hands at sb.(usually as a greeting).总统向欢呼的人群挥手示意 The president is waving his hands at the crowd.

【示众】 shìzhòng. to publicly expose/punish; to publicly denigrate.游街示众 lead sb.(usually a criminal)through the streets to show him up before the public;shame parade.囚犯被押解示众 The prisoners were paraded in front of the crowd.

【暗示】ànshì. ★★★hint;drop a hint;imply;suggest.他暗示了他来访的意图 He hinted about the purpose of his visit.我给了他一委婉的暗示,但他没有领会 I gave him a gentle[mild] hint and he didn't get it.该杂志错误地暗示说他正打算宣布退休 The magazine suggested, incorrectly, that he was planning to announce his retirement.

【表示】biǎoshì. ★★★to express;to show;to indicate;expression;signifying.表示愤慨 to express one's indignation.表示感谢 to express one's thanks.表示支持 to express one's support.表示同意 to give one's assent to.他点头表示同意 He nodded to signify that he agreed. 对某人表示好感 show sb. favour. 红灯表示人和车辆不能通行 The red traffic light indicates that every person and vehicle must stop. 友好的表示 an expression of friendship.

【出示】chūshì. ★★★to show/exhibit sth.(usually for inspection);produce.请出示学生证 Please show your student ID.要租一辆车你必须出示护照和现有驾照 To rent a car you must produce a passport and a current driving licence.

【启示】qǐshì. ★★★ inspiration;revelation.从……得到启示 draw inspiration from;这个故事给我们什么启示? What revelation can we gain from this story?

【揭示】jiēshì. to reveal.揭示奥秘 to reveal a mystery. 这一罪行的严重性还没有充分揭示出来 The full enormity of the crime has not yet been revealed. 为了帮你起步,我们请了五位成功作家来揭示一些诀窍 To get you started, we have asked five successful writers to reveal some of the tricks of the trade.

【请示】qǐngshì. ★★★ (of inferiors) to request information; to ask for instructions. 向上级请示 ask one's superior for instructions.他们在德尔斐神示所向神请示 They consulted the oracle at Delphi.

【提示】tíshì. ★★★ point out; remind; prompt; hints; prompting. 请提示一下什么时候我们才可以提问 Please kindly point out when we can ask questions. 她紧张得说不出话来,只好听人提示 She was too nervous to speak and had to be prompted. 在他回答问题时,不要给他提示 Don't give him any hints when he answers the question.只需一点提示我们就能想起很多东西真是令人吃惊 It's amazing what we can remember with a little prompting.

【显示】xiǎnshì. ★★★to show; to display. 考试成绩充分显示杰克取得了显著进步 The test scores show that Jack has made remarkable progress. 输入了无效信息将显示错误代码 An error code will be displayed if any invalid information has been entered.

【演示】yǎnshì. to show/demonstrate; presentation. 克莱尔向我们演示如何做巧克力蛋糕 Claire showed us how to make a chocolate cake. 我正在为我的科学项目做多媒体演示 I am making a multimedia presentation for my science project.

【预示】yùshì. to forebode; to predict; to herald; to indicate; to portend. 预示大风暴的来临 forebode a big storm. 预示丰收 predict a good harvest. 这些谈判可能预示着新的和平时代的来临 These talks could herald a new era of peace.

【展示】zhǎnshì. ★★★to display; to show /demonstrate. 她向陪审团的 12 位男士展示她的伤痕 She displayed her wound to the twelve gentlemen of the jury. 学生要展示自己的个性和才能 Students ought to show their own characters and talents. 他展示了一个四分卫的全面技能 He demonstrated the all-round skills of a quarterback.

【指示】zhǐshì. ★★★instruction; direction; order, usually from a superior. 发出指示 give instructions/ directions. 接到/收到指示 receive instructions. 执行指示 to execute an order. 我是严格遵照你的指示办的 I followed your instructions to the letter. 简单的指示他都难以照办 He has trouble following simple instructions.

> **Notes on the character's formation**
>
> As a radical, shì 示 always transforms into 礻, which is more frequently placed on the left side of compound characters than on any other side. Characters with the semantic radical shì 示 always pertain to ritual ceremonies, worship or prayer. For example, among such characters as cí 祠, dǎo 祷, fú 福, huò 祸, jì 祭, jìn 禁, lǐ 礼, qí 祈, shè 社, shén 神, suì 祟, xiáng 祥, yòu 祐, zhù 祝, zǔ 祖, only three characters, i.e. jì 祭, jìn 禁 and suì 祟, employ the form of shì 示 instead of 礻, which is placed in the lower part of these characters. However, the meanings of all the characters listed above are related with "ritual ceremonies, worship or prayer". By contrast, shì 示 is rarely used as a phonetic radical expect for the character shì 视 (From shì 示 revelation and jiàn 见 to see, and the part shì 示 also gives sound). Besides, the learners should make a distinction between 礻 and 衤 (the variant form of yī 衣 clothes). The latter has one more stroke than the former. For more details ☞ See "yī 衣".

"示"字也是2500常用字,与"末"字相比,它有两个特点比较突出,一是该字中蕴含的文化信息,二是它可以用作部首,且存在变体形式。所以,除了字音、字形、字义、字词关系等信息需要说明,这两点需要稍加强调。关于对"示"字文化学习功能的拓展,字条中有对其文化义的揭示:该字原来是祭神的石制供桌,在甲骨文中呈T或T形,小篆字形为示,这与楷书字形已经比较接近。因此,"示"旁的字大都与祭祀、祷祝、鬼神、吉凶、贞祥等义有关。在Notes专栏中列出了3500常用字表中由"示"字充当形旁和声旁的汉字。另外,"示"字在合体字中常变形为"礻",这容易与"衣"字旁的变体形式"衤"相混淆,该样条中也有相关内容提醒学习者注意区分。

三、"善"字条

善 shàn. ★★★ 吕 𦎟 譱(譱)

| 1 | 2 | 3 | 4 | 5 | 6 | 7 | 8 | 9 | 10 | 11 | 12 |
|---|---|---|---|---|---|---|---|---|---|---|---|
| 善 | 善 | 善 | 善 | 善 | 善 | 善 | 善 | 善 | 善 | 善 | 善 |

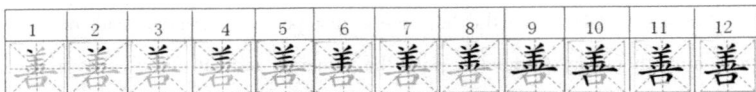

The ancient form of shàn 善, i.e. 𦎟, is said to represent a sheep, which used to be a delicious food that ancient Chinese people liked to eat. Later, two repeated characters of yán 言 (*words*) were added to it, thus forming 譱, which means a constant praise for the delicacy by words. Shàn 善 is a simplified form of 譱. Therefore, the original meaning of shàn 善 is tasty food. The clue to a better understanding of the character's meaning evolution is roughly as follows: tasty food → (of something) good, wonderful, right →(of somebody) good, tender-hearted, kind → to make things even nicer or better → be good at, be apt to.

❶ Adj. (of something) good, wonderful, right; (of somebody) good, tender-hearted, kind.

【善良】shànliáng. ★★★ good and kind; kindhearted. 心地善良 one's heart be in the right place; good-natured; kindhearted. 他富有、英俊、风趣,而且心地善良 He's rich, handsome, funny, and his heart is in the right place.

【善男信女】shànnán-xìnnǚ. good men and faithful women；devotees of Buddha；the faithful.

【善举】shànjǔ. philanthropic act.

【善人】shànrén. a good moral man；virtuous person；philanthropist；welldoer.

【善事】shànshì. good deeds. 做善事 do good deeds；practice charity.

【善心】shànxīn. ★★★ a kind heart；mercy. 请你发发善心，帮帮我吧！Please be kind, and aid me if you can. 别指望他会对你发善心 Don't expect him to show kindness to you.

【善行】shànxíng. good conduct；benevolent action.

【善言】shànyán. kind advice. 善言相劝 or 好言相劝 kind advice and persuasion；advise with good words.

【善意】shànyì. good will；good intentions. 出于善意 out of goodwill；with the best intentions. 善意的批评 well-meaning criticism.

【善终】shànzhōng. end well；die a natural death. Its opposite is 不得善终 impossible to acquire a peaceful end；meet one's end in a grisly way.

【慈眉善目】címéi-shànmù. kind eyebrows and gentle eyes，metaphorically refers to a benevolent and kind countenance；a benignant look.

【慈善】císhàn. ★★★ benign and kind；charity；beneficence.慈善家 charitarian；philanthropist. 慈善机构 charitable institution or 慈善组织 charity organization.

【和善】héshàn. ★★★kind and gentle；genial. 和善的面容 benign faces；和善的笑容 genial smiles.

【尽善尽美】jìnshàn-jìnměi. ★★★perfectly good and beautiful；reach the acme of perfection；be perfect. 他们反复练舞，直到尽善尽美为止 They practiced the dance until it was perfect.

【面善】miànshàn. look kind in face；look familiar. 这个人面善

得很 This person looks quite familiar to me.

【人之初,性本善】rén zhī chū, xìng běn shàn. Men at their birth, are naturally good; Men on earth, good at birth. Ancient Chinese people held that man's nature is good at birth, and this view differs greatly from the basic doctrine of Christianity, viz. people are born with "original sin".

【三人行,必有我师焉,择其善者而从之,其不善者而改之】sānrén xíng, bì yǒu wǒshī yān, zé qí shàn zhě ér cóng zhī, qí bú shàn zhě ér gǎi zhī. When I walk along with two others, one of them may surely serve as my teacher. I will select their good qualities and follow them while get rid of their bad ones. This well-known sentence was said by kǒngzǐ 孔子 Confucius (B.C. 551 - B.C. 479); what it conveys is that a scholar should be modest and eager to learn.

❷ Verb. to make things even nicer or better; make a success of, perfect; be good at, be apt to.

【善罢甘休】shànbà-gānxiū. (Usually used in negative sentence) leave the matter at that; willing to let it go. 她可不是一个善罢甘休的人 She was not prepared to give up that easily.

【善变】shànbiàn. be apt to change; be changeable. 他在过去是出了名的善变 He has been notoriously fickle in the past. 女人善变的是脸,男人善变的是心 Women have a capricious face, while men a capricious heart.

【善后】shànhòu. deal with the aftermath (of a disaster, accident, etc.); funeral arrangements; reparations. 善后事宜 or 善后工作 problems arising from an accident, disaster, etc.

【善始善终】shànshǐ-shànzhōng. begin well and end well; see a thing through from beginning to end; a good beginning will end well.

【善忘】shànwàng. be forgetful; amnesia.

【善用】shànyòng. be good at using sth. or sb. 善用左手 left-handedness; mancinism.

【善于】shànyú. ★★★be good at; be adept in. 善于交际 be good at socializing. 善于应变 good at meeting an emergency; resourceful.

【多愁善感】duōchóu-shàngǎn. ★★★easy to be anxious and become emotional; oversensitive; sentimental; sentimentality. 我尽力不为过去的事情而多愁善感 I'm trying not to be sentimental about the past.

【改善】gǎishàn. ★★★to improve; improvement. 改善生活水平 improve living standards. 两国关系已有所改善 The relations between the two countries have shown some improvement.

【工欲善其事,必先利其器】gōng yù shàn qí shì, bì xiān lì qí qì. He who wishes to perfect his work must first sharpen his tools.

【能歌善舞】nénggē-shànwǔ. be good at singing and dancing.

【妥善】tuǒshàn. ★★★ appropriate; proper; well arranged. 妥善安排 make appropriate arrangements; 妥善处理 properly handle. 妥善解决 solve problems properly; 妥善解决争端 resolve dispute peacefully and constructively.

【完善】wánshàn. ★★★perfect; improve and perfect; consummate; perfection. 日趋完善 be being perfected; be improving day by day; 完善法制 improve [perfect] the legal system.

yet rewarded or recompensed, it is because the time has not yet arrived.

【弃恶从善】qì'è-cóngshàn. give up evil and return to good; mend one's ways.

【行善】xíngshàn. do good works; practice charity. 他以多行善而知名 He is known for his many benefactions.

【扬善除恶】yángshàn-chú'è. promote good and eliminate evil.

【与人为善】yǔrén-wéishàn. ★★★be kind to others; do sth. for the good of others; help others. 除了要聪明之外，也要与人为善 In addition to be smart, one should be kind to others.

"善"是一个文化词，其造意中不仅蕴含着文化信息，而且与中国人的道德观念和思维方式密切相关。在中国传统文化中，"善"常被视为中华民族的美德，并在中国人的日常语言中有较为丰富的相关表达。在该样条中，围绕着字头"善"，本部分选取了一些有代表性的、能大体反映中国人善恶观的例证。例如，"人之初，性本善"，在该条中还注意从对比的角度凸显中西文化差异，因为这与西方基督教教义中的"原罪"观念大相径庭；"善有善报，恶有恶报，若还不报，时辰未到"则体现了中国人的"因果报应"观念。简言之，这些例证设置的目的在于辅助非母语汉语学习者大致了解中国人对"善"的理解，进而促发其对两种文化异同的思考。

四、"液"字条

液 yè. ★★★▢▢

| 1 | 2 | 3 | 4 | 5 | 6 | 7 | 8 | 9 | 10 | 11 |
|---|---|---|---|---|---|---|---|---|----|----|
| 液 | 液 | 液 | 液 | 液 | 液 | 液 | 液 | 液 | 液 | 液 |

From shuǐ 水 ( 氵 ) *water*, and the other part yè 夜 *night* gives sound. Others interpret it as "From shuǐ 水（氵）*water* and yè 夜 *night*", which means that when the temperature becomes lower at night, the gas will condense into liquid（in the form of water drop）. Compared with the first explanation, this one puts more emphasis on the relation between the character's form（氵+夜）and original meaning（liquid；fluid）. In modern Chinese, this meaning is still widely used in many compound words. Besides, as a compound character, yè 液 is never used as a semantic radical or a phonetic radical.

【液化】yèhuà. **\<chemistry\>** to liquefy. 液化气 liquefied gas. 液化天然气 liquefied natural gas（LNG）. 现在,在中国的农村,越来越多的人在使用液化气做饭了 Now, in rural China, more and more people are using liquefied gas for cooking.

【液晶】yèjīng. liquid crystal. 液晶显示器 or 液晶显示屏**\<computer\>** liquid crystal display（LCD）. 液晶彩电 liquid crystal colour TV set

【液态】yètài. liquid state. 液态氧 or 液氧 liquid oxygen. 当你把冰融化时,它便从固态变为液态 When you melt ice, it passes from a solid state to a liquid state.

【液体】yètǐ. ★★★ liquid. 有毒液体 toxic liquid. 液体燃料 liquid fuel. 水在正常情况下是无色液体 Water is a colorless liquid under normal conditions. 液体可以变成固体 The liquid can be turned into the solid.

【溶液】róngyè. **\<chemistry\>** solution

【输液】shūyè. ★★★ transfusion；infusion；infuse. Also called 打点滴 have an intravenous drip. 她一直在输液/打点滴 She's been put on a drip. 有些人一感冒就去医院输液/打点滴,没有意识到抗生素的副作用 Some people go to the hospital for infusions as soon as they catch a cold, failing to realize the side effects of antibiotics.

【洗发液】xǐfàyè. liquid for washing hair, shampoo. Also called 洗发露 or 洗发水. 一瓶洗发液/露/水 a bottle of shampoo. 双十一

的时候，她抢购了两瓶洗发液/露/水 On Double Eleven (November 11, a widely known on-line shopping carnival in China), she snapped up two bottles of shampoo.

【血液】xuèyè. ★ ★ ★ blood. 新鲜（的）血液 fresh/new blood, this phrase is usually used metaphorically, referring to vigorous and energetic young people or new force. 每个企业都希望通过招聘高层次人才来不断获得新鲜的血液 Every company hopes to continuously obtain fresh blood by recruiting high-level talents. 向师资队伍输入新鲜血液 infuse the teaching staff with new blood.

"液"字条中，在进行字理分析时，本研究除了参照《说文解字》中"从水夜声"的解释方式，也提供给用户另外一种流俗文字学中的解释方式——"夜晚气体遇冷形成水就是液体"（安子介 1990:176）。前者是依据六书理论从学理层面所作的科学和规范的解释，后者的解释则缺乏学理依据，融入了较强的个人主观性阐释，从本质上讲，这与马礼逊在处理形声字时出现的"以义代声"（参见 4.3.3）的现象是相同的。不过流俗文字学的字理解释方式也有优点，特别是对于形声字的字理阐释而言，该种方式往往通过融入相关的生活经验，帮助学习者将字形和字义紧密地联系起来。我们认为，从二语教学的角度来讲，它可以作为对《说文解字》中字理分析的一种补充。只要对这种解释方式把握好度，不对汉字字理做过度的引申和解读从而违背了常识，都可以被接受为一种可供选择的字理阐释方式。在外向型汉语学习词典中，可以同时呈现依据六书理论和流俗文字学所做出的字理解释。如果考虑到减少流俗文字学字理阐释方式的"非科学性"与词典的"典范性"之间的矛盾，编者可以退而求其次，将来自流俗文字学中的字理解释作为内词条中的例证来处理。例如，针对"液"字的流俗文字学字理，可以将"有人认为，夜晚气体遇冷形成水就是液体"作为"液体"词目下的一个例句,但要在该字理解释面前加上"有人认为"
之类的表达,以消解其"非科学性"。此外,在有关"液"字的配例
中,我们也选用了一些反映当代中国社会生活方式的例证,如"洗
发液"词目下的例句"双十一的时候,她抢购了两瓶洗发液/露/
水"就是对电商时代中国社会生活的一种体现。例证中出现的带
有文化背景的词一般都会提供解释,再加上例证也是以双语对照
的形式呈现,所以,这种信息呈现方式应该可以较为有效地降低用
户的认知负担。

五、"伞"字条

伞 sǎn. ★★★ □ (傘)

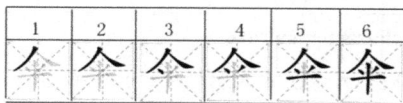

It is said to be a fuller representation of an umbrella. The upper part 人 represents the stretched umbrella cloth, while the lower part ⺨ resembles the umbrella stand. The radical of this character is 人 *person*, but 伞 is never used as a semantic radical or a phonetic radical.

❶ The original meaning of 伞 refers to the canopy placed above an open carriage, which is often used to shade off the sun or rain. 一把伞 an umbrella; one umbrella. It is usually modified by the measure word 把. 打伞 open an umbrella; hold up an umbrella. 雨下大了,快把伞打开 It's raining hard, open your umbrella quickly. 雨停了,可以把伞收起来了 The rain has stopped, you can put the umbrella away. 和尚打伞,无法无天 This is a two-part allegorical saying widely known by Chinese people. A monk has no hair, so in Chinese having no hair (无发) sounds the same as lawlessness (无法); raising an umbrella means you can't see the sky (无天). Therefore, it implies that someone shows no respect to the law and authority. In English a similar saying may be that "when the awful is lawful, treason is the reason".

【太阳伞】tàiyángsǎn（太阳 sun+伞 umbrella）= sun umbrella

【雨伞】yǔsǎn ★★★（雨 rain+伞 umbrella）= umbrella

❷ The extended meaning refers to something shaped like an umbrella.

【伞兵】sǎnbīng ★★★（伞 umbrella + 兵 trooper）= paratrooper. 伞兵部队 parachute troops; paratroops.

【降落伞】jiàngluòsǎn ★★★（降落 landing +伞 umbrella）= parachute

【跳伞】tiàosǎn（跳 jump +伞 umbrella）= parachute jump; parachuting.

❸（Figuratively）保护伞 protective umbrella（Usually in derogatory sense）. 官僚主义往往是贪污分子的保护伞 Bureaucracy is often the umbrella of the corrupt.

---

**Notes on Chinese character culture**

五人共伞（傘），小人全仗大人遮 "Five men rén 人 with one umbrella sǎn 傘, little men's sole dependence is on the shelter afforded by great men." **This is said in allusion to the form of the character**, in which the top part represents the character rén 人, "Man", of which, there are four small ones within. This is one couplet from a well-known Chinese folk tale that was immensely popular in ancient China. It was believed that Yáng Pǔ 杨溥（1372 – 1446）, a wonder child in the Ming dynasty, coined this sentence based on the form of sǎn 伞 in order to protect his old father from the forced labor by the local government. The county magistrate teased Yáng Pǔ by asking him to match an antithetical couplet. The first line of the couplet given by the county magistrate was 四口同圖，内口皆归外口管, "the character tú 圖 consists of four kǒu 口（mouth）in total, and the three inner kǒu 口 are completely surrounded by the outer kǒu 口", which implied that the county magistrate had the right to control the destiny of others. Yáng Pǔ utilized wittily the relation between the form and meaning of sǎn 伞（傘）, viz.

---

> he compared the "great man" (a term of respect addressed to the county magistrate) on the top of sǎn to the protective umbrella of the (four) "little men" (the common people of no official rank, here referring to Yáng Pǔ and his father), and expressed implicitly his hopes about being sheltered by the county magistrate. Finally, the county magistrate admired Yáng Pǔ for his courage and wit, and exempted his father from the forced labor.

"伞"为后起字,《说文解字》中收录的是"伞"的本字"繖",本义为车盖,是个形声字。国内出版的外向型汉语学习词典收录的均是简体字"伞"。鉴于"伞"字繁体字形"傘"的象形特征十分突出——上面像张开的伞面,下面像伞把和支架(如果再配上相应的简图,更是一目了然),所以在该样条中还应提供"伞"的繁体字形,以更好地沟通形义之间的联系。马礼逊《华英字典》中通过配例的形式,巧妙地揭示了"伞"的构形特征和其词义之间的关系。其引述应该来自当时他读到过的一则拆字联民俗故事——《杨溥巧联免父役》,该故事至今仍在被人们津津乐道。杨溥用"五人共伞(傘),小人全仗大人遮"工整地对出了县令的上联"四口同图(圖),内口皆归外口管",同时利用"伞"字的字形,既形象地反映了当时的社会等级关系,也婉转地表达了自己的诉求。可能由于词典篇幅所限,马礼逊只摘录了和字头"伞"有关的下联,没有详细交代故事的来龙去脉。该例带给我们的启示是,词典编者可以用多种方式合理吸收流俗文字学中的内容,一方面可以弥补《说文解字》的不足,另一方面也增加了词典内容的可读性,有助于增进外国学习者对中国文化的了解。因此,在"伞"字样条中,本文既提供了其作为象形字的字理分析,也以专栏的形式较为完整地介绍了《杨溥巧联免父役》的故事。此外,读者也能读到"和尚打伞,无法无天"这类有趣的、语言和文化学习相结合的例证。

## 六、"葡"和"萄"字条

### 葡 pú.司

| 1 | 2 | 3 | 4 | 5 | 6 | 7 | 8 | 9 | 10 | 11 | 12 |
|---|---|---|---|---|---|---|---|---|----|----|----|
| 蒲 | 葡 | 葡 | 蒲 | 苟 | 苟 | 葡 | 苟 | 苟 | 葡 | 葡 | 葡 |

From cǎo 艸 (艹) *herbs*, and the other part pú 匍 *to crawl* gives sound. This character is never used alone, but join with táo 萄, forming the single-morpheme word pútao 葡萄 grape. Neither pú 葡 nor táo 萄 is meaningless when used alone, because they are always used in transliteration.

【葡萄】pútao. ★★★grape. This fruit was introduced to China by Zhang Qian 张骞, who was twice sent on a diplomatic mission to the Western Regions during the western Han Dynasty (B.C. 202 – A.D. 8). Hence, pútao 葡萄 is a loan-word transliterated into the Chinese language. And this word is usually modified by such measure words as chuàn 串, kē 颗 or lì 粒. 一串葡萄 a bunch of grapes. 每天吃几颗(粒)葡萄对身体有好处 A few grapes a day is good for your health. pútaojiǔ 葡萄酒 grape wine, wine. pútaoshù 葡萄树 grapevine. pútáoyá 葡萄牙 It does not mean the teeth of grapes, but a transliteration of Portugal. 新疆的葡萄和葡萄干很有名 Xinjiang is famous for its grapes and raisins.狐狸吃不到葡萄,就说葡萄是酸的 If the fox can't eat grapes, he says grapes are sour. This well-known story comes from *Aesop's Fables*, which is often used to satirize those people who say things are bad because they can't have them.

### 萄 táo.司

| 1 | 2 | 3 | 4 | 5 | 6 | 7 | 8 | 9 | 10 | 11 |
|---|---|---|---|---|---|---|---|---|----|----|
| 萄 | 萄 | 萄 | 萄 | 苟 | 苟 | 苟 | 苟 | 萄 | 萄 | 萄 |

From cǎo 艸（艹）*herbs*, and the other part táo 匋 *an earthen vessel* gives sound. Its original meaning was a kind of grass, but this meaning is no longer in use. Now, this character is only used after pú 葡, and forms the single-morpheme word pútao 葡萄 grape. ☞ See pú 葡.

"葡萄"是个常用词,但"葡"和"萄"是两个非常用字,不单独使用,仅用来表示一个音节。所以,对于联绵词"葡萄"要从整体上进行释义,并且提醒学习者注意:二者只有共现搭配,而不单独使用。在为"葡萄"配例时,融入了部分语法和文化信息,包括"葡萄"的常用量词搭配、词源、来自《伊索寓言》中的"酸葡萄"的典故。在"萄"字头下,除了字音和字形信息外,其他用法信息都以参见的形式提示读者在"葡"字头下获取更多的信息。

综上,在为外向型汉英学习词典编纂样条时,本研究借鉴了汉字本位设计理念,分别从汉字的识别、汉字的使用和汉字的文化学习功能三个维度出发,在样条中对汉字本位设计理念的要素进行凸显。与现有的外向型汉英学习词典相比,样条在以下两个方面都有所创新:第一,从内容设计特征方面来看,样条中的内容更凸显汉字的基础性地位和作用,这主要包括:1）对字形和字义信息的系统性呈现;2）对字词关联的梳理;3）对汉字的文化学习功能的拓展。在当今的外向型汉英学习词典中（当然也包括汉语单语学习词典）,上述三方面的信息还未得到应有的重视。第二,从形式设计特征来看,样条中的语言和文化信息在呈现方式上较为系统地使用了译义手段、对比手段和语境充实手段。译义手段中的"直译(+意译/释译)"模式、对比手段中的编者主体性介入模式下的汉英差异对比是帮助学习者在字词之间建立认知关联的两个重要方法;语境充实手段中的语法、搭配和语用信息的系统性呈现则与字词使用关联的建立有着密切的联系。当然,诚如上文中所指出的那样,本部分内容中的样条设计仍处于理论构想阶段,仅是根据汉字本位设计理念的要素进行的文本内容构建,与在编纂实践中的具体应用还有不少距离。词典的内容和形式设计特征最终要根据用户对象及其学习需求而定。

## 7.4　本章小结

本章从三个方面对《华英字典》文本设计特征研究的当代启示进行了论述。首先,本章从理论和实践两个方面对《华英字典》设计特征研究的意义进行了探讨。在理论意义方面,本章分别从外向型汉语学习词典理论构建与用户需求研究、汉语本体理论研究、汉语作为第二语言的教学研究三者之间的关系入手,探讨了《华英字典》设计特征研究的理论意义;在实践意义方面,通过个案和对比分析的方法,考察了《华英字典》设计特征对当今外向型汉英学习词典编纂实践的借鉴价值。其次,本章对《华英字典》编纂设计的历史局限性进行了相应的反思。从汉字本位视角来看,《华英字典》的文本设计特征还存在着以下不足:1) 在汉字基本知识描写方面,存在着编写体例不统一和忽略形声字的问题;2) 在汉字的文化学习功能的拓展方面,存在着文化信息收录失衡的问题;3) 在字词关系沟通方面,主要存在部分汉字的字词关系沟通脱节问题,字头下词目之间的排序无规则可循,建立字词认知关联时存在一些翻译问题。最后,本章对我国外向型汉英学习词典编纂设计的创新路径进行了探讨。在借鉴现代字本位教学理念的基础上,本部分对《华英字典》中的汉字本位设计理念进行了补充和完善,并进一步厘清了其分析维度和所含要素,然后在此基础上尝试编写了部分汉字本位设计理念观照下的样条,做到了理论和实践的结合。

# 第八章　结论

　　本章旨在归纳本研究的主要发现和相关启示,同时也指出了研究的不足之处,并对后续研究提出了相应的建议与展望。

## 8.1　研究发现

　　本书在研读《华英字典》副文本和文本的基础上,对马礼逊的语言习得观和《华英字典》的设计特征进行了较为全面和系统的考察。研究发现,马礼逊秉持语言和文化相结合的汉语学习观,重视汉字在汉语学习中的基础性作用,《华英字典》的文本设计特征体现出了汉字本位的设计理念,这主要表现在三个方面:1) 对汉字基本知识的整体性描写;2) 对字词关系的沟通;3) 对汉字的文化学习功能的拓展。

　　第一,通过对汉字基本知识的整体性描写,马礼逊为非母语汉语学习者提供汉语词汇的基础信息,其词典编纂实践体现出了汉字本位的设计理念。围绕着汉字的三要素——音、形、义,马礼逊在《华英字典》中对汉字基本知识进行了较为完整的描写。首先,在标注语音信息时,马礼逊既没有采用《康熙字典》中的切音注音方法,也没有照搬《汉拉手稿字典》中的拉丁字母拼读体系,而是在后者的基础上修订了一套专门针对英国汉语学习者的汉语拼读法体系,为当时缺少汉语学习真实环境的英国人学习汉字发音、了解汉语的四声和送气音提供了必要的帮助。其次,在标注字形信息时,马礼逊在《华英字典》的副文本中较为全面地介绍了汉字的书写方法、笔画、笔顺和部件(部首)、结构、形近字形和同文字体的辨识。再次,在标注字义信息时,马礼逊非常重视汉字部首体系以及某些非部首部件表义功能的系统性。在对汉字造意进行分析时,马礼逊以《说文解字》中的六书理论为主要依据,同时也注意吸收流俗文字学中的一些字理阐释方式,其中不乏马礼逊融入的个人见解;对于古今字形差异较大的象形字和会意字,还往往补充了一或多个篆文字形。最后,马礼逊还注意到了汉字三要素之间的相互关系:1)音义关系主要体现在汉字读音的超音段特征和多音字两个方面,前者指汉字读音中重音、音长的变化与汉字意义变化之间的关系,后者指汉字读音的变化(情况较复杂,有声调变化的情况,也有声母和韵母发生变化的情况)与词性和词义变化之间的关系;2)音形关系主要体现在音形互"求"上,即根据汉字读音确定字形,或根据字形来推测汉字读音。不过马礼逊主要侧重于前者,即帮助欧洲汉语学习者在听到不同的读音时能根据其确定的411音节体系找到相应的汉字,但是在因形求音方面,马礼逊仅对极少数形声字的声旁示音功能进行了标注;3)形义关系是马礼逊最重视的一对关系,一方面是因为它和汉字的表意性特征密切相关,另一方面因为这是汉语和英语最显著的一个区别性特征。马礼逊主要通过字理分析来沟通形义关系。质言之,马礼逊旨在通过对字音、字形和字义信息的系统呈现,帮助欧洲汉语学习者顺利完成对汉字的识别。

第二,通过以字带词的方式,马礼逊为非母语汉语学习者提供汉语词汇使用的相关信息,其词典编纂实践体现出了汉字本位的设计理念。围绕着字词认知关联和字词使用关联,马礼逊在《华英字典》中对字词之间的关系进行了沟通。马礼逊有关字词关联的理念主要体现为在字头下提供丰富的搭配信息,从而使欧洲汉语学习者在不同的搭配组合中形成对字词关系的理解,达到沟通字词关系的目的。在字词认知关联方面,马礼逊主要采用了译义阐释和对比阐释两种手段。具体而言,前者又包括汉字字理联想译义模式和汉字词义联想译义模式,它们在帮助欧洲汉语学习者理顺字义和词义之间的关系和降低词义理解负荷时发挥着积极的作用。后者则包括显性对比和隐性对比两种方式,这两种方式均是利用欧洲汉语学习者已有的概念或母语知识来促进他们对汉语词汇的理解,降低学习者字词认知负担。在字词使用关联方面,马礼逊主要使用了语法手段和语境充实手段。就前者而言,马礼逊将英语中的词类划分方法引入汉语中来,并尝试对汉语中的单字和合成词的语法特征进行描述;另外,他也注意到了汉语中所特有的语法现象,尤其重视对汉语虚词用法的描述。就后者而言,马礼逊在《华英字典》中围绕着汉字的用法补充了较为丰富的语境信息,从语境充实方式来看,明示交际场景和构建主题式情景语境是马礼逊充实词典文本语境信息的两个主要手段。

第三,通过对汉字相关文化学习功能的拓展,马礼逊为非母语汉语学习者提供汉语文化信息,其词典编纂实践体现出了汉字本位的设计理念。围绕着汉字的文化学习功能,马礼逊对汉字构形中所蕴含的文化信息进行了较为系统的揭示,同时,他还注意到了汉字在中国文化构建中的重要作用。在《华英字典》中,马礼逊对汉字的文化学习功能的拓展主要体现在三个方面:1)以《说文解字》为主要参考蓝本,对汉字构形中蕴含的文化信息进行了说明,但马礼逊提供的信息并不是完全翻译自《说文解字》,他还从其他文献来源补充了不少文化信息,其中包括融入了编者主体性视角下的有关汉英文化认知差异方面的内容;2)从《华英字典》中呈现的汉字文化的内容主题来看,马礼逊倾向于选择那些与中国人的伦理道德、思维方式、风俗习惯、法律制度等相关的汉字,并对该类汉字中蕴含的制度和精神文化进行考察;相比之下,对物质文化的关注相对有限;3)围绕一些承载着丰富文化信息的汉字,同时利用词典的宏观结构(立目)、微观结构(配例和释义)和中观结构(参见信息),在词典文本中对中国文化进行主题式建构。

综上所述,马礼逊认为汉字学习是掌握汉语的基础,学习汉语的过程也是系统地掌握汉字用法的过程。在《华英字典》文本的设计过程中,马礼逊围绕着汉字的识别、使用和文化学习功能,对字音、字形、字义、字词关系和汉字文化几个方面的内容进行了较为系统的处理,《华英字典》的内容和形式设计特征体现出了汉字本位的设计理念。

## 8.2 研究意义

### 8.2.1 理论意义

本研究的理论意义主要体现在两个方面:其一为外向型汉语学习词典理论研究提供了新视角,其二对"字本位"二元教学论的拓展起到一定的反哺作用。

第一,从词典学理论研究的视角来看,《华英字典》汉字本位设计理念为汉语学习词典理论体系的构建和完善提供了新的思路。长期以来,我国汉语学习词典理论的建设处于一种滞后状态,至今尚未形成一套系统的理论,这也是目前国内汉语学习词典编纂实践过于依赖英语学习词典成功经验的一个主要原因。同时,这也可能会进一步导致外向型汉语学习词典编纂实践与汉语语言特点的实际以及用户的真实需求相脱节。汉字本位设计理念对我国汉语学习词典理论构建的启示是:如何将汉语语言文字的特殊性和非母语汉语学习者的认知特点和学习需求融入汉语学习词典设计特征理论研究中去。在《华英字典》的文本设计过程中，马礼逊充分注意到了汉字的表意性特点，并认识到汉字在汉语学习过程中的基础性地位。汉字基本知识的呈现、字词关系的沟通、汉字文化功能的拓展都与汉字学习功能的凸显密不可分。当然，凸显汉字的学习功能并不意味着否认词的作用。汉字本位设计理念强调的是汉字的基础性地位，离开了汉字的考量这一维度，词也就成了无源之水无本之木。因此，在对汉语语言系统进行描写时，除了"词汇知识"这个概念，词典编者在头脑中还应该有"汉字基本知识""汉字文化""字词关系"这些与汉语语言特点密切相关的概念，只有将它们融入汉语学习词典理论的构建中，才有可能真正推动我国汉语学习词典理论的系统构建和创新发展。另外，就汉外双语学习词典的研编而言，除了上述有关汉字本位设计理念的几个考量，研究者还应充分考虑学习者的母语在汉语学习中的积极作用。这在词典学理论研究方面主要体现为将双语词典中的译义和汉外对比手段与汉字本位设计理念结合起来，从而促进外向型汉语学习词典理论体系的多层次构建。

　　第二，从汉语作为第二语言的教学研究视角来看，《华英字典》汉字本位设计理念对"字本位"二元教学论的拓展和完善能够起到一定的反哺作用。"字本位"教学理论自 20 世纪 90 年代初提出以来，在较长一段时间内并未引起对外汉语教学界的重视，直至进入 21 世纪后，受到汉语本体研究领域中"字本位"理论研究热潮的影响，研究者对"字本位"理论在汉语二语教学中应用的关注才逐渐增多。但是，值得注意的是，法国的"字本位"教学理论与汉语本体研究中的"字本位"理论并不是一回事，因为二者的理论关注点不同，前者是以汉字为基本出发点来研究汉语教学，后者是汉字为基本出发点来研究汉语语法。所以，目前世界汉语教学研究领域中的"字本位"是一个极具包容性的概念，有时指的是法国"相对字本位"教学理念，有时则是汉语本体研究"字本位"理论在世界汉语教学中的应用研究。两种研究思路各有利弊,前者主要是基于非汉字文化圈的汉语教学实践自下而上的一种教学理念的提炼和总结,其优点是实践应用价值高,不足之处是缺少汉语本体理论的支撑;后者是借鉴汉语语法研究中"字本位"理论自上而下的一种应用研究,优点是有坚实的理论基础,不足是其理论研究目标与世界汉语教学的实践目标之间的一致性较差。从目前"字本位"理论在世界汉语教学中的应用研究现状来看,它并不否认词在汉语教学中的重要地位,"字本位"中的"本位"更多的是强调汉字教学的重要性和特殊性,是对传统"词本位"教学法的一种纠偏。因此,从本质上讲,现有的"字本位"教学论大多是一种字词并重的二元论(参见白乐桑 2018)。然而,"字本位"教学二元论的理论构建仍然不完善,还缺少一定的体系性,目前主要应用于课堂教学实践和教材编写领域。本研究在辞书编纂领域中探讨了汉字本位设计理念的实践应用,进一步扩大了字本位理论的实践基础,对"字本位"教学二元论的构建能够起到一定的反哺作用。

### 8.2.2　实践意义

本研究的实践意义主要体现在两个方面:一个方面是对未来汉语学习词典(特别是外向型双语学习词典)研编质量的提高有着积极的意义;另一个方面是对促进对外汉语教学实践的发展也有着重要的启发价值。

第一,《华英字典》汉字本位的设计理念为当今外向型汉语学习词典的创新发展提供了新的研编路径。近十年来,我国对外汉语学习词典的研编陷入了一种"断崖式下滑"的发展状态①,

---

① 2018 年 7 月 30 日,南京大学双语词典研究中心魏向清教授带领团队赴中国社会科学院辞书编纂研究中心进行了调研。双方就对外汉语学习词典研编的现状和问题进行了深入的交流。其中,社科院辞书中心储泽祥教授指出,自 2006 年《商务馆学汉语词典》出版以来,国内再也没有推出过影响较大的对外汉语学习词典,并用"断崖式下滑"来形容这一现象。

市场上不断涌现的汉语学习词典在很大程度上沦为词典研编者"自娱自乐的产品"（蔡永强 2016：10）。导致这种情况的一个重要原因是该类词典文本设计的功能有效性较差。在词典设计特征研究中,所谓的"功能有效性","主要是指词典所提供的信息在满足用户主体语言文化认知需求方面的实际效果"（魏向清等2014：196）。Bergenholtz 和 Nielsen（2006：286）曾将词典的功能设计分为两类：一类是"面向交际的功能"（communication-orientated functions）,另一类是"面向认知的功能"（cognition-orientated func-tions）。前者主要体现为对学习者语言使用需求的满足,包括交际过程中语言解码能力和编码能力两个方面的内容;后者主要体现为提供帮助用户理解的语言和文化背景信息（如百科信息、主题信息、语言或文化对比分析信息等）。英语学习词典在其过去 80 多年的发展史中,基本上是以拓展和强化上述两种功能为主要努力方向的。反观汉语学习词典的研编现状,我们不难发现以下一些突出的问题：1）汉字字形信息缺失;2）汉字构形及其构词的理据性未得到应有的重视;3）语言和文化信息相互脱节;4）汉字使用信息单一。上述几方面的问题都会削弱汉语学习词典的交际功能和认知功能。马礼逊的汉语学习理念和《华英字典》的汉字本位设计特征对改善和提高外向型汉英学习词典的编纂质量能够起到一定的积极作用。一方面,从对未来外向型汉语学习词典交际功能的改善来看,为学习者提供汉字的组合和聚合选择信息、语法信息和语用信息,从而帮助其沟通字词关系;另一方面,从对未来外向型汉语学习词典认知功能的改善来看,以多元化的方式（如译义和对比）为用户提供丰富的有关汉字和汉语词汇认知的理据,可以降低学习者的认知负担。在汉字本位设计理念的诸多要素中,对"字形"的分析是一个关键环节,因为它既是汉字的本体所在,同时也系连着其他多种语言要素的学习,如字音、字义、字理和汉字文化等。虽然在当今的信息时代,电子词典、网络词典和多媒体词典等新型词典代表着未来学习词典研编的融媒体发展趋势,但无论词典研编所应用的技术多么先进,高质量的词典内容都是不可或缺的。诚如 Granger(2012:4)所指出的那样,"如果用户查到的信息类别与他/她的需求不相符合,那么电子词典中所囊括的信息数据量及其检索的便捷性都将变得一文不值"①。因此,针对我国外向型汉语学习词典研编中存在的主要问题,还应从内容质量的提升上入手。鉴往知今,尽管马礼逊《华英字典》中还存在着诸多不足之处,但其重视汉字的词典设计理念和编纂实践值得我们思考和借鉴。

第二,《华英字典》汉字本位的设计理念能够为推动当今世界汉语教学实践的发展带来一些有益的启示。自 20 世纪 50 年代以来,"语""文"之争一直贯穿于我国对外汉语教学实践中,时至今日,关于二者之间关系的争论仍在持续。具体而言,"语""文"之争产生的原因主要有两个:一是中国文字的特殊性导致"语"和"文"之间关系的复杂性,这从拼音文字教学中无"语""文"之争的事实中也能看出来;另一是在世界汉语教学初级阶段,过度追求教学效率促使"语""文"之间的关系由统一走向对立。尽管从汉语学习的长期目标来看,"语"和"文"是相辅相成和相互促进的,但在课时有限的初级阶段教学中,围绕着特定教学目标的实现,"语"和"文"在教学顺序上的对立就被放大。在其编写的《华英字典》中,马礼逊重视汉字在汉语学习中的基础地位,强调二者统一性的一面,即学习汉语离不开汉字,学习汉字的目的是掌握汉语。因此,围绕着汉字用法,马礼逊为学习者提供了多层次的语境信息,从而帮助他们提高汉语学习效率,培养汉语交际能力。这对当今国际汉语教学实践中"语""文"关系的处理具有积极的借鉴作

---

① 原文是:The amount of data included in electronic dictionaries and the ease with which it can be accessed are worthless if the type of information the user is getting does not correspond to his/her needs.

用。简言之,汉字教学一直是世界汉语教学中的一个重点和难点。如果我们能够恰当地处理好汉字教学和汉语教学的关系,将汉字教学的内容与学习者汉语交际能力的培养紧密结合在一起,也许能为当前汉字教学瓶颈的突破提供一个新思路。诚如马礼逊(Morrison 1815b:iii−iv)所指出的那样,认为汉语极其难学和易学的观点都是不足取的,学习者更宜采用一种折中的观点。虽然马礼逊没有进一步论述如何"折中",但从其《华英字典》文本中所蕴含的汉字学习理念来看,围绕着汉字用法将汉字学习和汉语学习有机地联系在一起,对当前如何协调汉字和汉语教学之间的关系,优化汉语教学的思路有着积极的促进作用。

## 8.3　研究不足

本研究在挖掘马礼逊汉语学习理念的基础上,对《华英字典》汉英卷的文本设计特征进行了较为系统的分析,对促进外向型汉外词典的理论建构和实践编纂有着积极的启发价值。然而,本研究仍存在一定的不足,具体包括以下三个方面:

第一,从分析方法上看,虽然使用了较多的定量分析方法,但个案研究偏多,基于词典文本数据分析的整体性研究尚不充分。由于时间和精力所限,本研究仅对第一部汉英字典中的字理信息、同文字体信息、汉字文化信息、(字词认知关联)对比策略使用信息和量词信息进行了全部统计;而对其他方面信息内容的研究,如超音段和多音字注音信息、形近字辨析信息、流俗文字学字理阐释信息、字义和词义沟通信息、语法信息、搭配提示信息、语用提示信息、(字词认知关联)"直译(+意译/释译)"策略使用信息,使用的均是个案分析方法。如果上述几个方面也有具体统计数据的支撑,那么相关结论就会更加具有说服力。

第二,从研究广度上看,本研究虽然在某些方面对比了《华英字典》与《康熙字典》以及《华英字典》的两部汉英卷,但并未对上述两个方面分别进行系统的对比。《华英字典》既参照了《康熙字典》,也融入了较多新的内容,从汉字本位的视角下对它们之间的异同进行评价可以进一步拓展本研究的广度。另外,《华英字典》第一部和第二部在编纂原则上不尽相同,二者在注音、立目、配例、释义方式等方面都有所不同。本研究仅从马礼逊汉字本位学习理念的三个维度出发,将两部词典视为一个整体,同时从其中选取个案例证,没有对二者的异同进行系统的对比分析。如果增加对比维度,也可以使本研究的广度得以拓展。

第三,从研究深度上看,本研究对汉字本位设计理念在词典编纂实践中的具体应用原则尚未系统地进行细化。例如,每个汉字的构词能力、重要程度、文化构建功能等都有所不同,如何体现出差异化处理的原则? 哪些合成词和短语适合"直译+意译"的原则? 哪些汉字需要提供字形辨析信息? 在具体的词典编纂实践中,这些问题都需要进一步细化和解决。另外,针对基于汉字本位设计理念编写出的样条,其有效性尚需开展进一步的实证研究来验证。在编写样条时,本研究采用的多是蓝本词典或字典中的信息,也有一部分是自编内容,但与马礼逊用户视角下的编者主体性相比,本研究中样条的编写缺少来自对非母语汉语学习者真实需求的感知。

## 8.4  对后续研究的建议与展望

本研究存在的不足,为后续研究留下了进一步深入和拓展的空间。在未来的外向型双语词典设计特征研究中,尚有一些后续工作可以做,相关建议与展望如下:

第一,优化研究方法。在全面和系统梳理相关文本数据的基础上,进一步对《华英字典》的汉字本位设计理念进行挖掘。特别是在形近字辨析、字词关系沟通和汉字的中国文化构建功能这三个方面,研究的现实性意义更为凸显,在后续研究中还需要定量数据的进一步支撑。

第二,拓展研究广度。对《康熙字典》与《华英字典》在设计特征方面存在的异同进行系统的考察和分析,从而更加全面地考察《华英字典》的文本设计特征在哪些方面受到了蓝本的影响,在哪些方面融入了马礼逊的编者主体性,以及这些现象背后的理据性。另外,对《华英字典》第一部和第二部的设计特征展开对比研究。两部词典虽然都体现了马礼逊的汉字本位学习理念,但二者在宏观结构和微观结构的设计上差异明显:宏观结构上变化最显著的是第二部词典中的立目字头数量只有第一部字典的三分之一左右,其主要原因在于对异体字的处理,这是未来研究的一个重要延展点;微观结构上最显著的变化是,第二部词典中字词关系的沟通得到了进一步的重视,而汉字文化的学习功能相对弱化不少,其背后的原因值得探究。

第三,加强研究深度。对汉字本位设计理念指导下的外向型汉外学习词典的编纂原则和方法进一步细化。例如,词典中每个字头都要标注的通用信息类别,以及不同字头之间所体现出的差异化信息类别有哪些？如何在借鉴汉语本体研究成果和对外汉语教学研究成果的基础上,充分发挥编者主体性,设计出满足学习者认知需求的字条？同时,进一步开展实证研究,对汉字本位设计理念指导下编纂的字条的有效性进行验证,找出其与现有汉语学习词典在助学功能上的不同之处,然后在此基础上,对字条的内容和形式设计特征不断进行优化。

# 参考文献

Adamska-Sałaciak, A. and Kernerman, I. 2016. Introduction: towards better dictionaries for learners [J]. *International Journal of Lexicography*, 29(3): 271 - 278.

Bergenholtz, H. and Nielsen, S. 2006. Subject-field components as integrated parts of LSP dictionaries [J]. *Terminology*, 12(2): 281 - 303.

Coblin, W. S. 2003. Robert Morrison and the phonology of Mid-Qīng mandarin [J]. *Journal of the Royal Asiatic Society*, 13 (3): 339 - 355.

Cowie, A. P. 1999. *English Dictionaries for Foreign Learners: A History* [M]. Oxford: Clarendon Press.

Dubois, J. 1981. Models of the dictionary: evolution in dictionary design [J]. *Applied Linguistics*, 2(3): 236 - 249.

Granger, S. 2012. Introduction: electronic lexicography—from challenge to opportunity [C]// S. Granger and M. Paquot (eds.), *Electronic Lexicography*. Oxford: Oxford University Press, pp.1 - 11.

Halliday, M. A. K. 1999. The notion of "context" in language education [C]// M. Ghadessy (ed.), *Text and Context in Functional*

*Linguistics*. Amsterdam/Philadelphia: John Benjamins Publishing Company, pp. 1 – 24.

Hartmann, R. 1992. Learner's references: from the monolingual to the bilingual dictionary [ C ]// H. Tommola et al ( eds.), *Euralex* ' 92 *Proceedings* Ⅰ – Ⅱ ( Part Ⅰ ). Tampere, Finland, pp. 63 – 70.

Hartmann, R. and James, G. 1998. *Dictionary of Lexicography* [ M ]. London: Routledge.

Hausmann F. J. 1977. *Einführung in die Benutzung der Neufranzösischen Wörterbücher* [ M ]. Tübingen: Max Niemeyer.

Hausmann, F. J. and Wiegand, H. E. 1989. Component parts and structures of general monolingual dictionaries: a survey [ C ]// F. J. Hausmannet al.( eds.), *An International Encyclopedia of Lexicography* ( First Volume ). Berlin: Walter de Gruyter, pp. 328 – 360.

Hockett, C. F. 1960. The origin of speech [ J ]. *Scientific American*, 203: 89 – 96.

Hudson, R. 1988. The linguistic foundations for lexical research and dictionary design [ J ]. *International Journal of Lexicography*, 1 ( 4 ): 287 – 312.

Kidd, S. 1839. Critical notices of Dr. Morrison's literary labours [ C ]//E. Morrison ( ed.), *Memoirs of the Life and Labours of Robert Morrison* ( Vol. Ⅱ ). London: Longman, pp. 1 – 87.

Levy, M. and Steel, C. 2015. Language learner perspectives on the functionality and use of electronic language dictionaries [ J ]. *ReCALL*, 27( 2 ): 177 – 196.

Li, D. ( ed.). 2015. *Tuttle Learner's Chinese-English Dictionary* [ Z ]. 2nd ed. Vermont: Tuttle Publishing.

Lyons, J. 1995. *Linguistic Semantics: An Introduction* [M]. Cambridge: Cambridge University Press.

Morrison, E. 1839. *Memoirs of the Life and Labours of Robert Morrison* (Vol. I & II) [M]. London: Longman.

Morrison, R. (ed.). 1815a. *A Dictionary of the Chinese Language* (Vol. I, Part I) [Z]. Macao: Printed at the Honorable East India Company's Press.

Morrison, R. 1815b. *A Grammar of the Chinese Language* [M]. Serampore: Printed at the Mission-Press.

Morrison, R. (ed.). 1816. *Dialogues and Detached Sentences in the Chinese Language with a Free and Verbal Translation in English* [Z]. Macao: Printed at the Honorable East India Company's Press.

Morrison, R. 1817. *A View of China for Philological Purposes* [M]. Macao: Printed at the Honorable East India Company's Press.

Morrison, R. (ed.). 1819. *A Dictionary of the Chinese Language* (Vol. I, Part II) [Z]. Macao: Printed at the Honorable East India Company's Press.

Morrison, R. (ed.). 1820. *A Dictionary of the Chinese Language* (Vol. II, Part II) [Z]. Macao: Printed at the Honorable East India Company's Press.

Morrison, R. (ed.). 1822a. *A Dictionary of the Chinese Language* (Vol. II, Part I) [Z]. Macao: Printed at the Honorable East India Company's Press.

Morrison, R. (ed.). 1822b. *A Dictionary of the Chinese Language* (Part III) [Z]. Macao: Printed at the Honorable East India Company's Press.

Morrison, R. (ed.). 1823. *A Dictionary of the Chinese Language*

( Vol. Ⅲ, Part Ⅰ) [Z]. Macao: Printed at the Honorable East India Company's Press.

Morrison, R. (ed.). 1828. *A Vocabulary of the Canton Dialect* [Z]. Macao: Printed at the Honorable East India Company's Press.

Mufwene, S. S. 1984. The manifold obligations of the dictionary to its users [J]. *Dictionaries: Journal of the Dictionary Society of North America*, 6(1): 1 – 30.

Nation, P. 1990/2004. *Teaching and Learning Vocabulary* [M]. Beijing: Foreign Language Teaching and Research Press.

Nation, P. 2001. *Learning Vocabulary in Another Language* [M]. Cambridge: Cambridge University Press.

Nation, P. 2013. *Learning Vocabulary in Another Language* [M]. 2nd ed. Cambridge: Cambridge University Press.

Rundell, M. 2010. Taking corpus lexicography to the next level: explicit use of corpus data in dictionaries for language learners [C]// Y. H. Zhang (ed.), *Learner's Lexicography and Second Language Teaching*. Shanghai: Shanghai Foreign Language Education Press, pp.367 – 386.

Ryu, H. G. 2009. Robert Morrison's influence on translation, printing, and publishing in Asia [J]. *Design Discourse*, 5(2): 1 – 13.

Scrimgeour, A. 2016. Between lexicography and intercultural mediation: linguistic and cultural challenges in developing the first Chinese-English dictionary [J]. *Perspectives*, 24(3): 444 – 457.

Swanepoel, P. 2001. Dictionary quality and dictionary design: a methodology for improving the functional quality of dictionaries [J]. *Lexikos*, 11(1): 160 – 190.

Tarp, S. 2008. *Lexicography in the Borderland between Knowledge and Non-knowledge* [M]. Berlin: Walter de Gruyter.

Tarp，S. 2011. Pedagogical lexicography：towards a new and strict typology corresponding to the present state-of-the-art［J］. *Lexikos*，21(1)：217 – 231.

Welker，H. A. 2008. *Panorama Geral da Lexicografia Pedagógica* (*General Survey of Pedagogical Lexicography*)［M］. Brasilia：Thesaurus Editora.

Ye，Y.，Wei，X. Q. and Sun，W. L. 2018. Enhancing the learnability of Chinese-English dictionaries for Chinese as a foreign language learners：the neglected legacy of Robert Morrison in his compilation of *Wuche Yunfu* (1819)［J］. *Lexikos*，28：405 – 427.

Yuan，B. and Church，S. K. (eds.). 2006. *Oxford Beginner's Chinese Dictionary*［Z］. Oxford：Oxford University Press.

安子介. 1990. 解开汉字之谜［M］.香港：瑞福有限公司.

白乐桑.1996. 汉语教材中的文、语领土之争：是合并,还是自主,抑或分离？［J］.世界汉语教学(4)：100—102.

白乐桑. 2017. 跨文化交际的若干问题：以中国语言文化国际传播为例［J］.文化软实力研究 2(2)：3—45.

白乐桑. 2018. 一元论抑或二元论：汉语二语教学本体认识论的根本分歧与障碍［J］.华文教学与研究(4)：1—11.

白乐桑,张朋朋. 1997.汉语语言文字启蒙［M］. 北京：华语教学出版社.

北京语言学院语言教学研究所. 1985.汉语词汇的统计与分析［M］.北京：外语教学与研究出版社.

卞浩宇,严佳.2013. 传教士马礼逊与近代汉语教材、词典的编纂［J］.苏州教育学院学报 30(6)：55—59.

卞觉非. 1999. 汉字教学：教什么？怎么教？［J］. 语言文字应用(1)：71—76.

蔡永强. 2016.对外汉语学习词典［M］. 上海：学林出版社.

蔡永强. 2017. 辞书强国语境下的对外汉语学习词典[J]. 宁夏大
　学学报(人文社会科学版)(3)：18—23.

陈铎. 2013. 马礼逊《华英字典》英汉翻译研究[D]. 澳门大学硕士
　论文.

陈国华. 2017. 中文最小有意义单位及其相关语言学和辞典学术语
　[J].中国科技术语 19(6)：30—37.

陈国华,田兵,熊文新. 2013.新时代英汉学习词典的研编[M]. 北
　京：商务印书馆.

陈明,张瑞. 2010.汉语 1000 常用字[Z]. 北京：北京语言大学出
　版社.

陈伟,张柏然. 2007. 助学功能突显与词典范式演变[J].外语界
　(6)：35—44.

陈曦. 2001. 关于汉字教学法研究的思考与探索:兼论利用汉字
　"字族理论"进行汉字教学[J].汉语学习 (3)：70—75.

崔永华. 1999. 基础汉语教学模式的改革[J].世界汉语教学 (1)：
　4—9.

戴汝潜. 2010. 字本位与语文课程教学[M]. 济南：山东教育出
　版社.

德范克. 2003.ABC 汉英大词典[Z]. 上海：汉语大词典出版社.

傅晓莉.2015. 对外汉语教学中的汉字教学研究综述[J].云南师范
　大学学报(对外汉语教学与研究版)(2)：31—46.

耿强.2016. 翻译中的副文本及研究:理论、方法、议题与批评[J].
　外国语(5)：104—112.

耿有权. 2009.法兰克福大学的"全拼音汉语教学法"[J].孔子学院
　(2)：42—43.

耿云冬. 2020. 马礼逊辞典编纂理念及其当代意义[J].长江学术
　(1)：118—124.

谷衍奎. 2008.汉字源流字典[Z]. 北京：语文出版社.

顾长声. 1981.传教士与近代中国［M］.上海:上海人民出版社.

顾长声. 1985.从马礼逊到司徒雷登:来华新教传教士评传［M］.上海:上海人民出版社.

顾长声. 2006.马礼逊评传［M］.上海:上海书店出版社.

国家汉语水平考试委员会办公室考试中心. 2001.汉语水平词汇与汉字等级大纲［M］.北京:经济科学出版社.

国家语言文字工作委员会汉字处. 1988.现代汉语常用字表［M］.北京:语文出版社.

胡春涛,盛培林. 2009.关于实现成语的优化翻译:兼评《汉英双语学习词典》［J］.辞书研究（3）:94—100.

胡明扬等. 1982.词典学概论［M］.北京:中国人民大学出版社.

胡朴安. 2017.文字学 ABC［M］.北京:知识产权出版社.

胡双宝.2001.汉语的基本结构单位是词还是字?:读徐通锵新著《基础语言学教程》［J］.语文研究（2）:13—15.

黄德宽. 2015.古文字学［M］.上海:上海古籍出版社.

黄河清.2001a.“词典”考源［J］.辞书研究（1）:61.

黄河清. 2001b. Dictionary 和“字典”、“词典”、“辞典”［J］.语文建设通讯（67）.

黄河清. 2008.马礼逊辞典中的新词语［J］.或問（WAKUMON）（15）:13—20.

黄河清. 2009.马礼逊辞典中的新词语（续）［J］.或問（WAKUMON）（16）:63—72.

黄建华,陈楚祥. 2001.双语词典学导论(修订本)［M］.北京:商务印书馆.

黄全愈等. 2011.商务馆学汉语字典［Z］.北京:商务印书馆.

黄宵雯,徐晓萍. 2005.思考汉字:徐德江先生语言文字理论研究［M］.北京:同心出版社.

贾颖. 2001.字本位与对外汉语词汇教学［J］.汉语学习（4）:

78—80.

江蓝生. 2007. 序[Z]// 鲁健骥,吕文华编. 商务馆学汉语词典.北京:商务印书馆.

江新.2007.“认写分流、多认少写”汉字教学方法的实验研究[J].世界汉语教学（2）:91—97.

金沛沛.2015. 对外汉语学习词典研究 30 年[J].云南师范大学学报(对外汉语教学与研究版)（3）:27—37.

孔子学院总部/国家汉办. 2014.国际汉语教学通用课程大纲[M].北京:北京语言大学出版社.

李葆嘉. 2002. 汉语元语言系统研究的理论建构及应用价值[J].南京师大学报(社会科学版)（4）:140—147.

李大遂. 2002. 简论偏旁和偏旁教学[J].暨南大学华文学院学报（1）:27—33.

李大遂. 2011. 中高级汉字课教学新模式实验报告[J].语言文字应用（3）:118—125.

李大遂. 2017. 对外汉字教学的“道”与“术”[J].华文教学与研究（4）:40—46.

李恩江. 2002. 说文部首的成因及构成[J].郑州大学学报(哲学社会科学版)（5）:20—24.

李华. 2017. 部件拆分与对外汉字部件教学[J].海外华文教育（6）:759—767.

李金艳.2017. 马礼逊《华英字典》中儒学思想的译介研究[J].解放军外国语学院学报（6）:62—69.

李开. 1990.现代词典学教程[M]. 南京:南京大学出版社.

李乐毅. 1992.汉字演变五百例[Z]. 北京:北京语言学院出版社.

李萍. 2009. 留学生跨文化适应现状与管理对策研究[J]. 浙江社会科学（5）: 114 —118.

李泉.2017. 汉语教学:本位观与“字本位”[J].国际汉语教学研究

（3）:13—19.

李蕊,叶彬彬.2013.语文分进的教学模式对汉字能力的影响:针对非汉字文化圈学习者的实验研究[J].语言文字应用（4）:98—106.

李香平.2008.对外汉字教学中的字理阐释[J].暨南大学华文学院学报（1）:30—36.

李运富.2005.字理与字理教学[J].吉首大学学报（社会科学版）（2）:129—134.

李运富.2012.汉字学新论[M].北京:北京师范大学出版社.

李运富.2014.汉字的特点与对外汉字教学[J].世界汉语教学（3）:356—367.

林成.2012.论马礼逊《华英字典》首创"白话文"例句及"三维"释义[D].澳门大学硕士论文.

林英杰.2012.马礼逊《华英字典》传统经典引用研究[D].澳门大学硕士论文.

刘善涛.2014.系统研究对外汉语学习词典的结构特征[N].中国社会科学报02－17 A08版.

刘社会.1990.谈谈汉字教学的问题[J].语言教学与研究（2）:75—80.

刘社会.2004.对外汉字教学十八法[C]//赵金铭主编.汉语口语与书面语教学:2002年国际汉语教学学术研讨会论文集.北京:北京大学出版社,第217—228页.

刘守华.1992.文化学通论[M].北京:高等教育出版社.

刘颂浩.2010.关于字本位教学法和词本位教学法的关系[J].华文教学与研究（1）:38—39.

留学生汉英学习词典编写组.2008.留学生汉英学习词典[Z].上海:上海译文出版社.

刘珣.1997.对外汉语教学概论[M].北京:北京语言文化大学出

版社.

刘珣. 2000. 对外汉语教育学引论［M］. 北京：北京语言文化大学
　　出版社.

刘珣. 2002. 新实用汉语课本 1［M］. 北京：北京语言大学出版社.

卢绍昌.1987. 对外汉语教学中汉字教学的新尝试［C］// 第二届国
　　际汉语教学讨论会论文.世界汉语教学学会,第 461—465 页.

鲁健骥,吕文华. 2006.商务馆学汉语词典［M］. 北京：商务印书馆.

鲁健骥. 2018.汉字认读助学手册［M］. 北京：北京语言大学出
　　版社.

陆谷孙. 2015. 序言［Z］//霍恩比. 牛津高阶英汉双解词典（第 8
　　版）. 北京：商务印书馆.

陆俭明. 2007. 序［Z］// 鲁健骥、吕文华编. 商务馆学汉语词典.北
　　京：商务印书馆.

陆俭明. 2011. 我关于"字本位"的基本观点［J］.语言科学 10（3）：
　　225—230.

罗常培. 1989. 语言与文化［M］. 北京：语文出版社.

罗思明. 2016.汉英形容词构式学习词典编纂体系构建［M］. 上海：
　　上海交通大学出版社.

吕必松.1999. 对外汉语教学学科理论建设的现状和面临的问题
　　［J］.语言文字应用（4）：3—5.

毛悦.2010.特殊目的汉语速成教学模式研究［M］. 北京：北京语言
　　大学出版社.

孟戴尔. 2010. 学习型社会呼唤学习型词典［N］. 中国青年报 08 -
　　02（002）.

牛刘伟. 2009. 外向型汉英词典中"龙"的释译研究［J］.四川理工
　　学院学报（社会科学版）24（1）：124—126.

帕默尔. 1983. 语言学概论［M］. 李荣等,译. 北京：商务印书馆.

潘文国. 2002. 字本位与汉语研究［M］. 上海：华东师范大学出

版社.

彭泽润,丘冬.2003.现代汉语词典和字典编写思想的现代化[J].
辞书研究（6）:1—5.

戚雨村等.1993.语言学百科词典[M].上海:上海辞书出版社.

钱奠香.2016.马礼逊"重汉字形义,略汉字读音"汉语观分析[J].
国际汉语学报（1）:166—175.

钱王驷,姚乃强.2007.汉英双语学习词典[Z].北京:外文出版社.

钱学烈.1998.对外汉字教学实验报告[J].北京大学学报（哲学社
会科学版）（3）:132—137.

钱永文.2018.基础阶段对外汉字教学的"三段四步教学法"[J].
国际汉语教育（中英文）（3）:31—41.

屈文生.2010.早期中文法律词语的英译研究:以马礼逊《五车韵
府》为考察对象[J].历史研究（5）:79—97,190—191.

屈文生.2013.从词典出发法律术语译名统一与规范化的翻译史研
究[M].上海:上海人民出版社.

荣月婷.2012.外向型汉英学习词典中交际呼语语用信息收录调查
及启示[J].广西社会科学（4）:155—158.

邵敬敏.2000.汉语水平考试词典[Z].上海:华东师范大学出
版社.

沈国威.2010.近代中日词汇交流研究:汉字新词的创制、容受与共
享[M].北京:中华书局.

沈国威.2011.理念与实践:近代汉外辞典的诞生[J].学术月刊
（4）:121—130.

施正宇.2008.词·语素·汉字教学初探[J].世界汉语教学（2）:
109—118.

石定果,万业馨.1999.有关汉字教学的调查报告（第一号）[C]//
吕必松主编.汉字与汉字教学研究论文选.北京:北京大学出
版社,第324—349页.

石定果. 1993. 会意汉字内部结构的复合程序[J]. 世界汉语教学
　　（4）：274—278.

石定果. 1996. 说文会意字研究[M]. 北京：北京语言学院出版社.

史有为. 2017. 淡看"本位"说教学：兼及双元机制[J].国际汉语教
　　学研究（3）：4—9.

司佳. 2009.《五车韵府》的重版与十九世纪中后期上海的英语出版
　　业[J]. 史林（2）：6—13，187.

苏精. 2000.马礼逊与中文印刷出版[M]. 台北：台湾学生书局.

孙剑艺. 2003. 论汉语字、词、词素的本位问题[J].山东大学学报
　　（哲学社会科学版）（4）：43—49.

孙剑艺，董秀梅. 2001. 论词典与辞典的区分：一个辞书学的基本问
　　题[J].辞书研究（1）：62—70.

孙全洲. 1995. 现代汉语学习词典[Z]. 上海：上海外语教育出
　　版社.

孙文龙. 2019. 学习词典类型学意义再思考：兼谈对 CFL 学习词典
　　研编的启示[J].辞书研究（4）：101—110.

孙文龙，赵连振. 2019. 试论"外向型词典"与"内向型词典"术语的
　　英译现状[J].中国科技术语 21(1)：33—39.

谭树林. 1994. 马礼逊与中西文化交流[D]. 浙江大学博士论文.

田兵，陈国华. 2009.英语高阶学习词典设计特征研究：兼及多义词
　　的认知语义结构和义项特征[M]. 北京：科学出版社.

佟乐泉. 1997. 对外汉语教学中的几个语言学习问题[C]// 第五
　　届国际汉语教学讨论会论文选编辑委员会编. 第五届国际汉
　　语教学讨论会论文选.北京：北京大学出版社,第 15—19 页.

万业馨. 2001. 文字学视野中的部件教学[J].语言教学与研究
　　（1）：13—19.

汪家熔. 1996. 试析马礼逊《中国语文词典》的活字排印：兼与张秀
　　民、叶再生先生商榷[J]. 北京印刷学院学报(2)：42—51.

汪家熔. 1997. 鸟瞰马礼逊词典：兼论其蓝本之谜［C］//叶再生. 出版史研究（第五辑）. 北京：中国书籍出版社，第 125—148 页.

王承瑾. 2020.《华英字典·五车韵府》与明清字韵书关系考述［J］. 古籍整理研究学刊（3）：14—19.

王馥芳. 2004. 当代语言学与词典创新［M］. 上海：上海辞书出版社.

王还. 1990.《汉英双解词典》的设想［J］. 汉语学习（5）：50—52.

王还. 1997. 汉英双解词典［Z］. 北京：北京语言文化大学出版社.

王鸿滨. 2018. 对外汉字教学研究［M］. 北京：北京师范大学出版社.

王辉耀，苗绿. 2016. 中国留学发展报告 2016［M］. 北京：社会科学文献出版社.

王骏. 2006. 字本位与认知法的对外汉语教学［D］. 华东师范大学博士论文.

王力. 1986. 序［Z］//周士琦编著. 实用解字组词词典. 上海：上海辞书出版社.

王立军. 2002. 有关汉字文化研究的几个基本理论问题［J］. 陕西师范大学学报（哲学社会科学版）（5）：95—100.

王宁. 1991. 汉字与文化［J］. 北京师范大学学报（6）：78—82.

王宁. 2004.《汉字教程》序［M］//张静贤主编. 汉字教程. 北京：北京语言文化大学出版社.

王宁. 2014. 论汉字与汉语的辩证关系：兼论现代字本位理论的得失［J］. 北京师范大学学报（社会科学版）（1）：76—88.

王宁. 2015. 汉字构形学导论［M］. 北京：商务印书馆.

王宁. 2017. 汉字六论［M］. 北京：中国大百科全书出版社.

王若江. 2000. 由法国"字本位"汉语教材引发的思考［J］. 世界汉语教学（3）：89—98.

王若江. 2004. 对法国汉语教材的再认识［J］. 汉语学习（6）：

51—57.

王若江. 2017. 对法国"字本位"教学法的再思考[J].国际汉语教学研究（3）:9—13.

王学作. 1980a. 汉字图表教学法浅谈[J].语言教学与研究（1）:116—123.

王学作. 1980b. 析字教学法[J].语言教学与研究（4）:91—101.

王学作,柯炳生.1957. 试论对留学生讲授汉语的几个基本问题[J].教学与研究（2）:31—35.

王雪娇. 2013. 从马礼逊《华英字典》看《红楼梦》在英语世界的早期传播[J]. 红楼梦学刊（4）: 309—325.

王亚军. 2008. 外向型汉英词典中文化局限词的翻译[J].厦门理工学院学报（3）:104—108.

王燕. 2011. 马礼逊与《三国演义》的早期海外传播[J]. 中国文化研究（4）: 206—212.

王永全. 1988. 谈汉外类双语词典的对应词语的处理 [J]. 辞书研究（1）: 71—76.

王勇,李正林. 2015. 词汇和语法的关系:几种语法模式的比较研究[J]. 华中师范大学学报(人文社会科学版)（2）: 86—96.

魏向清. 2005a. 外向型汉英词典编纂的文化传播及其原则初探[C] // 中国辞书学会双语词典专业委员会第6届年会暨学术研讨会论文专辑,第39—42页.

魏向清. 2005b.《新时代英汉大词典》译义元语言的系统结构及其词汇语义认知张力[C]//魏向清、郭启新主编. 新时代·新理念·新词典:《新时代英汉大词典》全国学术研讨会论文集.西安:陕西师范大学出版社,第163—183页.

魏向清. 2005c. 双语词典译义研究[M]. 上海:上海译文出版社.

魏向清. 2008. 基于汉语词汇认知内隐性研究的外向型汉英学习词典微观设计[J].外语与外语教学（9）:51—54.

魏向清,耿云冬,卢华国.2014.双语学习型词典设计特征研究[M].
　　北京:外语教学与研究出版社.

魏向清,耿云冬,王东波.2011.中国外语类辞书编纂出版30年回
　　顾与反思1978—2008[M].上海:上海辞书出版社.

翁仲福.1992.外向型汉外词典的编纂[J].语言教学与研究(3):
　　119—132.

沃哈拉.1986.汉语教学中的汉字问题[J].语言教学与研究(3):
　　104—108.

吴光华.2010.汉英大词典[Z].3版.上海:上海译文出版社.

吴玉章.1978.文字改革文集[M].北京:中国人民大学出版社.

伍英姿.2010.初级阶段"语文并进"模式下的汉字教学[J].华南
　　师范大学学报(社会科学版)(3):62—65,158.

夏立新,夏韵.2019.外向型汉英学习词典中叙实动词的译义研究
　　[J].外国语文:(2):23—28.

萧惠兰.2003."字典"出处新探[J].语言科学(2):107—110.

邢军.2010."语文分开"教学模式与教材编写:以美国孔子学院网
　　络汉语教学为案例[J].国际汉语学报1(00):114—118.

许菊.2006.普遍语法与二语习得[J].外语教学(1):22—25.

徐时仪.2010.西学东渐与中国近代辞书编纂[J].辞书研究(3):
　　153—161.

徐式谷.2002.历史上的汉英词典(上)[J].辞书研究(1):
　　126—138.

徐通锵.1991.语义句法刍议:语言的结构基础和语法研究的方法
　　论初探[J].语言教学与研究(3):38—62.

徐通锵.1994a."字"和汉语的句法结构[J].世界汉语教学(2):
　　1—9.

徐通锵.1994b."字"和汉语研究的方法论:兼评汉语研究中的"印
　　欧语的眼光"[J].世界汉语教学(3):1—14.

徐通锵. 1997.语言论:语义型语言的结构原理和研究方法[M].长春:东北师范大学出版社.

徐通锵. 1998. 说"字":附论语言基本结构单位的鉴别标准、基本特征和它与语言理论建设的关系[J].语文研究（3）:2—13.

徐通锵. 1999."字"和汉语语义句法的生成机制[J].语言文字应用（1）:24—34.

徐通锵. 2004.汉语研究方法论初探[M].北京:商务印书馆.

徐通锵. 2005."字本位"和语言研究[J].语言教学与研究（6）:1—11.

徐通锵. 2008.汉语字本位语法导论[M].济南:山东教育出版社.

徐玉敏. 2005.当代汉语学习词典(初级本)[Z].北京:北京语言大学出版社.

许琳. 2016. 孔子学院走出去:最难是缺85个语种与汉语对照字典[DB/OL]. http://www.chinanews.com/hr/2016/03 － 08/7789159.shtml.［2018－3－25］

许慎. 2013.说文解字[Z].北京:中华书局.

颜迈,陈天银. 1997.新编实用对联手册[M].贵阳:贵州教育出版社.

杨慧玲. 2010. 汉英双语词典的诞生及其早期设计特征[J].外语教学与研究（5）:387—393.

杨慧玲. 2011a. 世界汉外双语词典史的缘起[J].辞书研究(3):164—177.

杨慧玲. 2011b. 马礼逊的汉英英汉词典研究回顾与展望[C]// 张西平,吴志良,彭仁贤编. 架起东西方交流的桥梁:纪念马礼逊来华200周年学术研讨会论文集.北京:外语教学与研究出版社,第80—92页.

杨慧玲. 2012.19世纪汉英词典传统:马礼逊、卫三畏、翟理斯汉英词典的谱系研究[M].北京:商务印书馆.

杨慧玲. 2016a. 马礼逊《汉英英汉词典》对外向型汉英学习词典的启示[J].外国语文(2):59—63.

杨慧玲. 2016b. 中西文化交流史的启示:从马礼逊《汉英英汉词典》反思当代汉语学习词典的问题[J].北京行政学院学报(2):122—128.

杨金华. 2016. 论外向型汉语学习词典编纂的四项基本原则[J].辞书研究(1):45—51.

杨琳. 2019. 马礼逊《华英字典》编纂及启示[J].南昌师范学院学报(4):64—67.

杨宁. 2006. 外国学习者语法错误分析与外向型汉外词典的编纂[J].辞书研究(3):109—114.

杨铮. 1987. 谈汉语教学中的"先语后文"和"语文并进"[J].世界汉语教学(2):40—41.

杨自俭. 2008.字本位理论与应用研究[M].济南:山东教育出版社.

杨祖希,徐庆凯. 1992.辞书学辞典[M].上海:学林出版社.

姚敏. 2011. 现代汉字理据研究在对外汉语教学中的应用[J].语言教学与研究(2):29—35.

姚乃强等编译. 2000. 汉英双解新华字典[Z].北京:商务印书馆.

叶再生. 1993. 概论马礼逊的中国语文字典、中国最早一家现代化出版社和中国近代出版史分期问题[C]//《出版史研究》编辑部编.出版史研究第1辑.北京:中国书籍出版社,第5—34页.

殷凌燕. 2004. 论对外汉字教学中的部件教学[J].云南师范大学学报(2):8—10.

殷燕,刘军平. 2017. 国内副文本研究三十年(1986—2016):基于CiteSpace的科学计量分析[J].上海翻译(4):22—26.

尹定邦,邵宏. 2013.设计学概论[M].北京:人民美术出版社.

雍和明,罗振跃,张相明. 2006.中国辞典史论［M］. 北京:中华书局.

雍和明,彭敬. 2013.交际词典学［M］.上海:上海辞书出版社.

尤珉. 2019.马礼逊汉语教学贡献研究［D］.中央民族大学博士论文.

于屏方,杜家利. 2010. 汉、英学习词典对比研究［M］.北京:中国社会科学出版社.

于屏方等. 2016.外向型学习词典研究［M］.北京:商务印书馆.

曾泰元. 2018.外向型汉英学习词典研究［M］.北京:外语教学与研究出版社.

张柏然. 1992. 语言·文化·词典:代序［Z］//南京大学外文系英汉词典编纂研究室. 简明美英国英语词典. 南京:南京大学出版社,I—II.

张岱年. 1985. 论中国古代哲学的范畴体系［J］. 中国社会科学(2):89—102.

张德鑫. 2006. 从"词本位"到"字中心":对外汉语教学的战略转移［J］.汉语学报(2):33—39.

张德鑫.1999.关于汉字文化研究与汉字教学的几点思考［J］.世界汉语教学(1):83—87.

张宏. 2009.外向型学习词典配例研究［D］.广东外语外贸大学博士论文.

张冕. 2012. 马礼逊《华英字典》宗教词语特征研究［D］.澳门大学硕士论文.

张朋朋. 2007. 语文分开、语文分进的教学模式［J］.汉字文化(1):64—68.

张淑文. 2007. 外向型汉英学习词典中同义词辨析信息的显性化［J］.外语研究(3):94—97.

张淑文. 2014. 外向型汉英词典中"实现事件"动词的跨语对应处

理[J].外语研究(6):41—44.

张淑文.2018.马礼逊《华英字典》译义元语言与中国文化构建[D].南京大学博士论文.

张西平,彭仁贤,吴志良.2008.马礼逊研究文献索引[M].郑州:大象出版社.

张艳,蔡永贵.2017.汉字字族理论及其应用价值新探[J].北方民族大学学报(哲学社会科学版)(2):141—144.

张玉书等编.1985.康熙字典[Z].上海:上海书店出版社.

张志公.1982.现代汉语中[M].北京:人民教育出版社.

张志毅.2012.辞书强国:辞书人任重道远的追求[J].辞书研究(1):1—9.

章宜华.2010.二语习得理论与新一代学习词典的几点设想[C]//章宜华编.学习词典学与二语教学研究.上海:上海外语教育出版社,第3—12页.

章宜华.2015.二语习得与学习词典研究[M].北京:商务印书馆.

赵金铭.2011.初级汉语教学的有效途径:"先语后文"辩证[J].世界汉语教学(3):376—387.

赵金铭.2017.汉语作为第二语言教学的教学基本单位[J].国际汉语教学研究(3):19—24.

赵彦春.2003.认知词典学探索[M].上海:上海外语教育出版社.

赵元任.1940/2002.汉语词的概念及其结构和节奏[C]//吴宗济,赵新那编.赵元任语言学论文集.北京:商务印书馆,第890—908页.

郑定欧.1999.词汇语法理论与汉语句法研究[M].北京:北京语言文化大学出版社.

郑定欧.2009.运用"词汇-语法"的方法处理汉英双语学习词典多义动词的翻译[J].辞书研究(3):54—62.

310

郑定欧. 2014. 对国际汉语学习词典的再认识［J］. 国际汉语教学研究（1）：55—61.

郑定欧. 2017. 汉语入门词典（汉英对照）［Z］. 北京：北京语言大学出版社.

中国社会科学院语言研究所词典编辑室. 2002. 现代汉语词典汉英双语（增补本）［Z］. 北京：外语教学与研究出版社.

中国社会科学院语言研究所词典编辑室. 2016.现代汉语词典［Z］. 7 版. 北京：商务印书馆.

钟少华. 2006a. 从马礼逊的《华英字典》看词语交流建设［C］// 钟少华. 中国近代新词语谈薮. 北京：外语教学与研究出版社，第 56—68 页.

钟少华. 2006b. 马礼逊的《华英字典》与《康熙字典》文化比较研究［C］// 钟少华. 中国近代新词语谈薮. 北京：外语教学与研究出版社，第 69—90 页.

周有光. 1960. 马礼逊的《中文字典》和官话拼音方案［J］.中国语文（1）：44—47.

周有光. 1992.中国语文纵横谈［M］. 北京：人民教育出版社.

周祖谟. 1953/2001. 教非汉族学生学习汉语的一些问题［C］//周祖谟著. 周祖谟语言学论文集. 北京：商务印书馆，第 41—51 页.

朱凤. 2005. 马礼逊《华英字典》中的成语和谚语［J］. 国际汉语教学动态与研究（1）：2—9.

朱凤. 2011. 试论马礼逊《五车韵府》的编纂方法及参考书［C］// 张西平,吴志良,彭仁贤编. 架起东西方交流的桥梁:纪念马礼逊来华 200 周年学术研讨会论文集. 北京:外语教学与研究出版社,第 68—79 页.

朱永生.2005.语境动态研究［M］. 北京:北京大学出版社.

兹古斯塔. 1983.词典学概论［M］. 林书武等，译. 北京：商务印
　　书馆.

左民安. 2015.细说汉字：1000 个汉字的起源与演变［M］. 修订版.
　　北京：中信出版社.

# 附录:《华英字典》第一部字形标注信息汇总

      马礼逊分别使用六种符号来对汉字的六书构造进行标注,使用 S.C.、R.H.、A.V. 大写字母缩略符号分别标注篆文、草书和金文。《华英字典》中字形信息标注体例符号如下:

> First,    Representation of the object, by *
>
> Second, Pointing out some property,  by †
>
> Third,  Combination of ideas,      by ‡
>
> Fourth, Giving sound,           by §
>
> Fifth,   Inverting or reversing,    by ∥
>
> Sixth,    Arbitrary Characters,    by ¶
>
> S. C. denotes the Seal Character.
>
> R. H. the Running Hand.
>
> A. V. Ancient Vases.

**表 1　《华英字典》第一部第一卷中字形标注信息整理**

| 序号 | 字头 | 字形信息 | 字形信息比对 |
|---|---|---|---|
| | | 1 部　一 | |
| 1 | 一 | † 芎 S.C. ∫ A. V. | 释义中无字理说明。字形来源不明,《六书通》中与之最接近的字体是 弍。 |

续 表

| 序号 | 字头 | 字形信息 | 字形信息比对 |
|---|---|---|---|
| 2 | 丁 | 十 구 ∶. A. V. ㄱ R. H. | 释义中无字理说明。字形来源不明，与《说文》《六书通》中的均不同。 |
| 3 | 丂 | 十 | Air, vapour, or the breath, struggling to vent itself, is represented by ㄅ. Its being stopped, is represented by ── at the top. The ancient form of 巧 Keaou<br>《说文》中的篆字是 ㄅ;《六书通》中没有相应的字形。 |
| 4 | 己 | HO. ; | The reverse of the preceding. Air extending itself with ease. The noise of loud laughter; and of anger. Syn. with 呵 Ho. |
| 5 | 七 | 古 S. C. 七 R. H. | 释义中无字理说明。《说文》中的篆字是 七。 |
| 6 | 万 | Now written 萬 | 《说文》中为繁体字提供的篆字是 萬。从厹,象形。 |
| 7 | 丈 | 十 丈 S. C. 丈 R. H. | A hand taking hold of ten;<br>《说文》中的篆字是 丈;十尺也。从又持十。 |
| 8 | 三 | 十 弍 Ol. Scrib.<br>(古文,《说文》中三的重文,或异体字) | 释义中无字理说明。San was formerly written 参。<br>《说文》中的篆字是 三;《六书通》中字形之一 三。 |
| 9 | 上 | 十 ⊥ A. V. ㅂ R. H. | 释义中无字理说明。《说文》中的篆字是 上,《六书通》中字形之一 ⏺。 |
| 10 | 下 | 十 ⊤ A. V. 下 and ♁ R. H. | 释义中无字理说明。《说文》中的篆字是 下,《六书通》中字形之一 ⏺。 |
| 11 | 丌 | KE. ᐧ | A foundation. A board or other utensil, on which to present things. Afterwards changed to 其 Ke. See Radical 八.<br>《说文》中的篆字是 丌;《六书通》中的字形是 丌。 |

续　表

| 序号 | 字头 | 字形信息 | 字形信息比对 |
|---|---|---|---|
| 12 | 不 | 不 PǓH. · 帝 S.C. 帝 R.H. | They say that the Seal character represents a bird ascending towards heaven, remaining hovering fixed in the air, and not descending.<br>《说文》中的篆字是帝。 |
| 13 | 与 | 字头无。（释义中提供古体）；《说文》中的篆字是弓 | Ancient form of 與 Yǔ, to give, for which it is now used as a contraction. From —— Yǐh, one, and 与 Chǒ, To take, or few. |
| 14 | 丏 | MEEN. · | A low wall to ward off arrows. Unable to see. ...<br>《说文》中的篆字是丏。 |
| 15 | 丑 | · 丑 S.C. | Appearance of a hand taking hold of something; a missile weapon; a new born infant raising its hand.<br>《说文》中的篆字是丑；《六书通》中与之相近字形之一是丑。 |
| 16 | 且 | · 且 S.C. 俎 R.H. | A vessel used in presenting offerings to the gods; the side strokes represent the two feet of the vessel, and the lower stroke the ground.<br>《说文》中的篆字是且；《六书通》中与之相近字形有且且。 |
| 17 | 世 | 十 世 S.C. 枼 R.H. | 释义中无字理说明。《说文》中的篆字是世，字形与《说文》同。《六书通》中与之相近字形有世世。 |
| 18 | 丘 | · 丘 S.C. | A natural mound of earth, or hill; high; a hollow space; an indented pit or valley. Great; to collect together. 四 方高中央下曰丘 Sze fang kaou, chung yang hea yuě k'hew. "High on the four sides, and low in the middle, is called K'hew."<br>《说文》中的篆字是丘；马礼逊提供的应为甲骨文字体丘丘。 |

续 表

| 序号 | 字头 | 字形信息 | 字形信息比对 |
|---|---|---|---|
| 19 | 丠 | • The same as the preceding | They say that it represents two men standing on the ground.（V1-22）未提供字形。《说文》亦无,参照了《康熙字典》。 |
| 20 | 丙 | 丙 R. H. 《说文》中的篆字是丙 | 从一入冂一者陽冂者門也 Tsung yĭh jüh keung, yĭh chay yang, keung chay mun yay. "Formed from ⎯ Yĭh, entering 冂 Keung. One is the yang, keung the door of the universe." (Shwǒ wǎn.) There is nothing more unsatisfactory and unintelligible about the Chinese, than their theories of the formation of the world. |
| 21 | 丙 | T'HËEN. • | Supposed to represent the tongue put forth out of the mouth to touch the upper stroke.《说文》中的篆字是丙;《六书通》中没有该字。 |
| 22 | 丞 | ‡ Ching & Ching. 丞 S.C. 《说文》中的篆字是丞 字形与《说文》同 | From 丞 two hands supporting the 卩 emblem of a seal, or that which in ancient times answered the purpose of the seal of the present day. Below is placed a hill, to denote bearing high the ensign of authority. |
| 23 | 丣 | 字头无。（释义中提及古体）《说文》中的篆字是丣,《六书通》中无该字形 | To shut the door at sun set. To finish or perfect. The ancient form of 酉 Yew, Wine. They say 丣 denotes the gate of Spring, when all nature goes forth. 酉, the gate of Autumn, when all nature enters, and the door is shut, which is represented by the—stroke at the bottom. |
| 24 | 並 | 並 R. H. | The common form of 竝 Ping. Two standing together.《说文》无。《说文》中收录的是"竝"。 |

| 序号 | 字头 | 字形信息 | 字形信息比对 |
|---|---|---|---|
| | | 2 部 丨 | |
| 25 | 丨 | **KWǍN.** • 《说文》中的篆字是丨 | Represents perpendicular numbers. A communication betwixt above and below; to pass through perpendicularly. Proceeding from the bottom to the top, may be read as 囟, to advance; from top to down, as 逯, to retire. |
| 26 | 丩 | ᠙ s.c. | 释义中无字理说明。《说文》中的篆字是ᠱ;两个甲骨文为ჼჼ。 |
| 27 | 个 | 字头无 《说文》中的篆字是箇 | Chow's form of 箇 Ko. A numeral particle of frequent occurrence, commonly written 個 |
| 28 | 丫 | • 丫 s.c. | The parting branches of a tree; any thing forked. 《说文》无。《六书通》中有丫字形。 |
| 29 | 夂 | 字头无 | To stride; to pace. Properly thus 夲. The reverse side of 夂 Che. "To approach from behind." 《说文》无。 |
| 30 | 中 | † 串 s.c. 中 R.H. | 释义中无字理说明。《说文》中屮,字形来自《六书通》中。 |
| 31 | 彐 | • 룅 s.c. | To take hold of with the hand; to seize.《说文》中的篆字是룅。 |
| 32 | 丰 | • 半 s.c. 丰 R.H. | Luxuriant herbage. 与《说文》同。 |
| 33 | 艸 | **KWAN.** • | The appearance of two horns. The two tufts of hair on the heads of Chinese children. the same as 卝 Hwang, which is said to be the original form of 矿, Metals, in the state of ore.《说文》无。 |
| 34 | 串 | 串 R.H. | To connect things; connected as beads on a string.《说文》无。 |

317

| 序号 | 字头 | 字形信息 | 字形信息比对 |
|---|---|---|---|
| 35 | 丵 | •丵 S.C.<br>《说文》中的篆字是丵<br>字形与《说文》同 | Luxuriant herbage; woody. The derivatives are, 樸 Pǒ, 業 Yě, 僕 Pǎh, 叢 Tsung. Sometimes written thus 丵 Also read Pǒ and Fǒ. According to Kang he's Tsze Tëen, the common forms of the upper part 业 屮 are erroneous; they ought to be four upright lines. 沙木 Sha mǔh, says, that Chǒ denotes and resembles a kind of case, into which bamboo rods are stuck. |
| | | 3 部　、 | |
| 36 | 、 | •　▲ A.V.<br>《说文》中的篆字是▲ | A point; a stop. That which denotes a stop. The flame of a lamp. Borrowed to denote 主 Choo, A lord or master; |
| 37 | 凡 | 冂 S.C. 凡 R.H.<br>《说文》中的篆字是凡 | 凡物員轉者皆曰凡 "Every thing round, or spherical, and turing, is called Hwan." Formed from the reverse side of 仄, A man under a precipice, thrown on one side, from apprehension of its falling, and unable to recover his first position. Hwan, the reverse side of this, denotes rolling back to the first position. 字形与《说文》同。 |
| 38 | 丹<br>丹 | •冄 S.C. 丹 R.H. | A certain carnation colored stone. The dot represents the stone; the outer part, a well.《说文》中是冄，马提供的更接近于金文冄。 |
| 39 | 主 | •坣 S.C. 主 R.H. | The flame in the midst of a lamp. Borrowed to denote a sovereign; a lord; a master.《说文》中的篆字是坣，字形与《说文》同。 |
| 40 | 井 | TSǐNG. • | A well. The dot represents a bucket passing down. Commonly written 井.《说文》中篆字是丼。 |

| 序号 | 字头 | 字形信息 | 字形信息比对 |
|---|---|---|---|
| | | 4 部　丿 | |
| 41 | 丿 | ·丿 s.c. | Distorted on the right; like leading to the left. One says, it is like raising the head, and stretching out the body.《说文》中的篆字是丿,字形与《说文》同。 |
| 42 | 乀 | 乀 s.c. | Distorted on the left. The reverse of the preceding.字形与《说文》同。 |
| 43 | 丿 | ·丿 s.c. | To lead, to drag; ... Said to be like Peih, but not raising the head. See above.暂未查询到。 |
| 44 | 乁 | 丨 乁 s.c.<br>《说文》中的篆字是乁 | To flow, to remove. The reverse of the preceding. Some affirm, that these four were originally the characters 擎拂拽迻 Peih, füh, e, e. Others again deny, that they were ever used as distinct characters, but like 丨 and 丶, they were never more than parts of characters. |
| 45 | 乂 | É. · | Formed from 丿 Peih and 乀 Füh, representing a pair of shears.《说文》中有小篆体,英文可能是马的解释。 |
| 46 | 𠂇 | ·𠂇 s.c. | The left hand; the left side; now 左 Tso. Also said to be the ancient form of 有 Yew, "To have." Formerly used for the present 佐 Tso. To assist; "a left hand man;" an assistant. |
| 47 | 乃 | ·乃 s.c. | The breath issuing forth with difficulty.《说文》中的篆字是乃,字形与《说文》同。 |
| 48 | 久 | 久 s.c. 久 R.H. | Said to be derived from cauterizing in order to heal; represents something approaching to the legs of a man from behind. (shwo wan)《说文》中的篆字是久,字形与《说文》同。 |

| 序号 | 字头 | 字形信息 | 字形信息比对 |
|---|---|---|---|
| 49 | 乇 | •乇 s.c.《说文》中的篆字是乇 | The upper part represents a full ear of grain bending down. The horizontal stroke represents the ground, and the lower part the root. Plants and trees depend on the root in the ground; hence, borrowed to express placing dependence on a person. 字形与《说文》同。 |
| 50 | 之 | •屮 s.c. 之 R.H.《说文》中的篆字是屮 | Issuing forth from; going to; meeting with. The lower stroke represents the ground; the middle one the stem of a plant; those on the side, leaves or shoots, which go forth from the stem; hence, borrowed to denote the Possessive Case of Nouns. 字形与《说文》同。 |
| 51 | 乍 | ‡ 乍 s.c. 乍 R.H.《说文》中的篆字是乍字形与《说文》同 | Said to be formed of ⼈ Wang, "To run, or go from home." and —— Yih, "One." A person who has run from home, on obtaining one object of his departure, stops a while. (Shwo wǎn.) A short time; the time being; suddenly; hastily. The first time. |
| 52 | 乎 | •乎 s.c. 乎 R.H.《说文》中的篆字是乎 | The sound of the voice continued after the enunciation of a sentence. Said to represent the breath, or voice, rising and extending. From 兮 He, "A tone of inquiry, or admiration." (Shwo wan) 字形与《说文》同。 |
| 53 | 市 | 字头无 | To stop. Said to have been originally written thus, 市 representing something full, with —— Yih, laid across, to repress, or keep it down. Derivatives 姊弟 Tsze, te.《说文》有。马文解释与《说文》同。 |

| 序号 | 字头 | 字形信息 | 字形信息比对 |
|---|---|---|---|
| 54 | 乏 | Ⅰ 丣 S.C. 乇 R.H. | From the reverse side of 正, "To put in a right state; to supply with." 《说文》中的篆字是 丣, 字形与《说文》同。 |
| 55 | 辰 | Ⅰ 侊 S.C. 《说文》中的篆字是 侊 字形与《说文》同 | To branch off into streams. The reverse side of 永 Yung, in the S.C. 侊 Yung, "A perpetual stream, eternal." Now commonly written 派 P'hae. Derivatives 脈 Mĭh, "The pulse;" and 覛 Mĭh, "To espy." |
| 56 | 𨈥 | Ⅰ 𨈥 S.C. | The reverse side of 身 Shin, "The body." To turn round the body; to return; to revert to what is right. ... 殷 Yin is derived from this. 《说文》中的篆字是 𨈥, 字形与《说文》同。 |
| 57 | 乖 | • 𣎳 S.C. 菲 R.H. 是"𦫳"的篆字 𣎳 字形与《说文》同 | Said to represent the back bone. One says, it is derived from 丫 Kwa, "Horns," and 刂 Pĕĭh, the ancient form of 別 Pĕĭh, "To separate." (Shwŏ wăn.) |
| 58 | 乘 | 𣏟 S.C. 𣏟 R.H. | Said to be compounded of 入 Jŏh, and 桀 Kĭĕ. "To overspread as a canopy." 《说文》中"椉"的篆字是 𣏟, 字形与《说文》同。 |
| 59 | 𠂹 | • 𠂹 S.C. | The foliage of trees and plants bending down. Commonly written 垂. 《说文》中的篆字是 𠂹, 字形与《说文》同。 |
|  |  | 5 部 乙 |  |
| 60 | 乙 | ㇟ S.C. | Said to represent the curved end of plants issuing forth in Spring. 《说文》中的篆字是 ㇟, 字形与《说文》同。 |
| 61 | 乚 | ㇟ S.C. | A bird, so named from its voice. 《说文》中是 ㇟, 字形与《说文》同。 |
| 62 | 乚 | YĬN. • 《说文》中的篆字是 ㇟ | Covered over; secret; to conceal. Representing going in a crooked direction; or with the knees bent in order to hide something. Original form of 隱 Yĭn. |

| 序号 | 字头 | 字形信息 | 字形信息比对 |
|---|---|---|---|
| 63 | 九 | 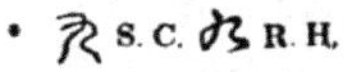 ·尺 S.C. 仇 R.H. | Represents the transformations and winding searching property of the principle 阳 Yang（shwo wan）.《说文》中是尺。《六书通》有接近的尺。 |
| 64 | 乞 | K'HEĬH. ⺄ | Same as 气."Vapour or air," borrowed to denote,"To beg, to entreat."《说文》无,收录的是"气":云气也。象形。 |
| 65 | 也 | 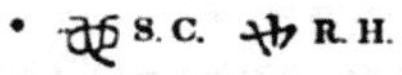 ·�掩 S.C. 也 R.H.《说文》中的篆字是�掩字形与《说文》同 | According to Luh shoo, at first represented a vessel containing water, in which to wash; to denote which, the form of the character was afterwards changed to 匜. E, Yay, having come into constant use as a Particle. Shwo wan, and those who follow that work, give a very different meaning to the original character.《说文》中的解释有误,马礼逊没有照搬。 |
| 66 | 乳 | 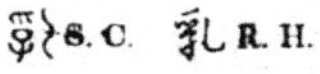 From 孚 Foo,"To hatch an egg;" and 乙 Yĭh,"A bird." 乳 S.C. 乳 R.H. | 《说文》中的篆字是乳,字形与《说文》同。 |
| 67 | 乾 | 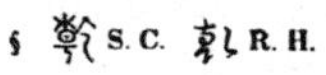 ⸲ 乾 S.C. 乾 R.H. | According to Shwo wan, Issuing forth upwards; from 乙, which denotes here, the pervading principle of matter.《说文》中的篆字是乾,字形与《说文》同。 |
| 68 | 亂 | 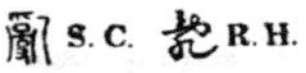 亂 S.C. 乱 R.H.《说文》中的篆字是亂 | It denotes sometimes, to confuse; to disorder; a state of confusion and disorder. At other times, to regulate; to put in order. ... Said to be derived from 乙, denoting to "Regulate."字形与《说文》同。 |

续　表

| 序号 | 字头 | 字形信息 | 字形信息比对 |
|---|---|---|---|
| | | 6 部　亅 | |
| 69 | 亅 | · ſ s.c. | Hooked; the barb of a hook. A hooked weapon.<br>与《说文》同ſ。 |
| 70 | ㄥ | ᛁ ᒿ s.c. | The reverse side of the preceding. Mark, by which to recognize a hook.<br>与《说文》同ᒿ。 |
| 71 | 了 | · ੧ s.c. 了 R.H. | Derived from a child without arms. (shwo wan)<br>《说文》中的篆字是੧,字形与《说文》同。 |
| 72 | 予 | · 웅 s.c. 孝 R.H. | To give; to give mutually, represented by the Seal character.<br>《说文》中的篆字是웅,字形与《说文》同。 |
| 73 | 事 | 事 s.c. 彔 R.H. | Derived from 史 "One who records occurrences."<br>《说文》中的篆字是事,字形与《说文》同。 |
| | | 7 部　二 | |
| 74 | 二 | · 禹 s.c. 二 R.H.<br>《六书通》中与之接近的是禹 | Urh, though commonly written with the upper line shorter than the lower one, should have both strokes of equal length, to distinguish the character from the following. (kang he.) This rule is quite disregarded.<br>《说文》中的篆字是二,《说文》古文弍。 |
| 75 | 二 | Ol. Scrib. 上 | Upon; above. The lower stroke represents that on which something is placed. |
| 76 | 二 | Ol. Scrib. 下 | Formed on the same principle as the preceding. |

| 序号 | 字头 | 字形信息 | 字形信息比对 |
|---|---|---|---|
| 77 | 彳 | ﹨ S.C.<br>《说文》中的篆字是 ﹨<br>字形与《说文》同 | Formed from the reverse side of 彳 Chīh. "To step with the left foot." According to Shwǒ wǎn, Chǒ, denotes "To stop a little." According to others, "To step with the right foot;" which joined with Chīh, makes the character 行 Hing. "To walk." Also, read Choo. |
| 78 | 于 | • 亐 S.C. 于 R.H. | Represents the air extending itself. From 亏, and 一, denoting the "Air falling to a level." (shwo wan.) In; through; to; at. In which sense it is Syn. with 於, which is now commonly used.<br>《说文》中的篆字是 亐,字形与《说文》同。 |
| 79 | 云 | • 𩇕 S.C. 云 R.H. | The original form of 雲. "A cloud, or the vapour of the mountains and rivers rolling round." Rain. 雨, "Rain," was, in after ages added; and 云, taken to express, "To say; to move round."<br>《说文》中的篆字是 雲,《说文》"云"重文是 云和𩇕。 |
| 80 | 互 | • 㸦 S.C. 𣐄 R.H. | Fitting into each other, like the indented edges of shell fish.<br>《说文》中的篆字是 㸦𣐄。 |
| 81 | 五 | 㐅 S.C. 𠄡 R.H. | According to Shwo wan, the Seal Character represents, by the two horizontal strokes, the heavens and earth, between which, the Yin and the Yang are blended.<br>《说文》中的篆字是 㐅,字形与《说文》同。 |

续　表

| 序号 | 字头 | 字形信息 | 字形信息比对 |
|---|---|---|---|
| 82 | 井 | • 丼 **s.c.** 丼 **R. H.**<br>《说文》中的篆字是丼<br>字形与《说文》同 | A deep place that produces water. ... A piece of land divided into nine parts, of which, in former times, the centre part was appropriated to government, other wise called 景田... Tsing, is said to represent the division of land into nine parts, as above mentioned; also, the sides of a well.; The dot in the Seal character, represents the vessel passing down. |
| 83 | 亘 | 囘 **s.c.** 亘 **R. H.** | Formed of 二, Two, and 回 "To go round and return to the same point." 《说文》中的篆字是囘,字形与《说文》同。 |
| 84 | 亘 | **The original form of the preceding** | Ancient form of 回, "To revolve; to return to." They say, the character represents that which seeks to extend itself, above and below. 《说文》收录的是"亘"。 |
| 85 | 亙 | 字头无 | The first, or last quarter of the moon. ... critics and dictionaries differ in opinion, respecting these two forms of the character. Some consider the middle part as 月, "The moon;" others think it is 舟, "A boat," situated between tow shores. 《说文》中收录的是"椸":竟也。从木恆聲。 |
| 86 | 况 | 况 **s.c.** 況 **R. H.**<br>《六书通》中字形况<br>《说文》中的篆字<br>是況 | Made from 二 Urh, and 兄 Heung. "An elder brother." There are three characters, 況况況 all pronounced Hwang, and by some Critics considered the same; others distinguish them. The middle one with two dots by the side, is commonly used in the sense above given. 《说文》中收录的是"況"。 |

| 序号 | 字头 | 字形信息 | 字形信息比对 |
|---|---|---|---|
| 87 | 些 | ‡ 些 S. C. 些 R. H. | Formed from 此 Tsze, "These," and 二 Urh, "Two." Hence, its meaning "few," &. c.《说文》中的篆字是些。 |
| 88 | 亝 | Ol. Scrib. • 亝 Tse. | Even. Even surface of standing grain, wheat, &. c.《说文》中的篆字是亝。 |
| 89 | 亞 | 亞 S. C. 亞 R. H.《说文》中的篆字是亞 | Ugly; like a hunch back. … A thing that is forked, is called Ya. Dubious language. commonly written 丫, and 極 Syn. with 堊 "To wash or paint a wall." 甲骨文字形之一亞。 |
| 90 | 亟 | ‡ 亟 S. C. 亟 R. H.《说文》中的篆字是亟 字形与《说文》同 | Formed from man, mouth, hand, and two lines. The two lines represent heaven and earth. Receiving from heaven the gifts of the seasons, and blessed with the benefits conferred by the earth; the mouth should plan, and the hand effect with promptness, there should be no loss of time. (Seu k'hae). |
| | | 8 部　亠 | |
| 91 | 亠 | 字头无 | This character did not originally exist; it was introduced as a Radical for the sake of the arrangement of the 楷書 characters.《说文》未收录。 |
| 92 | 亡 | 亡 S. C. 亡 R. H. | Formed from 人 Jîh, "To enter," and L Yin, "obscurity".《说文》中的篆字是亡。 |
| 93 | 亢 | • 亢 S. C. 亢 R. H. | The human neck. From 大, abbreviated, represents the veins of the neck.《说文》中的篆字是亢,字形与《说文》同。 |

| 序号 | 字头 | 字形信息 | 字形信息比对 |
|---|---|---|---|
| 94 | 交 | • 交 S.C. 交 R.H. | Said to be derived from 大, and to represent the legs crossed. To blend; to unite;《说文》中的篆字是交, 字形与《说文》同。 |
| 95 | 亥 | 亥 S.C. 亥 R.H. | The upper part is considered the ancient form of 上, it is also said to be from 乙; and the lower part representing two human beings, a man and a woman, or two children, denotes successive generations.《说文》中的篆字是亥, 字形与《说文》同。 |
| 96 | 亦 | • 亦 S.C. 亦 R.H. 《说文》中的篆字是亦 | Yih, is derived from 大, and originally represented, and denoted the armpits; something below the arms; when by allusion used in its present sense, 掖 and 腋 were adopted for its original import. |
| 97 | 亨 | 亨 R.H. | 释义中对字形无进一步解释, 但提到了其与享、烹之间的区别, These characters were originally the same; the stroke and the dots were afterwards added to distinguish them. |
| 98 | 享 | 享 S.C. 享 R.H. 与《说文》中"亯"的篆体接近 | From 高, "High" abbreviated, and 曰, "To say." To offer to a superior; to sacrifice. 奉上谓之享 "To offer to a superior; to sacrifice is called Heang".《说文》无。收录的是"亯": 献也。从高省, 曰象进孰物形。《孝经》曰:"祭则鬼亯之。" |
| 99 | 京 | ‡ 京 S.C. 京 R.H. | From 高, "High", abbreviated, and 丨, "representing height" (shwo wan)《说文》中的篆字是京, 字形与《说文》同。 |

| 序号 | 字头 | 字形信息 | 字形信息比对 |
|------|------|----------|--------------|
| 100 | 㐭 | * Original form of 廩 Lin. | A granary. From 回, representing a house with a winkow to admit air; the top part represents a covering. A square granary is called 倉, a round one 㐭 Lin.《说文》中的篆字是㐭。 |
| 101 | 亭 | 亭 S.C. 亭 R.H. | From 高, abbreviated, and 丁, for sound.《说文》中的篆字是亭, 字形与《说文》同。 |
| 102 | 亮 | 亮 S.C. 亮 R.H.<br>亮(小篆) | 释义中无字理说明。但提到 To write Leang with 几 is improper, (Kang he) Other respectable Dictionaries, however, write it so.【汉字源流字典】《说文》失收。段玉裁据《六书故》补入。《说文儿部》段注："亮, 明也。从儿、高省。"本义为明亮, 即光线充足, 光明。 |
| 103 | 京 | 字头无 | The authority of this character is doubted. Perhaps it was used for 原 or for 京。(Kang he)《说文》中无此字。 |
| 104 | 亳 | 亳 S.C. 亳 R.H. | 释义中无字理说明。《说文》中亳, 从高省, 乇聲。 |
| 105 | 亶 | 亶 S.C. | A large quantity of grain. Formed from 㐭, "A granary;" and 旦, used for sound. (Shwo wan)《说文》中是亶, 从㐭旦声。 |
| | | 9 部　人 | |
| 106 | 人 | 人 S.C. 人 R.H. | The seal form is said to represent the two arms of a man. They consider the character 大, a fuller representation of a man.《说文》中的篆体是人, 字形与《说文》同。 |

| 序号 | 字头 | 字形信息 | 字形信息比对 |
|------|------|----------|--------------|
| 107 | 亼 | • 𠆢 S. C.<br>《说文》中的篆体是𠆢<br>字形与《说文》同 | Three persons united. The ancient form of 集,"To collect, to assemble." It is discussed by Critics, whether this character is made from 人, "Man" or from 入, "To enter," and 一, "One". Some say it is neither from the one nor the other; but is a hieroglyphic representation of three united in one. Some Europeans have supposed, that this character was a traditional emblem of the Christian doctrine of a Trinity. The writer of this, has found no trace of the Chinese understanding the character as having an allusion to any opinion respecting the Deity. The characters, 今合會侖 & c. are derived from 亼. |
| 108 | 什 | 字头无 | From "Man and ten". Ten persons. 《说文》中的篆体是𠈉。 |
| 109 | 仁 | 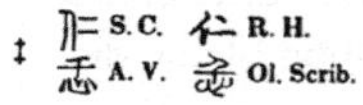 ‡ 𠃎 S. C. 仁 R. H.<br>忎 A. V. �∂ Ol. Scrib. | From "Man and two;" also, from "A thousand and heart." Benevolence; love to all creatures... .<br>《说文》中的篆体是𠃎,字形与《说文》同。 |
| 110 | 仄 | 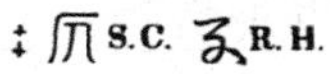 ‡ 仄 S. C. 𠤎 R. H. | From 厂, "An overhanging precipice", beneath which is, 人, "A man", stooping under apprehension of its falling. Stooping; inclined; oblique. The original form of 廁, "A place in which to ease nature."<br>《说文》中的篆体是仄,字形与《说文》同。 |
| 111 | 仅 | 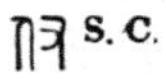 𠈇 S. C. | The hand holding out something to a person. To give to. Commonly written 付.《说文》无,收录的是"僅":材能也。从人堇声。《说文》中的篆体是僅。 |

| 序号 | 字头 | 字形信息 | 字形信息比对 |
|---|---|---|---|
| 112 | 仆 | FOÚ, or FOW. § | From 人，The other part gives sound.《说文》中的篆体是 𩵋，从人卜声。 |
| 113 | 仇 | ‡ 𬴊 S.C. 仇 R. H. 马礼逊字体来源不详 | To unite. A pair. Proud. Resentment. 释义中无字理解释。本义为配偶，形声字，隶变后楷书写作仇。《说文》中的篆体是 𠈃。 |
| 114 | 今 | ‡ 𠃋 R. H. | From 亼，"To unite," and 𠃋，the ancient form of 及，"To extend to."《说文》中的篆体是 今。 |
| 115 | 介 | 𠘧 R. H. 《说文》中的篆体是 𠓱 | Some say it is from 爪，"The nails of the hand," with which lines of distinction are drawn, and hence denotes a limit. Again, that 爪 is 亻 Jin, in the middle of 八，"To separate；" and hence denotes to discriminate. |
| 116 | 仌 | Orig. form of 冰 Ping, "Ice." 《说文》中的篆体是 仌 | This character is said to represent water freezing. Shwo wan, considers 仌, a Radical character; Kang-he, in imitation of the dictionary called Ching-tsze-t'hung, remove it to the Radical 人 Jin. |
| 117 | 仍 | § 𠇮 S.C. 仍 R. H. 马提供的字形来源不详 | 释义中无字理说明。（according to; in consequence; and, in imitation of）《说文》中的篆体是 𠈅。 |
| 118 | 仔 | 𠈝 S.C. 仔 R. H. | 释义中无字理说明。（to sustain, or bear the duties devolving on one.）《说文》中的篆体是 𠈝，字形与《说文》同。 |
| 119 | 仕 | 仕 S.C. 仕 R. H. | 释义中无字理说明。（to learn; to serve; to fill a public situation...）《说文》中是 仕，字形与《说文》同。 |

续　表

| 序号 | 字头 | 字形信息 | 字形信息比对 |
|------|------|----------|--------------|
| 200 | 他 | S. C.　R. H. | 释义中无字理说明。《说文》中收录的是"佗"。《说文》中的篆体是，字形与《说文》同。 |
| 201 | 仗 | S. C.　仗 R. H. | 释义中无字理说明。《说文》未收录，今篆（或小篆）。 |
| 202 | 付 | ‡　S. C.　付 R. H. | From "Man, and a hand holding out something." To give; to deliver over to.《说文》中的篆体是，字形与《说文》同。 |
| 203 | 仙 | ‡　S. C.　仚 R. H.《说文》中篆体是，《说文》中还有，是仚的篆体 | From "Man and hill". An imaginary species of beings：men，who，by a total abstraction from the world，have escaped from the body，and are risen higher in the scale of existence than mortal man. They are supposed to inhabit hills and mountains，away from the haunts of men；to be immortal，and to have the power of becoming visible or invisible，at pleasure. |
| 204 | 仚 | 字头无 | A man on the top of a hill. To move or trip lightly. To be distinguished from 　Söen.，which is the same as 仙. |
| 205 | 仝 | 字头无《说文》中的篆体是仝 | In the books of Taou, used for 同 T'hung, "The same; with." A surname. To be distinguished from 全 Tseuen, "The whole." |
| 206 | 仞 | ｷ　S. C.　仞 R. H. | 释义中无字理说明。《说文》中是，字形与《说文》同。 |
| 207 | 仟 | 字头无 | 释义形式：The superior of a thousand men.《说文》无。 |
| 208 | 仡 | ｷ　S. C.　仡 R. H. | 释义中无字理说明。《说文》中的篆体是，字形与《说文》同。 |

on
on


续　表

| 序号 | 字头 | 字形信息 | 字形信息比对 |
| --- | --- | --- | --- |
| 209 | 代 | ϟ 伐 S.C. 代 R.H. | 释义中无字理说明。《说文》中是伐，字形与《说文》同。 |
| 210 | 合 | ‡ 合 S.C. 合 R.H. | From △ Teeñb, "To assemble," and 卩 Tsöe, "A seal· or ensign of authority." 《说文》中是合，字形与《说文》同。 |
| 211 | 以 | 己 S.C. 𣃟 R.H. 字 形 与 《 说 文 》同。中 | Said to be derived from the reverse side of 巳 E, which denotes the mind already determined or fixed. 《说文》无，收录的是"㠯"，篆体是己。 |
| 212 | 仰 | 𣲖 S.C. 仰 R.H. | From 亻 Jin, and 卬 Yang, "To look upwards." 《说文》中是仰，字形与《说文》同。 |
| 213 | 仲 | ‡ 仲 S.C. 仲 R.H. | From man and middle. 《说文》中是仲，字形与《说文》同。 |
| 214 | 仳 | ϟ 𣲖 S.C. | 释义中无字理说明。《说文》中是仳，字形与《说文》同。 |
| 215 | 件 | ‡ 牛 S.C. 件 R.H. | To divide; from man and cow, because a cow is a large animal that may be shared. (Shwo wan)《说文》中的篆体是牛，字形与《说文》同中。 |
| 216 | 价 | 价 S.C. 佽 R.H. | It is suspected that this is not an o-riginal character, but that man was added to the other part unnecessarily, in after times. (E wan pe lan.) 《说文》中的篆体是价，字形与《说文》同。 |
| 217 | 任 | ϟ 任 S.C. 任 R.H. | From man, the other part giving sound. To be surety for. (shwo wan) 《说文》中的篆体是任，字形与《说文》同。 |

332

| 序号 | 字头 | 字形信息 | 字形信息比对 |
|---|---|---|---|
| 218 | 仿 | ʂ 防 S. C. 㑂 R. H. | 释义中无字理说明。Similar; like to. (shwo wan).《说文》中的篆体是防，字形与《说文》同。 |
| 219 | 公 | CHUNG.‡ | From Jin, Man, and kung, Public, or general. A public spirit; a mind that extends to all.《说文》中的篆体是仍。 |
| 220 | 企 | ‡ 囟 S. C. 仚 R. H. | To stand erect. 释义中无字理说明。《说文》中的篆体是囟，仚的篆体是囟。 |
| 221 | 仔 | YU.ʂ | 释义中无字理说明。《说文》中是㑏。 |
| 222 | 伇 | Same as 役 Yŭh. " To serve." The ancient form of Yŭh, " To serve," from 亻 Jin, " A Man," carrying 殳 Shoo, " A staff" hence the idea, | (E wan pe lan).《说文》中"役"的篆体是𠈱，其异体字为"役"，《说文》古文是㣽。 |
| 223 | 伈 | 𠈈 S. C. | 释义中无字理说明。《说文》中未收录。字形来历不明。 |
| 224 | 优 | ʂ 㑏 S. C. 㑔 R. H. | 释义中无字理说明。《说文》中是㑏，字形稍微不同。 |
| 225 | 伊 | ʂ 𠈎 S. C. 㑜 R. H. | 释义中无字理说明。《说文》中的篆体是𠈎，字形与《说文》同。 |
| 226 | 伋 | 𠈁 S. C. 伋 R. H. | 释义中无字理说明。《说文》中是𠈁，字形与《说文》同。 |
| 227 | 伍 | ʂ 㐀 S. C. 伍 R. H. | 释义：five persons connected with each other.《说文》中的篆体是㐀，字形与《说文》同。 |
| 228 | 伎 | 㑋 S. C. 伎 R. H. | 释义中无字理说明。《说文》中是㑋，字形与《说文》同。 |

| 序号 | 字头 | 字形信息 | 字形信息比对 |
|---|---|---|---|
| 229 | 伋 | ‡ Original form of 衆 Chung. | Several persons; a multitude.《说文》中的篆体是𣲆。 |
| 230 | 伏 | ₷ 𠊫 S. C. 伏 R. H. | 释义中无字理说明。《说文》中是𠊨，字形与《说文》同。 |
| 231 | 伐 | ‡ 𠈁 S. C. 伐 R. H. | From a man holding a lance. To strike; to destroy. (Shwo wan)《说文》中的篆体是𠈁，字形与《说文》同。 |
| 232 | 休 | ‡ 𠍩 S. C. 㣢 R. H. | From Man leaning against a tree. To cease; to rest. (Shwo wan). To assemble under the shade of a tree; hence, the idea to stop; to rest. (Urh ya.)《说文》中的篆体是𠍩，字形与《说文》同。 |
| 233 | 伎 | Another form of 侮 Woo, see below. | From Man and 攵 Pú. "To strike." To play or trifle with a person; to push; to jolt; to ridicule. To be distinguished from 伎 Ke. See above.《说文》无。 |
| 234 | 㣢 | ₷ 𠈭 S. C. | From Man and 弦 Héen, abbreviated, "The strings of a bow."《说文》无。收录的是"伭"。《说文》中伭的篆体是𠈭，字形与《说文》同。 |
| 235 | 伯 | ₷ 𠊊 S. C. 伯 R. H. | 释义中无字理说明。《说文》中是𠊊，字形与《说文》同。 |
| 236 | 估 | 佑 R. H. | 释义中无字理说明。《说文》无。 |
| 237 | 伴 | ₷ 𠈈 S. C. 伴 R. H. | 释义中无字理说明。Eldest son. (Shwo wan)《说文》中是𠈈，字形与《说文》同。 |
| 238 | 伶 | ₷ 𠍲 S. C. 伶 R. H. | From Man, the other part giving sound. To play. (Shwo wan)《说文》中的篆体是𠍲，字形与《说文》同。 |

| 序号 | 字头 | 字形信息 | 字形信息比对 |
|---|---|---|---|
| 239 | 伸 | ₅ ⟨篆⟩S. C. 伸 R. H. | 释义中无字理说明。Formerly it had not Man by the side, that part was added in later times.《说文》中的篆体是⟨篆⟩,字形与《说文》同。 |
| 240 | 伺 | ₅ ⟨篆⟩S. C. 伺 R. H. | 释义中无字理说明。《说文》中的篆体是⟨篆⟩,字形与《说文》同。 |
| 241 | 似 | ⟨篆⟩S. C. ⟨篆⟩R. H. | 释义中无字理说明。《说文》中是⟨篆⟩,字形与《说文》同。 |
| 242 | 伽 | 字头无 | 无字理解释,但介绍了字源:This character occurs chiefly in the books of 佛, in which are many uncouth untranslated words; which barbarisms, some Dictionaries entirely omit; Kang-he, commonly inserts them.《说文》无。 |
| 243 | 佃 | ₅ ⟨篆⟩S. C. 佃 R. H. | 释义中无字理说明。according to Shwo wan, 佃 denotes "The middle," from some allusion to a carriage. 《说文》中的篆体是⟨篆⟩,字形与《说文》同。 |
| 244 | 但 | ₅ ⟨篆⟩S. C. 但 R. H. | To expose the naked arm. (Shwo wan) 《说文》中是⟨篆⟩,字形与《说文》同。 |
| 245 | 佇 | ⟨篆⟩S. C. 佇 R. H. | 释义中无字理说明。《说文》中是⟨篆⟩,字形与《说文》同。 |
| 246 | 佈 | ⟨篆⟩S. C. 佈 R. H. | 释义中无字理说明。《说文》无。 |
| 247 | 侶 | ⟨篆⟩S. C. | 释义中无字理说明。《说文》中是⟨篆⟩,字形与《说文》同。 |
| 248 | 佌 | 佌 R. H. | 释义中无字理说明。《说文》无。《说文》中收录的是"佌"。 |
| 249 | 位 | ₅ ⟨篆⟩S. C. 位 R. H. | From Man, and to erect. To sit erect and in order on each side of a portico. (Shwo wan)《说文》中的篆体是⟨篆⟩,字形与《说文》同。 |

| 序号 | 字头 | 字形信息 | 字形信息比对 |
|---|---|---|---|
| 250 | 低 | ‡ 𠄒 S. C. 低 R. H. | From Man. Low; to bend down; to droop; to hang down.<br>《说文》中的篆体是 𠄒，字形与《说文》同。 |
| 251 | 住 | 𠃊 S. C. 住 R. H. | 释义中无字理说明。《说文》未收录。马礼逊收录的为今篆。 |
| 252 | 佐 | ‡ 𦥑 S. C. 佐 R. H. | From Hand and Work. To assist on the left. Man was added in later times. (Shwo wan.)《说文》未收录。马提供的是左的篆体𦥑，佐是左的加旁分化字。 |
| 253 | 佑 | ‡ 𠄔 S. C. 佑 R. H. | From Mouth and Hand. When language fails, to use the hand to assist. Man was added in after times. (Shwo wan.) 马提供的是右的篆体𠄔。 |
| 254 | 何 | ｓ 何 S. C. 何 R. H. | 释义中无字理说明。《说文》中篆体是 何，与《说文》同。 |
| 255 | 佗 | 佗 S. C. | 释义中无字理说明。《说文》中篆体是 佗，与《说文》同。 |
| 256 | 余 | ｓ 余 S. C. 余 R. H. | 释义中无字理说明。《说文》中篆体是 余，与《说文》同。 |
| 257 | 佚 | ｓ 佚 S. C. 佚 R. H. | 释义中无字理说明。According to Shwo wan, it denotes "the people." One says, it means "suddenly."《说文》中篆体是 佚，与《说文》同。 |
| 258 | 佛 | ｓ 佛 S. C. 佛 R. H. | 释义中无字理说明。《说文》中篆体是 佛，与《说文》同。 |
| 259 | 作 | ｓ 作 S. C. 作 R. H. | To arise. From man and sudden. (Shwo wan.)《说文》中篆体是 作，与《说文》同。 |

续　表

| 序号 | 字头 | 字形信息 | 字形信息比对 |
|---|---|---|---|
| 260 | 佞 | 㑞 S.C. 侫 R.H. | Derived from 信, "Truth," abbreviated, and 女, "A woman;" because the belief of women is easily obtained by artful and specious language. (Shwo wan.)《说文》中篆体是㑞,与《说文》同。 |
| 261 | 佩 | ‡ 㑄 S.C. 㑈 R.H. | From Jin, "A man," 凡, "All," and 巾, "A napkin." The napkin is indispensable, and is for ornament. (Shwo wan.)《说文》中篆体是㑄,与《说文》基本同。 |
| 262 | 佯 | 㑄 R.H. | 释义中无字理说明。《说文》未收录该字。 |
| 263 | 佰 | PĬII. ‡ | 释义方式:A hundred men, or the leader of a hundred men; like 仟, "A thousand men."《说文》中篆体是㑞。 |
| 264 | 佳 | ⼁ 㑼 S.C. 㑤 R.H. | 释义中无字理说明。 good; excellent. (Shwo wan.)《说文》中篆体是㑼,与《说文》基本同。 |
| 265 | 估 | ⼁ 㑀 S.C. 估 R.H. | 释义中无字理说明。 strong; robust appearance. Regular; right. (Shwo wan.)《说文》中篆体是㑀,与《说文》同。 |
| 266 | 佸 | 㑈 S.C. 㐿 R.H. | 释义中无字理说明。《说文》中篆体是㑈,与《说文》同。 |
| 267 | 佺 | 佺 R.H. | 释义中无字理说明。 to involve deeply; to accord with;《说文》无。 |
| 268 | 佺 | 佺 R.H. | 释义中无字理说明。《说文》中篆体是㑀。 |
| 269 | 佻 | 㑇 S.C. 佻 R.H. | 释义中无字理说明。 Appearance of walking alone.《说文》中篆体是㑇,与《说文》同。 |

续　表

| 序号 | 字头 | 字形信息 | 字形信息比对 |
|---|---|---|---|
| 270 | 佼 | S.C. R.H. | 释义中无字理说明。Good; excellent; beautiful. To blend. (Shwo wan.)《说文》中篆体是，与《说文》同。 |
| 271 | 佽 | S.C. R.H. | 释义中无字理说明。Used in common with 次 Thsze, and 佽 T'hsze. (Kang-he.)《说文》中篆体是，与《说文》同。 |
| 272 | 佾 | S.C. | Man, was added to the character in later times. The original parts are, Eight and Flesh, referring to the Eight persons, and the Flesh of the sacrifices.《说文》中篆体是，与《说文》同。 |
| 273 | 使 | S.C. R.H. | From Man and Business. To send a man to manage affairs. (Luh-shoo.)《说文》中篆体是，与《说文》同。 |
| 274 | 侃 | S.C. | From 伈 Sin, "Truth," and 巛 Chuen, " A Stream flowing always in the same channel." (Shwŏ-wǎn.) Faithful; plain;《说文》中篆体是，与《说文》同。 |
| 275 | 佲 | KAE, or Hae.§ | 释义中无字理说明。《说文》中篆体是。 |
| 276 | 来 | S.C. R.H. | A certain kind of suspicious wheat; the seal character represents a sheaf bound up; it comes by the special blessing of heaven; hence the character is borrowed to denote To come; to effect; to bring to the point wished.《说文》中篆体是，与《说文》同。 |
| 277 | 侈 | S.C. R.H. | 释义中无字理说明。To screen or shelter the ribs. (Shwo wan.)《说文》中篆体是，与《说文》同。 |

| 序号 | 字头 | 字形信息 | 字形信息比对 |
|---|---|---|---|
| 278 | 侉 | 侉 S.C. 侉 R.H. | 释义中无字理说明。Ostentations；a set speech.（Shwo wan.）《说文》中篆体是侉,与《说文》同。 |
| 279 | 例 | 例 S.C. 例 R.H. | 释义中无字理说明。《说文》中篆体是例,与《说文》同。 |
| 280 | 侍 | 侍 S.C. 侍 R.H. | 释义中无字理说明。To receive, as the orders of a superior.（Shwo wan.）《说文》中篆体是侍,与《说文》同。 |
| 281 | 侑 | 侑 R.H. | 释义中无字理说明。《说文》中篆体是侑。 |
| 282 | 侔 | 侔 S.C. 侔 R.H. | 释义中无字理说明。《说文》中篆体是侔,与《说文》同。 |
| 283 | 仑 | 仑 S.C. | From 亼 Tsih, To collect, and 冊 Tsih, To record on a roll. To arrange in order. To think. (Shwŏ-wăn.) 《说文》中篆体是仑,与《说文》同。 |
| 284 | 侗 | 侗 S.C. 侗 R.H. | 字理无解释,但有字源:人不成器曰侗"A man who is good for nothing is called T'hung;"a term by which 成王 designated himself. 《说文》中篆体是侗,与《说文》同。 |
| 285 | 供 | 供 S.C. 供 R.H. | 释义中无字理说明。字形与《说文》同。 |
| 286 | 依 | 依 S.C. 依 R.H. | 释义中无字理说明。字形与《说文》同。 |
| 287 | 侮 | 侮 S.C. 侮 R.H. | 释义中无字理说明。To injure.（Shwo wan）字形与《说文》同。 |
| 288 | 侯 | 侯 S.C. 侯 R.H. | Representing a cloth extended，and an arrow hanging from it.（Shwo wan.）《说文》中收录的是"矦",从厂,像张布;矢在其下。字形与《说文》同。 |

| 序号 | 字头 | 字形信息 | 字形信息比对 |
|---|---|---|---|
| 289 | 佐 | 字头无 | 释义：A man sitting；rest；repose. 《说文》【人部】佐　安也。从人坐声。（安，安坐），《说文》中有篆体。 |
| 290 | 侵 | 扌 㑗 S. C. 㑞 R. H. | From Man and Hand taking a broom to sweep within the door.（Shwo wan.）字形与《说文》同。 |
| 291 | 侣 | 㑥 R. H. | 释义中无字理说明。《说文》中有篆体。 |
| 292 | 侹 | 㑦 S.C. 侹 R. H. | 长貌 "Long appearance."（Shwo wan.）字形与《说文》同。 |
| 293 | 便 | 㑘 S. C. 㑦 R. H. | From Man and Change. To alter the situation of him who is in uncomfortable circumstances. Rest；ease.（Shwo wan.）字形与《说文》同。 |
| 294 | 係 | 㑭 S.C. 佂 R. H. | 释义中无字理说明。《说文》中的是 㑭，与《说文》基本同。 |
| 295 | 促 | 㑲 S. C. 亿 R. H. | 释义中无字理说明。字形与《说文》同。 |
| 296 | 俄 | 爹 㑳 S. C. 俅 R. H. | 释义中无字理说明。字形与《说文》同。 |
| 297 | 俅 | 㑤 S. C. 㑥 R. H. | 释义中无字理说明。字形与《说文》同。 |
| 298 | 徐 | 字头无，释义中（同 "徐"）徐在《说文》中的篆体是 㑞，徐在《说文》中的篆体是 徐 | Easy manner；leisurely；the mind not hurried；not fluttered. Same as 徐 Seu.（Kang-he.）With 彳 Chĭh, by the side, Seu. is nearly, but not quite the same as 徐 Seu. The one refers to a person's general manner, the other to his walking in a leisurely, slow pace.（E-wăn-pe-lan.） |
| 299 | 俊 | 㑥 S. C. 俊 R. H. | 释义中无字理说明。字形与《说文》同。 |
| 300 | 俎 | 仆 㐅 S.C. 俎 R.H. | From the half of the character 肉，"Flesh," and 且，"A vessel." A vessel to contain the victims used in sacrifice. 字形与《说文》同。 |
| 301 | 俐 | 徐 R. H. | 释义中无字理说明。《说文》无。 |

| 序号 | 字头 | 字形信息 | 字形信息比对 |
|---|---|---|---|
| 302 | 侊 | **YING.‡** | To accompany a bride to the house of her husband. From Man and Fire, preparatory to an entertainment. The third and lower part of the character, viz. 廾，"To join hands," denotes the compliments paid on the occasion.（Luh-shoo.）… .字形错误信息提醒略。《说文》中有篆体。 |
| 303 | 俗 | ƒ 俏 S. C. 俗 R. H. | 释义中无字理说明。字形与《说文》同。 |
| 304 | 俘 | 俘 S. C. | 释义中无字理说明。字形与《说文》同。 |
| 305 | 俙 | 俙 S. C. 俙 R. H. | 释义中无字理说明。字形与《说文》同。 |
| 306 | 俚 | 俚 S. C. 俚 R. H. | 释义中无字理说明。字形与《说文》同。 |
| 307 | 保 | 保 S. C. 保 R. H. | From Man, and an abbreviated form of 孚，"To hatch."（Shwo wan.）字形与《说文》同。 |
| 308 | 俟 | 俟 S. C. 俟 R. H. | 释义中无字理说明。To wait; to stay.（Shwo wan.）字形与《说文》同。 |
| 309 | 侠 | 侠 S. C. 侠 R. H. | 释义中无字理说明。字形与《说文》同。 |
| 310 | 信 | ‡ 信 S. C. 信 R. H. | From Man and Word. A man of his word.（Shwo wan.）Man and Word make Truth, that which is not true, is not 信，The word of a man.（E-wan-pe-lan.）字形与《说文》同。 |
| 311 | 修 | ƒ 修 S. C. 修 R. H. | 释义中无字理说明。字形与《说文》同。 |
| 312 | 俯 | 俯 S. C. 俯 R. H. | 释义中无字理说明。To stoop the head and bend forward; to conde-scend.《说文》未收录。《说文》中收录的是"頫"和"俛"。 |
| 313 | 俱 | 俱 S. C. 俱 R. H. | 释义中无字理说明。字形与《说文》同。 |
| 314 | 俳 | 俳 S. C. 俳 R. H. | 释义中无字理说明。字形与《说文》同。 |

续 表

| 序号 | 字头 | 字形信息 | 字形信息比对 |
|---|---|---|---|
| 315 | 傀 | 偡 S.C. 㑥 R.H. | 释义中无字理说明。字形与《说文》同。 |
| 316 | 俶 | 脯 S.C. 㑥 R.H. | 释义中无字理说明。字形与《说文》同。 |
| 317 | 俺 | 㑥 S.C. 㑥 R.H. | 释义中无字理说明。字形与《说文》同。 |
| 318 | 俾 | ϟ 㑥 S.C. 㑥 R.H. | 释义中无字理说明。字形与《说文》同。 |
| 319 | 伥 | 㑥 S.C. 㑥 R.H. | 释义中无字理说明。字形与《说文》同。 |
| 320 | 併 | 㑥 S.C. 㑥 R.H. | 释义中无字理说明。（same as 坆 Ping, and 幷 Ping.）《说文》中是 㑥，与《说文》基本同。 |
| 321 | 倅 | 㑥 S.C. 㑥 R.H. | 释义中无字理说明。字形与《说文》同。 |
| 322 | 俩 | 偝 R.H. | 释义中无字理说明。《说文》未录。 |
| 323 | 倉 | ‡ 倉 S.C. 㑥 R.H. | From 食，"To eat,"abbreviated, and 口，"An enclosure." (Shwo wan) A place to store up corn; a granary. 字形与《说文》同。 |
| 324 | 個 | 個 R.H. | Common form of 箇, and 个, a Particle that … .《说文》未录，录入的是"箇"。 |
| 325 | 倍 | 㑥 S.C. 㑥 R.H. | 释义中无字理说明。字形与《说文》同。 |
| 326 | 倏 | ϟ 㑥 S.C. 㑥 R.H. | 释义中无字理说明。字形与《说文》同。 |
| 327 | 们 | 们 R.H. | 释义中无字理说明。《说文》无。 |
| 328 | 倒 | ϟ 㑥 S.C. 㑥 R.H. | 释义中无字理说明。字形与《说文》同。 |
| 329 | 倔 | 偛 R.H. | 释义中无字理说明。《说文》未录。 |
| 330 | 倖 | 㑥 S.C. 㑥 R.H. | 释义中无字理说明。但有部分字源：Hing, was originally written without Man by the side, it is a vulgar and a superfluous addition. (E-wan-pe-lan.)《说文》未录。 |

342

续　表

| 序号 | 字头 | 字形信息 | 字形信息比对 |
|---|---|---|---|
| 331 | 佣 | 无字头 | From 朋,"A friend, or an associate," who may therefore be confided in. (Luh-shoo.) To assist; to help;《说文》中有篆体。 |
| 332 | 倘 | 侣 R. H. | 释义中无字理说明。《说文》无。 |
| 333 | 候 | 𠉇 S.C. 㑨 R. H. | 释义中无字理说明。《说文》中收录的是"矦"。候是"矦"在《说文》中的篆体,同《说文》。 |
| 334 | 倚 | 𠊷 S.C. 㑒 R. H. | 释义中无字理说明。但有对其与"依"区别的介绍(Luh-shoo-koo.)字形与《说文》同。 |
| 335 | 倜 | 𠊱 S.C. 倜 R. H. | 释义中无字理说明。字形与《说文》同。 |
| 336 | 軌 | 𩏌 S.C. | 释义中无字理说明。字形与《说文》同。 |
| 337 | 借 | 𠊴 S.C. 借 R. H. | 释义中无字理说明。字形与《说文》同。 |
| 338 | 倡 | 𠊠 S.C. 倡 R. H. | 释义中无字理说明。字形与《说文》同。 |
| 339 | 健 | 𠊫 S.C. | 释义中无字理说明。字形与《说文》同。 |
| 340 | 做 | 𠊱 S.C. 做 R. H. | 释义中无字理说明。《说文》无。 |
| 341 | 值 | 𠉗 S.C. 值 R. H. | 释义中无字理说明。字形与《说文》同。 |
| 342 | 倥 | 𠈠 R. H. | 释义中无字理说明。《说文》无。 |
| 343 | 倦 | 𠊿 S.C. 倦 R. H. | 释义中无字理说明。字形与《说文》同。 |
| 344 | 倨 | 𠌕 踞 S.C. 㞐 R. H. | 释义中无字理说明。To stand erect. (Luh-shoo.) 字形与《说文》同。 |
| 345 | 倩 | 𠐍 S.C. 倩 R. H. | 释义中无字理说明。字形与《说文》同。 |
| 346 | 倪 | 𠌂 S.C. 倪 R. H. | 释义中无字理说明。字形与《说文》同。 |
| 347 | 伦 | 𠈭 S.C. 伦 R. H. | 释义中无字理说明。字形与《说文》同。 |
| 348 | 倬 | 𠌧 S.C. 倬 R. H. | 释义中无字理说明。字形与《说文》同。 |

| 序号 | 字头 | 字形信息 | 字形信息比对 |
|---|---|---|---|
| 349 | 倭 | 儵 S.C. 偽 R.H. | 释义中无字理说明。Yielding appearance. 字形与《说文》同。 |
| 350 | 偃 | 偃 S.C. 偃 R.H. | 释义中无字理说明。字形与《说文》同。 |
| 351 | 假 | 假 S.C. 偈 R.H. | 释义中无字理说明。字形与《说文》同。 |
| 352 | 伟 | 偉 S.C. 偉 R.H. | 释义中无字理说明。字形与《说文》同。 |
| 353 | 俦 | 儔 S.C. | Affairs fully provided for；to collect together. Orig. 俦 thus. 释义中无字理说明。字形与《说文》同。 |
| 354 | 偏 | 偏 S.C. 偏 R.H. | 释义中无字理说明。字形与《说文》同。 |
| 355 | 偓 | 偓 S.C. 偓 R.H. | 释义中无字理说明。字形与《说文》同。 |
| 356 | 偕 | 偕 S.C. 仳 R.H. | 释义中无字理说明。Together with；uniting with others in strenuous effort. 字形与《说文》同。 |
| 357 | 做 | 做 S.C. 做 R.H. | 释义中无字理说明。Common form of 作.《说文》无，马提供的字形来源为今篆。 |
| 358 | 停 | 停 S.C. 停 R.H. | 释义中无字理说明。Originally written 亭. 字形与《说文》同。 |
| 359 | 健 | 健 S.C. 健 R.H. | 释义中无字理说明。字形与《说文》同。 |
| 360 | 偲 | 偲 S.C. 偲 R.H. | 释义中无字理说明。字形与《说文》同。 |
| 361 | 侧 | 側 S.C. 側 R.H. | 释义中无字理说明。字形与《说文》同。 |
| 362 | 侦 | § 偵 S.C. 偵 R.H. | 释义中无字理说明。字形与《说文》同。 |
| 363 | 偶 | § 偶 S.C. 偶 R.H. | 释义中无字理说明。字形与《说文》同。 |
| 364 | 偷 | 偷 S.C. 偷 R.H. | 释义中无字理说明。《说文》未收录。 |
| 365 | 傀 | § 傀 S.C. 傀 R.H. | 释义中无字理说明。字形与《说文》同。 |
| 366 | 传 | § 傳 S.C. 傳 R.H. | 释义中无字理说明。字形与《说文》同。 |
| 367 | 傍 | 傍 S.C. 傍 R.H. | 释义中无字理说明。字形与《说文》同。 |

| 序号 | 字头 | 字形信息 | 字形信息比对 |
|---|---|---|---|
| 368 | 倏 | S. C. | 释义中无字理说明。字形与《说文》同。 |
| 369 | 傑 | S. C. R. H. | 释义中无字理说明。The shooting forth of grain. 字形与《说文》同。 |
| 370 | 傘 | R. H. | 五人共伞小人全仗大人遮…. This is said in allusion to the form of the character, in which the top part represents the character 人,"Man,"of which there are four small ones within.(注:野史解密:杨溥以联救父的故事,丁楚孙编辑. 古今滑稽联话大观.文明书店,1931.) |
| 371 | 备 | S. C. R. H. | Occurs denoting the claws of animals, and long military weapons. |
| 372 | 僵 | S. C. | 释义中无字理说明。字形与《说文》同。 |
| 373 | 傚 | R. H. | 释义中无字理说明。《说文》无,收录的是"效"。 |
| 374 | 俗 | S. C. | 释义中无字理说明。字形与《说文》同。 |
| 375 | 傞 | S. C. | The wild frolics, or ludicrous tricks of a drunken man. 字形与《说文》同。 |
| 376 | 像 | S. C. | 释义中无字理说明。字形与《说文》基本同。 |
| 377 | 催 | S. C. R. H. | 释义中无字理说明。但参考康熙介绍了部分字源,其与"趣"的渊源。字形与《说文》同。 |
| 378 | 備 | S. C. R. H. | 释义中无字理说明。字形与《说文》同。 |
| 379 | 傲 | S. C. R. H. | 释义中无字理说明。字形与《说文》同。 |
| 380 | 传 | S. C. R. H. | 释义中无字理说明。字形与《说文》基本同。 |

| 序号 | 字头 | 字形信息 | 字形信息比对 |
|---|---|---|---|
| 381 | 伛 | 伛S.C. 伛R.H. | 释义中无字理说明。To bend forward as a mark of respect. Hunch-backed. 字形与《说文》同。 |
| 382 | 债 | 债S.C. 债R.H. | 释义中无字理说明。字形与《说文》同。 |
| 383 | 僭 | 僭S.C. | 释义中无字理说明。字形与《说文》同。 |
| 384 | 伤 | 伤S.C. 伤R.H. | 释义中无字理说明。字形与《说文》同。 |
| 385 | 倾 | 倾S.C. 倾R.H. | 释义中无字理说明。字形与《说文》同。 |
| 386 | 偏 | 偏S.C. | 释义中无字理说明。字形与《说文》同。 |
| 387 | 偬 | 偬S.C. | 释义中无字理说明。字形与《说文》同。 |
| 388 | 偻 | 偻S.C. 偻R.H. | 释义中无字理说明。the back bent; curved; distorted. 字形与《说文》基本同。 |
| 389 | 僄 | 僄S.C. | 释义中无字理说明。但有部分字源介绍：Originally written with 火, "Fire," below, and denoted, The rapid of fire. Applied to personal character; occurs in a bad sense, denoting Levity; giddiness. 字形与《说文》基本同。 |
| 390 | 仅 | 仅S.C. 仅R.H. | 释义中无字理说明。字形与《说文》同。 |
| 391 | 僇 | 僇S.C. 僇R.H. | 释义中无字理说明。字形与《说文》同。 |
| 392 | 僈 | 僈R.H. | 释义中无字理说明。《说文》未录该字。 |
| 393 | 偋 | 偋S.C. 偋R.H. | 释义中无字理说明。《说文》中收录的是其异体字"偋"。与《说文》中其异体字"偋"的篆体同。 |

续　表

| 序号 | 字头 | 字形信息 | 字形信息比对 |
|---|---|---|---|
| 394 | 僉 | ⚏ 翁 S.C. 㑒 R.H. | Derived from 𠓛 Teib, 吅 Heaen, and 从, which characters, naturally make the idea of the compound, viz. "Many uniting, and with an audible voice, consulting about, or declaring a general sentiment." 字形与《说文》同。 |
| 395 | 僊 | 𤲑 S.C. 𤲰 R.H. | 释义中无字理说明。Same as 仙. 字形与《说文》同。 |
| 396 | 僎 | 字头无 | 释义中无字理说明。The person who presides at a village feast. 字形与《说文》同。 |
| 397 | 像 | 𤲑 S.O. 傠 R.H. | 释义中无字理说明。字形与《说文》同。 |
| 398 | 僔 | 𤲑 S.C. | 释义中无字理说明。to put on a good appearance. 字形与《说文》同。 |
| 399 | 僑 | 𤲑 S.C. 㤾 R.H. | 释义中无字理说明。字形与《说文》同。 |
| 400 | 僙 | 𤲑 S.C. | 释义中无字理说明。字形与《说文》同。 |
| 401 | 僝 | 字头无 | 释义方式:Men assembled together. 《说文》未收录。 |
| 402 | 僕 | 𤲑 A.V. 㑒 R.H. | 释义中无字理说明。《说文》中的篆体是𤲑,马提供的是"䑟"的篆体。 |
| 403 | 僖 | 𤲑 S.C. 㑒 R.H. | 释义中无字理说明。Syn with 喜. 字形与《说文》同。 |
| 404 | 僗 | 𤲑 S.C. | 释义中无字理说明。字形与《说文》同。 |
| 405 | 僚 | 𤲑 S.C. 㑒 R.H. | 释义中无字理说明。字形与《说文》同。 |
| 406 | 僛 | 𤲑 S.C. | 释义中无字理说明。字形与《说文》同。 |
| 407 | 偽 | 𤲑 S.C. 㑒 R.H. | Formed from Man, and To do, denoting that it is the doing of man, not the genuine production of nature. (Seu-kae.) 字形与《说文》基本同。 |

续　表

| 序号 | 字头 | 字形信息 | 字形信息比对 |
|---|---|---|---|
| 408 | 儵 | 𩷏 S. C. | 释义中无字理说明。字形与《说文》同。 |
| 409 | 僤 | 僤 S.C. 僤 R.H. | 释义中无字理说明。字形与《说文》同。 |
| 410 | 僥 | 僥 S.C. 僥 R.H. | 释义中无字理说明。字形与《说文》同。 |
| 411 | 僦 | sort 僦 S.C. 僦 R.H. | From Man and 就, "To approach to." To engage; to employ; to procure; to hire. Formerly written without Man by the side. 字形与《说文》同。 |
| 412 | 僧 | 僧 S.C. 僧 R.H. | 释义中无字理说明。字形与《说文》基本同。 |
| 413 | 僨 | 僨 S.C. 僨 R.H. | 释义中无字理说明。laid prostrate with the face upwards. 字形与《说文》同。 |
| 414 | 僴 | 僴 S. C. 僴 R.H. | 释义中无字理说明。字形与《说文》同。 |
| 415 | 僭 | 僭 S.C. 僭 R.H. | 释义中无字理说明。字形与《说文》同。 |
| 416 | 僮 | 僮 S.C. 僮 R.H. 字形与《说文》同 | 释义中无字理说明。【子集中】【人字部】【說文】未冠也。《说文》【卷八】【人部】僮　未冠也。从人童聲。 |
| 417 | 僰 | 僰 S.C. | Formed of Man in the midst of Thorns. 字形与《说文》同。 |
| 418 | 僵 | 僵 S.C. | 释义中无字理说明。字形与《说文》同。 |
| 419 | 僷 | 僷 S.C. | 释义中无字理说明。字形与《说文》同。 |
| 420 | 價 | 價 S.C. 價 R.H. | 释义中无字理说明。字形与《说文》同。 |
| 421 | 僻 | 僻 S.C. 僻 R.H. | 释义中无字理说明。字形与《说文》同。 |
| 422 | 僾 | 僾 S.C. 僾 R.H. | 释义中无字理说明。《说文》无。收录的是"僾"。字形"僾"的篆体。 |
| 423 | 儀 | 儀 S. C. 儀 R.H. | 释义中无字理说明。字形与《说文》同。 |

续　表

| 序号 | 字头 | 字形信息 | 字形信息比对 |
|---|---|---|---|
| 424 | 儃 | 儃 S.C. | 释义中无字理说明。commonly written 但. 字形与《说文》同。 |
| 425 | 億 | 億 S.C. 億 R.H. | 释义中无字理说明。字形与《说文》同。 |
| 426 | 儌 | 儌 S.C. 傲 R.H. | 释义中无字理说明。字形与《说文》同。 |
| 427 | 儇 | 儇 S.C. | 释义中无字理说明。字形与《说文》同。 |
| 428 | 儉 | 儉 S.C. 傢 R.H. | 释义中无字理说明。字形与《说文》同。 |
| 429 | 儋 | 儋 S.C. 傢 R.H. | 释义中无字理说明。to bear a burden; ... In which sense, 擔 is commonly used. 字形与《说文》同。 |
| 430 | 儐 | 儐 S.C. 儐 R.H. | 释义中无字理说明。字形与《说文》同。 |
| 431 | 儒 | 儒 S.C. 儒 R.H. | 释义中无字理说明。字形与《说文》同。 |
| 432 | 儓 | 儓 R.H. | 释义中无字理说明。《说文》无。 |
| 433 | 儔 | 儔 S.C. 儔 R.H. | 释义中无字理说明。字形与《说文》同。 |
| 434 | 儕 | 儕 S.C. 儕 R.H. | 释义中无字理说明。字形与《说文》同。 |
| 435 | 儗 | 儗 S.C. | From Man and Tuy, Opposite to. 字形与《说文》同。 |
| 436 | 儗 | 儗 S.C. 儗 R.H. | 释义中无字理说明。字形与《说文》同。 |
| 437 | 儘 | 儘 R.H. | 释义中无字理说明。《说文》无。 |
| 438 | 儛 | 儛 R.H. | 释义中无字理说明。《说文》无。 |
| 439 | 償 | 償 S.C. 償 R.H. | 释义中无字理说明。字形与《说文》同。 |
| 440 | 儡 | 儡 S.C. | 释义中无字理说明。字形与《说文》同。 |
| 441 | 儡 | 儡 S.C. | 释义中无字理说明。字形与《说文》同。 |

| 序号 | 字头 | 字形信息 | 字形信息比对 |
|---|---|---|---|
| 442 | 儥 | S. C. | Formed from 士, "A person presiding;" 囧, "Bright;" and 貝, "A pearl." The middle part of 賣, is 四. Various other meanings are, by some writers, given to this word; they are rejected by Kang-he and Sha-muh. 字形与《说文》同。 |
| 443 | 儦 | S. C. | 释义中无字理说明。Appearance of moving or walking; 字形与《说文》同。 |
| 444 | 優 | § S. C. 俊 R. H. | Yew, "Sorrow," was originally made from Heě, "The face," and 心 Sin, "The heart;" thus Yew, because sorrow shows itself in the countenance. Shày, "To walk," was added to make 憂 Yew. "To rove about." The framers of the Le Character, erroneously adopted the present form. (Sha-muh.) Abundant; affluent; super- 字形与《说文》同。 頁 憂 夊 |
| 445 | 儲 | S. C. 儲 R. H. | 释义中无字理说明。字形与《说文》同。 |
| 446 | 儳 | S. C. | 释义中无字理说明。字形与《说文》同。 |
| 447 | 儵 | S. C. | 释义中无字理说明。字形与《说文》同。 |
| 448 | 儡 | S. C. | 释义中无字理说明。字形与《说文》同。 |
| 449 | 儷 | S. C. 儷 R. H. | 释义中无字理说明。A pair of stag's skins. 字形与《说文》同。 |
| 450 | 儧 | S. C. | 释义中无字理说明。字形与《说文》同。 |
| 451 | 儺 | S. C. 儺 R. H. | 释义中无字理说明。字形与《说文》同。 |
| 452 | 儻 | S. C. 倘 R. H. | 释义中无字理说明。commonly written 倘. 字形与《说文》同。 |
| 453 | 儳 | S. C. 儳 R. H. | 释义中无字理说明。Carrying the head high. 字形与《说文》同。 |

续　表

| 序号 | 字头 | 字形信息 | 字形信息比对 |
|------|------|----------|--------------|
| 454 | 儴 | 儴 S. C. | 释义中无字理说明。字形与《说文》同。 The appearance of standing up in the midst of many. (Lun-shoo.) |
| | | **10 部　儿** | |
| 455 | 儿 | 儿 S.C. | A human being; the same as 人; the latter is used alone, and by the side of compound characters, as in 仲; 儿, is placed below as in 見; This circumstance, constitutes the only difference between the characters. (Luh-shoo-koo.) Confucius said, that it denoted a man placed below others, and hence, distorted and crooked. Some Dictionaries define it, A benevolent man; in which sense they read it Kae. Others say, that 人, represents a man standing; and 儿, a man walking. 字形与《说文》同。 |
| 456 | 兀 | 兀 S. C. 兀 R. H. | From a line placed on the top of man. Luh-shoo, objects to this sense, and asks, how a level plane can be situated on the top of man. Commonly defined, High and level at the top. 字形与《说文》同。 |
| 457 | 允 | 允 S.C. 允 R.H. | 释义中无字理说明。字形与《说文》同。 |
| 458 | 元 | 元 S.C. 元 R.H. | 释义中无字理说明。字形与《说文》同。马对字形的解释与《说文》不同。 |
| 459 | 兄 | ‡ 兄 S.C. 兄 R.H. | Formed from 口,"The mouth,"and 儿,"A man,"because the senior has a right to instruct. 字形与《说文》同。 |
| 460 | 充 | 充 S.C. 充 R.H. | Formed from 云 Tﾱh. "To issue forth suddenly,"and 儿,"Man."To fill; to carry to the utmost extent of; … . (Shwo wan) 字形与《说文》同。 |

续　表

| 序号 | 字头 | 字形信息 | 字形信息比对 |
|---|---|---|---|
| 461 | 兆 | 火 S.C. | An eye without a pupil; blind. Screened from view on the right and left sides. The middle part of the character represents the nose. 《说文》中篆体是𢼮。 |
| 462 | 兆 | 𠎰 S.C. 𠚤 A.V. 兆 R.H. | 释义中无字理说明。A tortoise shell dried by the fire, for the purpose of divination. 字形与《说文》同。 |
| 463 | 兇 | 兇 S.C. 兇 R.H. | Occurs used for 凶, "Malignity, evil, calamity," From which, and 儿, the above is formed. 字形与《说文》同。 |
| 464 | 先 | ↥ 先 S.C. 先 R.H. | Formed from 之 Che, "To go," placed on 儿. To go forward;... .字形与《说文》同。 |
| 465 | 光 | ↥ 光 S.C. | From Fire placed above Man, denoting, Illustrious; splendid; glorious. 字形与《说文》同。 |
| 466 | 克 | ↥ 亨 S.C. 雪 A.V. 克 R.H. | The seal character represents carved timbers sustaining the roof of a house; hence to sustain; to be able for, or adequate to; to subdue; to repress. 字形与《说文》同。 |
| 467 | 兌 | 兌 S.C. | 释义中无字理说明。字形与《说文》同。 |
| 468 | 兔 | 兔 S.C. 兔 R.H. | From 兔, "A hare," the dot being omitted. To dispense with; to prevent; to avoid. ...康熙此部中无此字。《说文》无。 |
| 469 | 兒 | • 兒 S.C. 兒 R.H. | The seal character represents an infant, the bones of whose head are not get closed. 字形与《说文》同。 |

| 序号 | 字头 | 字形信息 | 字形信息比对 |
|---|---|---|---|
| 470 | 兔 | 兔 S.C. 兔 R.H. | An animal formed like the mouse, having a short tail, large ears, short fore feet, and no upper lip. (E-wan-pe-lan.) 字形与《说文》同。 |
| 471 | 兕 | 兕 S.C. 兕 A.V. 兕 马提供的是其古文"兕"在《说文》中的字形 | An animal like a wild cow or buffalo, and having a single horn; a rhinoceros. The horn is said to be three cubits long, and to weigh a thousand pounds; the skin is hard and thick, …. 兕在《说文》中的篆体是兕。 |
| 472 | 兒 | 字头无 | Formed from 申, and 乙. Now written 申.《说文》无。 |
| 473 | 兜 | 兜 S.C. | 释义中无字理说明。字形与《说文》同。 |
| 474 | 兟 | 字头无 | From 先,"To go forward,"doubled. To advance; to proceed forward.《说文》【卷八】【先部】兟　進也。从二先。贊从此。闕。 |
| 475 | 兢 | 兢 S.C. 兢 R.H. 马提供的是"兢"的篆体,与《说文》同 | 释义中无字理说明。《说文》无。收录的是"兢"。【卷八】【兄部】兢　競也。从二兄。二兄,競意。从丰聲。讀若矜。一曰兢,敬也。 |
| | | 11 部　入 | |
| 476 | 入 | 入 S.C. 入 R.H. | 释义中无字理说明。字形与《说文》同。 |
| 477 | 内 | 内 S.C. 内 R.H. | From 入, "To enter," and 冂, "A void space." within; …. 字形与《说文》同。 |
| 478 | 从 | 字头无 《说文》中有字形 | 释义: two entering. The character 兩, "Two; both," is derived from this.《说文》【卷五】【入部】从　二入也。兩从此。闕。 |

353

续　表

| 序号 | 字头 | 字形信息 | 字形信息比对 |
|---|---|---|---|
| 479 | 全 | 仝 A. V.　仝 R. H. | 释义中无字理说明。【《说文》全本作仝。马提供的字形是"仝"在《说文》中的古文篆体形式。 |
| 480 | 兩 | 网 S. C.　商 R. H. | 释义中无字理说明。马提供的是"网"在《说文》中的篆体。"兩"在《说文》中的篆体字形是兩。 |
| 481 | 俞 | 俞 S. C.　余 R. H. | From 亼 Tseih, "To put together," 舟 Chow, "A boat;" and 巜 Chuen, "Water." To hollow out a tree in order to form a boat. (Shwǒ-wǎn.) To answer; to assent to, 字形与《说文》同。 |
| | | 12 部　八 | |
| 482 | 八 | ·〉〈 or 〉〈 S. C.　ˇ、R. H. 《说文》中是第一种字形 | The seal character form represents the back; hence it denotes to turn the back upon; to separate from; to put asunder; in which sense, it is also read Pei. (Kang-he.) From two strokes diverging at the bottom, hence the idea of To separate. (Tsze-hwuy.) Eight. |
| 483 | 八 | The 隷 Le form of 板 Pan. See Rad. 手 Show. | 释义中无字理说明。《说文》无。 |
| 484 | 公 | ‡ 尙 S. C.　乙 R. H. | From 八, "To turn the back up," and 厶 Sze, "Selfish," the opposite of that which is selfish and unjust. 字形与《说文》同。 |
| 485 | 六 | 宍 S. C.　ㄟ R. H. | 释义中无字理说明。字形与《说文》同。 |
| 486 | 分 | 兮 S. C.　兮 R. H. | From 丂, and 八, representing the breath issuing forth, after the principal words of the sentence are enunciated. 字形与《说文》同。 |
| 487 | 共 | 莴 S. C.　苦 R. H. | Derived from 廿 Jih. "Twenty taken together." (Shwo wan.) Represents two hands united to hold something. (Tsze-hwuy). 字形与《说文》同。 |

续 表

| 序号 | 字头 | 字形信息 | 字形信息比对 |
|------|------|----------|--------------|
| 488 | 兵 | 扉 S.C. 𡉚 R.H. | From 廾 Kung, "Hand jointed," to sustain 斤 Kin, "A hatchet." See the seal character form. (Shwo-wan) 字形与《说文》同。 |
| 489 | 谷 | 字头无 | 释义:The breath rising upwards from the mouth.《说文》无。 |
| 490 | 其 | 𠀠 𠀠 S.C. 𡠗 R.H. | Originally, 箕, when borrowed in the sense above given, it was abbreviated.《说文》收录的是"箕",未收录该字。马提供的字形《六书通》中有收录。 |
| 491 | 具 | 𦥑 S.C. 𦥑 R.H. | 释义中无字理说明。字形与《说文》同。 |
| 492 | 典 | 𠔓 S.C. 𠔓 R.H. | The seal character represents the records of the five ancient kings placed on a stand, as a mark of respect. ( Shwo-wan.) A standard, or classical work; ... . 字形与《说文》同。 |
| 493 | 兼 | 𡙇 兼 A.V. 兼 S.C. 𩵋 R.H. | Formed from a hand grasping two stalks of grain. 秉 is formed from a hand grasping one stalk. There are few things of which so many can be grasped as stalks of grain. Holding two, or several at the same time; several connected;... . 字形与《说文》同。 |
| 494 | 冀 | 𩣺 S.C. 𦍌 R.H. | 释义中无字理说明。字形与《说文》同。 |
| | | 13 部　冂 | |
| 495 | 冂 | 字头无 | ……象远界也. The character represents a remote limit. Formerly written 冋 Keung, now written 坰 Keung。《说文》中有篆体字形。 |

| 序号 | 字头 | 字形信息 | 字形信息比对 |
|---|---|---|---|
| 496 | 冃 | 字头无 | A covering for the head. Now written 冒, and most frequently 帽, which erroneous. (E-wan-pe-lan.) The last is the form in constant use. A child's cap used by barbarians. The two lines represent the ornaments. (Shwo-wan.)《说文》中有篆体字形。 |
| 497 | 冄 | • 冄 S.C. | 释义中无字理说明。Weak and pliant, as hair. 字形与《说文》同。 |
| 498 | 冈 | 字头无 | Things inverted or hanging down. From the character 凹 inverted.《说文》无。 |
| 499 | 冊 | • 冊 S.C.  冊 R.H. | In ancient times, before the invention of paper, documents were written on slips of bamboo, several of which are represented by the seal character tied together with two strings. 字形与《说文》同。 |
| 500 | 再 | 再 S.C.  再 R.H. | 释义中无字理说明。字形与《说文》同。 |
| 501 | 朵 | 字头无 | A tree bending down with fruit. To be distinguished from 杲, "Bright," from the Rad. 日. This character is from 冃.《说文》无。 |
| 502 | 冑 | 冑 A.V.  冑 R.H. 《说文》中的篆体是冑 | 释义中无字理说明。To be distinguished from 胄, see Radical 肉. These two are often confounded in classical books. (Kang-he.) |
| 503 | 冒 | 冒 S.C.  冒 R.H. | From 冃 Maou, "To cover," and 目 Muh, "The eye." To advance blind-hold; to hold something before the eyes and still go on; ...字形与《说文》同。 |

| 序号 | 字头 | 字形信息 | 字形信息比对 |
|---|---|---|---|
| 504 | 冓 | ·冓 S.C.　姜 R.H. | To connect together, as the beams of a house, represented by the character. 字形与《说文》同。 |
| 505 | 冕 | 冕 S.C.　冕 R.H. | A kind of crown worn by the Emperor and inferior Princes in ancient times. The top part appears like a flat board laid on the head, with pearls or gems strung on silk, and suspend in regular rows, before and behind. The difference of rank was marked by the number of gems. The Emperor is said to have had two hundred and eighty eight. 字形与《说文》同。 |
| | | 14 部　冖 | |
| 506 | 冖 | · 冖 S.C. | To cover over; to overspread. From 一 hanging down at the ends. To cover any thing with a napkin. 字形与《说文》同。 |
| 507 | 尢 | 尢 S.C. | Walking; appearance of walking. In De Guignes's Dictionary, the definition which belong to 尤, is erroneously inserted under this character. Some have surmised that the two characters were the same, but the Dictionaries do not sanction it. 字形与《说文》同。 |
| 508 | 冟 | 冟 S.C. | 释义中无字理说明。字形与《说文》同。 |

| 序号 | 字头 | 字形信息 | 字形信息比对 |
|---|---|---|---|
| 509 | 冠 | ‡ 冣 S.C. 㝯 R.H. | From 冖, "To cover," 元, "The head,"and 寸,"An inch;" denoting, that a cap is made by rule. The Chinese say, in high antiquity, when people lived in the caves of wildernesses, their garments were of hair, and the covering for the head of skin. In after ages, the Sages observing that birds had crests and crops, and that animals had horns and beards, hence took the idea of forming caps and crowns, with ribbands to bind them, and hang down below the chin. 字形与《说文》同。 |
| 510 | 冡 | 冡 S.C. | From 冃 Maou, "To cover," and 豕 She, "A hog or pig." Covered over; dull stupid boy; unintelligent. Syn. with 蒙 Mung. 字形与《说文》同。 |
| 511 | 冢 | ◦ 冢 S.C. | From 勺 Paou, "To enclose around"; the other part used for sound. (Shwo-wan.) A swelling mound of earth; swelling high; the summit of a hill. The mound of earth raised over graves, and the surrounding ridge enclosing it, represented by the seal character. 字形与《说文》同。 |
| 512 | 冣 | 冣 S.C. | To collect together; to accumulate. The present 聚, was formerly written thus; for in collecting things, something was necessary to cover and conceal them. To use 最, in this sense, is erroneous. 字形与《说文》同。 |

续　表

| 序号 | 字头 | 字形信息 | 字形信息比对 |
|---|---|---|---|
| 513 | 冤 | ‡ 圜 S.C. 兔 R.H. | From a hare beneath a cover, not only unable to run, but made to stoop.（Kang-he.）字形与《说文》同。 |
| 514 | 冥 | ‡ 冥 S.C. 冥 R.H. | Derived from 日，六，and 冖，viz. "Day, sixteen, and to cover," because on the sixteenth the moon begins to be obscured.（Shwo-wan.）Ten to be added to the six, is implied in the character 日. 字形与《说文》同。<br>（冥，幽暗。字形采用"日、六"会义，"冖"作声旁。计算日期以每十天为一轮。每月农历十六日之后月亮始亏缺变暗。） |
| 515 | 冖 | 字头无 | In the rites of sacrifice, to place a cup with wine on the ground, in the presence of the idol. The top of the character represents a covering. The character 咤，is now employed in the same sense.《说文》中有篆体。 |
| | | 15 部　冫 | |
| 516 | 冫 | • 仌 Orig. 仌 A.V. 仌 S.C. | Water freezing; ice. The framers of the 楷字, the present written character, changed the original form of Ping, to that now in use.<br>仌在《说文》中的篆体是仌，仌的金文是仌。 |
| 517 | 冬 | 冬 S.C. 冬 R.H. | From 宂 Chung, "The close;" and 仌 Ping, "Ice." The celestial influence ascends, and the terrestrial descends; the communication between heaven and earth is stopped, and winter caused. Such is a specimen of their theory. 字形与《说文》同。（冬，四个时令的终结。字形采用"仌、夂"会义。） |

| 序号 | 字头 | 字形信息 | 字形信息比对 |
|---|---|---|---|
| 518 | 冰 | 𣲐 S.C. 冰 R.H. | 释义中无字理说明。是多音字，当读 Ying 时，介绍了其与"凝"的字源关系。与《说文》基本同𣲐。 |
| 519 | 冲 | 𣲐 S.C. 冲 R.H. | 释义中无字理说明。Shwo-wan does not contain this character, but gives the same sense under 沖。《说文》无。其收录的是"沖"，字形是𣵽，【卷十一】【水部】沖，涌摇也。从水中。 |
| 520 | 冶 | 𣲐 S.C. 冶 R.H. | Formed from 仌 Ping, "Ice," in allusion to the melting of ice at the approach of heat, and its becoming solid when heat is withdrawn. 字形与《说文》同。 |
| 521 | 冷 | 冫 𣲐 S.C. 冷 R.H. | Derived from Ice, the other part giving sound. (Shwo-wan.) 字形与《说文》同。 |
| 522 | 泮 | 泮 R.H. | 释义中无字理说明。释义 Ice breaking up. 《说文》无。《说文》中收录的是"泮"。 |
| 523 | 泼 | 泼 S.C. | 释义中无字理说明。字形与《说文》同。 |
| 524 | 凄 | 凄 R.H. | 释义中无字理说明。《说文》无。收录的是"凄"。 |
| 525 | 准 | 准 R.H. | 释义中无字理说明。《说文》无。收录的是"準"。 |
| 526 | 凉 | 凉 R.H. | 释义中无字理说明。《说文》无。收录的是"凉"。 |
| 527 | 凋 | 凋 S.C. 凋 R.H. | 释义中无字理说明。Partially injured; injured and falling, like the leaves of trees. 字形与《说文》同。 |
| 528 | 凌 | 凌 R.H. | 释义中无字理说明。《说文》无。 |
| 529 | 凍 | 𣲐 S.C. 凍 R.H. | 释义中无字理说明。字形与《说文》同。 |

| 序号 | 字头 | 字形信息 | 字形信息比对 |
|---|---|---|---|
| 530 | 减 | 戓 R. H. | 释义中无字理说明。《说文》无。收录的是"减"。 |
| 531 | 涵 | 𣲶 S. C. | 释义中无字理说明。字形与《说文》同。《说文》有收录。 |
| 532 | 澌 | 𣻩 S. C. | 释义中无字理说明。字形与《说文》同。 |
| 533 | 凜 | 𤖔 S. C.　凛 R. H. | 释义中无字理说明。《说文》中无。收录的是"瘭"。马提供是"瘭"在《说文》中的篆体。 |
| 534 | 凝 | 𠖷 R. H. | 释义中无字理说明。"冰"《说文》解字重文中提供了"凝"的篆体。 |
| | | 16 部　几 | |
| 535 | 几 | ∩ S. C.　几 R. H. | A bench or stool to lean against or rest upon; a stand; a table. 字形与《说文》同。 |
| 536 | 几 | SHOO.*　𠘧 S. C. | The sides of the character represent the tassels or ornaments of feathers, waving at its head; when not used it is stuck in the chariot of war. When used it is denoted by 殳, having 又, "A hand," seizing it below. This character is distinguished from the preceding by the right hand stroke not being thrown up. 字形与《说文》同。 |
| 537 | 凡 | 𠘽 S. C.　凡 R. H. | Formed from 乃 and 一. A dot with-inside is improper, it should be a stroke. To write it 几, is also incorrect, though very common. 字形与《说文》同。 |
| 538 | 凥 | ‡　𡱂 S. C. | From 尸, "The body," obtaining 几, "A bench on which to rest." Now written 居. 字形与《说文》同。 |

| 序号 | 字头 | 字形信息 | 字形信息比对 |
|---|---|---|---|
| 539 | 处 | **CH'HOO.‡** | From 又，"The hand，"obtaining 几，"A bench."Now written 處．《说文》中有篆体，止也。得几而止。从几从夂。 |
| 540 | 凭 | ‡ 憑S.C. 䳓R.H. | From 任，"To depend on，"and 几，"A bench."（Shwo-wan.） To lean upon a bench or table；…. 还参照了 Sha-muh 的字形辨析。字形与《说文》同。 |
| 541 | 凰 | 凰R.H. | 释义中无字理说明。《说文》无。 |
| 542 | 凯 | 凱R.H. | 释义中无字理说明。《说文》无。 |
|  |  | 17 部　凵 |  |
| 543 | 凵 | • 凵S.C. | A wide open mouth；a receptacle. 字形与《说文》同。 |
| 544 | 凵 凵 | **K'HEU.•** | A vessel made of willows，to contain grain.《说文》中有篆体。 |
| 545 | 凶 | • 凶S.C. 凶R.H. | Represents a deep pit，into which things are falling in confusion.（Shwo-wan.）字形与《说文》同。 |
| 546 | 凷 | 字头无 | The original form of 塊（注：块的繁体）. One says，that the latter character is used on joyful occasions，the former on calamitous occurrences. Sha-muh says，that they are both different forms of the same character，and that to distinguish them is absurd. The Imperial Dictionary，and others，make 凷，synonymous with eight different characters，all of which Sha-muh rejects.《说文》中有篆体。 |
| 547 | 凸 | 字头无 | 释义中无字理说明。《说文》无。 |

续　表

| 序号 | 字头 | 字形信息 | 字形信息比对 |
|---|---|---|---|
| 548 | 凹 | * The opposite of the preceding. | Shwo-wan expresses these two by 坳，"A hollow," and 垤，"An eminence."《说文》无。 |
| 549 | 凷 | Ol Scrib. 𦥑 Tsze, seeRad. 艸 Tsaou. | Earthen ware, which the character resembles. (Shwo-wan.) A bamboo utensil. 畚 Pun and 虘, both denoting certain vessels, are derived from this.《说文》无。 |
| 550 | 出 | ∙ 山 S.C. 屮 R.H. | Represents grass spring forth. (Shwo-wan.) 字形与《说文》同。 |
| 551 | 函 | 圅 R. H. | From Man in a Mortar. The ancients made holes in the ground to use as mortars. (Luh-shoo.)《说文》无。收录的是其异体字"圅"《说文·弓部》,象形。 |
| 552 | 凾 | 字头无 | From 臼, A mortar, and the representation of a pestle.《说文》无。收录的是"圅"。 |
| | | 18 部　刀 | |
| 553 | 刀 | 刀 S.C. 𠚦 A.V. 刀 R.H. | 释义中无字理说明。字形与《说文》同。 |
| 554 | 刁 | 字头无 | 释义中无字理说明。Originally the same as 刀, altered in later times to distinguish it.《说文》无。 |
| 555 | 刂 | 字头无 | The manner of writing 刀 by the side of other component parts, first adopted in the 隶书 character.《说文》无。是刀的异体字。 |
| 556 | 刃 | ∙ 㓉 S.C. 𠚥 R.H. | A sharp pointed weapon or knife; sharp, strong, durable edge or point of a weapon or instrument. 字形与《说文》同。 |

363

| 序号 | 字头 | 字形信息 | 字形信息比对 |
|---|---|---|---|
| 557 | 办 | CH'llWANG.† | A wound made by a sharp weapon. Afterwards written 創, and now commonly 瘡.《说文》中的篆体是乄。 |
| 558 | 分 | 〤 S.C. 〢 R.H. | From 八,"To separate,"and 刀,"A knife."(Shwo-wan.)字形与《说文》同。 |
| 559 | 切 | 𢁇 S.C. 𢁆 R.H. | 释义中无字理说明。字形与《说文》同。 |
| 560 | 刈 | 𢁠 R.H. | From 乂,"A pair of shears,"and 刀,"A knife."To cut grass; to mow;….《说文》中有篆体。 |
| 561 | 刋 | 𢁀 𢁔 S.C. 𢁗 R.H. | 字理说明在下一个字中。字形与《说文》同。 |
| 562 | 刊 | 字头无 | 释义中无字理说明。"刊"is formed from 干 and 刀,this from 千,and 刀. 《说文》无。 |
| 563 | 刔 | 𢁈 S.C. | 释义中无字理说明。字形与《说文》同。 |
| 564 | 刎 | 𢁌 S.C. 𢁍 R.H. | 释义中无字理说明。字形与《说文》同。 |
| 565 | 刉 | 𢁒 S.C. | 释义中无字理说明。字形与《说文》同。 |
| 566 | 刑 | 𢁕 S.C. 𢁖 R.H. | From 开,"Even," and a Knife. (Sha-muh.)字形与《说文》同。 |
| 567 | 荆 | 字头无 | The same as 刑. From Knife and a Well. A knife guarding a well. (Shwo-wan.)刑 is used every where.《说文》中的篆体是荆。 |
| 568 | 韧 | 𢁘 S.C. | 释义中无字理说明。字形与《说文》同。 |
| 569 | 刟 | 𢁙 S.C. | 释义中无字理说明。字形与《说文》同。 |
| 570 | 刖 | 𢁚 S.C. | 释义中无字理说明。字形与《说文》同。 |
| 571 | 列 | 𢁛 S.C. 𢁜 R.H. | 释义中无字理说明。字形与《说文》同。 |
| 572 | 刟 | 𢁝 S.C. | 释义中无字理说明。字形与《说文》同。 |

| 序号 | 字头 | 字形信息 | 字形信息比对 |
|---|---|---|---|
| 573 | 刜 | 𠜱 S. C. | 释义中无字理说明。字形与《说文》同。 |
| 574 | 初 | ‡ 𥘅 S. C. 𥘵 R. H. | From knife and clothes. To begin to cut garments. (Shwo-wan.) To use garments to cover the figure, is the commencement of civilization. (Seu-keae.) To begin; to commence; the commencement. 字形与《说文》同。 |
| 575 | 刾 | Ol. Scrib.‡ 刺 Che. | From Knife and 朿, "Ripe fruits," proper to be cut to pieces.《说文》中有字形。 |
| 576 | 删 | ‡ 𠜻 S. C. 删刂 R. H. | From a knife and a written document. (Shwo-wan.) To pare off; … to fix what to retain, and what to reject in any work. 字形与《说文》同。 |
| 577 | 判 | 𠜽 S. C. 半 R. H. | From Knife and Half. (Shwo-wan.) To divide in the midst. (Luh-shoo.) 字形与《说文》同。 |
| 578 | 别 | 𠛑 S. C. 𠛬 R. H. | Formed from 冎, and Knife.《说文》中是"剐"的篆体。 |
| 579 | 利 | 𥝢 S. C. 𥝤 R. H. | 释义中无字理说明。字形与《说文》同。 |
| 580 | 刮 | ⸲ 𠛹 S. C. | 释义中无字理说明。字形与《说文》同。 |
| 581 | 到 | ⸲ 𠜣 S. C. 到 R. H. | 释义中无字理说明。字形与《说文》同。 |
| 582 | 刟 | ⸲ 劼 S. C. | 释义中无字理说明。The handle of a knife or weapon. Read Foo. 字形与《说文》同。 |
| 583 | 刱 | ⸲‡ 𠛹 S. C. | To make or form at first; original pattern. 井 was the original pattern for the division of land; in this sense Syn. With 創, and occurs also in the sense of 㱡, "A hurt of wound." 字形与《说文》同。 |

365

| 序号 | 字头 | 字形信息 | 字形信息比对 |
|---|---|---|---|
| 584 | 刳 | S.C. | 释义中无字理说明。字形与《说文》同。 |
| 585 | 刵 | S.C. | From ear and knife. To cut off the ears. 字形与《说文》同。 |
| 586 | 制 | S.C.　R.H. | 释义中无字理说明。字形与《说文》同。 |
| 587 | 刷 | S.C.　R.H. | 释义中无字理说明。字形与《说文》同。 |
| 588 | 券 | S.C.　R.H. | A bond; a deed of contract; written evidence of a transaction. In ancient times, such bonds consisted of a tablet of wood, which being split asunder with a knife, had the edge of each piece serrated with corresponding teeth, and each contracting party retained one half of the tablet, in a way similar to the mercantile check of Europe: Hence the character is formed from Knife. 字形与《说文》同。 |
| 589 | 刹 | S.C.　R.H. | 释义中无字理说明。字形与《说文》同。 |
| 590 | 刺 | S.C.　R.H. | 释义中无字理说明。字形与《说文》同。 |
| 591 | 刻 | S.C.　R.H. | 释义中无字理说明。字形与《说文》同。 |
| 592 | 则 | S.C.　R.H. | From 貝, anciently used for material objects generally, and 刀, "A knife." To draw an outline; to mark; …. 字形与《说文》同。 |
| 593 | 削 | S.C. | 释义中无字理说明。字形与《说文》同。 |
| 594 | 刬 | S.C. | 释义中无字理说明。字形与《说文》同。 |
| 595 | 削 | S.C.　R.H. | 释义中无字理说明。字形与《说文》同。 |

续　表

| 序号 | 字头 | 字形信息 | 字形信息比对 |
|---|---|---|---|
| 596 | 剋 |  S. C.  R. H. | 释义中无字理说明。《说文》无。马提供的今篆。 |
| 597 | 剌 |  S. C. | Formed from 朿 and 刀, in allusion to the dissevering effects of a knife. To be distinguished from 刺. 字形与《说文》同。 |
| 598 | 前 |  S. C.  R. H. | 多音字,读 Tseen 时, To cut even; now commonly written 剪. A light blackish color. Formed from 止, To rest in a place, and 舟, A boat. Because 坐而至者舟也,"It is in a boat you sit and reach the goal."The original character had not knife by the side, that was added to denote cutting with shears or scissars. Since 前 has been used to denote, Before, people have added another knife, an 剪, To denote cutting. This is considered a departure from the simplicity of the character. 字形与《说文》同。 |
| 599 | 剔 | §  S. C. | 释义中无字理说明。字形与《说文》同。 |
| 600 | 剖 | §  S. C.  R. H. | 释义中无字理说明。字形与《说文》同。 |
| 601 | 剛 | §  S. C.  R. H. | 释义中无字理说明。字形与《说文》同。 |
| 602 | 剜 |  S. C. | 释义中无字理说明。字形与《说文》同。 |
| 603 | 剝 | §  S. C.  R. H. | From 刀,"A knife,"and 彔 Lo., "To cut and carve." 字形与《说文》同。 |
| 604 | 剞 |  S. C.  R. H. | 释义中无字理说明。字形与《说文》同。 |
| 605 | 剡 | §  S. C.  R. H. | 释义中无字理说明。字形与《说文》同。 |
| 606 | 剩 |  R. H. | 释义中无字理说明。《说文》无。 |

| 序号 | 字头 | 字形信息 | 字形信息比对 |
|---|---|---|---|
| 607 | 剪 | 𠭖 S. C.　𫝀 R. H. | This character is，by Kang-he，considered the vulgar form of 翦，in the sense just now given. Sha-muh says，that 前，is properly To cut or clip. The addition of 刀，below 前，is improper；and 翦，or 䎛，denotes a bird shedding its feathers，and acquiring new ones. 字形与《说文》同。 |
| 608 | 剚 | ⟦篆⟧ S. C. | 释义中无字理说明。字形与《说文》同。 |
| 609 | 刷 | ⟦篆⟧ S. C. | 释义中无字理说明。Al. Scrib. 㕞.《说文》无。与《说文》中"㕞"的篆体同。 |
| 610 | 副 | ⟦篆⟧ A. V.　⟦篆⟧ R. H. | 释义中无字理说明。《说文》有。马提供的是其异体字"疈"篆体。 |
| 611 | 割 | ⟦篆⟧ S. C.　⟦篆⟧ R. H. | 释义中无字理说明。字形与《说文》同。 |
| 612 | 剴 | ⟦篆⟧ S. C. | 释义中无字理说明。字形与《说文》同。 |
| 613 | 創 | ⟦篆⟧ S. C.　⟦篆⟧ R. H. | 释义中无字理说明。Originally written 刅，字形与《说文》同。 |
| 614 | 剳 | ⟦篆⟧ S. C. | 释义中无字理说明。字形与《说文》同。 |
| 615 | 剽 | ⟦篆⟧ S. C.　⟦篆⟧ R. H. | 释义中无字理说明。A middle-sized bell giving an acute light sound. Read P'heaou，To prick a wound with a pointed stone. 字形与《说文》同。 |
| 616 | 剷 | ⟦篆⟧ S. C. | 释义中无字理说明。字形与《说文》同。 |
| 617 | 劂 | ⟦篆⟧ S. C.　⟦篆⟧ R. H. | 释义中无字理说明。《说文》无，收录的是"劀"。马提供的是《说文》中"劀"的篆体。 |
| 618 | 劃 | ⟦篆⟧ S. C.　⟦篆⟧ R. H. | 释义中无字理说明。字形与《说文》同。 |
| 619 | 劋 | ⟦篆⟧ S. C.　⟦篆⟧ A. V. | 释义中无字理说明。《说文》无，收录的是"劋"。马提供的与《说文》中"劋"的篆体同。 |

续　表

| 序号 | 字头 | 字形信息 | 字形信息比对 |
|---|---|---|---|
| 620 | 劇 | 𠜶 S.C. 劇 R.H. | 释义中无字理说明。字形与《说文》同。 |
| 621 | 劈 | 劈 S.C. 劈 R.H. | 释义中无字理说明。字形与《说文》同。 |
| 622 | 劊 | ₅ 劊 S.C. | 释义中无字理说明。字形与《说文》同。 |
| 623 | 劉 | 劉 S.C. 刹 R.H. | 释义中无字理说明。《说文》无。因避汉皇刘姓之讳而失收。收录了"镏"。 |
| 624 | 劋 | 劋 S.C. | 释义中无字理说明。字形与《说文》同。 |
| 625 | 劇 | 劇 S.C. 㑄 R.H. | 释义中无字理说明。字形与《说文》同。 |
| 626 | 劍 | 劍 S.C. 劍 R.H. | 释义中无字理说明。《说文》无。收录的是"劒"。马提供的是劒的篆体。 |
| 627 | 劑 | ₅ 劑 S.C. 劑 R.H. | 释义中无字理说明。字形与《说文》同。 |
| 628 | 劓 | 劓 S.C. | 释义:To cut off the nose as a punishment. To cut. 字形与《说文》同。 |
| 629 | 劈 | 劈 S.C. | 释义中无字理说明。字形与《说文》同。 |
| 630 | 劖 | ₅ 劖 S.C. | 释义中无字理说明。字形与《说文》同。 |
| | | 19 部　力 | |
| 631 | 力 | 力 S.C. 力 R.H. | 筋也象人筋之形,"Sinew or tendon, ( the character ) resembling the human sinews."(Shwo-wan.) 字形与《说文》同。 |
| 632 | 功 | ₅ 功 S.C. 功 R.H. | 释义中无字理说明。字形与《说文》同。 |
| 633 | 加 | ‡ 加 S.C. 加 R.H. | From strength and mouth. 用力而助之以口加之义也,"To exert one's strength, and to assist those efforts by the mouth speaking, gives the sense of Kea."(Lu-shoo.) 字形与《说文》同。 |
| 634 | 劣 | ‡／劣 S.C. 劣 R.H. | From strength and few, or small. 字形与《说文》同。 |

| 序号 | 字头 | 字形信息 | 字形信息比对 |
|---|---|---|---|
| 635 | 劦 | ‡ 劦 S.C. | 三力相從 劦之義也，"Three strengths united，which gives the sense of 劦."（Lu-shoo.）United strength or effort；字形与《说文》同。 |
| 636 | 助 | 助 S.C. 助 R.H. | Secondary strength or effort.（Lu-shoo.）字形与《说文》同。 |
| 637 | 努 | 努 R.H. | 释义中无字理说明。Strenuous effort；the exertion of strength.《说文》无。 |
| 638 | 劫 | ‡ 劫 S.C. | From to go and strength. To carry off by forth；... . 字形与《说文》同。（劫，当有人想要前往，用武力胁迫阻止他，就叫"劫"。有的人分析字形说，以"力"止"去"就叫"劫"。） |
| 639 | 劬 | 劬 S.C. 劬 R.H. | 释义中无字理说明。字形与《说文》同。 |
| 640 | 劭 | 劭 S.C. 劭 R.H. | 释义中无字理说明。字形与《说文》同。 |
| 641 | 劼 | 劼 S.C. | 释义中无字理说明。字形与《说文》同。 |
| 642 | 劾 | 劾 S.C. 劾 R.H. | 释义中无字理说明。字形与《说文》同。（劾，法办有罪的官员。） |
| 643 | 劻 | 劻 S.C. | 释义中无字理说明。字形与《说文》同。 |
| 644 | 劲 | 劲 S.C. 劲 R.H. | 释义中无字理说明。字形与《说文》同。 |
| 645 | 勃 | 勃 S.C. 勃 R.H. | 释义中无字理说明。字形与《说文》同。 |
| 646 | 勇 | 勇 S.C. 勇 R.H. | 释义中无字理说明。马提供的是"勇"的异体字"戚"在《说文》中的篆体。 |
| 647 | 勉 | 勉 S.C. 勉 R.H. | 释义中无字理说明。字形与《说文》同。 |
| 648 | 勍 | 勍 S.C. | 释义中无字理说明。字形与《说文》同。 |
| 649 | 勑 | 勑 S.C. | 释义中无字理说明。字形与《说文》同。 |
| 650 | 勒 | 勒 S.C. 勒 R.H. | 释义中无字理说明。字形与《说文》同。 |

| 序号 | 字头 | 字形信息 | 字形信息比对 |
|---|---|---|---|
| 651 | 劢 | 励 R.H. | 释义中无字理说明。《说文》无。收录的是"恤,勉也。从心,面声。字亦作劢。" |
| 652 | 勈 | ⅀ 勇 S.C.　勇 R.H. | 释义中无字理说明。字形与《说文》同。 |
| 653 | 勆 | ⅀ 勆 S.C.　勆 R.H. | 释义中无字理说明。字形与《说文》同。 |
| 654 | 勘 | ⅀ 勘 S.C. | 释义中无字理说明。字形与《说文》同。 |
| 655 | 務 | ⅀ 務 S.C.　务 R.H. | 释义中无字理说明。字形与《说文》同。 |
| 656 | 勝 | ⅀ 勝 S.C.　朕 R.H.<br>字形与《说文》同 | 释义中无字理说明。<br>【子集下】【力字部】〔古文〕勝㡍夌【說文】从力,朕聲。本从舟,省作月。任也。<br>《说文》任也。从力朕聲。識蒸切<br>【注】勝、㡍、夌,古文。 |
| 657 | 勞 | ‡ 勞 S.C.　勞 A.V.　劳 | From 熒 Yung, "Burning shining," and 力, "Strength." To employ one's strength; … . 字形与《说文》同。 |
| 658 | 募 | 募 S.C.　募 R.H. | 释义中无字理说明。字形与《说文》同。 |
| 659 | 勠 | ⅀ 勠 S.C.　勒 R.H. | 释义中无字理说明。United strength or effort. 字形与《说文》同。 |
| 660 | 勢 | ⅟ 勢 S.C. | 释义中无字理说明。字形与《说文》基本同。《说文》健也。从力敖聲。 |
| 661 | 勣 | ⅀ 勣 S.C. | 释义中无字理说明。字形与《说文》同。 |
| 662 | 勢 | ⅟ 勢 S.C.　势 R.H. | 释义中无字理说明。字形与《说文》同。 |
| 663 | 勤 | ⅀ 勤 S.C.　勤 R.H. | 释义中无字理说明。勉力不怠曰勤,"To exert one's strength without flagging, is called K'hin." (Luh-shoo.)字形与《说文》同。 |
| 664 | 勥 | 勥 S.C. | 释义中无字理说明。字形与《说文》同。 |
| 665 | 勦 | 勦 勦 | 释义中无字理说明。字形与《说文》同。 |
| 666 | 勳 | 勳 R.H. | 释义中无字理说明。字形与《说文》同。 |

| 序号 | 字头 | 字形信息 | 字形信息比对 |
|---|---|---|---|
| 667 | 勞 | S. C. | 释义中无字理说明。字形与《说文》同。 |
| 668 | 勘 | s.c. | 释义中无字理说明。字形与《说文》同。 |
| 669 | 勴 | S. C. | 释义中无字理说明。字形与《说文》同。 |
| 670 | 勰 | S. C. | Harmony or union of thought. Expressed by 同思之和，"Union of thought or sentiment."字形与《说文》同。 |
| 671 | 勖 | S. C. | 释义中无字理说明。to exert one's strength; sedulous endeavor. 字形与《说文》同。 |
| 672 | 勳 | S. C.　R. H. | 释义中无字理说明。字形与《说文》同。 |
| 673 | 勩 | S. C. | 释义中无字理说明。字形与《说文》同。 |
| 674 | 勱 | S. C. | 释义中无字理说明。《说文》无。收录的是"勴"。马提供的是"勴"的篆体。 |
| 675 | 勵 | S. C.　R. H. | 释义中无字理说明。《说文》无。《说文》中收录的是"勵"。 |
| 676 | 劘 | S. C. | 释义中无字理说明。Commonly, but erroneously, written 徹.(E-wan-pe-lan.) 字形与《说文》同。 |
| 677 | 勸 | R. H. | 释义中无字理说明。《说文》无。 |
| 678 | 勷 | S. C.　R. H. | 释义中无字理说明。字形与《说文》同。 |
| | **20 部　勹** | | |
| 679 | 勹 | S. C. | To fold about; to inwrap; to envelop. 此文起於人字曲包也，"This character is derived from the letter 人(Man)bent, to infold something." 勹象人曲形有所勹裹，"Paou resembles the appearance of a man bending forward, having something which he would cover and hide." 字形与《说文》同。 |

| 序号 | 字头 | 字形信息 | 字形信息比对 |
|---|---|---|---|
| 680 | 勺 | 弓 S.C. 勺 R.H. | 释义中无字理说明。字形与《说文》同。 |
| 681 | 勻 | 卝 白 S.C. 匀 R.H. | From To infold and Two. 字形与《说文》同。 |
| 682 | 勼 | 𝄞 肉 S.C. | 释义中无字理说明。字形与《说文》同。 |
| 683 | 勾 | 肉 S.C. | 释义中无字理说明。字形与《说文》同。 |
| 684 | 勿 | ⁙ 勿 S.C. 勾 R.H. | Represents and denotes a flag or standard, formerly erected in districts, to invite together the people; hence 勿勿, denotes Haste; moving in haste. (Shwo-wan.) In this sense, vulgarly written thus 匆 and read Tsung. The form and pronunciation are both grossly erroneous. (Kang-he.) 字形与《说文》同。 |
| 685 | 匄 | ‡ 匃 S.C. | 亾人爲匃从亾會意, "A fugitive becomes a beggar, hence by combination of ideas, the character is formed from Wang, a fugtive." 字形与《说文》同。 |
| 686 | 包 | • 包 S.C. 勺 R.H. | Represents an embryo in the womb. To enwrap; 字形与《说文》同。 |
| 687 | 匈 | 𝄞 匈 S.C. 匂 R.H. | 释义中无字理说明。Commonly written 胃 or 胸 字形与《说文》同。 |
| 688 | 匋 | 𝄞 匋 S.C. | 释义中无字理说明。字形与《说文》同。 |
| 689 | 匊 | ‡ 匊 S.C. | Formed from the Hand grasping Grain. ... Different authorities make it one or both hands. 字形与《说文》同。 |
| 690 | 匐 | 匋 S.C. | 释义中无字理说明。An earthen vessel. 字形与《说文》同。 |
| 691 | 匍 | 匍 S.C. 匍 R.H. | To go or creep on the hands, like a child; to crawl. 字形与《说文》同。 |

| 序号 | 字头 | 字形信息 | 字形信息比对 |
|---|---|---|---|
| 692 | 匋 | 匋 S.C. | 释义：To environ；to encircle and u-nite；to surround. |
| 693 | 匐 | 匐 S.C. | 释义中无字理说明。字形与《说文》同。 |
| 694 | 匏 | ϟ 匏 S.C. 匏 R.H. | 释义中无字理说明。字形与《说文》同。 |
| 695 | 匍 | ϟ 匍 S.C. 匍 R.H. | 释义中无字理说明。To fall prostrate on the ground.（Shwo-wan.）字形与《说文》同。 |
| 696 | 匐 | 匐 S.C. | 释义中无字理说明。《说文》饱也。从勹𣪘聲。民祭，祝曰："厭匐。"马提供字头疑有误。为"匐"的篆体。 |
| 697 | 匊 | 匊 S.C. | 释义中无字理说明。字形与《说文》同。 |
| 698 | 匑 | 匑 S.C. | 释义中无字理说明。字形与《说文》同。 |
| | | 21 部 匕 | |
| 699 | 匕 | 匕 S.C. | 匕比敘也，"Pe, denotes to compare and arrange in uniform order, like spoons at a table." The Seal form is 刀 Jin，"Man," reversed 字形与《说文》同。 |
| 700 | 化 | 化 S.C. 化 R.H. | 释义中无字理说明。字形与《说文》同。 |
| 701 | 卑 | ‡ 卑 S.C. | From an abbreviation of 比，"To compare and arrange," placed above ten; hence it denotes A tything, or tything-man. 十家为卑今用保，"Ten families make a Pao or tything；保 is now used in this sense." 字形与《说文》同。 |
| 702 | 北 | 北 S.C. 北 R.H. | From Two men with their backs turned on each other. Perverse; to turn away from; to oppose. 字形与《说文》同。（北，违背。字形采用两个相背的"人"会义。） |

| 序号 | 字头 | 字形信息 | 字形信息比对 |
|---|---|---|---|
| 703 | 𣏟 | 𥝖 s.c. | 释义中无字理说明。Same as 疑,"Doubtful, uncertain."(Sha-muh.) Same as the following.(Kang-he)(㲎)字形与《说文》同。 |
| 704 | 巤 | NAOU.‡ | From 匕,"To arrange and manifest." 巛 Chuen, represents the hair, and 囟 Sin, represents the brain itself.《说文》中有篆体。 |
| 705 | 匙 | ₷ 鍉 s.c. | 释义中无字理说明。《说文》中有篆体。 |
| | | 22部　匚 | |
| 706 | 匚 | ● 匚 s.c. 匧 a.v. | A vessel to contain things; … . The same as the modern character 筐. 匚 受物之器象形 "Fang, a vessel to receive things, it resembles the form" of the vessel denoted by it.(Shwo-wan). 字形与《说文》同。 |
| 707 | 匹 | 'HEW.₷ | 释义中无字理说明。Syn. With 柩. 康熙中收录的是"匼",《说文》无。 |
| 708 | 匜 | ₷ 匜 s.c. 匜 r.h. | The original form of the character was 也, which having come into common use as a Particle, 匚 Fang was added to it, in the sense of Pitcher or basin. 字形与《说文》同。 |
| 709 | 匝 | 匝 r.h. | 释义中无字理说明。The vulgar form of 帀. See under Radical 巾.《说文》无,收录的是"帀"。 |
| 710 | 匠 | TSEANG.‡ | The original form of 匠. From 工,"A workman," and 匚,"A square vessel," which imply the use of the square, compass, marking line, and so on.《说文》无,收录的是"匠"。 |

| 序号 | 字头 | 字形信息 | 字形信息比对 |
|---|---|---|---|
| 711 | 匠 | 匞 S.C. 匠 R.H. | 木工也从匚从斤斤所作器也，"A worker in wood，from fang a vessel，and kin a hatchet；a hatchet is that with which vessels are made."（Shwo-wan.）字形与《说文》同。 |
| 712 | 匡 | 𠤼 R.H. | 释义中无字理说明。Originally denoted a square vessel，hence，by allusion，it denotes Square；… .《说文》中有篆体。 |
| 713 | 匣 | 匣 S.C. 匣 R.H. | 释义中无字理说明。字形与《说文》同。 |
| 714 | 匼 | 匼 S.C. | 释义中无字理说明。字形与《说文》同。 |
| 715 | 匪 | 匪 S.C. 𢾅 R.H. | 释义中无字理说明。字形与《说文》同。 |
| 716 | 匬 | 匬 S.C. | 释义中无字理说明。字形与《说文》同。 |
| 717 | 匯 | 匯 S.C. | 释义中无字理说明。字形与《说文》同。 |
| 718 | 匱 | 匱 S.C. | 释义中无字理说明。字形与《说文》同。 |
| 719 | 匵 | ʒ 匵 S.C. 匵 R.H. | 释义中无字理说明。字形与《说文》同。 |
| 720 | 匲 | 匲 S.C. | 释义中无字理说明。字形与《说文》同。 |
| 721 | 匶 | 匶 S.C. 匶 R.H. | 释义中无字理说明。字形与《说文》同。 |
| 722 | 匷 | ʒ 匷 S.C. | 释义中无字理说明。字形与《说文》同。 |
| | | 23 部 匚 | |
| 723 | 匚 | 匚 S.C. | From Ⳑ Yin，To conceal，and 一，Forming a cover. 匚覆藏之意，"He contains the idea of covering and secreting，" still being liable to be dropped. 字形与《说文》同。 |
| 724 | 匹 | 匹 S.C. 匹 R.H. | From 八，Eight，and 匚，representing a piece of silk folded up. Eight folds of silk in length. 字形与《说文》同。 |

续　表

| 序号 | 字头 | 字形信息 | 字形信息比对 |
|---|---|---|---|
| 725 | 匦 | 匦 S.C. | 释义中无字理说明。It is surmised, that the character is handed down erroneously. 字形与《说文》同。 |
| 726 | 匽 | ʃ 匽 S.C. | 释义中无字理说明。The ancient form of 偃. Also a surname.（Tszehwuy.）字形与《说文》同。 |
| 727 | 医 | ‡ 医 S.C. | 释义中无字理说明。A case to contain bows and arrows. 字形与《说文》同。 |
| 728 | 匾 | 匾 R.H. | 释义中无字理说明。Syn. With 扁, which is considered the original and proper form.《说文》无。 |
| 729 | 匮 | ʃ 匮 S.C. 匮 R.H. | 释义中无字理说明。字形与《说文》同。 |
| 730 | 區 | 區 S.C. 区 R.H. | From 品, denoting many, in the midst of 匸, To conceal.凡言區者皆有所藏也，"Whenever 區 is used, a place to house, store up, or conceal something, is implied."字形与《说文》同。 |
| | | 24 部　十 | |
| 731 | 十 | ╂ A.V. 十 R.H. 马提供的是金文的一种,未提供其小篆体十 | One, two, three, four, were first expressed by lines, as high as 三 Sze, "Four." To prevent increasing the number of lines, the two-middle strokes were taken and crossed to form 乂 Woo, "Five." Further, as two fives make ten, the middle cross lines were taken and turned, the one lying horizontally, and the other perpendicularly, denoting its extending to the two fives, and uniting them, so making ten. ( Luh-shoo and Ching-tsze-t'hung. ) |

| 序号 | 字头 | 字形信息 | 字形信息比对 |
|---|---|---|---|
| 732 | 卂 | 𠃉 S.C. | A bird flying swiftly; rapid flight. From the character 飛, "To fly," deprived of the external parts or wings, as the wings of birds do not appear in rapid flight. 字形与《说文》同。 |
| 733 | 千 | 𠦂 S.C. 𠂌 R.H. | 释义中无字理说明。字形与《说文》同。 |
| 734 | 廿 | 𠦂 R.H. | 释义：Two tens united; twenty. Al. Scrib. 廿 Jih. |
| 735 | 协 | 协 S.C. | From Ten and strength. Talent or ability equal to that of ten persons. 字形与《说文》同。 |
| 736 | 卅 | 字体无 | 释义：Three tens united; thirty.《说文》中有篆体。 |
| 737 | 升 | 𠦼 S.C. 外 R.H. | 释义中无字理说明。字形与《说文》同。 |
| 738 | 午 | 午 S.C. 𠂔 R.H. | 释义中无字理说明。字形与《说文》同。（午，逆反。在地支中，"午"代表五月，这时地里的阴气逆反阳气，从地面冒出。"午"字的造字方法与"矢"字的造字方法相同。） |
| 739 | 半 | 半 S.C. 半 R.H. | From 八, To separate, and 牛, A cow, because a cow is large and may be divided. (Shwo-wan.) 字形与《说文》同。 |
| 740 | 卌 | 字头无 | 释义：Used for 四十, "Forty."《说文》无。 |
| 741 | 卉 | R.H. | An abbreviated form of 艸.《说文》中有篆体。 |
| 742 | 卑 | ⚎ 𤰞 S.C. 𤰞 R.H. | From 左, "The left," and 甲, "The head or first;" hence placed below 甲, makes inferior, and so on. 字形与《说文》同。 |

续　表

| 序号 | 字头 | 字形信息 | 字形信息比对 |
|---|---|---|---|
| 743 | 卒 | 卒 R.H. | 多音字，当读 Tsuy 时，A second；an assistant. Properly written 卒，with 衣 Clothes，as the top，in allusion to the coloured dresses of the ancient lictors. (E-wan-pe-lan.)《说文》中有篆体。(卒，隶役听差者穿的衣服上写着"卒"字。卒，是隶役衣服上标记其听差身份的符号。) |
| 744 | 卓 | 𣁧 S.C.　卓 R.H. | From 匕，"The head," and 早，"Early，first."字形与《说文》同。 |
| 745 | 協 | ⸬ 協 S.C.　協 R.H. | 十，denotes A whole number，many；hence the character implies，The u-nited strength of many. 字形与《说文》同。 |
| 746 | 南 | ⸬ 峯 S.C. 𤇾 R.H. | From 宋 Pʰ , Luxuriant vegetation，and 羊 Jin, Giving sound. The region of heat and luxuriant vegetation. 马提供的是古文"𤇾"的篆体。(南，草木到了南方，则花繁叶茂，有枝茎可胜任。) |
| 747 | 甚 | 𠫔 甚 S.C. | From 甚，Very，and 十，Ten. 字形与《说文》同。 |
| 748 | 奉 | 𢍅 S.C. | 释义中无字理说明。字形与《说文》同。 |
| 749 | 博 | 博 S.C. | From 十，"A complete number"，and 尃，"To extend or spread out." 字形与《说文》同。 |
| | | 25 部　卜 | |
| 750 | 卜 | · 卜 S.C. 卜 R.H. | Represents the longitudinal and transverse veins of the tortoise shell. 字形与《说文》同。 |

续　表

| 序号 | 字头 | 字形信息 | 字形信息比对 |
|---|---|---|---|
| 751 | 丱 | Ancient form of 礦 | 多音字：read Kwan 时，The tufts of hair, bound up like two horns, on the heads of Chinese children.《说文》中有篆体。 |
| 752 | 卜 | 卜 R. H. | 释义中无字理说明。《说文》无。 |
| 753 | 卟 | 卦 S.C. | From Mouth and Divination. To enquire by divination. 字形与《说文》同。 |
| 754 | 占 | 占 S.C. 占 R.H. | From Puh, To divine, and K'how, The mouth. 字形与《说文》同。（占，主祭者在祭祀后察看神迹兆象，告问天意。字形采用"卜、口"会义。） |
| 755 | 外 | 卧 S.C. | 释义中无字理说明。字形与《说文》同。 |
| 756 | 卦 | 卦 S.C. 卦 R.H. | 释义中无字理说明。字形与《说文》同。 |
| 757 | 卤 | 卤 S.C. | 释义中无字理说明。字形与《说文》同。 |
| 758 | 卧 | 斟 S.C. | 释义中无字理说明。字形与《说文》同。 |
| 759 | 卤 | 卤 S.C. 鑫 A.V. | The appearance of fruit hanging pendent from a tree or shrub. The ancient form of 卤, see above. 字形与《说文》同。 |
| 760 | 卤 | 卤 S.C. | According to Shwo-wan, from 乃, The air ro vivifying principle issuing forth, and 卤, giving sound. Shamuh says, 卤 does not give the sound of the letter, and he derives the character from 乃, as above defined; and 卤, the fruit hanging from the tree, which manifests the existence of the vivifying principle; and that the character belongs to the Class 会意, " A combination of ideas." In history, occurs in the sense of 攸, "That which." 字形与《说文》同。 |

380

续 表

| 序号 | 字头 | 字形信息 | 字形信息比对 |
|---|---|---|---|
| | | 26 部 卩 | |
| 761 | 卩 | 卩 S.C. | 释义中无字理说明。The 隶 form, which is now used, is 節, To restrict; to limit. To be distinguished from, the compound form of 邑. 字形与《说文》同。 |
| 762 | 巳 | 无字头 | The form of the preceding, when it occurs in the lower part of a Compound Character.《说文》无。 |
| 763 | 卪 | § 卪 S.C. | The reverse side of 卩. 字形与《说文》同。 |
| 764 | 印 | 卬 S.C. 卬 | Derived from 匕, The head, and 卩, The seal of office.《说文》无。收录的是其异体字"卬"。 |
| 765 | 卯 | ‡ 卯 S.C. | From 卩, and 卪, The credentials given to a public servant, and the corresponding part retained at court; hence, denotes a statesman serving his prince, now written 卿; and to be distinguished from 卯. 字形与《说文》同。 |
| 766 | 卯 | • 卯 S.C. 卯 R.H. | 释义中无字理说明。字形与《说文》同。(卯,阳气从地下冒出。地支中"卯"代表农历二月,这时万物冒出地面长出新芽。"卯"的字形,像开门的形状。所以二月又叫"天门"。) |
| 767 | 印 | ‡ 印 S.C. 印 R.H. | From 爪, The nails of the hand, and 卩, A credential. 字形与《说文》同。 |
| 768 | 危 | ‡ 危 S.C. 危 A.V. 危 R.H. | From 厃 Chen, A man on the verge of a precipice, and 巳, To limit or stop him from falling head long. 字形与《说文》同。 |
| 769 | 卹 | 卹 S.C. | From 卩, Implying trust or dependence on. Kang-he considers it the obsolete form of 恤. 字形与《说文》同。 |

| 序号 | 字头 | 字形信息 | 字形信息比对 |
|---|---|---|---|
| 770 | 弜 | 弜 S. C. | From two seals of office. 字形与《说文》同。 |
| 710 | 卬 | 字头无 | From 印, A seal reversed. A particle denoting A transition, or a reversing of the thought; or, By the framers of the 隶 character, written 抑.《说文》无,收录的是"卬"。 |
| 772 | 卻 | § 卻 S. C. 卻 R. H. | 释义中无字理说明。字形与《说文》同。 |
| 773 | 卯 | 卯 卯 S. C. | 释义中无字理说明。第二个与《说文》中同。 |
| 774 | 卼 | 卼 S. C. | 释义中无字理说明。字形与《说文》同。 |
| 775 | 卥 | 卥 S. C. | 释义中无字理说明。字形与《说文》同。 |
| 776 | 卷 | 卷 S. C. 卷 R. H. | 释义中无字理说明。The bend at the knee. (Shwo-wan.) 字形与《说文》同。 |
| 777 | 卸 | 卸 S. C. | 释义中无字理说明。字形与《说文》同。 |
| 778 | 卹 | § 卹 S. C. | 释义中无字理说明。Syn. with 恤. 字形与《说文》同。 |
| 779 | 卺 | 卺 R. H. | 释义中无字理说明。Commonly written 卺, but properly 卺. (Sha-muh.)《说文》中有篆体。 |
| 780 | 卻 | § 卻 S. C. 卻 R. H. | 释义中无字理说明。字形与《说文》同。 |
| 781 | 卽 | 卽 S. C. 卽 R. H. | 释义中无字理说明。字形与《说文》同。 |
| 782 | 卿 | § 卿 S. C. 卿 R. H. | From 卯, "To issue forth," the other part giving sound. 字形与《说文》同。 |
| | 27 部 厂 | | |
| 783 | 厂 | 厂 S. C. | 释义中无字理说明。The overhanging side of a hill; 字形与《说文》同。 |

| 序号 | 字头 | 字形信息 | 字形信息比对 |
|---|---|---|---|
| 784 | 厃 | 严 S. C. | From Man on the top of a precipice. To look up to; dangerous. (Sha-muh.) 字形与《说文》同。 |
| 785 | 厄 | 戹 S. C. 厄 R. H. | 释义中无字理说明。字形与《说文》同。 |
| 786 | 厷 | ‖ 㞢 S. C. | To seize or take hold of with the left hand; from the reverse side of 㞢, "To take with the right hand." 字形与《说文》同。 |
| 787 | 厒 | 厒 S. C. | 释义中无字理说明。字形与《说文》同。 |
| 788 | 厾 | 厾 s.c. | 释义中无字理说明。字形与《说文》同。 |
| 789 | 厓 | ¡ 厓 S. C. 厓 R. H. | 释义中无字理说明。字形与《说文》同。 |
| 790 | 厗 | 厗 S. C. | 释义中无字理说明。字形与《说文》同。 |
| 791 | 厐 | 厐 S. C. | 释义中无字理说明。The appearance of a large rock. 字形与《说文》同。 |
| 792 | 厌 | 厭 S. C. | 释义中无字理说明。字形与《说文》同。 |
| 793 | 厕 | 厕 S. C. | 释义中无字理说明。字形与《说文》同。 |
| 794 | 厢 | 厢 S. C. | 释义中无字理说明。字形与《说文》同。 |
| 795 | 厚 | 厚 S.C. 㘞 A.V. 厚 R.H. | 释义中无字理说明。The bulkiness of a mountain. 字形与《说文》同。 |
| 796 | 厔 | 厔 s.c. | 释义中无字理说明。字形与《说文》同。 |
| 797 | 厘 | 厘 S. C. | 释义中无字理说明。字形与《说文》同。 |
| 798 | 厝 | 厝 S. C. | 释义中无字理说明。字形与《说文》同。 |
| 799 | 厞 | 厞 S. C. | 释义中无字理说明。字形与《说文》同。 |
| 800 | 厡 | 厡 S.C. | 释义中无字理说明。字形与《说文》同。 |
| 801 | 原 | 厡 S. C. 原 R. H. | 释义中无字理说明。Syn. with 源. 字形与《说文》同。 |

| 序号 | 字头 | 字形信息 | 字形信息比对 |
|---|---|---|---|
| 802 | 敊 | 斢 S. C. | From 攴, To strike, and 厂, A cleft hill side; the other part giving sound. 字形与《说文》同。 |
| 803 | 厥 | 厥 S. C. 厤 R. H. | 释义中无字理说明。字形与《说文》同。 |
| 804 | 厰 | 厰 S. C. | 释义中无字理说明。字形与《说文》同。 |
| 805 | 厝 | 厝 S. C. | 释义中无字理说明。字形与《说文》同。 |
| 806 | 厪 | 厪 S.C. | 释义中无字理说明。字形与《说文》同。 |
| 807 | 厭 | 厭 S. C. 猒 R. H. | 释义中无字理说明。字形与《说文》同。 |
| 808 | 厱 | 厱 S.C. | 释义中无字理说明。字形与《说文》基本同。 |
| 809 | 厬 | 厬 S. C. | 释义中无字理说明。字形与《说文》同。 |
| 810 | 厲 | 厲 S. C. 厲 R. H. | 释义中无字理说明。字形与《说文》同。 |
| 811 | 厵 | 字体无 | 释义: three springs issuing from below a hill.  Now  abbreviated to  源.  A source; a fountain.《说文》中有篆体。 |
| | | 28 部　厶 | |
| 812 | 厶 | 厶 S. C. | 八, To turn the back upon, added to 厶, makes its opposite, 公, General; just. In the above sense, 私, is now commonly used. 字形与《说文》同。 |
| 813 | 厺 | ＋ 厺 S.C. | The character 子 Tsze, "A child," inverted. The posture of the child in a natural and easy parturition. Hence this character forms part of the character 育, "To nourish; to bring up a child." hence, also, the definition, To issue forth suddenly; to occur abruptly. ... Like a disobedient child, driven forth head foremost. （Shwo-wan.） Now written 突. 字形与《说文》同。 |

| 序号 | 字头 | 字形信息 | 字形信息比对 |
|---|---|---|---|
| 814 | 去 | ʃ 古 S.C. 去 R.H. | From 大, Great, and 厶 Mow, giving sound. 字形与《说文》同。 |
| 815 | 叀 | 叀 S.C. | To be minutely and devotedly attentive to. From 幺, Minute, abbreviated, and 屮, Grain, which is wealth, issuing out of the ground, the effort of care and attention. Same as 專. 字形与《说文》同。 |
| 816 | 叄 | 叄 S.C. 叄 A.V. 叅 R.H. | 释义中无字理说明。《说文》无,收录的是"曑"。马提供的是"曑"的篆体。 |
| 817 | 毚 | 毚 S.C. | 释义中无字理说明。字形与《说文》同。康熙中收录的是"毚",未收录"毚",二者是异体字。《说文》中收录的是"毚":狡兔也。 |
| | | 29 部　又 | |
| 818 | 又 | · ⺕ ⺕ 又 | Represents the hand; hence its usual meaning, Again; further; more; moreover; still more. In compounds written thus ナ, and thus ⺕, as in 有,"To have;" 帚,"To brush or scrub;" 雪,"Hands rained down;" i.e. snow;.... 第一个字形同《说文》。(又,手。像手抓握的形状。字形只画三根手指的原因,是五根手指排列起来太多,因此略去其二,使字形上手指不超过三个。) |
| 819 | 叉 | ⺕ | 释义中无字理说明。To insert the fingers of one hand between those of the other, which is the manner of the Chinese when making a bow. 字形与《说文》同。 |
| 820 | 叉 | 叉 S.C. | 释义中无字理说明。字形与《说文》同。 |

385

| 序号 | 字头 | 字形信息 | 字形信息比对 |
|---|---|---|---|
| 821 | 及 | ⁝ 𦐒 及 | From 又, and 人, "To follow and persecute a man." Hence, To stretch towards; to extend to; … . 字形与《说文》同。 |
| 822 | 友 | 𦥑 𠬺 彐 | From two hands joined. Of the same mind and disposition. To unite cordially; … . 字形一与《说文》同。 |
| 823 | 叒 | 𡨄 s.c. 马提供的是异体字"叞"的篆体。字形与《说文》同 | To take any thing out from amongst water; to dive into water in order to take out something. From Hand below 回, "Water." The framers of the Le-character changed the upper part to 刀. 《说文》无。收录的是"叞"。 |
| 824 | 叉 | The obsolete form of the preceding. | From two hands, denoting mutual assistance. |
| 825 | 叚 | 𣪠 s.c. | From, "A division or portion of an affair," and 又, "The hand." To direct; to manage; to put in order. 字形与《说文》同。 |
| 826 | 反 | 𠬇 反 | From Hand, the agent by which things are turned. To turn contrary to the first direction; … . 字形与《说文》同。 |
| 827 | 𠬛 | 𣥠 s.c. | 释义中无字理说明。字形与《说文》同。 |
| 828 | 叕 | ⁝⁝ 𦕎 s.c. | Union of heart and virtuous sentiment, denoted by the form of the character, which is made up of three hands. 字形与《说文》同。 |
| 829 | 叓 | Ol. Scrib. 史 | 从又持中中正也，"From Hand grasping the middle; the middle denotes that which is right and impartial."《说文》中有篆体。 |

续　表

| 序号 | 字头 | 字形信息 | 字形信息比对 |
|---|---|---|---|
| 830 | 叟 | ❖ s.c. | 释义中无字理说明。字形与《说文》同。 |
| 831 | 叜 | 字头无 | To support an aged person, by holding his arms when standing up; hence from Hand. The correct form of 叟, "One who requires to be supported; an aged venerable person."《说文》无。 |
| 832 | 叔 | ❖ ❖ | 释义中无字理说明。字形与《说文》同。 |
| 833 | 尗 | ❖ s.c. | From a Hand holding a napkin below a corpse. 字形与《说文》同。 |
| 834 | 叕 | ❖ s.c. | 释义中无字理说明。字形与《说文》同。 |
| 835 | 取 | ❖ s.c. | 释义中无字理说明。字形与《说文》同。 |
| 836 | 受 | ❖ ❖ | From 爰, "To drop down," and 冖, "To cover."字形与《说文》同。 |
| 837 | 叚 | ❖ s.c. | 释义中无字理说明。Erroneously written for 段. 字形与《说文》同。 |
| 838 | 叛 | ❖ ❖ | 释义中无字理说明。Al. Scrib. 畔. 字形与《说文》同。 |
| 839 | 㪆 | ❖ s.c. | From a Hand supporting 灾, "Misfortune." A term of respect applied to old men. Now written 叟. 字形与《说文》同。 |
| 840 | 叟 | ❖ ❖ | 释义中无字理说明。《说文》无,收录的是"㪆"。 |
| 841 | 叢 | ❖ ❖ | From 丵 Cho, "Luxuriant herbage," hence the idea expressed by the character. To add 艸 Tsaou, and write 藂 Ts'hung, for 艸叢生, "Rich luxurian herbage," is a needless addition to parts already abundantly significant. (Sha-muh.) 字形与《说文》同。 |

| 序号 | 字头 | 字形信息 | 字形信息比对 |
|---|---|---|---|
| | | 30 部　口 | |
| 842 | 口 | 口 口 | The mouth of any animal；… .口者人所以言食也象形，" K'how, denotes that with which people speak and eat，its form is represented by the character."（Shwo-wan.）字形与《说文》同。 |
| 843 | 古 | 古 古 | From Ten and Mouth；that which has passed by tradition through ten generations. 字形与《说文》同。（古，故旧。字形采用"十、口"会义。表示能记忆先人圣语的人。） |
| 844 | 句 | 句 勾 | 释义中无字理说明。字形与《说文》同。 |
| 845 | 另 | 多 R. H. | 释义中无字理说明。《说文》无。 |
| 846 | 叨 | 听 叨 | 释义中无字理说明。A duplicate form of 饕 Taou.（Sha-muh.）字形与《说文》同。 |
| 847 | 叩 | 叩 叩 | 释义中无字理说明。《说文》无。 |
| 848 | 只 | ‧ 兄 只 | From Mouth, and lines representing the breath falling.（Shwo-wan.）字形与《说文》同。 |
| 849 | 叫 | 叫 叫 | 释义中无字理说明。字形与《说文》同。 |
| 850 | 召 | 召 召 | 释义中无字理说明。字形与《说文》同。 |
| 851 | 谷 | 谷 S. C. | From a Mouth or Pass, and Water. A watery tract of land situated amongst hills；a marsh；a swamp：appearing as if spoiled. 字形与《说文》同。 |
| 852 | 叮 | 叮 R. H. | 释义中无字理说明。《说文》无。 |
| 853 | 可 | 可 可 | 释义中无字理说明。字形与《说文》同。 |
| 854 | 台 | 台 S. C. 台 R. H. | 释义中无字理说明。字形与《说文》同。 |

续　表

| 序号 | 字头 | 字形信息 | 字形信息比对 |
|------|------|----------|--------------|
| 855 | 叱 | 𠰷　吒 | 释义中无字理说明。字形与《说文》同。 |
| 856 | 史 | 㞢　史 | From Hand seizing the Middle. An impartial narrator of events；… . 字形与《说文》同。 |
| 857 | 右 | 彐　右 | 释义中无字理说明。the right hand；the right side. 马提供字形错误。应该是司。 |
| 858 | 叵 | 叵 R. H. | 叵不可也从反可，"P'ho denotes may not，should not." From 可，"May or should，"reversed.《说文》中有篆体。 |
| 859 | 号 | An abbreviated form of 號 Haou. | From Mouth placed on 丂，"The breath issuing from the mouth."《说文》中有篆体。 |
| 860 | 司 | 司　司 | A minister of state transacting business at a distance from the court；hence the character is formed of 后，"A prince or king，"reversed. 字形与《说文》同。（司，在外办事的官史。字形采用反写的"后"字。） |
| 861 | 吁 | 𠮵　吁 | Form Mouth and 亏，"The breath issuing forth freely."字形与《说文》同。 |
| 862 | 吃 | 𠰸　吃 | 释义中无字理说明。Commonly，but erroneously used for 喫，"To eat；to swallow；"figuratively，to be struck or impressed with. 字形与《说文》同。 |
| 863 | 各 | 𠱣　各 | From Mouth and 夂，"To follow." To follow calling to，but disregarded by the person before.（Shwo-wan.）字形与《说文》同。（各，表示不同个体的词。字形采用"口、夂"会义。夂，表示有人要行进，有人要阻止，两两不相听从。） |

| 序号 | 字头 | 字形信息 | 字形信息比对 |
|---|---|---|---|
| 864 | 合 | 合 㿟 | 释义中无字理说明。字形与《说文》同。 |
| 865 | 吉 | 吉 㐂 | 释义中无字理说明。字形与《说文》同。 |
| 866 | 同 | 同 㘕 | From Mouth, implying many holding the same language and agreeing in one. (Sha-muh.) 字形与《说文》同。 |
| 867 | 叱 | 叱 s. c. | 释义中无字理说明。字形与《说文》同。 |
| 868 | 名 | 名 㕙 | From Evening and Mouth, because in the dusk, in order to be known, it is necessary to call out one's name. (Shwo-wan.) 字形与《说文》同。(名,自称。字形采用"口、夕"会义。夕,天黑。天黑了人们不相见,所以用嘴向别人说自己的名。) |
| 869 | 后 | 后 㘄 | From 尸 E, "To lead; to induce," by orders proceeding from the mouth of one. 字形与《说文》同。 |
| 870 | 吏 | 吏 㕜 | From 史, used to express "A royal servant; and One, implying the unity of purpose in the mind of rulers." (Seuk'heae.) 字形与《说文》同。 |
| 871 | 吐 | 吐 㕥 | 释义中无字理说明。字形与《说文》同。 |
| 872 | 向 | ‡ 向 㘿 | From 宀 Meen, "A cave or hut," and 口, " A mouth or opening." A medium of communication for the air, hence from mouth. (Seuk'heae.) 字形与《说文》同。 |
| 873 | 吒 | 吒 s. c. | 释义中无字理说明。字形与《说文》同。 |

| 序号 | 字头 | 字形信息 | 字形信息比对 |
|---|---|---|---|
| 874 | 君 | | From 尹,"A hand grasping a line, to preserve rectitude," and 口,"A mouth,"giving orders. (Shwo-wan.) One at the head of a community, to whom all hearts are directed. 字形与《说文》同。(君,天下至尊。字形采用"尹"作边旁,表示管理万千事务;因为发号施令,所以同时采用"口"作边旁。，这是古文的"君"字,像君主端坐的样子。) |
| 875 | 吝 | | 释义中无字理说明。吝含忍不吐也,"Lin, is retaining and not giving forth." (Luh-shoo.) 字形与《说文》同。(吝,悔恨、痛惜。字形采用"口"作边旁,"文"作声旁。《易经》上说:"长此以往将会后悔。") |
| 876 | 吞 | | According to some, from 天, giving sound, and Mouth. Others consider it formed from the three characters 一大口,"A large mouth"united. 字形与《说文》同。 |
| 877 | 吟 | | 释义中无字理说明。字形与《说文》同。 |
| 878 | 吠 | | 释义:The voice of a dog. 字形与《说文》同。 |
| 879 | 否 | | 否不可之意见於言故从口,"P'hei is the idea of unfitness rendered visible in words, hence the character is formed form mouth." (未标来源) 字形与《说文》同。 |
| 880 | 昏 | s. c. | 释义中无字理说明。字形与《说文》同。康熙此部中未收录该字。 |
| 881 | 吡 | | 释义中无字理说明。字形与《说文》同。 |

| 序号 | 字头 | 字形信息 | 字形信息比对 |
|---|---|---|---|
| 882 | 含 | ，含 舍 | 释义：To hold in the mouth; …. 字形与《说文》同。 |
| 883 | 听 | 听 S.C. | 释义中无字理说明。字形与《说文》同。 |
| 884 | 吭 | 吭 R.H. | 释义中无字理说明。《说文》无。 |
| 885 | 吮 | 吮 S.C. | 释义中无字理说明。字形与《说文》同。 |
| 886 | 启 | 启 S.C. | From door and mouth. To open. Bright. 字形与《说文》同。 |
| 887 | 呈 | ，呈 呈 | 释义中无字理说明。字形与《说文》同。 |
| 888 | 吴 | 吴 吴 | 释义中无字理说明。字形与《说文》同。 |
| 889 | 肉 | 肉 S.C. | 释义中无字理说明。字形与《说文》同。 |
| 890 | 吸 | ，吸 S.C. | 释义中无字理说明。字形与《说文》同。 |
| 891 | 吹 | 吹 吹 | 释义中无字理说明。字形与《说文》同。 |
| 892 | 呶 | 呶 S.C. | 释义中无字理说明。字形与《说文》同。 |
| 893 | 吻 | 吻 S.C. | 释义中无字理说明。字形与《说文》同。 |
| 894 | 吼 | 吼 R.H. | 释义中无字理说明。The voice of any animal；《说文》无，收录的是"呴"。 |
| 895 | 哞 | 字头无 | 释义：哞鸣也，"The lowing of a cow."《说文》无。 |
| 896 | 吾 | 吾 吾 | 释义中无字理说明。字形与《说文》同。 |
| 897 | 告 | ‡ 告 告 | From Cow and Mouth, hence, To accuse；字形与《说文》同。 |
| 898 | 呀 | 呀 呀 | 释义中无字理说明。字形与《说文》同。 |
| 899 | 吕 | ·吕 吕 | The back bone; the spine, a portion of which is represented by the character. 字形与《说文》同。 |
| 900 | 呢 | 呢 S.C. | 释义中无字理说明。字形与《说文》同。 |

续 表

| 序号 | 字头 | 字形信息 | 字形信息比对 |
|------|------|---------|-------------|
| 901 | 呢 | 呢 R. II. | 释义中无字理说明。《说文》无。 |
| 902 | 呦 | 𠴐 呦 | 释义中无字理说明。字形与《说文》同。 |
| 903 | 呧 | 呧 s. c. | 释义中无字理说明。字形与《说文》同。 |
| 904 | **周** | **周 周** | From 用,"To use," and 口,"The mouth." To provide for fully;康熙中收录的是"周",《说文》㞍也。从用口。字形与《说文》同。 |
| 905 | 呪 | 𠴆 R. H. | Al. Scrib. 咒, "Two mouths and a man."《说文》无。收录的是"詶"。 |
| 906 | 呰 | 呰 s. c. | 释义中无字理说明。字形与《说文》同。 |
| 907 | 呬 | 呬 s. c. | 释义中无字理说明。字形与《说文》同。 |
| 908 | 咭 | 咭 s. c. | 释义中无字理说明。字形与《说文》同。 |
| 909 | 呱 | 呱 呱 | 释义中无字理说明。To cry as a child. 字形与《说文》同。 |
| 910 | 味 | 味 味 | 释义中无字理说明。字形与《说文》同。 |
| 911 | 呵 | 呵 R. H. | 释义中无字理说明。《说文》无。 |
| 912 | 呶 | 呶 呶 | 释义中无字理说明。字形与《说文》同。 |
| 913 | 呷 | 呷 s. c. | 甲有欲藏義古从甲,"Kea has sense of desiring and laying-up-in, hence derived from Kea."字形与《说文》同。 |
| 914 | 呻 | 呻 呻 | 释义中无字理说明。字形与《说文》同。 |
| 915 | 呼 | 呼 呼 | 释义中无字理说明。字形与《说文》同。 |
| 916 | 命 | ⼝ 命 命 | From 口,"The mouth,"and 令,"To order."Fate; "Fatum est quod dii fantur." 字形与《说文》同。 |
| 917 | 咀 | 咀 咀 | 释义中无字理说明。字形与《说文》同。 |
| 918 | 咄 | 咄 咄 | 释义中无字理说明。字形与《说文》同。 |

| 序号 | 字头 | 字形信息 | 字形信息比对 |
|---|---|---|---|
| 919 | 杏 | ∶ 商 s. c. | From Choe, "A master," placed on 否, "Not," denoting one who has discernment to distinguish between right and wrong, and to reject the latter with scorn. (Ching-tsze-t'hung.) 字形与《说文》同。 |
| 920 | 咆 | 响 s. c. | 释义中无字理说明。字形与《说文》同。 |
| 921 | 咈 | 咈　咻 | 多音字,读 Pei 时,To bridle; to restrain. The old definition say, that perverseness is denoted by the parts of the character, i. e. a bow and two arrows. 字形与《说文》同。 |
| 922 | 和 | 咊　和 | 释义中无字理说明。字形与《说文》同。 |
| 923 | 哈 | 喵 s. c. | 释义中无字理说明。字形与《说文》同。 |
| 924 | 咎 | ∶ 那 咎 | From 各, "Opposition to," and 人, "Man." (Shwo-wan.) 字形与《说文》同。(咎,灾祸。字形采用"人、各"会义。各,表示相违背。) |
| 925 | 咏 | 咏 R. H. | 释义中无字理说明。《说文》无。收录的是"詠":歌也。从言永聲。咏,詠或从口。 |
| 926 | 聑 | 聑 s. c. | From Mouth and Ear. To whisper in the ear. 字形与《说文》同。 |
| 927 | 咡 | 字头无 | 释义:The side of the face between the mouth and ear; the side of the head.《说文》无。 |

| 序号 | 字头 | 字形信息 | 字形信息比对 |
|---|---|---|---|
| 928 | 咢 | 字形 S.C. | To beat a timbrel or drum. Ching-tsze-t'hung affirms that it is neither to sing alone, nor to beat the timbrel, but being composed of two mouths, denotes two persons singing alternately in responsive strains. Luh-shoo also defines it 两人应和而歌也，"Two person's singing in alternate responses." 字形与《说文》同。 |
| 929 | 咤 | 字形 R.H. | 释义中无字理说明。《说文》未收录"咤"字头,参考"吒"字。 |
| 930 | 哇 | 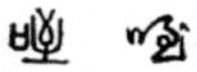 字形 | 释义中无字理说明。字形与《说文》同。 |
| 931 | 咦 | 字形 S.C. | 释义中无字理说明。字形与《说文》同。 |
| 932 | 咨 |  字形 | 释义中无字理说明。字形与《说文》同。 |
| 933 | 咫 | 字形 | 释义中无字理说明。字形与《说文》同。 |
| 934 | 咬 | 字形 S.C. | 释义中无字理说明。《说文》未收录"咬",收录的"鬣"字。 |
| 935 | 咪 | 字形 S.C. | 释义中无字理说明。字形与《说文》同。 |
| 936 | � | 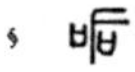 字形 S.C. | 释义中无字理说明。康熙此部中未收录该字,字形与《说文》同。 |
| 937 | 咲 | 字形 R.H. | 释义中无字理说明。《说文》无。 |
| 938 | 咳 | 字形 R.H. | 释义中无字理说明。《说文》有字形。 |
| 939 | 咷 | 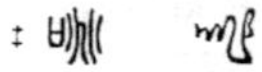 字形 | 释义中无字理说明。字形与《说文》同。 |
| 940 | 咸 |  字形 | 释义中无字理说明。字形与《说文》同。 |
| 941 | 咺 | 字形 | 释义中无字理说明。字形与《说文》同。 |
| 942 | 咻 | 字形 R.H. | 释义中无字理说明。《说文》无。 |
| 943 | 咼 | 字形 S.C. | 释义中无字理说明。字形与《说文》同。 |

| 序号 | 字头 | 字形信息 | 字形信息比对 |
|---|---|---|---|
| 944 | 咽 | | 释义中无字理说明。字形与《说文》同。 |
| 945 | 咿 | | 释义中无字理说明。《说文》未收录"咿"字头，收录的是"呭"字。 |
| 946 | 哀 | | 释义中无字理说明。字形与《说文》同。 |
| 947 | 品 | | Many mouths or persons to whom order is dictated by one presiding; two would wrangle, three gives decision and order to deliberation. 字形与《说文》同。（品，众庶万民。字形采用三个"口"会义。） |
| 948 | 㗊 | LING. | 释义中无字理说明。《说文》无。 |
| 949 | 哂 | | 释义中无字理说明。《说文》未收录"哂"字头，收录的是"吷"字。 |
| 950 | 哄 | | 释义中无字理说明。《说文》未收录"哄"字头，收录的是"鬨"字。 |
| 951 | 哆 | | Gaping; the appearance of opening the mouth wide; appearance of the lip hanging down. 与《说文》字形同。 |
| 952 | 哇 | | 释义中无字理说明。与《说文》字形同。 |
| 953 | 哈 | 字头无 | 释义：Appearance of the mouths of fish.《说文》无。 |
| 954 | 哉 | | 释义中无字理说明。与《说文》字形同。 |
| 955 | 員 | | A number of things of value; hence from 贝，"Pearl shell."与《说文》同。 |
| 956 | 哥 | | From 可，repeated，denoting a lengthened sound. To sing, in this sense now written 歌；and 哥 is used as the epithet of an elder brother. 与《说文》同。 |
| 957 | 哦 | | 释义中无字理说明。与《说文》字形同。 |

| 序号 | 字头 | 字形信息 | 字形信息比对 |
|---|---|---|---|
| 958 | 哨 | 𪠲 哨 | …; which application of the word arises from its being used for 茇, "To blow a trumpet" in order to give an alarm. 与《说文》同（哨，撮口使气流不容孔隙而发出乐声。） |
| 959 | 哭 | ，𭻤 哭 | from 吅 Heuen, "To make a clamorous noise," and 獄, "A prison," abbreviated. … 哭声繁故从二口, "Weeping with an excessive degree of noise, hence formed from two mouths."… . One affirms that the character should be written with 大 in the lower part, so making by combination of ideas, "A great outcry." 与《说文》同。 |
| 960 | 哮 | 曘 s.c. | 释义中无字理说明。The cry of an alarmed swine.（Shwo-wan.）与《说文》稍异。 |
| 961 | 哯 | 睍 s.c. | 释义中无字理说明。与《说文》字形同。 |
| 962 | 哲 | 𪔛 挱 | 释义中无字理说明。与《说文》字形同。 |
| 963 | 晰 | 𣂁 R.H. | 释义中无字理说明。《说文》无。 |
| 964 | 哺 | 哺 𭧗 | 释义中无字理说明。与《说文》字形同。 |
| 965 | 哽 | 嗄 𡁜 | 释义中无字理说明。与《说文》字形同。 |
| 966 | 哥 | 𥅫 𪠠 | 释义中无字理说明。与《说文》字形同。 |
| 967 | 唪 | 𠭯 s.c. | From 口, Mouth, opposed to 辛, Bitter, used here for a discordant sound.《说文》无。收录的是"啻":語相訶歫也。从口歫辛。辛, 恶聲也。马礼逊提供的是啻 的篆体。 |
| 968 | 唁 | 嚂 𡁏 | 释义中无字理说明。与《说文》字形同。 |

| 序号 | 字头 | 字形信息 | 字形信息比对 |
|---|---|---|---|
| 969 | 唇 | | Commonly used for 脣，The lips. Some say, improperly so, whilst others defend it. 口脣字从口从肉一也，"In the character for the lips of the mouth, it is the same thing whether compounded of 口 or 肉, mouth or flesh." 与《说文》同。（唇，震惊时嘴巴发抖。） |
| 970 | 唉 | | 释义中无字理说明。与《说文》字形同。 |
| 971 | 唊 | S. C. | 释义中无字理说明。与《说文》字形同。 |
| 972 | 唌 | S. C. | 释义中无字理说明。与《说文》字形同。 |
| 973 | 唏 | | 释义中无字理说明。与《说文》字形同。 |
| 974 | 唐 | | 释义中无字理说明。与《说文》字形同。 |
| 975 | 啚 | | 释义中无字理说明。与《说文》字形同。 |
| 976 | 唪 | S. C. | 释义中无字理说明。与《说文》字形同。 |
| 977 | 唵 | S. C. | 释义中无字理说明。与《说文》字形同。 |
| 978 | 唬 | S. C. | 释义：the voice of a tiger. 与《说文》形同（唬，野兽啼叫。一种说法认为，"唬"是老虎吼叫。字形采用"口、虎"会义。） |
| 979 | 售 | | 释义中无字理说明。与《说文》字形同。 |
| 980 | 唯 | | 释义中无字理说明。与《说文》字形同。 |
| 981 | 啾 | S. C. | 释义中无字理说明。与《说文》字形同。 |
| 982 | 唱 | | 释义中无字理说明。与《说文》字形同。 |
| 983 | 呪 | R. H. | 释义中无字理说明。《说文》无。 |
| 984 | 唤 | | 释义中无字理说明。与《说文》字形同。 |
| 985 | 唠 | S. C. | 释义中无字理说明。与《说文》字形同。 |

| 序号 | 字头 | 字形信息 | 字形信息比对 |
|---|---|---|---|
| 986 | 唶 | 𡄿 R. H. | 释义中无字理说明。《说文》无字形。 |
| 987 | 唸 | 唸 s. c. | 释义中无字理说明。与《说文》字形同。 |
| 988 | 唾 | 唾 唾 | 释义中无字理说明。与《说文》字形同。 |
| 989 | 啁 | 啁 啁 | 释义中无字理说明。与《说文》字形同。 |
| 990 | 啄 | 啄 啄 | 释义中无字理说明。与《说文》字形同。 |
| 991 | 商 | 裔 商 商 与《说文》同,第二个字形是其重文"𧇂"的篆体 | from 商 No, "Difficulty of utterance," and 章, abbreviated, added to give sound to the character. From without, to ascertain what is within:(Shwowan.)(商,从外部推知内部情况。字形采用"商"作边旁,用省略了"早"的"章"作声旁。) |
| 992 | 啍 | 啍 s. c. | 释义中无字理说明。与《说文》字形同。 |
| 993 | 舒 错误 | 䤅 s. c. | 释义中无字理说明。Syn. with 忤. 康熙和《说文》中收录的是"䤅",篆书字形与《说文》同。 |
| 994 | 問 | 問 問 問 | 释义中无字理说明。与《说文》字形同。 |
| 995 | 啐 | 啐 s. c. | 释义中无字理说明。与《说文》字形同。 |
| 996 | 崛 | 崛 s. c. | 释义中无字理说明。与《说文》字形同。 |
| 997 | 啓 | 啓 啓 啓 与"啟"篆文同 | From 启, To open, and Puh, To strike, q.d. to strike open. 《说文》无。收录的是"啟":教也。从支启聲。 |
| 998 | 啁 | 啁 s. c. | 释义中无字理说明。《说文》未收录"啁"字头,收录的是"譋"字。字形与《说文》不同。 |
| 999 | 啖 | 啖 啖 | 释义中无字理说明。与《说文》字形同。 |
| 1000 | 啗 | 啗 s. c. | 释义中无字理说明。与《说文》字形同。 |

| 序号 | 字头 | 字形信息 | 字形信息比对 |
|---|---|---|---|
| 1001 | 㕭 | s. c. | 释义中无字理说明。与《说文》字形同。 |
| 1002 | 啚 | s. c. | From 口 Mouth, and 啚 Lee, A granary. 与《说文》字形同。 |
| 1003 | 啜 |  | 释义中无字理说明。与《说文》字形同。 |
| 1004 | 啞 |  | 释义中无字理说明。与《说文》字形同。 |
| 1005 | 啇 |  | 释义中无字理说明。与《说文》字形同。 |
| 1006 | 啼 |  | 释义中无字理说明。Sha-muh says it is erroneously written for...《说文》无，收录的是"嗁"。 |
| 1007 | 啻 | † | s. c. From 言, Words, and 中, in the midst of. Cheerful; lively: It is in conversation that persons persons feel most so.（Sha-muh.）The ancient form of 意, The intention, the wish. 与《说文》字形同。 |
| 1008 | 啾 | 是"啾"的篆体 | 释义中无字理说明。Syn. with 噍, The noise made in chewing or eating.《说文》收录的是"啾":小兒聲也。从口秋聲。 |
| 1009 | 喁 |  | 释义中无字理说明。与《说文》字形同。 |
| 1010 | 喃 | R. H. | 释义中无字理说明。《说文》未收录"喃"字头，收录的是"詀"字。 |
| 1011 | 善 | 与《说文》中"譱"的篆体同 | From 羊, A sheep, in the midst of 誩 King, Mutual wrangling.《说文》无。收录的是其异体字"譱":吉也。从誩从羊。 |
| 1012 | 喔 | s. c. | 释义中无字理说明。与《说文》字形同。 |
| 1013 | 喈 |  | 释义中无字理说明。与《说文》字形同。 |
| 1014 | 喉 | s. c. | 释义中无字理说明。与《说文》字形同。 |

续　表

| 序号 | 字头 | 字形信息 | 字形信息比对 |
|---|---|---|---|
| 1015 | 喊 | 喊 R. H. | 释义中无字理说明。《说文》无。 |
| 1016 | 喋 | 喋 R. H. | 无字理说明。The appearance of blood flowing; or according to some, to drink or taste blood when taking an oath. It refers to an obscure passage in the history of the Dynasty Han.《说文》无。 |
| 1017 | 喌 | 喌 S. C. | From Heuen, "To call to." The noise made in calling to fowls by those who take care of them. 与《说文》同。 |
| 1018 | 喑 | 喑 S. C. | To lose one's voice, and be unable to speak, from grief or excessive weeping. 与《说文》同。 |
| 1019 | 喔 | 喔　喔 | 释义中无字理说明。与《说文》字形同。 |
| 1020 | 喤 | 喤 S. C. | 释义中无字理说明。与《说文》字形同。 |
| 1021 | 喘 | 喘 S. C. | 释义中无字理说明。与《说文》字形同。 |
| 1022 | 喙 | 喙　喙 | 释义中无字理说明。与《说文》字形同。 |
| 1023 | 唤 | 唤　唤 | 释义中无字理说明。与《说文》字形同。 |
| 1024 | 喜 | 喜　歖　喜<br>与《说文》同<br>第二个是"歖"的篆体 | From mouth added to Choo, or according to Ching-tsze-t'hung, as it ought to be written, Choo, Pulse-bearing plants raising their heads;（喜,快乐。字形采用"壴、口"会义。所有与喜相关的字,都采用"喜"作边旁。"歖",这是古文的"喜"字,字形采用"欠"作边旁,造字方法与"欢"相同。） |
| 1025 | 喝 | 喝　喝 | 释义中无字理说明。与《说文》字形基本同。 |

续　表

| 序号 | 字头 | 字形信息 | 字形信息比对 |
|------|------|----------|--------------|
| 1026 | 唧 | R. H. | 释义中无字理说明。同"唧"。《说文》无。 |
| 1027 | 喟 | | 释义中无字理说明。与《说文》字形同。 |
| 1028 | 喤 | S. C. | 释义中无字理说明。与《说文》字形同。 |
| 1029 | 喦 | S. C. | From 品，Many mouths or persons; hence much talk; to wrangle; wrangling. Different from 喦 Gan, which is under the Radical 山. 与《说文》同。(喦 niè)多言也。从品相连。 |
| 1030 | 喧 | | 释义中无字理说明。与《说文》字形同。 |
| 1031 | 喎 | S. C. | From 咼，A distorted mouth，and 丸，A pill. 与《说文》基本同。 |
| 1032 | 喻 | R. H. | 释义中无字理说明。同"喻"。《说文》无。 |
| 1033 | 喌 | S. C. | 释义中无字理说明。与《说文》字形同。 |
| 1034 | 喪 | | From 哭，To weep, and 亡，To pass to oblivion. To pass to obscurity; to be forgotten; to be lost. 与《说文》同。 |
| 1035 | 喫 | | 释义中无字理说明。与《说文》字形同。 |
| 1036 | 朙 | 字头无 | 释义：Many moths. The ancient form of 雷。《说文》中有篆体字形。 |
| 1037 | 喬 | | From 夭，Pleasing and elegant, with 高，High, abbreviated. High; high and bent back, as if still looking higher. 同《说文》。 |
| 1038 | 嗲 | R. H. | 释义中无字理说明。Same as 唁，To mourn or grieve for the disasters of the living,...《说文》无。 |
| 1039 | 單 | | 释义中无字理说明。A single garment; .... 第三个与《说文》同。 |

402

| 序号 | 字头 | 字形信息 | 字形信息比对 |
|---|---|---|---|
| 1040 | 喔 喔 R. H. | | 释义中无字理说明。This character is not inserted in Kang-he.康熙此部中未收录该字(仅正字通中有),《说文》无。 |
| 1041 | 哭 字头无 | | The original form of 喪. From 哭, To weep，and 亡, Lost or perished.《说文》无,收录的是"喪"。 |
| 1042 | 枭 枭 s. c. | | From 品,Many mouths on the top of 木,A tree. 与《说文》同。 |
| 1043 | 嗀 嗀 s. c. | | 释义中无字理说明。The appearance of ejecting from the mouth, or vomiting. 与《说文》字形同。 |
| 1044 | 喈 ɡ 喈 s. c. | | 释义中无字理说明。与《说文》字形同。喈,《说文》喜也。从口喬聲。 |
| 1045 | 嘀 嘀 嘀 | | 释义中无字理说明。与《说文》字形同。 |
| 1046 | 嗇 嗇 嗇 嗇 | | From 來，To come，and 向 Lin，A granary. Whatever comes or is brought, is stored up in the granary by husbandmen, and therefore they are called 嗇夫. 与《说文》字形同。 |
| 1047 | 嘞 字头无 | | 释义:多言也。Much talk.《说文》无。 |
| 1048 | 嗌 嗌 嗌 嗌 | | The second form of the seal character, is said to represent the Mouth and the Veins of the neck.(V1, 418) 与《说文》字形同。第二个是其重文"嗌"的篆体。 |
| 1049 | 嗑 嗑 嗑 | | Represents, it is said, Something contained in the mouth, which being eaten, the mouth closes. Hence, in miscellaneous lots, She-ho denotes Eating; in those of the regular series or order, Ho, denotes, To close or unite. 与《说文》字形同。 |

| 序号 | 字头 | 字形信息 | 字形信息比对 |
|---|---|---|---|
| 1050 | 嗔 | | 释义中无字理说明。与《说文》字形同。康熙中收录的是"嗔"。 |
| 1051 | 嗙 | s. c. | 释义中无字理说明。与《说文》字形同。 |
| 1052 | 鸣 | R. H. | 释义中无字理说明。《说文》未收录"鸣",收录的"歇"字。 |
| 1053 | 嘑 | s. c. | 释义中无字理说明。与《说文》字形同。 |
| 1054 | 嗛 | | 释义中无字理说明。与《说文》字形同。 |
| 1055 | 嗜 | | 释义中无字理说明。与《说文》字形同。 |
| 1056 | 嗟 | R. H. | 释义中无字理说明。《说文》未收录"嗟"字头,收录的"差"字。 |
| 1057 | 喟 | s. c. | 释义中无字理说明。与《说文》字形同。咽也,从口聲。 |
| 1058 | 嗣 | | From, A record, and Mouth. A mouth to read the records of the family in the hall of ancestors. 司,Merely gives sound to the character. 与《说文》字形同,第二个是"孠"的重文形式。 |
| 1059 | 嗷 | s. c. | 释义中无字理说明。康熙中收录的是"嗷"。与《说文》字形同。 |
| 1060 | 嘴 | R. H. | 释义中无字理说明。《说文》未收录"嘴"字头,收录的"喙"字。 |
| 1061 | 嘛 | s. c. | 释义中无字理说明。与《说文》字形同。 |
| 1062 | 嘆 | s. c. | 释义中无字理说明。与《说文》字形同。 |
| 1063 | 嗽 | R. H. | 释义中无字理说明。《说文》未收录"嗽"字头,收录的"欶"字。 |
| 1064 | 嗾 | | 释义中无字理说明。与《说文》字形同。 |
| 1065 | 嘖 | s. c. | 释义中无字理说明。与《说文》字形同。 |

续　表

| 序号 | 字头 | 字形信息 | 字形信息比对 |
|---|---|---|---|
| 1066 | 崒 | 崒 s.c. | 释义中无字理说明。与《说文》字形稍异。 |
| 1067 | 喊 | 宬 R.H. | 释义中无字理说明。《说文》无。 |
| 1068 | 喌 | 喌 s.c. | From 吅 Tsih, A multitude of mouths, and 丩 kew, To entwine about. This part is only to give sound. 与《说文》字形同。 |
| 1069 | 嗥 | 嗥 s.c. | 释义中无字理说明。与《说文》字形同。 |
| 1070 | 嘅 | 嘅　嘅 | 释义中无字理说明。与《说文》字形同。 |
| 1071 | 嘆 | 嘆　嘆 | 释义中无字理说明。与《说文》字形同。 |
| 1072 | 嘉 | 嘉 嘉 嘉 嘉 字形 1 同《说文》 | From 壴 choo, A band of Music standing up, and 加, To add or to increase.(嘉,击鼓奏乐以赞美。字形采用"壴"作边旁,"加"作声旁。) |
| 1073 | 嘌 | 嘌 s.c. | 释义中无字理说明。与《说文》字形同。 |
| 1074 | 嘏 | 嘏　嘏 | From 古, Ancient, and 叚 Twan, giving sound. 与《说文》字形同。 |
| 1075 | 嘐 | 嘐　嘐 | 释义中无字理说明。与《说文》字形同。 |
| 1076 | 嘑 | 嘑　嘑 | 释义中无字理说明。与《说文》字形同。 |
| 1077 | 嘖 | 嘖　嘖 | 释义中无字理说明。与《说文》字形同。 |
| 1078 | 嘔 | 嘔 R.H. | 释义中无字理说明。《说文》未收录"嘔"字头,收录的是"歐"字。 |
| 1079 | 噴 | 噴　噴 | 释义中无字理说明。与《说文》字形同。 |
| 1080 | 嘗 | 嘗　嘗 | From 旨, The will or intention, and 尚, giving sound. |
| 1081 | 嘘 | 嘘　嘘 | 释义中无字理说明。与《说文》字形同。 |
| 1082 | 嘫 | 嘫 s.c. | 释义中无字理说明。与《说文》字形同。 |

| 序号 | 字头 | 字形信息 | 字形信息比对 |
|---|---|---|---|
| 1083 | 嘮 | | 释义中无字理说明。与《说文》字形同。 |
| 1084 | 嘯 | | 释义中无字理说明。与《说文》字形同。 |
| 1085 | 嘰 | | 释义中无字理说明。与《说文》字形同。 |
| 1086 | 嘶 | R. H. | 释义中无字理说明。《说文》无。 |
| 1087 | 嘷 | | 释义中无字理说明。与《说文》字形同。 |
| 1088 | 嘹 | R. H. | 释义中无字理说明。《说文》无。 |
| 1089 | 嘻 | H. R. | 释义中无字理说明。《说文》未收录"嘻"，收录的"譆"字。 |
| 1090 | 嘼 | S. C. | The character is said to be 象耳头足（　）地之形，"Like the ears, the head, and the feet pawing the ground." (Shwo-wan.) 与《说文》字形同。 |
| 1091 | 嘾 | | 释义中无字理说明。与《说文》字形同。 |
| 1092 | 嘿 | R. H. | 释义中无字理说明。《说文》未收录"嘿"，收录的"默"字。 |
| 1093 | 噂 | | 释义中无字理说明。与《说文》字形同。 |
| 1094 | 噊 | S.C. | 释义中无字理说明。与《说文》字形同。 |
| 1095 | 噌 | R. H. | 释义中无字理说明。《说文》无。 |
| 1096 | 噍 | R. H. | 释义中无字理说明。《说文》有字形。 |
| 1097 | 噎 | | 释义中无字理说明。与《说文》字形同。 |
| 1098 | 噏 | R. H. | 释义中无字理说明。《说文》未收录"噏"，收录的"吸"字。 |
| 1099 | 噐 | The vulgar form of 器 | Autensil. From 工，To work, because utensils are made by mechanics; from 犬，A dog, because dogs are set to watch them, when many of them are placed together. 《说文》无，收录的是"器"。 |

续　表

| 序号 | 字头 | 字形信息 | 字形信息比对 |
|---|---|---|---|
| 1100 | 疇 | 字头无<br>《说文》中疇 | From Mouth, and 亭 Show, Ploughed land. Who? Syn. with （ ） Chow. 《说文》未收录"疇"字头,收录的"疇"字。 |
| 1101 | 喩 | 喩 s. c. | 释义中无字理说明。与《说文》字形同。 |
| 1102 | 喝 | 喝 s. c. | 释义中无字理说明。与《说文》字形同。 |
| 1103 | 喋 | 喋 s. c. | 释义中无字理说明。与《说文》字形同。 |
| 1104 | 嘅 | 嘅 嘅 | 释义中无字理说明。与《说文》字形同。 |
| 1105 | 嘆 | 嘆 s. c. | 释义中无字理说明。与《说文》字形同。 |
| 1106 | 器 | 器 器 | Formed from the mouths of several vessels, and a dog, guarding them. Some say the inner part should be 大, Great, and not Dog; thereby denoting the capacity of vessels. 与《说文》字形同。（器,皿。字形像器之口,是看家犬看守的容具。） |
| 1107 | 噪 | 字头无 | Formed of a number of mouths on the top of a tree, and denoting the voices of birds in a grove or wood. (Luh-shoo.) Properly 喿 Saou. The addition of another Mouth is thought improper. 《说文》无,收录的是"譟"。 |
| 1108 | 噫 | 噫 喿 | 释义中无字理说明。与《说文》字形同。 |
| 1109 | 噬 | 噬 噬 | 释义中无字理说明。与《说文》字形同。 |
| 1110 | 噭 | 噭 噭 | 释义中无字理说明。与《说文》字形同。 |
| 1111 | 嚾 | 嚾 R. H. | 释义中无字理说明。与《说文》字形同。 |
| 1112 | 窞 | 窞 | 释义中无字理说明。The mouth full of food. 与《说文》字形同。 |
| 1113 | 嚕 | 嚕 嚕 | 释义中无字理说明。与《说文》字形同。 |

| 序号 | 字头 | 字形信息 | 字形信息比对 |
|---|---|---|---|
| 1114 | 噷 | | 释义中无字理说明。与《说文》字形同。 |
| 1115 | 噴 | | 释义中无字理说明。与《说文》字形同。 |
| 1116 | 嚀 | R. H | 释义中无字理说明。《说文》无。 |
| 1117 | 嚙 | R. H. | 释义中无字理说明。《说文》无，收录的是"衔"。 |
| 1118 | 嚇 | R. H. | 释义中无字理说明。《说文》未收录"嚇"，收录的"嚇"字。 |
| 1119 | 嚌 | S. C. | 释义中无字理说明。与《说文》字形同。 |
| 1120 | 嚍 | CHĬH. ‡ | From Mouth and Plain, unadorned.《说文》中有篆体。《说文》野人言之。从口質聲。 |
| 1121 | 嚔 | S. C. | 释义中无字理说明。与《说文》字形同。 |
| 1122 | 噯 | | 释义中无字理说明。与《说文》字形同。 |
| 1123 | 嚚 | S. C. | 释义中无字理说明。与《说文》字形同。 |
| 1124 | 嚛 | S. C. | 释义中无字理说明。与《说文》字形同。 |
| 1125 | 嚥 | R. H. | 释义中无字理说明。《说文》未收录"嚥"，收录的"咽"字。 |
| 1126 | 嚨 | S. C. | 释义中无字理说明。与《说文》字形同。 |
| 1127 | 嚬 | R. H. | 释义中无字理说明。《说文》未收录"嚬"，收录的"顰"字。 |
| 1128 | 嚣 | S. C. | 释义中无字理说明。与《说文》字形同。 |
| 1129 | 嚳 | S. C. | 释义中无字理说明。与《说文》字形同。 |
| 1130 | 嚴 | | 释义中无字理说明。字形与《说文》不同，马提供的是该字古文的字形。 |
| 1131 | 嚶 | R. H. | 释义中无字理说明。《说文》有篆体字形。 |

408

续　表

| 序号 | 字头 | 字形信息 | 字形信息比对 |
|---|---|---|---|
| 1132 | 嚼 | 嗒 | 释义中无字理说明。《说文》未收录"嚼",收录的"噍"字。 |
| 1133 | 嚫 | 釁 R. H. | 释义中无字理说明。《说文》无。 |
| 1134 | 嚚 | 嚚 s. c. | From Four mouths and head. The breath or voice ascending above the head. 与《说文》字形同。 |
| 1135 | 囃 | 嚻 | 释义中无字理说明。《说文》无。 |
| 1136 | 囊 | 囊　囊 | 释义中无字理说明。与《说文》字形同。 |
| 1137 | 囋 | 囋 s. c. | 释义中无字理说明。与《说文》字形同。 |
| 1138 | 囂 | 囂 s. c. | 释义中无字理说明。与《说文》字形同。 |
| | | 31 部　口 | |
| 1139 | 囗 | ○ s. c. | Represents encircling; to enclose and protect. The ancient form of 圍, To surround and guard; also of 國, A nation, a country; an enclosure with a spear and a mouth, and a smaller enclosure in the middle. Tsze-hwuy affirms that this character denoted square; but Ching-tsze-t'hung and Kang-he, both deny it. 与《说文》字形同。 |
| 1140 | 囜 | 字头无 | Same as 日, The sun; a circle and one, Denoting the unity of the sun. 《说文》无。收录的是"日"。 |
| 1141 | 囘 | 字头无 | The original form of 回, Representing turning round in the centre. To turn round; to return. 《说文》收录的是"回"。 |
| 1142 | 囝 | 囝 s. c. | To take any thing clandestinely with the hand, draw it in and secret it. To take with the hands to hide. 与《说文》字形同。 |

| 序号 | 字头 | 字形信息 | 字形信息比对 |
|------|------|----------|--------------|
| 1143 | 囚 | | 释义：A man enclosed. 与《说文》字形同。囚，捆绑拘押。字形采用"人"作边旁，像人在框"囗"中。 |
| 1144 | 四 | | From 囗，four square；and 八，To divide or separate；denoting that the square is to be separated；hence Four. 字形 1 与《说文》同。2,3 分别是㕚和三的重文篆体。 |
| 1145 | 囲<br>囮 | s. c.<br>字形不详。<br>囱的篆体是 | The ancient form of 窗. A window. Or as it is expressed，屋之目虚以通明，The eye of a house；an open space to admit light. The seal character represents the lattice work，which is yet placed in windows in the north of China. The middle part of 曾，會，and similar characters，are derived from this.《说文》无。收录的是"囱"：在牆曰牖，在屋曰囱。象形。 |
| 1146 | 回 | | Designed to represent something revolving within a circle. To revolve；to turn round；to return. 分别是"囘"和"回"的篆体。 |
| 1147 | 囟 | s. c. | The calvaria. (Shwo-wan.) They express it by 頭會腦（　），the cover of the brains assembled in the head. 字形与《说文》同。 |
| 1148 | 因 | 与《说文》同 | From 囗，and 大，That which is great within a circle；because 能大者眾围就之，He who can do great things draws many around him；hence its usual meaning，That which induces effects or consequences.<br>（因，就近依凭。字形采用"囗、大"会义。） |

| 序号 | 字头 | 字形信息 | 字形信息比对 |
|---|---|---|---|
| 1149 | 囱 囧 | 字形1同《说文》 | A window. A man's name. Light and ornamented. 囧 意牖麗廔闓明象形 K'eung ch'hwang yew le loo k'hae ming seang hing, K'eung is a window of a house, or aperture in a wall, ornamented, open and lightsome, the character resembles it. (Shwǒ-wǎn.) Syn. with 煚 K'eung. |
| 1150 | 囙 囙 s. c. | | 释义中无字理说明。The appearance of revolving or circulating. 与《说文》字形同。 |
| 1151 | 囮 囮 s. c. | | 释义中无字理说明。与《说文》字形同。 |
| 1152 | 困 困朱困 | | 释义中无字理说明。字形1与《说文》字形同。 |
| 1153 | 囷 囷囷 | | 廩之圆者从禾在口中圆谓之囷方谓之京,A round granary,(the character is)derived from Grain placed within an Enclosure; round granaries are called 囷, and square one's,京. 与《说文》字形同。 |
| 1154 | 囵 囵 s. c. | | 释义中无字理说明。与《说文》字形同。 |
| 1155 | 固 固 固 | | Derived from 口, Surrounded on all sides. Shut up on every side; impervious; … . 固四塞也, Koo, is, stopped up on four sides. (Luh-shoo.) 与《说文》字形同。 |
| 1156 | 囿 | 囿囿囿 与《说文》同 分别是囿和圃的篆体 | A garden enclosed with a wall; according to some, a Park, or piece of ground enclosed and stored with wild beasts. An aviary or menagerie. One defines it merely by what the composition of the character imports, an enclosure having something withinside. |

| 序号 | 字头 | 字形信息 | 字形信息比对 |
|------|------|----------|--------------|
| 1157 | 圀 | An ancient form of 國 | Queen 武, was fond of altering characters, she said, that 國, having within it 或, "Doubt, suspicion, or treachery," conveyed an unpleasant idea. She therefore requested that it might be repressed by a military force, and therefore changed the character to 圀, in which the word 武, Military, is put. She next thought that…. At present, however, it is not followed.《说文》无。收录的是"國"。 |
| 1158 | 圓 | 圓 s. c. | 释义中无字理说明。与《说文》字形同。 |
| 1159 | 圂 | 字头无 | From a hog in an enclosure; lying under a covert; a filthy place; a privy.《说文》中有篆体。 |
| 1160 | 圃 | 圃　圃 | 释义中无字理说明。与《说文》字形同。 |
| 1161 | 圄 | 圄　圄 | 释义中无字理说明。与《说文》字形同。 |
| 1162 | 函 | •　函 s. c. | The original form of 函, see Radical 凵. Shwo-wan says, The tongue, which the character represents. 与《说文》字形同。 |
| 1163 | 圈 | 圈 | 释义中无字理说明。与《说文》字形同。 |
| 1164 | 圍 | 圍　圍 | 释义中无字理说明。与《说文》字形同。 |
| 1165 | 國 | 國　國 | From 口, To surround, and 或, giving sound, or according to some, the same as 域, A boundary; the surrounding frontier. 与《说文》字形同。 |
| 1166 | 圍 | 圍　圍 | 释义中无字理说明。与《说文》字形同。 |
| 1167 | 圉 | 字头无 | 释义：A horse in an enclosure. It also implies to bridle; to restrain. (《说文》未收录"圉",收录的是"繫"字。) |

| 序号 | 字头 | 字形信息 | 字形信息比对 |
|---|---|---|---|
| 1168 | 園 | 圀 圚 | 释义中无字理说明。与《说文》字形同。 |
| 1169 | 圆 | 圓 圚 | 释义中无字理说明。与《说文》字形同。 |
| 1170 | 圖 | 圖 圚 | From 口 Hwuy, To describe a circle, and (　) Pei, Avaricious; sordid; distressed. 与《说文》字形同。 |
| 1171 | 團 | 圛 s. c. | 释义中无字理说明。与《说文》字形同。 |
| 1172 | 圛 | 圛 s. c. | 释义中无字理说明。与《说文》字形同。 |
| 1173 | 圜 | 圛 s. c. | 释义中无字理说明。与《说文》字形同。 |
|  | **32 部 土** |  |  |
| 1174 | 土 | 壵壵土去 《说文》中的篆体是土 | The upper horizontal line represents the surface of the earth, and the lower line an inferior strata; the perpendicular line represents trees and plants taking root downward and growing up into the air. Shwo-wan says, the character expresses 地之吐生万物者也,The earth's vomiting or propelling and producing all things. 二象地之下地之中丨物出形也,The two lines represent, the earth below, and the midst of the earth; the upright line, is the appearance of things growing out. |

| 序号 | 字头 | 字形信息 | 字形信息比对 |
|---|---|---|---|
| 1175 | 壬 | 壬 s.c.<br>与《说文》同 | Represents a man standing firm on the top of the earth, or according to others, any thing growing up out of the earth. Show-wan says it denotes, Good, virtuous; from Man and T'hoo, the earth denoting the business of life. Show-wan considered it a different Radical, but Tsze-hwuy, and other subsequent Dictionaries, inserted it under 土 Radical, and Kang-he deemed it right to continue it. The characters 聽,廷,望, and such like, are derived from this. |
| 1176 | 圣 | 圣 s.c. | Judging from the parts of the character, it is a hand seizing the earth; it is also written thus (　). Tsze-hwuy reads it…. 与《说文》字形同。 |
| 1177 | 扛 | 扛 圡 | From the hand fixed upon the earth. 《说文》未收录"扛"字头，收录的是"在"字。 |
| 1178 | 青 | 肯 s.c. | The representation of a tent. From冃 Maou, A covering, and屮 Che, The ornaments on the top of the tent. Che is the same as 之；the character is erroneously put under this Radical. 帱帐旛旗之象，A representation of tents and their streamers. 与《说文》字形同。 |
| 1179 | 圭 | 圭 圭 | 圭以封诸侯故从重土，The Kwei was employed to confer the authority on governors of states, and hence the character is formed of the word Earth repeated；—as if it were said, that land was given to them. There was a slight variety in the forms, which are thus represented in Chinese books. 与《说文》字形同。 |

续　表

| 序号 | 字头 | 字形信息 | 字形信息比对 |
|---|---|---|---|
| 1180 | 圮 | 圮 s.c. | 释义中无字理说明。与《说文》字形同。 |
| 1181 | 圯 | 圯　圮 | 释义中无字理说明。与《说文》字形同。 |
| 1182 | 地 | 坤地坦 | 释义中无字理说明。与《说文》字形同。 |
| 1183 | 圻 | 圻 R.H. | 释义中无字理说明。《说文》未收录"圻",收录的是"垠"字。 |
| 1184 | 址 | 址 R.H. | 释义中无字理说明。《说文》未收录,收录的是"阯"。 |
| 1185 | 坻 | 坻 s.c. | 释义中无字理说明。与《说文》字形同。 |
| 1186 | 均 | 均　均 | 释义中无字理说明。与《说文》字形同。 |
| 1187 | 坊 | 坊　坊 | 释义中无字理说明。与《说文》字形同。 |
| 1188 | 坋 | 坋 s.c. | 释义中无字理说明。与《说文》字形同。 |
| 1189 | 坎 | 坎　坎 | 释义中无字理说明。与《说文》字形同。 |
| 1190 | 坏 | 坏　坏 | 释义中无字理说明。与《说文》字形同。 |
| 1191 | 坐 | 坐坐坐<br>分别是"坐"和"坐"的篆体 | Originally written Tso, from 留, To detain abbreviated, and 土, The earth. To detain upon the ground; to sit;… . (坐,停下休息。字形采用"土"和省略了"田"的"畱"会义。土,是止息的地方。此与"留"是同一个意思。) |
| 1192 | 坑 | 坑 R.H. | 释义中无字理说明。《说文》未收录"坑",收录的是"阬"字。 |
| 1193 | 坒 | 坒 s.c. | 释义中无字理说明。与《说文》字形同。 |
| 1194 | 坡 | 坡　坡 | 释义中无字理说明。与《说文》字形同。 |
| 1195 | 坤 | 坤三三坤 | 释义中无字理说明。与《说文》字形同。 |
| 1196 | 坦 | 坦 s.c. | 释义中无字理说明。与《说文》字形同。 |

| 序号 | 字头 | 字形信息 | 字形信息比对 |
|---|---|---|---|
| 1197 | 坦 | 坦　坦 | 释义中无字理说明。与《说文》字形同。 |
| 1198 | 坪 | 坪 s.c. | 释义中无字理说明。与《说文》字形同。 |
| 1199 | 坫 | 坫 s.c. | 释义中无字理说明。与《说文》字形同。 |
| 1200 | 垌 | 同垌垌 | 释义中无字理说明。与《说文》字形同。 |
| 1201 | 垟 | 垟 s.c. | 释义中无字理说明。与《说文》字形同。 |
| 1202 | 坳 | 坳坳 | 释义中无字理说明。与《说文》字形同。 |
| 1203 | 坴 | 坴 s.c. | 释义中无字理说明。与《说文》字形同。 |
| 1204 | 垆 | 垆 s.c. | 释义中无字理说明。与《说文》字形同。 |
| 1205 | 坷 | 坷　坷 | 释义中无字理说明。与《说文》字形同。 |
| 1206 | 坌 | 坌 s.c. | 释义中无字理说明。与《说文》字形同。 |
| 1207 | 坡 | 坡 s.c. | 释义中无字理说明。与《说文》字形同。 |
| 1208 | 坻 | 坻坻坻 | 释义中无字理说明。与《说文》字形同。 |
| 1209 | 坏 | 坏坏 | 释义中无字理说明。与《说文》字形同。 |
| 1210 | 坩 | 坩 s.c. | 释义中无字理说明。与《说文》字形同。 |
| 1211 | 垂 | 垂垂垂 | To hang down from above; suspended from a higher place; reaching to. 与《说文》字形同。（垂，偏远边疆。） |
| 1212 | 型 | 型型 | 释义中无字理说明。与《说文》字形同。 |
| 1213 | 坥 | 坥 s.c. | 释义中无字理说明。与《说文》字形同。 |
| 1214 | 垎 | 垎 s.c. | 释义中无字理说明。与《说文》字形同。 |
| 1215 | 垐 | 垐 s.c. | 释义中无字理说明。与《说文》字形同。 |
| 1216 | 垀 | 垀 s.c. | 释义中无字理说明。与《说文》字形同。 |

续　表

| 序号 | 字头 | 字形信息 | 字形信息比对 |
|---|---|---|---|
| 1217 | 垒 | 垒 s. c. | 释义:to form a wall by heaping up unburnt bricks. 与《说文》字形同。 |
| 1218 | 垓 | 坊　该 | 释义中无字理说明。A character denoting one hundred millions. 与《说文》字形同。 |
| 1219 | 㙜 垔 | 㙜 s. c. 提供的是"㙜"重文篆体。"垔"的篆体是圍 | To stop or dam up water, or to cause it to flow in a different channel from what is natural to it; to cause it to flow to the west; hence the character is formed from west and earth. (V1－498) 康熙中未收录该字,收录的是其异体字"垔"。 |
| 1220 | 垅 | 垅 s. c. | 释义中无字理说明。与《说文》字形同。 |
| 1221 | 垚 | YAOU.* | Earth raised or piled up high, which the character represents. 从土积㙓而上象高形, Compounded of the character Earth piled upon itself, representing what is high. 与《说文》字形同。 |
| 1222 | 垛 | 垛 s. c. | 释义中无字理说明。与《说文》字形同。 |
| 1223 | 垲 | 垲 s. c. | 释义中无字理说明。与《说文》字形同。 |
| 1224 | 垠 | 垠 s. c. | Derived from 土, and 艮, An earthen bound or limit; resting in its own place. 与《说文》字形同。 |
| 1225 | 垢 | 垢　垢 | 释义中无字理说明。与《说文》字形同。 |
| 1226 | 垣 | 垣　垣 | 释义中无字理说明。与《说文》字形同。 |
| 1227 | 垤 | 垤 s. c. | The character is derived from 至, The extreme degree; in consequence of an insect so small as an ant being able to make a hill by employing its utmost efforts. 与《说文》字形同。 |

| 序号 | 字头 | 字形信息 | 字形信息比对 |
|---|---|---|---|
| 1228 | 堤 | 堤 s. c. | 释义中无字理说明。与《说文》字形同。 |
| 1229 | 垸 | 垸 s. c. | 释义中无字理说明。与《说文》字形同。 |
| 1230 | 埃 | 埃 烗 | 释义中无字理说明。与《说文》字形同。 |
| 1231 | 埋 | 埋 R. H. | 释义中无字理说明。《说文》未收录"埋",收录的"薶"字。 |
| 1232 | 城 | 𪔀城𡌗<br>分别是𪔀、城的篆体 | From 土, Earth, and 成, Formed; perfected; implying that 一成不可毁也, When once formed it cannot be laid in ruins.(城,用来容纳万民的系列建筑群。字形采用"土、成"会义,"成"也是声旁。) |
| 1233 | 埏 | 埏 迊 | 释义中无字理说明。与《说文》字形同。 |
| 1234 | 垮 | 垮 s. c. | 释义中无字理说明。与《说文》字形同。 |
| 1235 | 域 | 域 试<br>与或《说文》解字重文同 | Sha-muh says, the original form is this 或 which Shwo-wan defines 邦也从口从戈以守域一地也, A state or country, from Mouth and Spear defending one; -one denotes territory. 或, is the vulgar reading, and the word is employed to express Doubt or uncertainty.《说文》无。收录的是"或":邦也。从口从戈,以守一。(或,小邦国。字形采用"口、戈"会义,用以守"一"。"一",代表土地。"域",这是"或"的异体字,再加"土"的边旁。) |
| 1236 | 埤 | 埤 s. c. | 释义中无字理说明。与《说文》字形同。 |
| 1237 | 埰 | 字头无 | 释义:采地曰埰,Ts'hae-te (or land granted to officers of government) is called Ts'hae.《说文》未收录"埰",收录的"采"字。 |

418

续　表

| 序号 | 字头 | 字形信息 | 字形信息比对 |
|---|---|---|---|
| 1238 | 埱 | 埱 s. c. | 释义中无字理说明。与《说文》字形同。 |
| 1239 | 埴 | 埴 埴 | 释义中无字理说明。埴,与《说文》字形同。 |
| 1240 | 埶 | 字头无 | From 丮 Kee, To seize. Abbreviated thus 九.《说文》无。收录的是"埶":盛力權也。从力埶聲。經典通用埶。 |
| 1241 | 埶 | 埶 埶 | 释义中无字理说明。与《说文》字形同。 |
| 1242 | 培 | 培 培 | 释义中无字理说明。与《说文》字形同。 |
| 1243 | 基 | 基 基 | That on which something rests or depends; the commencement of a wall;与《说文》字形同。 |
| 1244 | 埻 | 埻 s. c. | 释义中无字理说明。与《说文》字形同。 |
| 1245 | 埽 | 埽 埽 | 释义中无字理说明。与《说文》字形同。 |
| 1246 | 堂 | 堂 堂 堂 | 释义中无字理说明。马提供的字形1同《说文》,字形2为籀文堂。 |
| 1247 | 垄 | 垄 s. c. | An accumulation of earth; a mound or hillock. One says, To beat down earth, as when building a mud wall. From 聚 Tseu, To collect together, abbreviated. 与《说文》字形同。 |
| 1248 | 堙 | 字头无 | From 土, earth and 屆, To dig or hollow out; a mound being raised by digging a pit.（Shwo-wan.）《说文》无。《说文》中收录的是"垔"。 |
| 1249 | 堅 | 堅 堅 | 释义中无字理说明。与《说文》字形同。 |
| 1250 | 堆 | 堆 堆 | 释义中无字理说明。与《说文》字形同。 |
| 1251 | 堇 | 堇 堇 堇 <br> 分别是堇和菫的篆体 | From 革,Untanned leather, and 土, Earth. Tenacious, adhesive earth;字形1与《说文》字形同。 |

| 序号 | 字头 | 字形信息 | 字形信息比对 |
|---|---|---|---|
| 1252 | 堉 | 字头无 | Fat fertile earth. 以其能生长万物故从育从土，Which from its capability to produce and bring to maturity every species of plant and creature, is composed of Yuh, To nourish, and 土, The earth. The Chinese speak of the earth producing animated creatures, as well as, plants and minerals.《说文》无该字。 |
| 1253 | 堊 | 堊 s. c. | 释义中无字理说明。与《说文》字形同。 |
| 1254 | 堋 | 塥 | 释义中无字理说明。与《说文》字形同。 |
| 1255 | 埋 | 埋 R. H. | 释义中无字理说明。《说文》未收录"埋"，收录的是"薶"字。 |
| 1256 | 罤 | 靣 | 释义中无字理说明。与《说文》字形同。《说文》未收录"罤"字，收录的是"罤"字。 |
| 1257 | 堛 | 堛 | 释义中无字理说明。与《说文》字形同。 |
| 1258 | 堞 | 壣 堞 | 释义中无字理说明。与《说文》字形同。 |
| 1259 | 圳 | 圳 s. c. | 释义中无字理说明。与《说文》字形同。 |
| 1260 | 堠 | 堠 R. H. | 释义中无字理说明。《说文》无该字。 |
| 1261 | 堤 | 堤 堤 | 释义中无字理说明。与《说文》字形同。 |
| 1262 | 堪 | 堪 堪 堪 | 释义中无字理说明。与《说文》字形同。 |
| 1263 | 堯 | ‡ 堯 堯 堯 | From 垚, Earth heaped up, and 兀, A high and level base. High and remotely seen, as a mountain. 分别是堯、垚的篆体。 |
| 1264 | 報 | 報 報 | 释义中无字理说明。与《说文》字形同。 |
| 1265 | 場 | 場 塮 | 释义中无字理说明。与《说文》字形同。 |

续　表

| 序号 | 字头 | 字形信息 | 字形信息比对 |
|------|------|----------|--------------|
| 1266 | 堵 | 墻 鰆 㙶 | 释义中无字理说明。字形 1 与《说文》字形同。字形 2 为其籀文字形。 |
| 1267 | 堲 | 字头无 | From 土，The earth，as the earth contains all creatures，and as the bowels receive and contain. 艸 Tsaou，Grass or herbage，was subsequently added，form the idea of its covering and concealing what lay amongst it；hence the modern phrase 蔽藏，To secret or conceal.《说文》无该字。 |
| 1268 | 塗 | 㙧 | 释义中无字理说明。与《说文》该字重文字形同。 |
| 1269 | 块 | 塊 凷 圽 | 释义中无字理说明。《说文》未收录"块"字，收录的"凷"字。字形 1 是由俗字块的篆文，字形 2 是凷的篆文。 |
| 1270 | 堃 | 堃 s.c. | 释义中无字理说明。与《说文》字形同。 |
| 1271 | 垟 | 垟 | 释义中无字理说明。与《说文》字形同。 |
| 1272 | 塌 塌 | 字头无 | From 冃 Maou，and not from 日 Jin.《说文》未收录"塌"字，收录的是"闒"字。 |
| 1273 | 堼 | 塂 㙳 | 释义中无字理说明。与《说文》字形同。 |
| 1274 | 塒 | 塒 峨 | 释义中无字理说明。与《说文》字形同。 |
| 1275 | 塔 | 墖 塔 | 释义中无字理说明。与《说文》字形同。 |
| 1276 | 塗 | 塗 塗 | 释义中无字理说明。与《说文》字形同。 |
| 1277 | 塘 | 墙 㙩 | 释义中无字理说明。与《说文》字形同。 |
| 1278 | 塙 | 塙 s.c. | 释义：high earth. 与《说文》字形同。 |
| 1279 | 塞 | 寷 㥦 | 释义中无字理说明。与《说文》字形同。 |

| 序号 | 字头 | 字形信息 | 字形信息比对 |
|---|---|---|---|
| 1280 | 填 | 与《说文》同 | From 土，Earth，and 真，giving sound. Also written thus（　），from 穴，A cavern or hollow place; a pit. T'heen denotes 以土塞空也，To fill up a vacant place with earth. 与《说文》字形同。 |
| 1281 | 填 | R. H. | 释义中无字理说明。《说文》未收录"填"字，收录的"塡"字。 |
| 1282 | 塵 | | From 鹿，A stag，and 土，Earth，raised by the stag when running.《说文》无。收录的是"麤":鹿行扬土也。从麤从土。 |
| 1283 | 堑 | S. C. | 释义中无字理说明。与《说文》字形同。 |
| 1284 | 座 | S. C. | 释义中无字理说明。与《说文》字形同。 |
| 1285 | 塾 | | 释义中无字理说明。与《说文》字形同。 |
| 1286 | 塿 | | 释义中无字理说明。与《说文》字形同。 |
| 1287 | 墀 | | 释义中无字理说明。与《说文》字形同。 |
| 1288 | 境 | | From 土，The ground，and 竟，The final or extreme part. 疆土至此而竟也，The border ground; arriving at this a person finds his utmost bound. 与《说文》基本同。 |
| 1289 | 墅 | R. H. | 释义中无字理说明。《说文》未收录"墅"字，收录的"野"字。 |
| 1290 | 墇 | S. C. | 释义中无字理说明。与《说文》字形同。 |
| 1291 | 埔 | | 释义中无字理说明。字形 1 与《说文》字形同。字形 2 是其古文字形的篆体。 |
| 1292 | 塾 | | 释义中无字理说明。与《说文》字形同。 |

| 序号 | 字头 | 字形信息 | 字形信息比对 |
|---|---|---|---|
| 1293 | 壐 | | 释义中无字理说明。与《说文》字形同。 |
| 1294 | 墐 | | 释义中无字理说明。与《说文》字形同。 |
| 1295 | 墓 | | 释义中无字理说明。与《说文》字形同。 |
| 1296 | 墜 | | 释义中无字理说明。与《说文》字形同。 |
| 1297 | 增 | | To add earth to. (Luh-shoo.) To add to; to increase; 与《说文》字形同。 |
| 1298 | 墝 | s. c. | 释义中无字理说明。与《说文》字形同。 |
| 1299 | 墟 | | 释义中无字理说明。《说文》未收录"墟"字,收录的"虚"字。 |
| 1300 | 墠 | | 释义中无字理说明。与《说文》字形同。 |
| 1301 | 墥 | s. c. | 释义中无字理说明。与《说文》字形同。 |
| 1302 | 墣 | s. c. | 释义中无字理说明。与《说文》字形同。 |
| 1303 | 墨 | | From earth and black. Black, is from two fires and an opening where the black smoke issues forth. 与《说文》稍不同。 |
| 1304 | 墮 | R. II. | 释义中无字理说明。《说文》未收录"墮"字,收录的是"隓"字。 |
| 1305 | 墳 | | 释义中无字理说明。与《说文》字形同。 |
| 1306 | 墺 | | 释义中无字理说明。与《说文》字形同。 |
| 1307 | 墩 | s. c. | 释义中无字理说明。与《说文》字形同。 |
| 1308 | 墾 | | 释义中无字理说明。与《说文》字形同。 |
| 1309 | 壁 | | 释义中无字理说明。与《说文》字形同。 |

| 序号 | 字头 | 字形信息 | 字形信息比对 |
|---|---|---|---|
| 1310 | 㿜 | 字头无 | From 土，Earth，and 殿，in the sense of Afterwards；or that which is behind.《说文》无。收录的是其异体字"殿"：擊聲也。从殳屍聲。 |
| 1311 | 壅 | 𰀁 R.H. | 释义中无字理说明。《说文》无该字。 |
| 1312 | 壇 | 壇 𰀂 | 释义中无字理说明。与《说文》字形同。 |
| 1313 | 㙻 | 𰀃 S.C. | 释义中无字理说明。《说文》无该字。 |
| 1314 | 塓 | 𰀄 S.C. | 释义中无字理说明。与《说文》字形同。 |
| 1315 | 壎 | 𰀅 | 释义中无字理说明。与《说文》字形同。 |
| 1316 | 壐 | 字头无 | Commonly written 璽，see under 玉.璽所以主土故从土籀文从玉，The signet is that which gives sovereignty over territory，and hence compounded of the character Earth；in Chow's mode of writing，it was derived from Yuh，A precious stone.《说文》中有篆体。說文同璽。璽所以主土，故从土。【小篆】从玉。詳玉部璽字註。 |
| 1317 | 壑 | 𰀆 𰀇 | 释义中无字理说明。与《说文》字形同。 |
| 1318 | 壒 | 𰀈 S.C. | 释义中无字理说明。与《说文》字形同。 |
| 1319 | 壓 | 𰀉 𰀊 | 释义中无字理说明。与《说文》字形同。 |
| 1320 | 墻 | 𰀋 S.C. | 释义中无字理说明。与《说文》字形同。 |
| 1321 | 壘 | 𰀌 𰀍 | 释义中无字理说明。与《说文》字形同。 |
| 1322 | 壙 | 𰀎 S.C. | 释义中无字理说明。与《说文》字形同。 |
| 1323 | 壚 | 𰀏 𰀐 | 释义中无字理说明。与《说文》字形同。 |
| 1324 | 壞 | 𰀑 𰀒 | 释义中无字理说明。与《说文》字形同。 |

续　表

| 序号 | 字头 | 字形信息 | 字形信息比对 |
|---|---|---|---|
| 1325 | 壟 |  | 释义中无字理说明。与《说文》字形同。 |
| 1326 | 壤 | 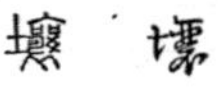 | 释义中无字理说明。与《说文》字形同。 |
| | | 33 部　士 | |
| 1327 | 士 |  | From Yih, one, the commencement of numbers, and Shih ten, a perfect number.《说文》中篆体士。 |
| 1328 | 壬 |  | 释义中无字理说明。字形 2 与《说文》字形同。 |
| 1329 | 壯 | 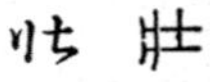 | 释义中无字理说明。字形 2 与《说文》字形同。 |
| 1330 | 壴 |  | From  Che, to bud forth, and a censer, or other sacred vessel; implying that the thing contained in the vessel reaches above its top, and is apparent; hence the sense of this character; a band of music standing up and shewing themselves. 与《说文》字形同。 |
| 1331 | 㚘 |  | The head leaning on one side; or the head inverted. This sense is controverted by Ching-tsze-tung.《说文》无该字。 |
| 1332 | 壷 |  | Designed to represent the form of the vessel intended with its lid or cover. A bottle, or pot, as for wine, tea, and so on. 与《说文》字形同。(壶:也叫"昆吾",是一种圆球状的盛器。字形像圆形盛器的样子。字形采用"大"作边旁,"大"像盛器的盖子。) |

| 序号 | 字头 | 字形信息 | 字形信息比对 |
|---|---|---|---|
| 1333 | 壹 | 与《说文》同 | From the preceding character 壴. A bottle or close covered vessel; that which is close shut up, and not suffered to disperse or be dissipated. 与《说文》字形同。 |
| 1334 | 壺 | | From bottle, and 凶, something falling into the midst of a pit. 与《说文》字形同。 |
| 1335 | 壻 | | From a scholar and a man of talent. A superior; the person who is one's daughter's superior. … 提供的是其重文"婿"的篆体；壻的篆体是 壻。 |
| 1336 | 壺 | | 释义中无字理说明。与《说文》字形同。 |
| 1337 | 壽 | | 释义中无字理说明。与《说文》字形同。 |
| | | 34 部　夂 che | |
| 1338 | 夂 | 与《说文》稍异，《说文》中是 夂 | The lower part of the character is intended to represent a man's legs pacing along with a slow step. To drag one's legs after one sluggishly; to walk in a composed steady manner. To approach from behind; supposed to resemble the two legs of a man, with something pushing onward from behind; to walk slowly. Distinguished from the following Radical by the transverse line commencing outside on the left hand. |
| 1339 | 夂 | | Formed from the reversed side of the preceding. To pace; to straddle; the space between the legs. 与《说文》稍不同 夂。 |

续 表

| 序号 | 字头 | 字形信息 | 字形信息比对 |
|---|---|---|---|
| 1340 | 丞 | 丞 | From 乃 Nae, To wait still, and 夕 the evening; or according to others, from 夂 to come to market to buy and sell; now, though improperly written 沾, which is the name of a piece of water. 盈 full, is derived from this character, which expresses, that as the approach of many persons fills a market, so by numerous additions, a vessel is filled. 与《说文》字形同。 |
| 1341 | 夅 | 字头无 | Ancient form of 降, to descend to a lower place, said of superiors; to submit, said of enemies. From 夂, To approach to from behind, and 午 Kwa, To stand apart: not daring to claim equality.《说文》有篆体。 |
| 1342 | 夆 | 字头无 | From 夂 Che, to approach to, and 丰 to shoot forth branches and roots.《说文》中篆体夆。 |
| 1343 | 夆 | 夆 | From herbs growing in confusion, and to approach to. Fung, hac, beang, 夆夆夆 although distinguished as above, are often confounded in common writing 与《说文》字形同。 |
| | 35 部 夂 Suy | | |
| 1344 | 夂 | 夂 | The lower part is intended to represent a man's legs pacing along with a slow step. Ancient form of 绥. 与《说文》字形同。 |
| 1345 | 夋 | 夋 | From 允, To trust or rely on, and, To drag one's legs after one sluggishly. To walk in a slow easy manner; 与《说文》字形同。 |

427

| 序号 | 字头 | 字形信息 | 字形信息比对 |
|---|---|---|---|
| 1346 | 夌 | Ancient form of 陵. | From 夂 Che，To walk and 圥 Luh，High. To ascend and pass over.《说文》中有篆体。 |
| 1347 | 燮 | 燮 | 释义中无字理说明。与《说文》字形同。 |
| 1348 | 夏 | 夏　夌 | 释义中无字理说明。与《说文》字形同。 |
| 1349 | 夋 | 夋 | 释义中无字理说明。与《说文》字形同。 |
| 1350 | 夌 | 夌 | 释义中无字理说明。与《说文》字形同。 |
| | | 36 部　夕 | |
| 1351 | 夕 | ア　夕　☽ | Half of the moon appearing at sunset；the evening. 字形 1 同《说文》。（夕，太阳下山。字形依据"月"字变形，像月亮半隐半现。） |
| 1352 | 外 | 外　夘 | From evening and to divine. To ascertain what is beyond one's knowledge. 与《说文》有异，《说文》中是夘。 |
| 1353 | 夗 | 夗　夘 | From evening and a knot. A knot making a person uneasy on his couch，and causing him to turn；to turn one's self over when lying down；to turn round；to yield or give way. 字形 2 与《说文》同。 |
| 1354 | 夙 | 夙　夙 | 释义中无字理说明。与《说文》字形同。 |
| 1355 | 多 | 夗　夕 | The character evening repeated. Evening after evening，hence the idea，Many；much. 字形 1 是其重文"夗"的篆体。"多"篆体多。 |
| 1356 | 夜 | 夜　夜 | The sun gone down below the horizon. Night. 与《说文》字形同。夜，入舍休息。是天下万众入舍睡觉的时间。 |

续　表

| 序号 | 字头 | 字形信息 | 字形信息比对 |
|---|---|---|---|
| 1357 | 姓 | 字头无 | From evening and to produce; also written evening and star, thus 姓. A clear starlight evening; clear unclouded sky. The original form of 晴. 《说文》中有篆体。 |
| 1358 | 飖 | 字头无 "夙"《说文》中的篆体是 飖 | From evening and to grasp hold of; to continue indefatigably diligent during the evening and night. The original form of 夙. 该字头应为"舳"。《说文》无。收录的是"夙"。 |
| 1359 | 夢 | 蒚 夢 | 释义：The moon amongst clouds; obscure; to see obscurely, to see appearances in one's sleep; to dream. 与《说文》字形同。 |
| 1360 | 蔢 | 蔢 | 释义中无字理说明。与《说文》字形同。 |
| 1361 | 夤 | 繭 夤 夤 | 释义中无字理说明。字形 1 与《说文》字形同。字形 2 为其籀文篆体。 |
| 1362 | 夥 | 夥 夥 | 释义中无字理说明。与《说文》字形同。 |
| | | 37 部　大 | |
| 1363 | 大 | 大 大 | 释义中无字理说明。与《说文》字形同。 |
| 1364 | 天 | 天 天 | From a line placed above great; that which is above and is great. The highest; that which is resident above to rule and keep in subjection the creatures below. 与《说文》字形同。 |

| 序号 | 字头 | 字形信息 | 字形信息比对 |
|---|---|---|---|
| 1365 | 夫 | 市 去 | 无字理说明。A general designation of men；porters or chair bearers are called Foo. 与《说文》字形同。（夫，成年男子。字形采用"大"作边旁，用一划表示成年男子头发上的簪子。周代的长度制度，将八寸算作一尺，将十尺算作一丈。成年男子身高达到八尺丈把，所以称成年男子为"丈夫"。） |
| 1366 | 夬 | 㝰 夬 | 释义中无字理说明。与《说文》字形同。 |
| 1367 | 夭 | 夭 | 释义中无字理说明。与《说文》字形同。 |
| 1368 | 央 | 央 | From 大，great，in the midst of 冂 Keung，A wide space. In the midst of；separated in the midst；与《说文》字形同。 |
| 1369 | 夯 | 字头无 | From great and strength. Using great effort to raise anything；or the cry made when exerting great effort.《说文》无。宋代新造字。 |
| 1370 | 夨 | Original form of 亦 | From great，with the appearance of two supports.《说文》无。收录的是"亦"。 |
| 1371 | 齐 | 字头无 | From great，and two lines intimating putting asunder. To lay or put down.《说文》中有篆体。 |
| 1372 | 失 | 失 失 | 释义中无字理说明。与《说文》字形同。 |
| 1373 | 夲 | TAOU. ‡ | From ten and man.《说文》有篆体。 |
| 1374 | 夳 | 字头无 | From two and great；alluding to the two greatest powers，Heaven and earth. Ancient form of 泰，Great.《说文》未收录，收录的是"泰"。 |

续　表

| 序号 | 字头 | 字形信息 | 字形信息比对 |
|------|------|----------|--------------|
| 1375 | 夰 | 字头无 | From great at top, and small at bottom; which is said to be the meaning of the character.《说文》未收录"夰",收录的是"夲"字。 |
| 1376 | 夷 | 夷 夷 | 释义中无字理说明。与《说文》字形同。 |
| 1377 | 夸 | 字头无 | From great and a bow. Originally denoted the men of the east; foreigners to the Chinese, hence the original form of 夷, A foreigner.《说文》未收录"夸",收录的"夷"字。 |
| 1378 | 夸 | 夸 | 释义中无字理说明。与《说文》字形同。 |
| 1379 | 夻 | 夻 | From great and cloud. 与《说文》字形同。 |
| 1380 | 奄 | 奄 | 释义中无字理说明。与《说文》字形同。 |
| 1381 | 夾 | 夾 | 释义中无字理说明。To take under each arm. 与《说文》字形同。 |
| 1382 | 奄 | 奄 奄 | From 大, Large, and 申, To extend. Something spread out as a covering. 与《说文》字形同。字形采用"大、申"会义。申(电),表示伸展。 |
| 1383 | 奆 | 字头无 | From great and a period of time; the approach of the important period; viz. harvest.《说文》中有篆体。 |
| 1384 | 夆 | 夆 | 释义中无字理说明。与《说文》字形同。 |
| 1385 | 臭 | 臭 | From white and large; very white; glossy; 与《说文》字形同。 |
| 1386 | 奇 | 奇 奇 | 释义中无字理说明。与《说文》字形同。 |
| 1387 | 奉 | 奉 奉 | 释义:To receive or offer with both hands in a formal respectful manner. 与《说文》字形同。 |

| 序号 | 字头 | 字形信息 | 字形信息比对 |
|---|---|---|---|
| 1388 | 㐹 | （字形） | 释义中无字理说明。与《说文》字形同。 |
| 1389 | 臾 | （字形） | 释义中无字理说明。与《说文》字形同。 |
| 1390 | 奎 | （字形） | 释义中无字理说明。与《说文》字形同。 |
| 1391 | 奻 | 字头无 | From great and good.《说文》未收录。 |
| 1392 | 奢 | 字头无 | From great and name.《说文》未收录。 |
| 1393 | 奏 | （字形） | 释义中无字理说明。与《说文》字形同。 |
| 1394 | 奂 | （字形） | 释义中无字理说明。与《说文》字形同。 |
| 1395 | 契 | （字形） | 释义中无字理说明。与《说文》字形同。 |
| 1396 | 奔 | （字形） | From three cows in a fright. 奔 signifying locomotion，may be affirmed of any creature；birds，brutes，or human beings. 与《说文》字形同。 |
| 1397 | 奕 | （字形） | Fromgreat and the sound yih. 与《说文》字形同。 |
| 1398 | 套 | 字头无 | From great and long. large and wide；《说文》未收录。 |
| 1399 | 奃 | 字头无 | From large and bound together. A large bundle of things tied together.《说文》未收录。 |
| 1400 | 奘 | （字形） | 释义中无字理说明。与《说文》字形同。 |
| 1401 | 奚 | （字形） | 释义中无字理说明。与《说文》字形同。 |
| 1402 | 奥 | An ancient form of 牢 | From a cow enclosed，and great，placed before. Closely and securely confined.《说文》未收录"奥"字，收录的是"牢"字。 |
| 1403 | 奛 | 字头无 | From great and bright.《说文》未收录。 |

| 序号 | 字头 | 字形信息 | 字形信息比对 |
|------|------|----------|--------------|
| 1404 | 奮 | 雀 | From large and the tail of a bird; to spread the wings and fly away. 与《说文》字形同。 |
| 1405 | 俞 | 字头无 | From large and a pair of wine cups. The appearance of great strength. 《说文》未收录。 |
| 1406 | 奠 | 尊　奠 <br> 与《说文》同 | From wine placed on a stand. 与《说文》字形同。（奠，在祭台上摆放祭品。字形采用"酉"作边旁。酉，就是酒。"酉"字下面的"丌"是供摆放的架子。《周礼》上有关于奠祭者的记述。） |
| 1407 | 奡 | 奡 | 释义中无字理说明。与《说文》字形同。 |
| 1408 | 奢 | 奢　奢 | 释义中无字理说明。与《说文》字形同。 |
| 1409 | 奣 | 字头无 | From heaven and bright. A clear bright sky;《说文》未收录。 |
| 1410 | 奤 | 字头无 | From large and face. A large face. 《说文》未收录。 |
| 1411 | 㚣 | 字头无 | From woman and to excite.《说文》未收录。 |
| 1412 | 奥 | 奥　奥 | From a void space and vegetables. 与《说文》字形同。 |
| 1413 | 奩 | 奩 | 释义中无字理说明。《说文》未收录"奩"字,收录的"籢"字。 |
| 1414 | 奪 | 奪　奪 | 释义中无字理说明。与《说文》字形同。 |
| 1415 | 奬 | 奬 | From to take and large—to take a liberal view of a person's conduct. (V1－598)《说文》未收录"奬"字,收录的"獎"字。 |
| 1416 | 奭 | 奭 | 释义中无字理说明。与《说文》字形同。 |

| 序号 | 字头 | 字形信息 | 字形信息比对 |
|---|---|---|---|
| 1417 | 奠 |  | 释义中无字理说明。《说文》未收录"奠"字，收录的"奠"字。 |
| 1418 | 奮 |  | From to extend the wings, and fly off a field：alluding to a bird rising from the ground. 与《说文》字形同。 |
| 1419 | 畾 | 字头无 | Great placed about earth, thrice repeated. Large, great.《说文》未收录。 |
| 1420 | 奰 | 是"奰"的篆体 | Formerly written thus（　）three eyes and thrice big. Large and robust,《说文》无，收录的是"奰"。 |
|  |  | 38 部　女 |  |
| 1421 | 女 |  | 释义中无字理说明。字形 1 与《说文》字形同。 |
| 1422 | 奴 |  | 释义中无字理说明。与《说文》字形同。 |
| 1423 | 伮 | s.c. | 释义中无字理说明。《说文》未收录"伮"字，收录的"侮"字。 |
| 1424 | 奸 |  | 释义中无字理说明。与《说文》字形同。 |
| 1425 | 姜 | 字头无 | From one woman placed superior to another. An ancient form of 姣 beautiful.（V1－605）《说文》未收录"姜"字，收录的"姣"字。 |
| 1426 | 妧 |  | From long endurance and woman. One says, A woman who maintains modesty and propriety of conduct in a state of virginity or widowhood. Also written 姁. 与《说文》字形同。 |
| 1427 | 奻 | 字头无 | From two women placed on an equality. To altercate;《说文》有篆体。 |
| 1428 | 妩 |  | From woman and bending down the head like an ear of grain. 与《说文》字形同。 |

续 表

| 序号 | 字头 | 字形信息 | 字形信息比对 |
|------|------|---------|-------------|
| 1429 | 好 | | 释义中无字理说明。字形与《说文》异。 |
| 1430 | 㛂 | 字头无 | From woman and a round ball.《说文》有篆体。 |
| 1431 | 妁 | | 释义中无字理说明。与《说文》字形同。 |
| 1432 | 如 | | 释义中无字理说明。与《说文》字形同。 |
| 1433 | 妃 | | 释义中无字理说明。与《说文》字形同。 |
| 1434 | 妄 | | From fugitive or abandoned and woman. 与《说文》字形同。 |
| 1435 | 妣 | | 释义中无字理说明。与《说文》字形同。 |
| 1436 | 妊 | | From woman and to sustain. 与《说文》字形同。 |
| 1437 | 妒 | | From woman and additional apartment; or from stone, implying barren. A wife who envies or is jealous of her husband. 与《说文》字形同。 |
| 1438 | 妓 | | From woman and branch; a base woman. 与《说文》字形同。（妓,妇女专用的小物件。） |
| 1439 | 妗 | | 释义中无字理说明。与《说文》字形同。 |
| 1440 | 妘 | | 释义中无字理说明。与《说文》字形同。 |
| 1441 | 妙 | | From woman and small; woman is the most fascinating and divine part of the creation.《说文》无,收录的是"玅":急戾也。提供的是"玅"的篆体。 |
| 1442 | 妆 | | From a couch, or the petal of flowers and woman. 与《说文》字形同。 |

435

| 序号 | 字头 | 字形信息 | 字形信息比对 |
|---|---|---|---|
| 1443 | 晏 | | 释义中无字理说明。与《说文》字形同。 |
| 1444 | 姒 | | 释义中无字理说明。与《说文》不同，提供的是其籀文姒省的篆体。 |
| 1445 | 妁 | 字头无 | From woman and to adjust. A female beginning to dress.《说文》未收录。 |
| 1446 | 妥 | | From a claw placed above woman.《说文》失收。段注：安也。从爪女。 |
| 1447 | 娞 | | 释义中无字理说明。与《说文》字形同。 |
| 1448 | 妨 | | 释义中无字理说明。与《说文》字形同。 |
| 1449 | 妬 | 字头无 | From woman and stone, implying barren. A wife who envies or is jealous of her husband. A vulgar form of 妒.（Sha-muh.）《说文》未收录"妬"字，收录的"妒"字。 |
| 1450 | 妭 | | 释义中无字理说明。与《说文》字形同。 |
| 1451 | 妯 | | 释义中无字理说明。与《说文》字形同。 |
| 1452 | 姐 | | 释义中无字理说明。与《说文》字形同。 |
| 1453 | 娃 | 字头无 | From woman and a shining taper.《说文》有篆体。 |
| 1454 | 妶 | 字头无 | Same as 嫈, a woman and a cord. A woman who restrains herself by the rules of propriety.《说文》无。收录的是"嫈"：有守也。 |
| 1455 | 姝 | 字头无 | From woman and to lose.《说文》未收录"姝"字，收录的"姪"字。 |
| 1456 | 妹 | | 释义中无字理说明。与《说文》字形同。 |
| 1457 | 妻 | | 释义中无字理说明。与《说文》异，提供的是古文妻篆体。 |

续　表

| 序号 | 字头 | 字形信息 | 字形信息比对 |
|------|------|----------|--------------|
| 1458 | 妼 | 字头无 | From woman and necessary. A woman who preserves what is indispensable to her sex, a decorous behavior.《说文》未收录。 |
| 1459 | 姑 | 㚢 | 释义中无字理说明。与《说文》字形同。 |
| 1460 | 妾 | 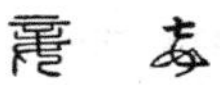 㞦 妾 | From a crime and a woman. A woman who has committed some crime. 与《说文》字形同。（妾,有罪的女子中,为君王服务并有机会接触君王的女子。字形采用"辛、女"会义。《春秋左传》上说:"如果是女的,将成为别人的侍妾。"妾,就是不娉而娶的女子。) |
| 1461 | 娿 | 㜩 | From to add and woman. To give additional knowledge to females. 与《说文》字形同。 |
| 1462 | 姁 | 㚸 | 释义中无字理说明。与《说文》字形同。 |
| 1463 | 姅 | 字头无 | From woman and half.《说文》有篆体。 |
| 1464 | 姆 |  姆 | From woman and mother. A mistress or governess in a family;《说文》未收录"姆"字,收录的"姆"字。 |
| 1465 | 姈 | 字头无 | From woman and commanding.《说文》未收录。 |
| 1466 | 姉 | 字头无 | From woman and a sort of apron, or dress covering for the knees, worn by the kings in ancient times.《说文》无,收录的是"姊"。 |
| 1467 | 姊 | 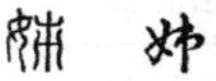 㜧 姊 | 释义中无字理说明。与《说文》字形同。 |
| 1468 | 始 | 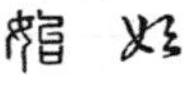 � 始 | From women and eminent; the beginning of woman.（Shwo-wan.）与《说文》字形同。 |

437

| 序号 | 字头 | 字形信息 | 字形信息比对 |
|---|---|---|---|
| 1469 | 姆 | 𡛆 s.c. | 释义中无字理说明。《说文》未收录"姆"字，收录的"妞"字。 |
| 1470 | 姍 | 𡚤 | From woman and a record, or an abbreviation of 删, To pare or scrape off. 与《说文》字形同。 |
| 1471 | 姎 | 𡚸 | 释义中无字理说明。与《说文》字形同。 |
| 1472 | 姐 | 𡚼 | 释义中无字理说明。与《说文》字形同。 |
| 1473 | 妵 | 字头无 | From woman and a sweet. An epithet by which an old woman designates herself. Thus defined in Kang-he 妇之老者能以甘言悦人，A woman who is old and who is able by sweet words to please people.《说文》未收录。 |
| 1474 | 姑 | 𡚶　妣 | 释义中无字理说明。与《说文》字形有异。 |
| 1475 | 姓 | 𤯧　姓 与《说文》同 | From woman and to be born. 与《说文》字形同。（姓，让一个人出生的那个母系。据说古代神圣的母亲，被天神感动而生育最终称帝称王的儿子，因此称这些帝王为"天子"。字形采用"女、生"会义，"生"也作声旁。《春秋左传》上说："天子凭借诸侯的出生背景给诸侯赐姓。"） |
| 1476 | 委 | 𦮔　𡜟 | From grain placed above woman. The ears of grain hanging down. 与《说文》字形同。 |
| 1477 | 娑 | 𡚾 | From this and woman. A low immoral woman；与《说文》字形同。 |
| 1478 | 婁 | 字头无 | From the word man altered by adding woman.《说文》未收录。 |

438

| 序号 | 字头 | 字形信息 | 字形信息比对 |
|---|---|---|---|
| 1479 | 姃 | 𡚾 | 释义中无字理说明。《说文》未收录"姃"字,收录的"妊"字。 |
| 1480 | 姚 | 𡝩　姚 | 释义中无字理说明。与《说文》字形同。 |
| 1481 | 姜 | 𦍧　姜 | From sheep and woman. 与《说文》字形同。(姜,神农居住在姜河流域,遂以河名为姓。) |
| 1482 | 姝 | 𦰩　姝 | From woman and vermilion. 与《说文》字形同。 |
| 1483 | 姞 | 𡚼 | 释义中无字理说明。与《说文》字形同。 |
| 1484 | 妸 | 𡛼 | 释义中无字理说明。与《说文》字形同。 |
| 1485 | 姣 | 𡜕 | 释义中无字理说明。与《说文》字形同。 |
| 1486 | 姤 | 𡜒　姤 | 释义中无字理说明。与《说文》字形同。 |
| 1487 | 姥 | 字头无 | From woman and old. An old woman.《说文》未收录。 |
| 1488 | 姦 | 𡚇　姦 | From three or many woman. Illicit amours and intrigues with women 字形1是"悬"的篆体,字形2不详。姦的篆体是𡚇。 |
| 1489 | 奸 | 字头无 | From two women and to offend.《说文》无,收录的是"奸"。 |
| 1490 | 姨 | 𡛸　姨 | 释义中无字理说明。与《说文》字形同。 |
| 1491 | 浸 | 字头无 | From woman and filthy.《说文》中有篆体。 |
| 1492 | 娒 | 𡜋 | 释义中无字理说明。与《说文》字形同。 |
| 1493 | 姩 | 字头无 | From woman and a year.《说文》未收录。 |
| 1494 | 姪 | 𡝇　姪 | From woman and to go. 与《说文》字形同。 |

| 序号 | 字头 | 字形信息 | 字形信息比对 |
|---|---|---|---|
| 1495 | 姬 | 𡛖 | 释义中无字理说明。与《说文》字形同。 |
| 1496 | 姚 | 字头无 | From woman and splendid. A shining handsome woman.《说文》未收录。 |
| 1497 | 姁 | 𡜍 | 释义中无字理说明。与《说文》字形同。 |
| 1498 | 姱 | 字头无 | From woman and to strut.《说文》未收录。 |
| 1499 | 㛤 | 字头无 | From well arranged and woman.《说文》未收录。 |
| 1500 | 姢 | 𡛕 | From woman and ear. An appellation of woman. 与《说文》字形同。 |
| 1501 | 始 | 𤔲 | 释义中无字理说明。与《说文》字形同。 |
| 1502 | 姷 | 𡛘 | From woman and to have. 与《说文》字形同。 |
| 1503 | 㜮 | 字头无 | From woman and to smear or paint.《说文》无,收录的是"㜮":諟也。 |
| 1504 | 妍 | 𡚩　妍 | 释义中无字理说明。与《说文》字形同。 |
| 1505 | 姝 | 𡚒　姝 | 释义中无字理说明。与《说文》字形同。 |
| 1506 | 姻 | 𡟪　姻 字形1为"嫺"的篆体 | From woman and because of. The person made for man; a bride; the bridegroom is called 婚, from woman and dusk; because he came, according to ancient usage, iin the evening of the day to receive his bride. 与《说文》不同。 |
| 1507 | 姼 | 𡛙 | 释义中无字理说明。与《说文》字形同。 |
| 1508 | 姽 | 𡜟 | 释义中无字理说明。与《说文》字形同。 |
| 1509 | 姿 | 𥤶　姿 | From sorted and woman. 与《说文》字形同。 |

| 序号 | 字头 | 字形信息 | 字形信息比对 |
|---|---|---|---|
| 1510 | 娡 | | 释义中无字理说明。与《说文》字形同。 |
| 1511 | 威 | | 释义中无字理说明。与《说文》字形同。 |
| 1512 | 嫋 | | From woman and a flower or posy. A woman who appears like a pendant flower; a beauty. 与《说文》字形同。 |
| 1513 | 娃 | | 释义中无字理说明。与《说文》字形同。 |
| 1514 | 媔 | 字头无 | From women and self. A selfish envious feeling.《说文》未收录"媔"字，收录的"嫉"字。 |
| 1515 | 婡 | | 释义中无字理说明。与《说文》字形同。 |
| 1516 | 娉 | | 释义中无字理说明。与《说文》字形同。 |
| 1517 | 娋 | | From woman and a specious resemblance. 与《说文》字形同。 |
| 1518 | 婖 | 字头无 | From woman and to search.《说文》未收录。 |
| 1519 | 婑 | | From to break or bend and woman. Self satisfaction occasioned by success in one's wishes. 与《说文》字形同。 |
| 1520 | 娍 | 字头无 | From woman and accomplished. An accomplished beautiful woman.《说文》未收录。 |
| 1521 | 婞 | | 释义中无字理说明。《说文》未收录。 |
| 1522 | 娑 | | 释义中无字理说明。与《说文》字形同。 |
| 1523 | 姆 | | 释义中无字理说明。与《说文》字形同。 |

| 序号 | 字头 | 字形信息 | 字形信息比对 |
|---|---|---|---|
| 1524 | 娓 | 𡢖 | From woman and tail. To follow at the tail of a woman; obsequious. 与《说文》字形同。 |
| 1525 | 娖 | 字头无 | From woman and to overcome.《说文》未收录。 |
| 1526 | 娕 | 𡟟 | From woman and to restrict. Original form of the following character. 与《说文》字形同。 |
| 1527 | 娌 | 字头无 | From woman and foot.《说文》无,收录的是"娒"。 |
| 1528 | 婷 | 𡝠 | From woman and a court. Repeated Ting ting, denotes A good-looking courtly countenance. 与《说文》字形同。 |
| 1529 | 娘 | 娘 | 释义中无字理说明。《说文》未收录"娘"字,收录的"孃"字。 |
| 1530 | 娙 | 𡝩 | 释义中无字理说明。与《说文》字形同。 |
| 1531 | 娚 | 字头无 | From woman and man. The humming sound of conversation between two persons. By some written 喃,from mouth and south.《说文》未收录。 |
| 1532 | 娱 | 𡝸娙 | 释义中无字理说明。与《说文》字形同。 |
| 1533 | 娝 | 字头无 | From woman and envy.《说文》未收录。 |
| 1534 | 娜 | 𡟖 | 释义中无字理说明。《说文》未收录。 |
| 1535 | 娑 | 𡝘 | From woman and to sit. 与《说文》字形同。 |
| 1536 | 媛 | 字头无 | From woman and steady, or safe. Beautiful; pleasing.《说文》未收录。 |
| 1537 | 娟 | 𡢾娟 | From woman and to excite. One who excites admiration; 与《说文》字形同。 |

| 序号 | 字头 | 字形信息 | 字形信息比对 |
|---|---|---|---|
| 1538 | 娠 | 𡚾　姙 | From woman and motion. To be pregnant. 与《说文》字形同。 |
| 1539 | 娸 | 字头无 | From woman and will.《说文》未收录。 |
| 1540 | 娌 | 字头无 | From woman and new-wine.《说文》未收录。 |
| 1541 | 娏 | 字头无 | Same as 妠, From woman and to take inside.《说文》未收录。 |
| 1542 | 娣 | 𡜌　娣 | 释义中无字理说明。与《说文》字形同。 |
| 1543 | 娥 | 𡜾　娥 | 释义中无字理说明。与《说文》字形同。 |
| 1544 | 娧 | 𡛥 | From woman and change, or abundance. 与《说文》字形同。 |
| 1545 | 婵 | 字头无 | From woman and drought.《说文》未收录。 |
| 1546 | 娩 | 㜽 | From woman and to void. To bring forth offspring;《说文》未收录"娩"字,收录的是"挽"字。 |
| 1547 | 婐 | 字头无 | From woman and I myself.《说文》未收录。 |
| 1548 | 娬 | 字头无 | From woman and martial. A woman who conquers by her flattering arts.《说文》无,《说文》收录有"嫵"。 |
| 1549 | 婚 | 字头无 | Same as 姞, from woman and tongue. Deceitful.《说文》无。《说文》收录有"姞"。 |
| 1550 | 娭 | 𡟏 | 释义中无字理说明。与《说文》字形同。 |
| 1551 | 娪 | 字头无 | From woman and words.《说文》未收录。 |
| 1552 | 娌 | 字头无 | From woman and pearl.《说文》未收录。 |

| 序号 | 字头 | 字形信息 | 字形信息比对 |
|------|------|----------|--------------|
| 1553 | 媠 | | From woman and the sound Ta. Thrown down. 与《说文》字形同。 |
| 1554 | 娶 | | From to take and woman. To marry a woman. 与《说文》字形同。 |
| 1555 | 姘 | | From woman and together with. To exclude or put away.（Shwowan.）与《说文》字形同。（姘，除去。汉朝的律令中提到说，"齐地人称男人与正妻的奴婢通奸为'姘'。"） |
| 1556 | 娸 | | 释义中无字理说明。与《说文》字形同。 |
| 1557 | 嬕 | | From woman and a string. 与《说文》字形同。 |
| 1558 | 娺 | | 释义中无字理说明。与《说文》字形同。 |
| 1559 | 婕 | | From woman and hanging pendant down. 与《说文》字形同。 |
| 1560 | 娟 | | From woman and shining. In kanghe, called the vulgar form of 倡.《说文》无,收录有"倡"。 |
| 1561 | 婡 | 字头无 | From woman and a forest. A good appearance.《说文》未收录。 |
| 1562 | 婢 | | 释义中无字理说明。与《说文》字形同。 |
| 1563 | 婭 | 字头无 | From woman and precipice.《说文》未收录。 |
| 1564 | 婴 | 字头无 | From woman and the exclamation O!《说文》有篆体。 |
| 1565 | 娄 | | 释义中无字理说明。与《说文》异。提供的是古文娄的篆体。 |
| 1566 | 媥 | 字头无 | From woman and silk.《说文》未收录。 |
| 1567 | 婄 | 字头无 | From woman and to spit or sputter.《说文》未收录。 |

| 序号 | 字头 | 字形信息 | 字形信息比对 |
|------|------|----------|--------------|
| 1568 | 娴 | 字头无 | From woman and a handful of grain.《说文》未收录。 |
| 1569 | 婆 | 是婺的篆体 | Po is from the rippled surface of water and woman; an old woman whose face is wrinkled with age;《说文》无。收录的是"婺":奢也。 |
| 1570 | 婉 | 蜿 蛇 | From woman and to bend. A yielding complaisant woman. 与《说文》字形同。(婉,温顺。字形采用"女"作边旁,采用"宛"作声旁。《春秋左传》上说,"太子痤很温顺。") |
| 1571 | 娪 | 字头无 | From women and tiger. A artful woman; a woman of an intelligent mind.《说文》未收录。 |
| 1572 | 嬭 | 字头无 | From woman and milk, or the breasts. A fat, large looking woman; or according to one authority, Milk.《说文》未收录。 |
| 1573 | 嫩 | 字头无 | From woman and uncle. A female officer for the control of the Imperial household.《说文》未收录。 |
| 1574 | 婍 | 字头无 | From woman and extraordinary.《说文》未收录。 |
| 1575 | 娃 | 𡜂 | 释义中无字理说明。与《说文》字形同。 |
| 1576 | 婉 | 𡡗 | 释义中无字理说明。与《说文》字形同。 |
| 1577 | 婐 | 婐 | From woman and fruit. 与《说文》字形同。 |
| 1578 | 婑 | 字头无 | From woman and bending down. Delicate; elegant; beautiful.《说文》未收录"婑"字,收录的"婐"字。 |

续　表

| 序号 | 字头 | 字形信息 | 字形信息比对 |
|---|---|---|---|
| 1579 | 㜎 | 字头无 | From to rule or oppress, placed over woman. Cruel, dissolute.《说文》未收录。 |
| 1580 | 斐 | | From wrong and woman. A woman who wanders about. 与《说文》字形同。 |
| 1581 | 婕 | | 释义中无字理说明。与《说文》字形同。 |
| 1582 | 添 | 字头无 | From woman and to add.《说文》未收录。 |
| 1583 | 婗 | | From woman and a child; the scull of which is not yet completely ossified. 与《说文》字形同。 |
| 1584 | 婘 | 字头无 | From woman and to convolve.《说文》未收录"婘"字，收录的"卷"字。 |
| 1585 | 媕 | | From woman and to shelter. One sheltered in the house; a servant or slave woman: effeminate; to seize falsely. 与《说文》字形同。 |
| 1586 | 婚 | <br>提供的是"憂"的重文篆体 | From woman and evening. A bride's repairing to the house of her husband in the evening;（婚,妻子的家。古代礼法认为,娶妻应该选拔黄昏时分,因为女人属阴,所以叫"婚"。字形采用"女、昏"会意,"昏"也作声旁,这是籀文写法的"婚"。） |
| 1587 | 娶 | | 释义中无字理说明。与《说文》字形同。 |
| 1588 | 婷 | | 释义中无字理说明。与《说文》字形同。 |
| 1589 | 姻 | | 释义中无字理说明。与《说文》字形同。 |
| 1590 | 媕 | | From woman and an officer. A genteel, elegant person and manner. 与《说文》字形同。 |

| 序号 | 字头 | 字形信息 | 字形信息比对 |
|------|------|----------|--------------|
| 1591 | 婆 | (字形) | 释义中无字理说明。与《说文》字形同。 |
| 1592 | 婢 | (字形) (字形) | From woman and low or mean. A slave woman, either one who has been bought with money, or one who has been made such, as a punishment. 与《说文》字形同。 |
| 1593 | 婃 | 字头无 | From woman and come. 《说文》未收录。 |
| 1594 | 婳 | (字形) | 释义中无字理说明。与《说文》字形同。 |
| 1595 | 婥 | (字形) (字形) | 释义中无字理说明。与《说文》字形同。 |
| 1596 | 婦 | (字形) (字形) | From woman and a broom. A housewife. 与《说文》字形同。 |
| 1597 | 婧 | (字形) | From woman and azure. A chaste woman；与《说文》字形同。 |
| 1598 | 婡 | 字头无 | From woman and a bank or shore. 《说文》未收录。 |
| 1599 | 婪 | (字形) (字形) | 释义中无字理说明。与《说文》字形同。 |
| 1600 | 婬 | (字形) | From woman and familiar approaches. Luxurious ease；lounging；stage amusements；与《说文》字形同。 |
| 1601 | 婷 | (字形) | 释义中无字理说明。《说文》未收录"婷"字,收录的"姃"字。 |
| 1602 | 婑 | (字形) | 释义中无字理说明。与《说文》字形同。 |
| 1603 | 婆 | (字形) (字形) | 释义中无字理说明。与《说文》字形同。 |
| 1604 | 婻 | 字头无 | From woman and south. Elegant, rather fat. 《说文》未收录。 |
| 1605 | 婼 | (字形) | 释义中无字理说明。与《说文》字形同。 |

| 序号 | 字头 | 字形信息 | 字形信息比对 |
|------|------|----------|--------------|
| 1606 | 媰 | 字头无 | From woman and effort. To plough in pairs.《说文》未收录"媰"字,收录的"媰"字。 |
| 1607 | 媢 | 字头无 | From woman and awe.《说文》未收录。 |
| 1608 | 媮 | 𦒶 | From woman or heart and to assent. Born of rich parents;与《说文》字形同。 |
| 1609 | 婿 | 字头无 | From scholar and a man of talents. A superior; ther person who is one's daughter's superior.《说文》中有篆体。 |
| 1610 | 媭 | 字头无 | From woman and head. The hair of the head. Some say it is an erroneous character.《说文》未收录"媭"字,收录的"髪"字。 |
| 1611 | 媂 | 字头无 | From woman placed by the side of a ruler.《说文》未收录。 |
| 1612 | 媬 | 字头无 | From to rule placed above woman. A disease of the uterus.《说文》未收录。 |
| 1613 | 媄 | 𡝫 | From woman and beautiful. A woman of elegant figure and pleasing countenance. 与《说文》字形同。 |
| 1614 | 媅 | 字头无 | From woman and excess. Pleasure.《说文》有篆体。 |
| 1615 | 媨 | 字头无 | From woman, the brain, and the hair bristling up. Intense resentment and indignation.《说文》中有篆体。 |
| 1616 | 媛 | 𡡟 | 释义中无字理说明。与《说文》字形同。 |
| 1617 | 媤 | 字头无 | From woman and a house.《说文》未收录。 |
| 1618 | 媌 | 𡝢 | 释义中无字理说明。与《说文》字形同。 |

| 序号 | 字头 | 字形信息 | 字形信息比对 |
|---|---|---|---|
| 1619 | 媌 | <br>与《说文》同 | From woman and a plant budding forth. In different parts of the empire the use of this word varies: in Fuh-keen province, it denotes A prostitute. 与《说文》字形同。 |
| 1620 | 媎 | | 释义中无字理说明。与《说文》字形同。 |
| 1621 | 娩 | 字头无 | Same as 婦, from woman and to bear.《说文》无，收录的是"婦"。 |
| 1622 | 媒 | 字头无 | Form woman and coals. To be in a dis-ordered dirty state, without the decorum of etiquette,《说文》未收录。 |
| 1623 | 婓 | 字头无 | From rebellious and woman.《说文》未收录。 |
| 1624 | 嫛 | 字头无 | From delight and woman. Joy and delight. Used also for 妃, A royal wife or concubine.《说文》中有篆体。 |
| 1625 | 媛 | 字头无 | An erroneous form of 嫛 Hoo. From filth and woman.《说文》未收录。 |
| 1626 | 媒 | | From woman and a certain person. One who goes between certain persons not yet fully known to each other, in order to arrange marriages or family alliances; a go-between. 与《说文》字形同。（媒，谋划，谋划使两个不同姓氏的男女结合。） |
| 1627 | 媓 | 字头无 | From woman and emperor. Name of an ancient queen.《说文》未收录。 |
| 1628 | 媔 | 字头无 | From woman and face. A beautiful woman with fine eyes; envious.《说文》未收录。 |
| 1629 | 媼 | 字头无 | From woman and carved with the wrinkles of age. An old woman of a mean condition.《说文》未收录。 |

| 序号 | 字头 | 字形信息 | 字形信息比对 |
|---|---|---|---|
| 1630 | 媋 | 䗬 | From woman and to hide. 与《说文》字形同。 |
| 1631 | 媄 | 字头无 | From woman and a flourishing plant. A complimentary term applied to woman.《说文》未收录。 |
| 1632 | 媘 | 字头无 | From woman and all.《说文》未收录。 |
| 1633 | 媗 | 字头无 | From woman and to proclaim.《说文》未收录。 |
| 1634 | 㜮 | 字头无 | From complete and woman.《说文》未收录。 |
| 1635 | 娍 | 字头无 | From woman and majesty. A dignified lady.《说文》未收录。 |
| 1636 | 媄 | 字头无 | From woman and the mind directed to one object. A pretty woman who attracts attention.《说文》未收录"媄"字，收录的"嫥"字。 |
| 1637 | 媚 | 媚　娟 | From woman and eyebrows. 与《说文》字形同。 |
| 1638 | 媛 | 嫒　媛 | From woman and to lead. A beautiful woman who draws admirers after her. 与《说文》字形同。（媛，美女。是人们讨好的对象。字形采用"女、爱"会义。爱，表示牵引。《诗经》上有诗句唱道："倾城倾国的美女啊！"） |
| 1639 | 㛵 | 字头无 | From woman and convenient.《说文》未收录。 |
| 1640 | 媜 | 字头无 | From woman and chaste.《说文》未收录。 |
| 1641 | 媕 | 字头无 | From woman and sound. A woman of an impure mind.《说文》未收录。 |
| 1642 | 媨 | 字头无 | From autumn and woman.《说文》未收录。 |

| 序号 | 字头 | 字形信息 | 字形信息比对 |
|---|---|---|---|
| 1643 | 媞 | 🔤 | From woman and right. 与《说文》字形同。 |
| 1644 | 娷 | 字头无 | From woman and the stars about Andromeda，which form a Chinese constellation.《说文》未收录。 |
| 1645 | 媟 | 🔤 | 释义中无字理说明。 |
| 1646 | 媠 | 🔤 是媠的篆体 | From woman and to fall.《说文》无，收录的是"媠":南楚之外謂好曰媠。从女隋聲。 |
| 1647 | 媍 | 字头无 | From woman and to pound. Precipitate and confused enunciation.《说文》中有篆体。 |
| 1648 | 媚 | 🔤 | 释义中无字理说明。与《说文》字形同。 |
| 1649 | 媤 | 字头无 | From woman and thought.《说文》未收录。 |
| 1650 | 媣 | 🔤 | From woman and to stain. 与《说文》字形同。 |
| 1651 | 媥 | 🔤 | From woman and a board or tablet. 与《说文》字形同。 |
| 1652 | 媦 | 🔤 | From woman and stomach. 与《说文》字形同。 |
| 1653 | 媧 | 🔤 | The character woman is for sound only, and does not denote that the person was a woman. 古之神聖女，化萬物者也。从女咼聲。媧,籒文媧从㕯。马提供的是"媧"的篆体,媧"的未提供。 |
| 1654 | 媛 | 字头无 | From woman and perverse. To gormandize; gluttonous. 《说文》未收录。 |
| 1655 | 媩 | 🔤 | 释义中无字理说明。与《说文》字形同。 |

| 序号 | 字头 | 字形信息 | 字形信息比对 |
|---|---|---|---|
| 1656 | 嫋 | 嫋 | 释义中无字理说明。与《说文》字形同。 |
| 1657 | 媤 | 字头无 | From woman and stupid. The stupid old woman. A local vulgar word for Mother.《说文》未收录。 |
| 1658 | 婕 | 婕 | 释义中无字理说明。与《说文》字形同。 |
| 1659 | 媿 | 媿 | 释义中无字理说明。与《说文》字形同。 |
| 1660 | 媭 | 字头无 | From the mind intent on, and woman.《说文》未收录。 |
| 1661 | 媳 | 媳 | From woman and to produce. A woman taken into the family for the purpose of producing posterity.《说文》未收录。 |
| 1662 | 媵 | 媵 | From flesh and contorted or wound about woman. To accompany for the purpose of honouring, or of guarding; as in case of a bride's being conducted to the house of her husband. In ancient times the chieftain's daughters were escorted by the whole clan.《说文》未收录。 |
| 1663 | 媸 | 字头无 | From woman and disgraceful.《说文》未收录。 |
| 1664 | 媰 | 字头无 | From woman and to detain.《说文》未收录。 |
| 1665 | 嫩 | 字头无 | From woman and small. A young girl or young woman. A small delicate woman；《说文》未收录。 |
| 1666 | 嫛 | 字头无 | From manner and woman.《说文》有篆体。 |
| 1667 | 嫢 | 字头无 | From woman and crumbs. Small; petty；《说文》未收录。 |

续　表

| 序号 | 字头 | 字形信息 | 字形信息比对 |
|------|------|----------|--------------|
| 1668 | 嬬 | 字头无 | From woman and a teacher.《说文》未收录。 |
| 1669 | 嬪 | 字头无 | From woman and tribute.《说文》未收录。 |
| 1670 | 媼 | 體 媼 | From woman and benevolent. 与《说文》字形同。 |
| 1671 | 媽 | 字头无 | From female and horse.《说文》未收录。 |
| 1672 | 婞 | 字头无 | From woman and slow.《说文》未收录。 |
| 1673 | 婉 | 爛 | From woman and a rabbit crouching under shelter. 与《说文》字形同。 |
| 1674 | 嫦 | 構　溝 | From woman and to connect together, as the beams of a house. 与《说文》字形同。 |
| 1675 | 嫏 | 字头无 | From woman & advantage.《说文》未收录。 |
| 1676 | 媿 | 體　媿 | From woman and devil. Bashful; a-shamed, … .commonly written with heart and devil or demon, thus 愧. 与《说文》基本同。 |
| 1677 | 嫁 | 牖　嫁 | From woman and house, or home. To go from home to the house of a husband. 与《说文》字形同。（嫁,女子从自家出来到婆家去跟新婚丈夫共同生活。） |
| 1678 | 嫂 | 字头无 | From woman and old.《说文》未收录。《说文》无。收录的是"嫂":兄妻也。从女叟聲。 |
| 1679 | 嫃 | 字头无 | From woman and true.《说文》未收录。 |
| 1680 | 嫉 | 字头无 | From woman and injurious. Discontented; envious.《说文》未收录。 |

| 序号 | 字头 | 字形信息 | 字形信息比对 |
|---|---|---|---|
| 1681 | 嫆 | 字头无 | From woman and countenance.《说文》未收录。 |
| 1682 | 嫄 | | From woman and origin or source. 与《说文》字形同。 |
| 1683 | 嫇 | 字头无 | From woman and silent recess. Clear；pure；《说文》中有篆体。 |
| 1684 | 嫉 | 字头无 | From woman and disease.《说文》无。收录的是"㛫"：妒也。从人疾聲。一曰毒也。嫉，㛫或从女。 |
| 1685 | 嫋 | | From woman and weak，or small. Long and small；slender. Feeble as a woman；与《说文》字形同。 |
| 1686 | 嫒 | | 释义中无字理说明。与《说文》字形同。 |
| 1687 | 嫌 | | From woman and a hand holding things together. 与《说文》字形同。（嫌，内心不平静。另一种说法认为，"嫌"是"猜疑"的意思。） |
| 1688 | 嫐 | 字头无 | From a man placed between two women. Women endeavoring to seduce a man.《说文》未收录。 |
| 1689 | 嫖 | 字头无 | From woman and flying with the velocity of fire.《说文》中有篆体。（嫖，作风轻浮。） |
| 1690 | 嫗 | | From woman and a storehouse, where things are classed and laid apart. 与《说文》字形同。 |
| 1691 | 嫘 | 字头无 | From woman and to involve.《说文》未收录。 |
| 1692 | 嫙 | | From woman and to circulate. 与《说文》字形同。 |

续　表

| 序号 | 字头 | 字形信息 | 字形信息比对 |
|---|---|---|---|
| 1693 | 嫚 | 㦡 㜈 | From woman and extended like a creeping plant. Remiss；inattentive；与《说文》字形同。 |
| 1694 | 嫛 | 㜺 | From woman and sound or echo. 与《说文》字形同。 |
| 1695 | 嫕 | 字头无 | From woman and concealed.《说文》未收录。 |
| 1696 | 婪 | 㜢 | From woman and blended. Greedy appetite；与《说文》基本同。 |
| 1697 | 嫠 | 㜣 㜤 | 释义中无字理说明。与《说文》字形同。 |
| 1698 | 嫡 | 字头无 | From woman and equal. The wife strictly so called, expressed by 正室 the correct，middle，or principal a-partment；i. e. the person who inhabits it.《说文》中有篆体（嫡，谨慎。） |
| 1699 | 嫢 | 㜥 | 释义中无字理说明。与《说文》字形同。 |
| 1700 | 嫣 | 㜦 㜧 | 释义中无字理说明。与《说文》字形同。 |
| 1701 | 嫠 | 字头无 | From woman and finished.《说文》未收录。 |
| 1702 | 嫥 | 字头无 | From woman and solely devoted to.《说文》中有篆体。 |
| 1703 | 嫦 | 㜨 | 释义中无字理说明。《说文》未收录"嫦"字,收录的"常"字。 |
| 1704 | 嫭 | 字头无 | From woman and azure. Fresh and good looking.《说文》中有篆体。 |
| 1705 | 嫩 | 㜩 | 释义中无字理说明。《说文》未收录"嫩"字,收录的"媆"字。 |
| 1706 | 嫘 | 字头无 | From woman and stag.《说文》未收录。 |

| 序号 | 字头 | 字形信息 | 字形信息比对 |
|---|---|---|---|
| 1707 | 媚 | 字头无 | From woman and night.《说文》未收录。 |
| 1708 | 媧 | 字头无 | From woman and calamity. Common form of 奻 two women wrangling.《说文》未收录。 |
| 1709 | 嫫 | 字头无 | From woman and obscurely seen.《说文》未收录。《说文》无。收录的是"嫫":嫫母,都醜也。从女莫聲。 |
| 1710 | 嫫 | 𡟑 | 释义中无字理说明。与《说文》字形同。 |
| 1711 | 嫢 | 𡜂 | 释义中无字理说明。与《说文》字形同。 |
| 1712 | 嫦 | 𡣪 | From woman and sour wine. 与《说文》字形同。 |
| 1713 | 嫡 | 字头无 | From woman and belonging to.《说文》未收录。 |
| 1714 | 婺 | 字头无 | From to decollate and woman.《说文》未收录。 |
| 1715 | 嫠 | 字头无 | From flying about and woman. An ancient form of 嫠.《说文》未收录"嫠"字,收录的"嫠"字。 |
| 1716 | 嫠 | 𡢏 | From tattered raiment upon woman. 与《说文》字形同。 |
| 1717 | 嫜 | 字头无 | From woman and guilty. A person who becomes surety for a woman guilty of some slight offence, for which government does not think it necessary to imprison her, but 保任以待罪 delivers her to securities, to wait a decision on her offence.《说文》中有篆体。 |
| 1718 | 嫵 | 𡣊 𡢟 | From woman and denying. 与《说文》字形同。 |

续　表

| 序号 | 字头 | 字形信息 | 字形信息比对 |
|---|---|---|---|
| 1719 | 嫛 | 字头无 | From small and woman.《说文》未收录。 |
| 1720 | 嬮 | 字形图 | From woman and indeed. 与《说文》字形同。 |
| 1721 | 嬃 | 字头无 | From woman and reaching or extending to. A greedy hankering for;《说文》有篆体。 |
| 1722 | 嫶 | 字头无 | From woman and a burning anxiety. Grief and sorrow visible in the countenance.《说文》未收录。 |
| 1723 | 嫷 | 字头无 | From woman and to hang loose. Loitering; lazy;《说文》有篆体。 |
| 1724 | 嬹 | 字头无 | From woman and good or skilled.《说文》有篆体。 |
| 1725 | 嫝 | 字头无 | From woman and yellow.《说文》未收录。 |
| 1726 | 嫺 | 字形图 | From woman and leisure. 与《说文》字形同。 |
| 1727 | 嬺 | 字头无 | From woman and black.《说文》有篆体。 |
| 1728 | 嬍 | 字头无 | From woman and to bury.《说文》未收录。 |
| 1729 | 嬥 | 字形图 | From woman and fire lit up. Coruscation of pleasantry; seductive, wanton play and trifling. 与《说文》字形同。 |
| 1730 | 嫿 | 字形图 | From woman and a line. Making a limit. 与《说文》字形同。 |
| 1731 | 嫣 | 字形图 | From woman and to act or to do. 与《说文》字形同。 |

457

续　表

| 序号 | 字头 | 字形信息 | 字形信息比对 |
|---|---|---|---|
| 1732 | 媵 | 字头无 | From woman and to ascend.《说文》未收录。 |
| 1733 | 㜎 | (篆体) | 释义中无字理说明。与《说文》字形同。 |
| 1734 | 嬅 | 字头无 | From woman and flower. A blooming countenance；a beautiful woman.《说文》未收录。 |
| 1735 | 嬐 | 字头无 | From woman and to withdraw. A woman of a retired disposition and pure mind.《说文》未收录。 |
| 1736 | 嬈 | (篆体) | From woman and placed on an eminence. 与《说文》字形同。 |
| 1737 | 孂 | 字头无 | From woman and to unravel.《说文》有篆体。 |
| 1738 | 嬉 | (篆体) | From woman and pleased.《说文》未收录"嬉"字，收录的"喜"字。 |
| 1739 | 嬠 | 字头无 | Same as 嬿，From woman and a hirundo. Beautiful.《说文》无。收录的是"嬿"。 |
| 1740 | 嬋 | (篆体) (篆体) | From woman and a single garment. 与《说文》字形同。 |
| 1741 | 嬌 | (篆体) | From woman and bending back with a lofty look. 与《说文》字形同。 |
| 1742 | 嬽 | (篆体) | 释义中无字理说明。《说文》无。 |
| 1743 | 嬼 | 字头无 | An ancient form of 媚. From woman and eyebrow. To try to please with the eyes；to smirk；《说文》未收录，收录的"媚"字。 |
| 1744 | 嬐 | (篆体) | From woman and all united. 与《说文》字形同。 |
| 1745 | 嬒 | (篆体) | 释义中无字理说明。与《说文》字形同。 |

续　表

| 序号 | 字头 | 字形信息 | 字形信息比对 |
|------|------|----------|--------------|
| 1746 | 嬖 | | 释义中无字理说明。与《说文》字形同。 |
| 1747 | 嬗 | | From woman and to trust to. 与《说文》字形同。 |
| 1748 | 嬴 | | From woman and an abundance or overplus.《说文》无。收录的是"嬴":少昊氏之姓也。从女嬴省聲。字形1是"嬴"的篆体。 |
| 1749 | 嫱 | | 释义中无字理说明。与《说文》字形同。 |
| 1750 | 嬚 | 字头无 | From woman and pure.《说文》未收录。 |
| 1751 | 嫠 | 字头无 | From new and woman.《说文》未收录。 |
| 1752 | 嬛 | 字头无 | From woman and alarmed.《说文》中有篆体。 |
| 1753 | 蝇 | 字头无 | From woman and a toad.《说文》未收录,收录的"孕"字。 |
| 1754 | 嬬 | 字头无 | Same as 嫋. From woman and weak.《说文》无。收录的是"嫋"。 |
| 1755 | 嬬 | 字头无 | From woman and to sign.《说文》未收录。 |
| 1756 | 嬺 | 字头无 | From woman and better, or rather.《说文》未收录。 |
| 1758 | 嫛 | 字头无 | An erroneous form of 嫛 from woman and custom or rule. A regular beauty.《说文》未收录。 |
| 1759 | 嬔 | 字头无 | From woman and to dance.《说文》无。《说文》中收录有"嫵"。 |
| 1760 | 嬥 | | From woman and a long-tailed pheasant. A straight good-looking appearance. 与《说文》字形同。 |
| 1761 | 嬦 | 字头无 | From woman and long life.《说文》未收录。 |

| 序号 | 字头 | 字形信息 | 字形信息比对 |
|---|---|---|---|
| 1762 | 孎 | 字头无 | From woman and the utmost.《说文》未收录。 |
| 1763 | 嬺 | 字头无 | From woman and affection.《说文》未收录。 |
| 1764 | 嬩 | 字头无 | From woman and with or to give.《说文》中有篆体。 |
| 1765 | 嬪 | 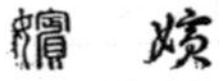 𡣯　嫔 | From woman and a guest. 与《说文》字形同。 |
| 1766 | � | 字头无 | From woman and splendid.《说文》未收录。 |
| 1768 | 嬬 | 字头无 | From woman and want.《说文》中有篆体。 |
| 1769 | 孆 | 孆 | From woman and to oversee. 与《说文》字形同。 |
| 1770 | 飂 | 字头无 | From bending down and awe: it denotes 低风 a low wind, a wind that blows along the ground.《说文》未收录。 |
| 1771 | 孊 | 孊 | From to subject and woman. 与《说文》字形同。 |
| 1772 | 孇 | 字头无 | From woman and a stage, or elevated terrace.《说文》中有篆体。 |
| 1773 | 孾 |  孾　孾 | From two pearls and woman. An infant at the breast; a sucking child. 与《说文》字形同。 |
| 1774 | 孎 | 字头无 | From woman and a single plant.《说文》未收录。 |
| 1775 | 孎 | 字头无 | From two males with a female between them. Wanton;《说文》未收录。 |
| 1776 | 孎 | 字头无 | From woman and flos silk.《说文》未收录。 |

续　表

| 序号 | 字头 | 字形信息 | 字形信息比对 |
|---|---|---|---|
| 1777 | 嬺 | 字头无 | From woman and splendor.《说文》未收录。 |
| 1778 | 嬪 | 字头无 | From woman, to finish and a pearl. An ancient form of 嬪, a royal wife or concubine.《说文》未收录。 |
| 1779 | 嫡 | 字头无 | From woman and to meet, or go with. To go with a husband to his home.《说文》未收录。 |
| 1780 | 嬸 | 煊 | From woman and to judge.《说文》未收录。 |
| 1781 | 嬠 | 字头无 | From woman and delight. |
| 1782 | 嫹 | 字头无 | From woman and ink.《说文》未收录。 |
| 1783 | 嬽 | 字头无 | From woman and Yuen (　), two eyes giving side glances. The original form of 願, To desire.《说文》未收录。 |
| 1784 | 嬬 | 字头无 | From woman and anxious.《说文》未收录。 |
| 1785 | 嬪 | 懱 燳 | From woman and a muddy ditch. 与《说文》基本同。 |
| 1786 | 嬘 | 字头无 | Original form of 嬀. From woman and affrighted.《说文》未收录。 |
| 1787 | 嬾 | 㜛 㜤 | From woman and to lounge. A woman of an idle lazy disposition. 与《说文》字形同。 |
| 1788 | 嬿 | 㜩 | From woman and the bird hirundo. 与《说文》字形同。 |
| 1789 | 嬭 | 字头无 | From woman and hear-frost.《说文》未收录。 |
| 1790 | 孁 | 靁 | 释义中无字理说明。与《说文》字形同。 |

| 序号 | 字头 | 字形信息 | 字形信息比对 |
|---|---|---|---|
| 1791 | 嬢 | 䌜 | 释义中无字理说明。与《说文》字形同。 |
| 1792 | 孃 | 䌜 爌 | From woman and to disrobe in order to plough. 与《说文》字形同。 |
| 1793 | 孅 | 孅 孅 | From woman and wild leeks. 与《说文》字形同。 |
| 1794 | 嫏 | 字头无 | From woman and double.《说文》未收录。 |
| 1795 | 孆 | 孆 | 释义中无字理说明。与《说文》字形同。 |
| 1796 | 孈 | 字头无 | From woman and to listen.《说文》未收录。 |
| 1797 | 孇 | 字头无 | From woman and an affrighted bird.《说文》未收录。 |
| 1798 | 嬻 | 字头无 | From woman and to turn.《说文》未收录。 |
| 1799 | 孋 | 孋 | From woman, and to advance with pearls in the hand. 与《说文》字形同。 |
| 1800 | 孊 | 字头无 | From woman and silk.《说文》未收录。 |
| 1801 | 孏 | 字头无 | From woman and to scatter.《说文》未收录。 |
| 1802 | 孎 | 字头无 | From woman and luminous.《说文》未收录。 |
| 1803 | 孌 | 孌 孌 | From attached to, and woman. 与《说文》字形同。 |
| 1804 | 孍 | 字头无 | From woman and medicine.《说文》未收录。 |
| 1805 | 孏 | 字头无 | From woman and stern.《说文》未收录。 |
| 1806 | 孇 | 孇 | From woman and pertaining to. 与《说文》字形同。 |

| 序号 | 字头 | 字形信息 | 字形信息比对 |
|---|---|---|---|
| | | **39 部　子** | |
| 1807 | 子 | 字形 1 与篆体接近 | A horary character, that denotes Midnight, from 11 till one in the morning. On the eleventh new moon at midnight, they say, the powers of nature are agitated, and the material universe receives an impulse. |
| 1808 | 孑 | 字头无 | The appearance of a man without his right arm.《说文》有篆体。(孑,没有右臂。字形采用"了"作基础,"乚"像"子"字缺右臂的样子。) |
| 1809 | 孒 | 字头无 | Wanting the left arm.《说文》有篆体。 |
| 1810 | 孔 | 《说文》中是𠃨,其它不详 | From bird and its young ones. An ancient designation of excellent; a spacious vacuum.(用"乙、子"会义。乙,是祈得子女、随季节而迁徙的鸟。乙鸟到,祈求者就会得到子女,使生活嘉美。据说古人有叫"嘉"的,字就取"子孔"。) |
| 1811 | 𡥝 | 字头无 | From son and two. A son's son. An ancient form of 孙, A grandson, a descendant.《说文》未收录。 |
| 1812 | 㐷 | 字头无 | From a child standing supported in its dress. An ancient form of 保 or rather 褓 a child's dress or swaddling clothes.《说文》未收录。 |
| 1813 | 孕 | | 释义中无字理说明。与《说文》字形同。 |
| 1814 | 孖 | 字头无 | Two children born at the same time. Twins, to grow and increase.《说文》未收录。 |
| 1815 | 字 | | From a child under a cover or shelter. 字形 1 与《说文》同(字,生育。字形采用"子、宀"会义,表示"子"在"宀"下,"子"也作声旁。) |

| 序号 | 字头 | 字形信息 | 字形信息比对 |
|------|------|----------|--------------|
| 1816 | 存 | | From a child and hand, or talent.《说文》中是觯(存,体恤而关切。字形采用"子"作边旁,采用"才"作声旁。) |
| 1817 | 孚 | | From a bird's claw placed over a child. To hatch eggs; in allusion to the faithfulness and the regularity of the bird, it denotes Belief, trust, confidence, mutual affiance. 孚篆体,采篆体。 |
| 1818 | 孛 | | 释义:Plants shooting up luxuriantly and widely; a sudden change of countenance. 与《说文》字形同。 |
| 1819 | 孜 | 字头无 | From to jut out, or from a child and to strike.《说文》有篆体。 |
| 1820 | 孝 | | From 老, aged, abbreviated, and 子, a child placed below. A child receiving instruction and submitting to the commands of its aged parent.《说文》中。 |
| 1821 | 孝 | | From to imitate and a child. To imitate as a child; to accord with precedent. 与《说文》字形同。 |
| 1822 | 孟 | | From a child placed in a platter; probably alluding to the first born. 孟篆体,承篆体。 |
| 1823 | 孡 | 字头无 | From child and elevated. Big with child. Same as 胎.《说文》未收录。 |
| 1824 | 孢 | 字头无 | From child and to embrace. Pregnant.《说文》未收录。 |
| 1825 | 季 | | 释义中无字理说明。字形 1 与《说文》接近。 |
| 1826 | 嗣 | 字头无 | From to manage and son. An ancient form of 嗣, An heir; to succeed.《说文》无。收录的是"嗣"。 |

续　表

| 序号 | 字头 | 字形信息 | 字形信息比对 |
|---|---|---|---|
| 1827 | 孤 | 字头无 | From child and a cucumber. Fatherless; a child without a father to look up to.《说文》有篆体。 |
| 1828 | 㝅 | 字头无 | From a slave and a child, or from a slave and a napkin.《说文》未收录。 |
| 1829 | 孩 | 字头无 | From child and Hae, denoting the cry or laugh of a child. A child that may be taken up into the arms; children generally; a child laughing.《说文》无,收录的是"咳":《说文》中"孩"的重文有篆体。 |
| 1830 | 㫺 | 字头无 | From children and the sun.《说文》无,收录的是"香"。 |
| 1831 | 㳠 | 字头无 | From child and younger brother.《说文》未收录。 |
| 1832 | 孫 | | From a son and thread. Denoting continuance in a line of succession; a son's son;《说文》中。 |
| 1833 | 孬 | 字头无 | From not and good. Bad. A vulgar compound. Same as 㝩 not long, for dwarfish; 㤱 not walking, for lame; 奀 not large, for small. 俗字皆六书不收 vulgar characters, none of which are received into the Luh-shoo dictionary.《说文》未收录。 |
| 1834 | 㣈 | 字头无 | From a child and word. The word of a child; truth; to believe. Same as 信.《说文》未收录。 |
| 1835 | 孮 | 字头无 | From a son and a clan. A numerous progeny of children and grand-children.《说文》未收录。 |
| 1836 | 孰 | 字头无 | Who? What? The original form of 熟 food dressed with fire. Ripe; mature; plentiful.《说文》未收录,收录的是"𩰎"。 |

| 序号 | 字头 | 字形信息 | 字形信息比对 |
|---|---|---|---|
| 1837 | 孱 | 字头无 | From three children standing below a door.《说文》有篆体。 |
| 1838 | 孳 | 字头无 | From luxuriant herbage and a child. To bear or produce; to breath after unweariedly; ardent affection for; indefatigable diligence. To bear young, as quadrupeds generally do, and to nourish with the breast.《说文》有篆体。 |
| 1839 | 彀 | 字头无 | From a child. To suckle; to give milk to.《说文》有篆体。 |
| 1840 | 香 | s. c. | 释义中无字理说明。Appearance of plenty; abundance; many.《说文》有篆体，马提供的是是其重文"昏"的篆体。 |
| 1841 | 孵 | 字头无 | From an egg and to hatch. To nurture; to bring up; to transform.《说文》未收录。 |
| 1842 | 學 | | From to imitate, placed in a mortar on a cover over a child. To receive instruction; to practice.《说文》中收录的是"教"。 |
| 1843 | 孺 | | 释义中无字理说明。an infant at the breast; attached to as a child to its parent; to be attached or pertain to. 与《说文》不同。 |
| 1844 | 孽 | 字头无 | From guilt and son. The children of concubines; the children of women who have committed some crime, which are compared to the sprouts from the root of a tree which has been cut down; the offspring of guilt, applied literally and figuratively for the consequences of crime.《说文》中有篆体。 |

| 序号 | 字头 | 字形信息 | 字形信息比对 |
|---|---|---|---|
| 1845 | 麐 | 字头无 | From 麐 Che, An animal resembling a deer with one horn, and 教 Keaou, To teach…. When the Keaou meets with other animals it instructs them; at the break of day it sends forth a cry from the peaks of mountains. 《说文》未收录,收录有"麟"。 |
| | | 40 部　宀 | |
| 1846 | 宀 | 宀 宀 宀 宀<br>字形 1 与《说文》同 | A transverse covering, forming a deep dwelling.（Shwo-wan.）This character is intended to represent the roof of a house; or according to some, it represents the earthen hovel of ancient times, for 古者穴居野處 the ancients dwelt in dens in wild places; and 未有宫室 had no houses: but they 先有宀而后有穴 first had hovels, and afterwards had dens. 宀当象上阜高凸 the character 宀, a hovel, represents the elevated cumulus of earth; 其下有 冋 可藏身之形 below which there is represented a hollow place, where a human body may be contained; 故穴字从此 and therefore the character Heue, A den, is derived from this character under consideration, and 室家宫宁之制皆因之 in the formation of the words Shih kea kung choo (which severally signify a dwelling place) this part is always retained. The half of 宀 makes 广, A covering or shelter, as beneath the side of an overhanging mountain, open on one side; and Ching-tsze-tung gives ⼁ this character, without any pronunciation as the opposite side. |

| 序号 | 字头 | 字形信息 | 字形信息比对 |
|---|---|---|---|
| 1847 | 宁 | 宁 | The show-wan defines this word by 辨積物也 things piled or heaped up: and the character is，象上隆四周之形 to resemble the figure of an eminence in the middle surrounded on four sides. The space between a door and a screen. 字形与《说文》同。 |
| 1848 | 宂 | s. c. | From man below a cover or house. Officers who have been occupied in the field，dispersed and returned to their houses；《说文》中宂。 |
| 1849 | 它 | | 释义中无字理说明。字形与《说文》同。 |
| 1850 | 宄 | | 释义中无字理说明。字形与《说文》同。 |
| 1851 | 宊 | 字头无 | From a shelter, and a hand. Same as 守, To maintain or keep possession of；to depend from despoliation.《说文》未收录"宊"字，收录的是"守"字。 |
| 1852 | 宅 | | From a covering and to cast one's self under it. To dwell；a dwelling place；字形1不详，字形2与《说文》同（宅的篆体）。（宅，寄托人身的居所。） |
| 1853 | 疚 | | From a shelter and a along time under it. Poor and sick, confined to one's room. 字形与《说文》同。 |
| 1854 | 穹 | 字头无 | From a covering and a bow. Lofty and large，as the arch of heaven. Same as 穹.《说文》无，收录的是"穹"。 |

468

续　表

| 序号 | 字头 | 字形信息 | 字形信息比对 |
|---|---|---|---|
| 1855 | 宇 | 字形 1 是"宇"的篆体;字形 2 是"寓"的重文篆体。 | From a cover or a concave and air expanding. To cover, or spread over and shelter, as the wings of a fowl, or as a house. 寓,籀文字从禹。【注】宇,古文。(宇,屋檐。字形采用"宀"作边旁,采用"于"作声旁。《易经》上说,"上有栋梁下有屋檐。") |
| 1856 | 宀 | 字头无 | From a covering and lost under it. An ancient form of 罔, A net.《说文》未收录。 |
| 1857 | 守 | | From 官, A government officer, abbreviated; and 寸, A law. To hold fast; to keep;《说文》中　。(守,官吏的操行、节操。字形采用"宀、寸"会义。宀,表示官府的事。寸,表示法度。) |
| 1858 | 安 | | From woman below a shelter. Stillness; repose; rest; tranquility.《说文》中　。安,娴静。字形采用"宀、女"会义,表示屋下有女。 |
| 1859 | 突 | 字头无 | From a dog issuing from beneath a covering. Coming into view suddenly; issuing forth abruptly.《说文》未收录"突"字,收录的"家"字。 |
| 1860 | 宋 | | From a covering and a wooden pillar. The materials which constitute a dwelling; to dwell. 字形 1 同《说文》。(宋,居所。) |
| 1861 | 完 | | 释义中无字理说明。字形与《说文》同。 |
| 1862 | 容 | 字头无 | From a covering and general or public. An ancient form of 容, To contain much; manner; appearance.《说文》未收录"容"字,收录的"容"字。 |

| 序号 | 字头 | 字形信息 | 字形信息比对 |
|---|---|---|---|
| 1863 | 穽 | 字头无 | From a covering and a well. A well belonging to a house. 《说文》未收录。 |
| 1864 | 宓 | (字形) | 释义中无字理说明。与《说文》不同。 |
| 1865 | 宽 | 字头无 | From a shelter and bricks. A mud house composed of clay and bricks. 本作宽，俗作宽。《说文》未收录。 |
| 1866 | 宕 | (字形) | From a covert and a hill or beautiful stone. A house built in a cavern；字形与《说文》同。（宕，过分，放荡。另一种说法认为，"宕"是洞屋的意思。字形采用"宀"作边旁，采用省略了"碭"的"碭"作声旁。据汝南郡的项县有一个叫"宕"的乡邑。） |
| 1867 | 宗 | (字形) | From a covering and a divine communication. A place where the departed hear and answer prayers. 字形1与《说文》同。宗，尊祖祭祀的庙堂。字形采用"宀、示"会义。 |
| 1868 | 官 | (字形) | A covering, under which many are assembled. The word translated by the Portuguese Mandarin, and which is now adopted throughout Europe. 《说文》中（字）。官，官吏，服务于君王的人。字形采用"宀、𠂤"会义。𠂤好像众多的样子。此个𠂤与"師"中的𠂤含义相同。 |
| 1869 | 宙 | (字形) | From a covering above, and a containing vessel below; to contain under cover, as in a ship or carriage, to contain as the earth, or the universe；《说文》中（字）。（宙，舟船框架的两极，车舆的顶盖。） |

470

| 序号 | 字头 | 字形信息 | 字形信息比对 |
|---|---|---|---|
| 1870 | 定 | 定 𡩟 宣 | From a foot under a cover or shed in a tranquil place of rest.《说文》中𡩟。 |
| 1871 | 宛 | 字头无 | From a covering, and a knot causing restlessness. To cover one's self with shrubs or plants;《说文》有篆体。 |
| 1872 | 宜 | 𠕓 𡨖 宜 𤕘 | From a line denoting the earth, and over all a covering. A settled dwelling; that which by nature is constituted fit, right, proper;《说文》无,收录的是"宐":所安也。从宀之下,一之上,多省聲。𡨂,古文宜。𡥂,亦古文宜。鱼羁切【注】𡥂,古文宜。 |
| 1873 | 㝣 | 字头无 | From a covering and old. An ancient form of 居,A dwelling.《说文》未收录"㝣"字,收录的"居"字。 |
| 1874 | 穷 | 字头无 | From a covering, hill, and strength. An ancient form of 家 a house.《说文》未收录"穷"字,收录的"家"字。 |
| 1875 | 㐀 | 字头无 | From earth raised on earth, and a covering. An upper story or loft.《说文》未收录。 |
| 1876 | 㒠 | 字头无 | From to unite and covered. Joined; united.《说文》未收录。 |
| 1877 | 客 | 𡧱 𡦪 𡧉 | From shelter and every. A person sheltered by an inn or common hall. 字形3与《说文》同。客,寄居他人家里。字形采用"宀"作边旁,采用"各"作声旁。 |
| 1878 | 宆 | 字头无 | From a covering and in danger. To fall in ruins; to be permeable.《说文》未收录。 |

| 序号 | 字头 | 字形信息 | 字形信息比对 |
|---|---|---|---|
| 1879 | 宣 | | From a house or covering, in which winds revolve and cause to circulate the material principles in nature; to revolve and extend to every place; to spread out; to expand. 字形 1 与《说文》同。宣，天子发诏的大殿。字形采用"宀"作边旁，采用"亘"作声旁。 |
| 1880 | 窔 | 字头无 | From a cover and laid transversely. The south-east corner of a room or house; the creaking of the hinge of a door. 本作窔，俗作窔，或作宎。《说文》无，收录的是"宧"：戶樞聲也。室之東南隅。从宀㠯聲。 |
| 1881 | 室 | | From a covering and to go to. 《说文》中圙。室，内室。字形采用"宀、至"会义。至，表示一天奔波后的停歇。 |
| 1882 | 宥 | | To posses and under a shelter. 与《说文》异。《说文》中宥。 |
| 1883 | 宦 | s. c. | From a minister or servant under a cover. One who serves another, particularly a servant of the crown; 《说文》中宧。 |
| 1884 | 宬 | 字头无 | From a covering and to perfect. 《说文》中有篆体，屋所容受也。从宀成聲。 |
| 1885 | 宭 | 字头无 | From an eminent man under a cover. To dwell; many dwelling together. 《说文》中有篆体，羣居也。从宀君聲。 |
| 1886 | 宫 | | From a covering and the body abbreviated. 《说文》中宫。 |
| 1887 | 害 | | 释义中无字理说明。字形与《说文》同。【寅集上】【宀字部】 |

| 序号 | 字头 | 字形信息 | 字形信息比对 |
|---|---|---|---|
| 1888 | 宰 | 宰宰宰宰 | From a cover and bitter toil. To rule; to govern; a ruler; 宰,有才能的罪人在屋下管理事务以赎罪。字形采用"宀、辛"会义。"辛",表示有罪之人。《说文》中宰。 |
| 1889 | 求 | 字头无 | From to seek and under a cover. To search for; to seek to attain.《说文》未收录"求"字,收录的"求"字。 |
| 1890 | 害 | 害 宝 《说文》中害 | From a covering denoting a house, confusion, and a mouth; because calamities often arise from domestic broils. To injure; to hurt; 与《说文》稍异。害,使人受伤。字形采用"从、口"会义。"宀、口"会义,是说伤人的言语从家中而起。"丰"是声旁。 |
| 1891 | 宴 | 宴 宴 | From an overspreading shelter and repose. Repose; leisure; a feast; 与《说文》字形同。 |
| 1892 | 宵 | 宵 宵 | From a covering and obscurity below. Obscure; night; fully set in; small. 宵,深夜。字形采用"宀"作边旁,表示在宀之下睡觉;与《说文》字形基本同。 |
| 1893 | 家 | 家家家家 | From three persons under a shelter; in course of time corrupted to the present form. A pig under a shelter. "家"篆体家,"豕"篆体豕。 |
| 1894 | 寀 | 字头无 | An ancient form of 審, To judge; to examine into. From a covering, denoting To brood over; a claw and wood.《说文》有篆体。 |

| 序号 | 字头 | 字形信息 | 字形信息比对 |
| --- | --- | --- | --- |
| 1895 | 宸 | | From a covering and the north polar star. A retired apartment; the Imperial apartments, in allusion to the Emperor being like the polar star. 与《说文》字形同。 |
| 1896 | 容 | | From a covering and a valley, both of large containing capacity. To contain; to bear with; "容"篆体, "公"篆体。 |
| 1897 | 宿 | | From a shelter for a hundred men. A halting place at the distance of every thirty le. 与《说文》字形同。 |
| 1898 | 宋 | | 释义中无字理说明。《说文》未收录"宋"字,收录的"宋"字。与《说文》字形同。 |
| 1899 | 寂 | 与"宋"的篆体同 | From a covering over leguminous plants. A place where there is no human voice.《说文》未收录"寂"字,收录的"宋"字:無人聲。从宀未聲。 |
| 1900 | 冤 | 字头无 | From a rabbit or hare beneath a cover. A vulgar form of 冤, To oppress; to injure; to accuse falsely.《说文》未收录"冤"字,收录的"冤"字。 |
| 1901 | 寄 | | From strange and under a cover. A stranger in a house. To throw one's self into a temporary habitation; 与《说文》字形同。 |
| 1902 | 寅 | | 释义中无字理说明。与《说文》篆体不同。 |
| 1903 | 密 | | 释义:Hills forming a kind of amphitheater, or large hall; 字形 2 同《说文》。 |

续　表

| 序号 | 字头 | 字形信息 | 字形信息比对 |
|---|---|---|---|
| 1904 | 寐 | 字头无 | From a forest and a covering. A deep retired house. 《说文》未收录。 |
| 1905 | 寇 | 𡨥 𡨥 | From to attack and to complete. To plunder of everything. 与《说文》字形同。 |
| 1906 | 𡧳 | 字头无 | From a cover and to examine. A sort of government office. 《说文》未收录。 |
| 1907 | 富 | 𣅀 𡩡 𥧑 | From a covering and an ancient form of the word happiness; being snug under a shelter. This is the etymology given by the Dictionaries, there is however a popular derivation from together and field. Many fields possessed by one person, makes rich, which is contrasted with 贫, from to divide and wealth which makes poor. 字形 1 与《说文》同。富,所需皆备。另一种说法认为,"富"是家底厚实。字形采用"宀"作边旁,采用"畐"作声旁。 |
| 1908 | 寍 | 字头无 | An ancient form of 宁. Repose and comfort derived from the heart under a shelter and above a dish; implying the possession of a home and a competence. The monarch entitled Taou-kwang, who has now ascended the throne (December, 1820) of China, requires that the word Ning, be from henceforward written with a line drawn transversely, instead of a heart; because Ning, in its proper form, is his name, which would be profaned by common use. 《说文》有篆体,避讳文化。 |

续　表

| 序号 | 字头 | 字形信息 | 字形信息比对 |
|------|------|----------|--------------|
| 1909 | 寐 | | From a covering, a couch, and inactive. To desist from effort; to rest; to shut the eyes and withdraw the soul; 与《说文》字形同。（寐，睡着。字形采用省略了"夢"的"瘳"作边旁，采用"未"作声旁。） |
| 1910 | 寒 | | Originally derived from a man under a thatch cover, with ice below; subsequently abbreviated to the present form. 与《说文》字形同。（寒，冷气冻人。字形采用"宀、人、茻、仌"会义，表示用草褥垫盖，字形下部有"仌"表示天气冷水结冰。） |
| 1911 | 寓 | | From a covert and a monkey. To attach to, as a monkey does to a branch; a temporary lodging; 与《说文》字形同。 |
| 1912 | 寝 | | 释义中无字理说明。与《说文》字形同。 |
| 1913 | 寗 | 字头无 | The same as 寧. What the heart desires; rest; repose; This character is more correctly written Ning 甯 from the heart, under a shelter, and competence to use.《说文》未收录"寗"字，收录的"寧"字。 |
| 1914 | 索 | 字头无 | From a cord pulled tight; under a house. To enter a house and search it; to seek for; to be embarrassed.《说文》有篆体。 |
| 1915 | 寘 | | From true or truly under a cover. Vulgarly written 真. 与《说文》寘篆体同。 |

| 序号 | 字头 | 字形信息 | 字形信息比对 |
|---|---|---|---|
| 1916 | 窱 | 字头无 | An erroneous form of (　) Teaou. From a den and a long line. Deep and distant; remote from vies.《说文》未收录"窱"字,收录的"篠"字。 |
| 1917 | 窊 | 字头无 | From a covering and to raise up. To be higher than, and overshadow; to cover over.《说文》未收录。 |
| 1918 | 窳 | 字头无 | From a covering and two melons. Lazy; idle; lounging; lying about; like melons that grow on the ground, or are left lying under a shed. Considered an erroneous form of (　)Yu, Lazy, depraved, a filthy kennel.《说文》未收录。 |
| 1919 | 窨 | 字头无 | From a covering and the downy feathers of a bird's neck. Gloom or darkness inside a house.《说文》未收录。 |
| 1920 | 㝐 | 字头无 | From a covering and rafters inter-mixed. Night; darkness; a secret place.<br>《说文》未收录。 |
| 1921 | 寊 | 字头无<br>《说文》中有"寶"的重文篆体 | From a covering, and a gem, the lowest part is intended to give sound to the character. An ancient form of 寶, Valuable, precious.《说文》中收录的是"寶":珍也。从宀从王从貝,缶聲。寊,古文寶省貝。 |
| 1922 | 寞 | 字头无 | From a covering and not. Silent as a deserted mansion.《说文》无,收录的是"嘆"。 |

| 序号 | 字头 | 字形信息 | 字形信息比对 |
|---|---|---|---|
| 1923 | 察 | | From to overshadow, as looking down upon from above, and to sacrifice. To examine. 字形 1 同《说文》。（察,屋檐向下覆盖。） |
| 1924 | 宴 | 字头无 | From a cover and a cow tied or bound. A poor mean habitation; … . This character is also written with 穴 a den, at the top of it.《说文》中有篆体。 |
| 1925 | 寡 | | From a covering and to divide. Few; little; 与《说文》字形同。字形采用"宀、颁"会义。颁,表示分授田地房屋等资产,所以有"少"的意思。 |
| 1926 | 寝 | | From a covering, a bench, and a hand grasping a broom. To sleep; a back apartment;《说文》无,收录的是"寑"。字形 1 是其籀文"寴"篆体。 |
| 1927 | 實 | | From a covering over a string of pearls. Affluent; full; 与《说文》字形同。 |
| 1928 | 塞 | 字头无 | From a covering or house, and things piled up under, or in it; filled full; stopped or closed up: the same as 塞.《说文》未收录"窒"字,收录的"塞"字。 |
| 1929 | 宁 | | From heart below a shelter, and placed on necessary utensils, below all is an aspiration. Rest; repose; tranquility; desiring one thing rather than another. 与《说文》字形同。 |
| 1930 | 寨 | | 释义中无字理说明。《说文》未收录"寨"字,收录的"柴"字。马提供的是今篆。 |

| 序号 | 字头 | 字形信息 | 字形信息比对 |
|---|---|---|---|
| 1931 | 审 | 𡧛 𡩾 | From a covering and to separate.《说文》未收录"審"字,收录的是"宷"字。字形 1 是"宷"的重文篆体。 |
| 1932 | 寫 | 𡨄 写 | From a covering and wooden shoes, perhaps meaning the impression of a footstep. To place or lay a thing down. 与《说文》字形同。 |
| 1933 | 寬 | 𡩈 寛 | From a covering, and a wild sheep. A large house; broad, wide, 与《说文》字形同。 |
| 1934 | 寮 | 𡪡 寮 | From a fire lit up under a cover. A small window; to study at the same window;... this character is used in common with 僚.《说文》未收录"寮"字,收录的"竂"字。 |
| 1935 | 寰 | 𡫍 寰 | From to gaze up under a covering. The district anciently included in the Imperial domain; a wall that surrounds the palace. 与《说文》字形同。 |
| 1936 | 寱 | 字头无 | From to cover over and a doubt. To examine; to investigate.《说文》未收录。 |
| 1937 | 寵 | 𡪢 宠 | From a covering and a dragon, which is the badge of the Imperial dignity. Dwelling in an honorable place. 与《说文》字形同。 |
| 1938 | 寶 | 𡪀 宝 | From a covering or house filled with gems, porcelain and pearls. 未提供《说文》中篆体,字形 1 是"審"的重文篆体。 |

**表 2 《华英字典》第一部后两卷有字形信息的字头**

| | | |
|---|---|---|
| 41 部 | 寸 | 寸、寺、尋、封、射、專、尉、尊、尋、尌、對、對、導 |
| 42 部 | 小 | 小、尖、尗、尐、尙、尞、尠、尩 |
| 43 部 | 尢 | 尢、尤、尨、尬、尲、就 |
| 44 部 | 尸 | 尸、尹、反、启、反、厚、尾、尿、局、屁、屇、屄、居、屈、屈、屎、<br>屋、屍、屎、屚、屍、展、屎、扁、届、屍、屚、屚、屠、屢、層、屬 |
| 45 部 | 屮 | 屮、屯、出 |
| 46 部 | 山 | 山、屳、尖、屴、屾、峆、岡、峮、島、崇、崒、崔、峥、崧、崺、嵩、<br>嶒、嶢、嶷、嶽、巖 |
| 47 部 | 巛 | 巛、巜、巟、巠、巡、巢、鼠 |
| 48 部 | 工 | 工、左、巧、巨、巫、差、巹 |
| 49 部 | 己 | 己、已、巹、巺、巽 |
| 50 部 | 巾 | 市、布、帙、帚、帛、帝、帥、師、帳、帶、帷、常、幬、幄、幯、<br>幘、幣 |
| 51 部 | 干 | 平、并、幸 |
| 52 部 | 幺 | 幺、幻、幼、幽、幾 |
| 53 部 | 广 | 广、序、底、店、庚、府、庠、度、庭、廇、庶、康、庸、庾、廋、廊、<br>廚、廟、廉、廢、廣、廬、廖、龐、廳 |
| 54 部 | 廴 | 廴、延 |
| 55 部 | 廾 | 廾、弈 |
| 56 部 | 弋 | 弋 |
| 57 部 | 弓 | 弓、弔、引、弗、弘、張、彎 |
| 58 部 | 彐 | 彐、彖、彗、彙、彝 |
| 59 部 | 彡 | 彡、形、彩、彩、彬、彰、影 |
| 60 部 | 彳 | 彳、役、往、往、征、徂、徉、徊、律、後、徐、徒、得、從、御、<br>徨、復、循、微、德、徽 |

480

| 61部 | 心<br>(忄) | 心、必、忍、忉、忌、忎、忑、忒、忖、忘、忙、忝、忠、忏、快、忺、<br>怜、忽、忚、怍、怏、怕、怖、怚、怛、思、怠、怡、性、怨、怯、恖、<br>恃、恐、恔、恕、恒、恣、伽、恥、恩、恫、恬、恪、恭、恮、恰、恴、<br>悃、悦、悉、悌、悔、悚、悛、惃、悟、悠、恈、恩、意、悲、憙、悴、<br>悵、悽、悾、惔、情、惔、惕、惘、惛、惟、惠、惢、惰、惱、惲、想、<br>惺、惻、惴、惲、愉、意、愽、愔、惛、惆、愚、愠、愼、愫、愫、<br>慎、愿、惆、慆、愍、慈、態、慅、慝、慟、慣、慤、慥、慧、慾、慰、<br>愽、慳、慶、慾、憂、憎、憐、憔、憙、憚、憖、憤、憫、憪、憮、憯、<br>憲、憶、應、憋、憪、憨、懣、懁、懷、懺、懼、戀 |
| 62部 | 戈 | 戈、戊、戍、戎、戋、成、我、戒、戔、或、戟、戮 |
| 63部 | 户 | 戶、戾、所、扁、扇 |
| 64部 | 手<br>(扌) | 手、扌、才、扎、打、扚、扚、扶、承、扙、抏、把、抐、抑、投、抱、<br>抵、押、抽、拒、拘、招、拜、括、拮、拴、拯、拷、拾、挂、挍、挖、<br>挽、挫、挺、挽、捂、捅、捆、捉、捌、捐、捘、据、㮇、捷、捾、掖、<br>掙、捝、採、探、接、推、掩、掫、窄、掾、揄、揅、揔、揚、揍、揙、<br>握、揣、揪、援、撽、損、搽、搒、搓、搖、搿、搗、搭、搵、摘、摧、<br>摩、摶、撥、撮、擁、擇、據、撤、擠、擤、攧、擢、攖、擅、攢、攀、<br>攤、攦、攬 |
| 65部 | 支 | 支 |
| 66部 | 攴 | 攴、攵、收、改、攻、放、政、故、效、敉、敎、敏、敕、救、敖、敗、<br>散、敦、敜、敬、敧、敵、敷、敺、敾、整 |
| 67部 | 文 | 文、斅、斌 |
| 68部 | 斗 | 斗、料、斛、斟 |
| 69部 | 斤 | 斤、斧、斬、斯、新、斷 |
| 70部 | 方 | 方、斿、旁、於、斾、旅、旋、族、斾、旗、旛、旝 |
| 71部 | 旡 | 旡、**既**(A vulgar form of 既) |
| 72部 | 日 | 日、旦、旬、早、旵、旺、昃、杳、昇、昊、昌、明、昏、易、昔、星、<br>映、春、昧、昨、昭、是、昱、昂、時、晄、晉、晏、晋、晚、晟、晤、<br>晥、晨、普、晳、晴、晶、暑、晻、暈、暉、暄、暘、照、暫、暮、暹、<br>暜、曄、曆、曇、曜、曠 |
| 73部 | 曰 | 曰、書、曹、曾、最、鰊 |
| 74部 | 月 | 月、有、朋、服、朔、朕、望、朣、朋 |

| 75部 | 木 | 木、不、未、末、本、朱、朴、朵、束、李、枎、杜、柬、東、杲、杳、松、极、枉、析、林、枚、果、枯、枷、枼、染、柞、柢、柬、柳、校、枱、根、格、栽、桅、桓、黍、梃、梓、梱、梯、梳、梶、楧、梄、楼、榻、楊、楚、楞、榆、楢、業、極、楹、榭、榮、褟、榾、槳、槩、概、槊、槽、樂、樵、樸、橙、棘、檉、薦、橐、櫛、櫬、欑 |
|---|---|---|
| 76部 | 欠 | 次、欣、欲、歃、歉、歙、歕、歡 |
| 77部 | 止 | 止、正、此、武、歪、歲、歸 |
| 78部 | 歹 | 死、夗、殃、殂、殭、殘、殘 |
| 79部 | 殳 | 段、殷、殺、毀 |
| 80部 | 毋 | 毋、母、每、毒 |
| 81部 | 比 | 比、毡 |
| 82部 | 毛 | 毛、毡、毳 |
| 83部 | 氏 | 氏、氐、民 |
| 84部 | 气 | 气、氣、氤、氳 |
| 85部 | 水 | 水、永、休、汖、余、汐、汗、汛、汪、汭、汲、沁、汾、沌、沓、丙、沙、河、油、治、沿、況、洪、泉、泊、泛、波、泥、注、泮、泳、洄、洋、泊、洛、津、汧、洸、活、流、浣、浥、浪、浮、浴、浼、涉、涌、涔、涕、液、涴、涷、淄、淋、淑、淒、淖、淘、淚、淡、減、淨、淫、淮、深、淵、混、清、淺、淘、渥、溫、渫、測、渭、港、游、渾、涷、湄、湍、湧、活、湮、湯、源、溢、溥、溦、溶、溺、涇、滋、滌、滑、滔、漁、漆、漏、漒、漢、漸、灌、潢、澤、澁、萬、澮、濕、濟、潰、灣、灘、灘、灣 |
| 86部 | 火 | 火、灰、灸、災、炎、炙、眇、炟、炭、炮、烈、烖、烏、烟、焊、焉、無、煬、燃、然、煉、煌、煎、煒、煜、煩、煸、熄、烟、熏、熒、尉、熱、熹、熾、燈、燉、燕、營、燠、燭、燰、爕、爐、燿、爨、爨 |
| 87部 | 爪<br>(爫) | 爭、爭、愛、爲、爵 |
| 88部 | 父 | 父、爸 |
| 89部 | 爻 | 爽、爾 |
| 90部 | 爿 | 爿 |
| 91部 | 片 | 牘 |

| | | |
|---|---|---|
| 92 部 | 牙 | 牙 |
| 93 部 | 牛 | 牛、牤、牢、牧、物、牯、牺、牷、特、牾、犁、犍、犨 |
| 94 部 | 犬（犭） | 犰、狀、狂、狄、狊、猪、猭、猋、猒、猝、猥、猖、猫、猶、猷、臭、猵、獄、獅、獠、獨、獪、獵、獮、獸、獻 |
| 95 部 | 玄 | 玄、纱、率 |
| 96 部 | 王 | 玉、王、王、玖、珥、班、琅、琰、琱、瑛、璃、環 |
| 98 部 | 瓦 | 甋 |
| 99 部 | 甘 | 甘、甚 |
| 100 部 | 生 | 生、甠、牲、产、甡、甠、甦 |
| 101 部 | 用 | 用、甬 |
| 102 部 | 田 | 田、由、甲、申、男、甹、畖、畁、畇、畋、界、畎、畏、画、畔、畐、留、畜、畤、畫、畯、異、當、畺、畷、疃、疆 |
| 103 部 | 疋 | 疏、疑 |
| 104 部 | 疒 | 疒、疔、疝、疢、疣、疫、痁、疼、疾、痄、疴、痘、痛、痢、痹、痤、瘥、痼、痩、瘔、雍、瘟、瘵、瘠、癀、瘆、癆、癘、癙、瘦、癱 |
| 105 部 | 癶 | 癶、癸、登 |
| 106 部 | 白 | 百、皃、皆、皇、皎、皕、皖、皧 |
| 107 部 | 皮 | 皺、皺 |
| 108 部 | 皿 | 盂、盅、盆、盈、盉、益、盌、盡、盛、盜、盞、盡、監、盤、盒、鳌、盪 |
| 109 部 | 目 | 目、冐、盯、相、盹、盼、眚、眈、眉、映、眄、眔、眘、真、眠、眏、眛、眢、睅、睏、眷、眺、眾、睆、罥、睁、睡、睢、督、睪、睬、瞬、瞳、矍、瞽、瞿、瞭、曠、矍 |
| 111 部 | 矢 | 矢、知、矣、矧、矩、矬、短、矮 |
| 112 部 | 石 | 石、硯、硞、碓、碩、磋、磧、磨、磬、礧 |
| 113 部 | 示（礻） | 示、礼、社、祀、祈、祐、祖、祚、祜、祝、神、崇、祭、祿、福、禪、禮 |
| 114 部 | 内 | 内、禹、禽 |

| 115部 | 禾 | 禾、禿、秀、私、秆、秉、季、秋、科、秕、租、秦、秬、移、税、稔、稟、稠、稭、稷、稱、稿、稼、穆、穆、稹、穗、穑、穩 |
| --- | --- | --- |
| 116部 | 穴 | 穴、宄、歹、穷、空、突、窂、窊、窄、宛、窅、窊、窖、窨、窩、窮、寫、窺、鼠 |
| 117部 | 立 | 立、竝、章、竣、童、竦、竖、端 |
| 118部 | 竹 | 第、筆、筋、策、筭、算、箸、箭、節、簒、篤、篋、簠、簡、籃、籍、籯、籲 |
| 119部 | 米 | 米、粉、䊧、粜、粤、精、糧、糟 |
| 120部 | 糸 | 糸、**紀**、约、纨、纹、纳、纯、纸、级、纭、素、索、紳、緘、終、絕、絡、條、絞、統、絲、經、綢、綦、絓、維、綰、綵、綴、綽、緇、緘、緣、練、縵、緼、緣、緼、縞、縣、縭、縮、縱、總、纅、纁、繕、繮、繹、繼、纂、續、纓、纖 |
| 121部 | 缶 | 罌 |
| 122部 | 网（罒） | 网、罔、罟、罪、罰、罷 |
| 123部 | 羊 | 美、羔、羞、義、羧、羢、羹、羼 |
| 124部 | 羽 | 羽、翆、翄、翁、翊、習、翦、翰、翼 |
| 125部 | 老 | 老、考、者、耆、耊 |
| 126部 | 而 | 而、耎、耑 |
| 127部 | 耒 | 耕、耘、耡 |
| 128部 | 耳 | 耳、耷、珊、联、聖、聘、聚、聵、聞、聰、聲、聰、聳、聶、聽 |
| 129部 | 聿 | 聿、盡、肅、肇 |
| 130部 | 肉（月） | 肖、肙、肝、肓、肩、胖、狀、育、胎、胐、胖、胚、胴、胞、胤、脐、能、脈、腈、脚、脱、腕、腥、腜、腈、脚、腴、腿、膕、魄、膛、膝、膳、臓 |
| 131部 | 臣 | 臣、臥、臥、亜、臨 |
| 132部 | 自 | 自 |
| 133部 | 至 | 至 |
| 134部 | 臼 | 臼、臼、臽、臾、臿、舀、舁、舄、與、興、舉、舊 |

| | | |
|---|---|---|
| 135 部 | 舌 | 舍 |
| 136 部 | 舛 | 舛 |
| 137 部 | 舟 | 舟、舠、舫、般、舭、艅、艂 |
| 138 部 | 艮 | 艮 |
| 140 部 | 艸<br>(艹) | 丷、艾、芊、花、芸、芻、芽、苐、樊、苐、苗、苞、若、英、茂、茲、荊、荐、荒、莠、莽、菓、菘、菜、菫、華、萎、萬、葆、葉、葦、葬、蒐、蕳、蒲、蒸、蒼、蓋、蓑、蓮、蔌、蓼、蔑、蔭、蕊、蕣、蕩、蕻、薀、薇、薦、藏、藥、藪、藜、蘊、蘗、蘭、虋、蘿 |
| 141 部 | 虍 | 虍、虎、虐、虓、虔、處、虘、虑、虞、號、號、虪、虦 |
| 142 部 | 虫 | 虱、虹、蚊、虫、蚘、蛛、雷、蜂、蜿、蝨、蟲、蠑、蠹 |
| 143 部 | 血 | 血、衃、衄 |
| 144 部 | 行 | 行、衍、術、衝、衛、衞、衡 |
| 145 部 | 衣<br>(衤) | 衣、衮、衰、袁、袍、袖、袴、裁、裏、裕、裯、褚、褒、褓、裹、褪、褵、褲、襪、襠、襯、襲 |
| 146 部 | 襾 | 襾、覆 |
| 147 部 | 見 | 見、規、覓、視、覘、覡、親、覺、覽、觀 |
| 148 部 | 角 | 解 |
| 149 部 | 言 | 言、訂、計、夸、訊、訓、討、訓、託、記、訟、訛、訥、設、許、訴、詁、詃、訣、訣、詆、詆、詈、詀、訶、詶、詔、詧、詠、詡、詥、詨、詫、詮、詣、話、詑、諫、詷、誟、詻、諽、誇、詷、誓、誕、誖、誅、誘、諺、語、誰、誨、說、諤、誦、誼、諆、談、請、諉、諍、諏、諗、諛、諟、諡、譚、諼、諦、諫、諭、諰、諱、諸、諹、諤、謂、諞、諾、謐、講、諑、謠、謫、譺、鷹、譔、譖、識、譙、譚、講、譯、譱、護、譽、譾、讀、讓、讚、讛、讟 |
| 150 部 | 谷 | 谷、峪、谿 |
| 151 部 | 豆 | 豆、登、豎、豐 |
| 152 部 | 豕 | 豕、豖、豗、象、豦、豭、豬、豫 |
| 154 部 | 貝 | 貝、負、財、貧、貨、貫、責、貴、貢、賄、賈、胶、賓、賜、賡、賢、賴、贜 |
| 155 部 | 赤 | 赤、赫 |

| 156 部 | 走 | 走、越、趄、趑、趣、趨、趲、趣、趰、趯 |
| --- | --- | --- |
| 157 部 | 足 | 足、跪、路、踾、蹲 |
| 158 部 | 身 | 身、躬、躭、軀 |
| 159 部 | 車 | 車、軍、軒、軸、軹、載、輔、輦、輸、輿、轡 |
| 160 部 | 辛 | 辛、辜、辟、辠、辭 |
| 161 部 | 辰 | 辰、辱 |
| 162 部 | 辵(辶) | 辵、迂、迄、迎、迪、迪、迭、迺、追、退、建、逃、通、速、造、逢、連、進、逼、道、達、遘、遠、遭、遲、遷、選、還、邎、邐 |
| 163 部 | 邑(阝) | 邑、邛、邢、邦、邟、邧、邵、邸、郡、郭、都、都、郶、鄉、鄙、鄌、鄭、鄮 |
| 164 部 | 酉 | 酉、配、醞、醬、釁 |
| 165 部 | 采 | 采 |
| 166 部 | 里 | 里、重、野、量、釐 |
| 167 部 | 金(钅) | 金、釜、釵、釕、釬、鐵、鈌、銃、鈴、鉅、鉈、鉦、鉥、銅、銑、鉄、鋁、鑒、銷、鏪、錞、錠、錢、錫、鍊、鍑、鍛、鎗、鏇、鎛、鎬、鎮、鏵、鏐、鏡、鏨、鐵、鐘、鐙、鑄、鑪、鑾 |
| 168 部 | 長 | 長 |
| 169 部 | 門 | 門、開、閏、閑、閨、閩、閭、閣、閣、闊、闌、關、闖、闢 |
| 170 部 | 阜 | 阜、阝、阿、降、除、陰、陵、陶、陸、陷、陽、隆、陲、隋 |
| 172 部 | 隹 | 隹、集、雉、雁、離、雞、難、欒 |
| 173 部 | 雨 | 雨、雪、雲、雷、雹、電、霄、霉、霜、霞、霧、霰、露、霸、霽、靁、靈、靂 |
| 174 部 | 青 | 靖、静 |
| 175 部 | 非 | 非 |
| 176 部 | 面 | 面、靧 |
| 177 部 | 革 | 革、靬、鞠、鞤 |
| 178 部 | 韋 | 韋、韜、韠 |
| 179 部 | 韭 | 韭 |

| 180 部 | 音 | 音、韶、䪫、䪥、䪦、韻、響 |
|---|---|---|
| 181 部 | 頁 | 頁、領、頮、願、類、顯、顙 |
| 182 部 | 风 | 風、颶 |
| 183 部 | 飞 | 飝 |
| 184 部 | 食 | 飱、飼、餤、養、餗、餘、餅、館、餖、饞、饕、饗、饘、饋、饜 |
| 185 部 | 首 | 首、馗、䭉、䓝、䶂 |
| 187 部 | 马 | 馬、馭、馮、駋、駒、駕、駧、駡、駓、駚、駱、駝、駢、駤、駤、駥、駷、騶、駿、驚、驕、驫 |
| 188 部 | 骨 | 骱、髀 |
| 189 部 | 高 | 高 |
| 190 部 | 髟 | 髟、髻 |
| 191 部 | 鬥 | 鬥、鬧、鬮 |
| 192 部 | 鬯 | 鬯 |
| 193 部 | 鬲 | 鬲、鬳 |
| 194 部 | 鬼 | 魄、魑 |
| 195 部 | 魚 | 魛、魯、鮑、鮮、鰻、鯉、鯑、鯿、鱒、鯖、鯢、鯡、鰊、鱗 |
| 196 部 | 鳥 | 鳦、鳳、鳴、鴈、鷇、鷹 |
| 198 部 | 鹿 | 鹿、麀、麋、麓、麗 |
| 201 部 | 黄 | 黃 |
| 202 部 | 黍 | 黎 |
| 203 部 | 黑 | 黔 |
| 206 部 | 鼎 | 鼎、鼒 |
| 207 部 | 鼓 | 鼓 |
| 210 部 | 齊 | 齊、齋 |
| 212 部 | 龍 | 龔 |
| 214 部 | 龠 | 龢 |

# 后　记

本书由我的博士论文修改而来。2016年在读博之前，我就做好了迎接博士生活中可能出现的各种困难的心理准备。然而，在攻博的过程中才发觉自己当初所做的准备远远不够，在学习、工作和家庭三个方面都面临着不小的压力。所幸的是，在导师、家人和朋友的共同支持和帮助下，得以顺利完成学业。在拙著付梓之际，衷心地感谢所有关心和帮助过我的人。

首先要感谢我的导师魏向清教授！魏老师未嫌我愚钝，使我有机会能够进入南京大学双语词典研究中心继续深造，其知遇之恩终生难忘！导师有着深厚的学术修养，在学习做研究的过程中，我从她那里受益匪浅。其中，给我印象最深刻的有两点：一是论文研讨课上导师的点评环节，它是一堂课中最精彩的部分，这个时候我都会竖起耳朵听，认真思考为什么导师的想法和思路自己没有想到呢？虽然在认识上不可能达到导师的高度，但我将之视为思维训练的一个重要目标；二是导师反馈的论文修改稿，它承载着导师的思考，每当收到修改稿我都会迫不及待地先读一遍修改建议，顿时就会有种醍醐灌顶的感觉，同时，我的焦虑也会减缓大半。在博士论文的写作过程中，从选题到写作框架的论证，从初稿撰写到每一稿的修改，魏老师倾注了大量的心血和精力。在生活上，魏老师也一直对我照顾有加,帮助我在求学的过程中减少生活上的压力,鼓励我从焦躁的情绪中及时地走出来,从而更好地将精力投入学习和科研中。在与学生交流时,导师从不摆架子,而是以朋友的姿态与之相处,真心关心学生的成长和进步。在自己的人生当中能够遇到这样一位良师益友实属幸事!在今后人生的道路上,无论是做学问还是做人和做事,导师都是我心中的榜样!

其次要感谢各位帮助过和关心我的各位专家和老师!感谢南京大学的陈新仁教授、李寄教授和周丹丹教授、国防科技大学国际关系学院的李德俊教授、苏州大学的王宏教授、广东外语外贸大学的于屏方教授、四川外国语大学的赵翠莲教授、复旦大学的高永伟教授和东南大学的陈美华教授。在百忙之中,上述几位专家对我的论文选题和写作修改方面均提出了不少宝贵的建议。同时也感谢论文盲审时三位匿名专家提出的宝贵建议。感谢词典中心的郭启新老师和卜云峰老师,他们为我提供了便利的学习条件,在学习和生活上也给予了我莫大的帮助。感谢南京大学外国语学院研究生教务秘书陈爱华老师,每次向她咨询有关问题时总是和颜悦色地认真解答,让人感到温暖和心情愉悦。感谢南京大学出版社的张淑文老师,她慷慨无私地将自己搜集到的有关马礼逊的文献资料馈赠于我,同时也非常真诚地帮助我克服论文写作中的困难。感谢重庆大学的邹晓玲教授,她是我的硕士生导师,也是我的学术引路人,没有她的培养、关心和支持,我也不会有机会进入南京大学深造。感谢南京农业大学王东波教授在我遇到挫折后给予的帮助和支持,让我重新鼓起继续前行的勇气。感谢上海杉达学院曾泰元教授热情为我发来论文写作所需要的资料。感谢河南师范大学的赵护林博士,他就像一个兄长,时常主动联系我,关心我的读博状态,帮助我缓解内心的焦虑。感谢帮助过我的各位同门,他们是耿云冬博士、卢华国博士、梁鹏程博士、刘润泽博士、乔丽婷博士、赵连振博士、殷健博士、戴拥军博士、叶莹博士、秦曦博士、时闻博士、龚琪锋博士、黄鑫宇博士、郑洁博士、冯雪红博士和董晓娜博士，他们让我感到词典中心就像一个温暖的大家庭，他们对我无私的帮助和鼓励是促使我在学术道路上前行的重要动力之一。

　　最后要感谢我的家人！感谢我的父母，虽然他们的文化水平不高，但一直都重视对子女教育的投入，坚定地支持我的学业。在我攻博的这几年，他们虽然都是奔七的人了，仍然毫不犹豫地承担了所有的家务，洗衣、做饭、照看两个孩子，几乎每天从早忙到晚，异常辛苦，但二老任劳任怨，让我安心在校学习。感谢我的岳父岳母，他们淳朴敦厚，善解人意，对于我"抛家舍业"来读博的决定也给予了莫大的理解和支持，他们不但不给我施加压力，而且还教导我的爱人不要给我施加压力，这让我异常感动。感谢我的妹妹孙明明，她将老家的一切事务打理得井井有条，不让我因家事分心，她知道我没有经济来源，源源不断地从家里寄来各种吃穿用的物品，以节省我的生活开支，这让我感受到了亲情的温暖！感谢我的爱人李文平，在读博四年多的时间里，家里的经济支出都靠她一个人微薄的工资，上有老下有小，都要靠她一人撑起整个家。每当孩子夜里发烧，她都要自己带着孩子去医院，回到家中天已经亮了，然后还要再去上班，等到下班了再带孩子去医院，这种生活强度不是一般人所能扛得住的。我长期住校，把生活的担子全都抛给了她，未能尽到一个丈夫应有的职责。她性格乐观开朗，虽然从未对我抱怨过什么，我知道，她心理承受的压力之大丝毫不亚于我，她内心里肯定渴望有事时我能在身边。感激、感谢和感动是此时此刻对我爱人最想讲的一句话。感谢我两个可爱的孩子，女儿孙同心在我离家读博时刚满两周岁，儿子孙同烨出生于2018年，可惜在他们成长的过程中我都没有很好地陪伴他们。

　　纸短情长，再一次向我的导师魏向清教授、各位指导我论文的专家、帮助和鼓励我的老师、同门、亲人和朋友们表达真诚的感谢！
路漫漫其修远兮，吾将上下而求索！我也将以此为契机，再接再
厉，在今后学术的道路上百尺竿头更进一步，愿从今以后不负人
生、不负岁月、不负所有关心和爱我的人！